劳动与社会保障法

李海明 主编

国家开放大学出版社·北京

图书在版编目（CIP）数据

劳动与社会保障法/李海明主编 . —北京：国家开放大学出版社，2023.7（2023.11重印）
 ISBN 978-7-304-11895-2

Ⅰ.①劳… Ⅱ.①李… Ⅲ.①劳动法-中国-开放教育-教材②社会保障法-中国-开放教育-教材 Ⅳ.①D922.5

中国国家版本馆 CIP 数据核字（2023）第136354号

版权所有，翻印必究。

劳动与社会保障法
LAODONG YU SHEHUI BAOZHANGFA

李海明 主编

出版·发行：国家开放大学出版社	
电话：营销中心 010-68180820	总编室 010-68182524
网址：http://www.crtvup.com.cn	
地址：北京市海淀区西四环中路45号	邮编：100039
经销：新华书店北京发行所	
策划编辑：王国华	版式设计：何智杰
责任编辑：王国华	责任校对：吕昀豁
责任印制：武 鹏 马 严	
印刷：三河市长城印刷有限公司	
版本：2023年7月第1版	2023年11月第2次印刷
开本：787mm×1092mm 1/16	印张：21 字数：397千字

书号：ISBN 978-7-304-11895-2
定价：44.00元

（如有缺页或倒装，本社负责退换）
意见及建议：OUCP_KFJY@ouchn.edu.cn

前言

本书为国家开放大学"劳动与社会保障法"课程教材。编者立足于开放大学的实际需求和教学模式，以传授知识、培养技能为目标，合理安排教材框架和内容。本教材共由12个单元组成，每一单元开篇均为本单元的学习目标和要点提示。每一单元的学习内容由若干个知识点构成，在多数知识点中设有"导入案例"板块，引导学生通过案例了解该知识点要解决的问题，让学生带着问题进入学习。"导入案例"配有导入案例分析二维码，学生可以通过扫描二维码，更好地掌握相应的知识点，并灵活运用。教材中还列出了与知识点相关的法律法规。每个单元末尾配有实训和练习题，帮助学生巩固所学知识，培养分析和解决实际问题的能力。

劳动与社会保障立法在不断完善之中，各项法律、行政法规及部门规章时有变化，课程组特别设计了"扫一扫看变化"二维码，以便学生及时了解有关立法变化的最新情况和教材勘误信息。

本教材由李海明担任主编，编写人员均为劳动与社会保障法领域的学者或从业人员，有长期的劳动与社会保障法教学、培训及教材编写经验，学术成果丰硕。编写人员分工如下：清华大学郑尚元教授负责编写单元1、单元7；中央财经大学李海明副教授（北京艺术传媒职业学院客座教授）负责编写单元2、单元4、单元6、单元10、单元11；中国政法大学胡彩肖副教授负责编写单元3、单元5；燕山大学扈春海博士负责编写单元8、单元9、单元12。

国家开放大学董疆副教授参与了本课程的教学大纲、一体化设计方案、考核大纲、网络视频、网络课程等的设计和制作工作，中国社会科学院大学周宝妹教授、深圳大学侯玲玲教授和中国政法大学杨飞副教授参与了本教材的审定工作，北京师范大学出版社李红芳副编审参与了本教材的校对等工作，中央财经大学法学院程相兵硕士研究生参与了资料搜集等工作，在此深表感谢。

关于劳动与社会保障法的学术研究在我国开展时间不长，很多问题还存在争议。劳动与社会保障方面的立法尚处于初创阶段，还不成熟。本教材在编写时尽量采用通说，并尽可能提供最新的内容，但难免会存在不足，恳请读者和专家学者批评指正。

编者

2023 年 5 月

目 录

上编　劳动法

单元 1　劳动法基础理论 …………………………………… 3

知识点 1　劳动法的产生、发展及面临的挑战 …………… 4
知识点 2　劳动法的概念与调整对象 ……………………… 9
知识点 3　劳动关系及其认定 ……………………………… 14
知识点 4　劳动法的体系与劳动法的定位 ………………… 19
知识点 5　劳动法中的基本权利 …………………………… 22

单元 2　劳动合同法律制度 ………………………………… 28

知识点 1　劳动合同概述 …………………………………… 29
知识点 2　劳动合同的订立 ………………………………… 33
知识点 3　劳动合同的履行与变更 ………………………… 40
知识点 4　劳动合同的解除与终止 ………………………… 43
知识点 5　非典型劳动合同 ………………………………… 53

单元 3　集体合同法律制度 ………………………………… 66

知识点 1　集体合同概要 …………………………………… 67
知识点 2　集体合同的订立和效力 ………………………… 71
知识点 3　集体合同的履行、变更、解除和终止 ………… 76
知识点 4　不当劳动行为 …………………………………… 80

单元 4　反就业歧视法律制度 ……………………………… 87

知识点 1　反就业歧视制度概述 …………………………… 88
知识点 2　就业歧视的种类 ………………………………… 92
知识点 3　反就业歧视的措施 ……………………………… 95

知识点4　职业场所性骚扰的防治 …………………………………………… 98

单元5　劳动基准法律制度 …………………………………………… 116

　　知识点1　工作时间制度 …………………………………………………… 117
　　知识点2　休息休假制度 …………………………………………………… 122
　　知识点3　工资法律制度 …………………………………………………… 125
　　知识点4　劳动安全卫生法律制度 ………………………………………… 134

单元6　劳动争议处理与劳动保障监察法律制度 …………………… 146

　　知识点1　劳动争议处理机制 ……………………………………………… 147
　　知识点2　劳动争议调解制度 ……………………………………………… 149
　　知识点3　劳动争议仲裁制度 ……………………………………………… 153
　　知识点4　劳动争议诉讼制度 ……………………………………………… 158
　　知识点5　劳动保障监察 …………………………………………………… 161

下编　社会保障法

单元7　社会保障法概述 ……………………………………………… 173

　　知识点1　社会保障法的产生、发展与未来展望 ………………………… 174
　　知识点2　社会保障法的概念、特征与调整对象 ………………………… 177
　　知识点3　社会保障法的体系与地位 ……………………………………… 182

单元8　基本养老保险法 ……………………………………………… 189

　　知识点1　养老保险的原理与制度构成 …………………………………… 191
　　知识点2　养老保险法律关系 ……………………………………………… 198
　　知识点3　养老保险费、养老保险基金与养老保险待遇 ………………… 204

单元9　工伤保险法 …………………………………………………… 215

　　知识点1　工伤及其权利救济概述 ………………………………………… 216
　　知识点2　工伤认定 ………………………………………………………… 225
　　知识点3　劳动能力鉴定 …………………………………………………… 234

知识点 4　工伤保险待遇 …………………………………………… 237
　　知识点 5　工伤保险费与工伤保险基金 …………………………… 243

单元 10　医疗保险法 ………………………………………………… 253
　　知识点 1　医疗保险概要 …………………………………………… 254
　　知识点 2　医疗保险法律关系 ……………………………………… 257
　　知识点 3　医疗保险基金 …………………………………………… 268

单元 11　社会救助法 ………………………………………………… 274
　　知识点 1　社会救助概要 …………………………………………… 275
　　知识点 2　基本生活保障（最低生活保障）……………………… 278
　　知识点 3　特困人员供养与无家可归者救助 ……………………… 283
　　知识点 4　自然灾害救助 …………………………………………… 286

单元 12　其他社会保障法 …………………………………………… 296
　　知识点 1　残疾人福利法制 ………………………………………… 297
　　知识点 2　儿童与未成年福利法制 ………………………………… 304
　　知识点 3　老年人福利法制 ………………………………………… 312
　　知识点 4　与劳动法交叉的社会保障法 …………………………… 317

参考文献 ………………………………………………………………… 327

上编

劳动法

单元 1 劳动法基础理论

学习目标

1. 了解劳动法产生的历史和社会背景、所面临的问题和挑战。
2. 理解劳动法的概念和调整对象。
3. 重点掌握劳动关系认定的各种要素。
4. 了解劳动法的体系、劳动法与相邻法律之间的关系。
5. 了解劳动基本权。

要点提示

1. 劳动法产生于工厂立法时代，表现为国家对劳动关系的干预，以及雇佣契约的社会化。大陆法系与英美法系有着不同的发展路径。中国劳动法产生于20世纪上半叶，20世纪30年代的劳动立法发展最为突出。

2. 劳动法是调整劳动关系之法，劳动关系系产业雇佣关系，调整对象是这种特定雇佣关系上的若干社会关系的集合。

3. 劳动关系须依赖多重因素进行认定，其是在大陆法系从属性、英美法系控制性基础上若干因素的有机统一。

4. 劳动法体系由若干劳动法律制度构成，我国目前仍有不少劳动法上的空白。

5. 劳动基本权是劳动法上的独特权利，基本权相对抽象，要与具体法律制度结合起来，同时具体的劳动权利义务须与基本权保持一致。

知识点 1　劳动法的产生、发展及面临的挑战

基本理论

一、劳动法的产生、发展

（一）国外劳动法的产生、发展

自人类社会形成以来，人类一直没有停止过劳动，人类劳动的方式在不同的社会形态中有不同的表现。正如有的学者指出的，人类劳动从不自由劳动时代（巴比伦、古希腊等奴隶社会）、租赁劳动时代（罗马帝国时期自由人劳动以租赁形式体现）、团体主义时代（日耳曼法所倡导的忠诚劳动）、雇佣契约时代（自由资本主义时期）、劳动契约时代到当代资讯社会时代的这一过程中形成了一定类型的社会关系。在不自由劳动时代，奴隶在劳动过程中形成了与奴隶主的关系，封建社会中地主与雇农之间同样形成了特定类型的社会关系。

1. 国外劳动法的产生

工业革命后，大批因圈地运动而丧失土地的农民，被驱赶到城市中专门为资本家劳动。从此，人类劳动进入一个新的时代。这一时代的人类劳动有如下特点：

（1）人类在劳动时开始群聚，开始合作（所谓的社会化）。

（2）人类劳动工具机器化。

（3）劳动者使用的劳动工具（生产资料）不属于自己，生产资料与劳动力开始相对分离。

自此，人类在劳动过程中形成了一类相对稳定的社会关系——劳动关系。但是，不同的国家对于这类社会关系的认识和法律所作的调整是不同的。在普通法系国家中，普通法一直对这类社会关系进行调整，其对个别雇佣劳动关系的法律调整，积累了大量的雇佣纠纷案例。也就是说，在具有现代意义的劳动法产生之前，已经存在雇佣关系法律调整的先例。但是，在18世纪前的雇佣关系的法律调整中，多数法律站在资产阶级的立场，维护资本家对工人的任意剥削，甚至这些法律本身以强行法规范严格限制劳动者的劳动条件及其他权利。这些初期的劳工法规，旨在维护资

本主义的生产秩序，强迫被圈地之后的农民接受雇佣劳动。例如，英国亨利八世时期有明文规定：对流浪者进行鞭打；如再度流浪，则予以逮捕；三度流浪者就要当作重罪犯人或社会敌人而被处死。同时，这些劳工法规还规定了相当严苛的劳动条件，如最短工作时间、限制工人自由结社、限制工人私下密谋对付雇主，而对于资本家对工人的剥削则采取"自由放任"政策，实行所谓的契约自由，国家对资本家任意延长工作时间实行不干预原则，工人每天要工作 16 小时或 18 小时。当时的劳工法规中规定的工作时间远远超过了工人的生理极限，此外，极端恶劣的劳动条件和工作场所也对工人的身体健康甚至生命造成了极大的威胁。现实中，工业事故和职业病屡屡发生，职业劳动死亡率居高不下，工人开始自发地进行斗争，有的工人针对机器和生产工具，有的工人针对雇主。一方面，工人的斗争从自发逐步走向自觉，他们逼迫政府认识到缓和劳资关系的重要性。另一方面，一些进步人士，如空想社会主义者，在大胆抨击资本主义残酷性的同时，也努力为改善劳动者的生存条件而奔走呼号。

18 世纪末 19 世纪初，工人对工厂主的斗争经历了从自发到自觉的过程，后逐渐发展成工会运动，于是，英国政府对法律进行了一些调整，制定了一些"人道"的保护法律，这类法律多数与童工、女工等的生理劳动保护相关。尤其在缩短工时方面，这些法律一改过去向资本家倾斜的立场。1802 年，英国政府通过了《学徒健康与道德法》。该法规定，禁止纺织工厂雇佣 9 岁以下学徒，并且规定 18 岁以下学徒的劳动时间每日不得超过 12 小时，禁止学徒在晚 9 时到翌日凌晨 5 时从事夜间劳动。这就是所谓的"工厂立法"，被认为是现代意义上的劳动法的开端。工业，尤其是机器生产与工厂劳动，是人类社会形成新的生产关系——劳动关系的前提和发端，但英美法系与大陆法系所体现出来的劳动法产生的时间点、原因和路径各不相同。

劳动法源自 19 世纪初期英国的相关劳动立法，这类劳动立法主要针对劳动者，尤其是妇女、未成年劳动者。例如，限制雇主延长工作时间，以合理、道德、符合生理需求的劳动条件保护这类劳动者的身体健康。从《学徒健康与道德法》的名称上即可理解当时英国政府相关立法的动机。上述立法与普通法中的雇佣关系的法律调整逐步开始融合，前者属于强行法或者源于英美法系的劳动基准法。在多数大陆法系国家，资本主义社会形成时，工业发展相对滞后，加之受传统罗马法的影响，劳动法的产生与传统雇佣关系属于私法关系的社会化这一问题有关，也与对雇佣关系调整的矫正有关，这些国家并不像英国那样根据大量的劳动基准对劳工予以相应的社会保护，而是在雇佣关系方面，由民法调整转为劳动法调整。

2. 国外劳动法的发展

19世纪下半叶，随着资本主义的发展，国家积累的社会矛盾急剧增加，尽管工厂立法体现出国家对于工厂劳动所形成的社会关系——劳动关系的干预，但是，在主要资本主义国家，甚至在国际范围内，劳工（工人）运动风起云涌，社会主义思潮在欧洲大陆不断涌现。在此期间，不少国家的工会经历了从绝对被禁止、相对被禁止到完全被承认的过程。1871年英国公布了《工会法》，这是历史上第一部工会法。法国于1864年解除了罢工的禁令，并于1884年承认工人有组织工会的自由。从19世纪下半叶开始，集体劳动关系的调整成为劳动法的有机组成部分，这种调整意味着真正意义上的劳动法的形成，换句话说，针对工厂立法对于劳工的社会保护而言，工会法步入劳动法的体系，乃是劳动法发展的主要特征。20世纪上半叶，人类经历了两次空前的战乱，国际劳工（工人）运动出现低潮，劳动法亦曾出现过反复，不过20世纪30年代经济大萧条过后，以美国劳工关系法（塔夫脱-哈特莱法案）为代表的集体劳动关系调整达到了一个新高度。

第二次世界大战后，各国民主运动和发展中国家民族独立运动此起彼伏，不少发展中国家也相继颁布了劳动法。在东、西两大阵营形成后，资本主义阵营的劳动法和社会主义阵营的劳动法逐渐形成。随着东欧剧变，这些国家的劳动法逐渐向市场经济国家劳动法靠拢。与此同时，20世纪50年代后，在各国劳动法之外，社会保障法制亦取得长足进步。从劳动法向社会法的跨越，意味着许多劳资矛盾、劳资冲突在非此即彼的博弈中，有了更为广阔的腾挪空间。随之而来的是劳资关系的弹性管制、去管制的出现，劳动法领域中许多曾经被视为禁区的领域，如劳动派遣制度，获得了相应的立法支撑，雇佣变得更加灵活和弹性化。

（二）中国劳动法的产生、发展

我国自古以农立国，重农抑商。西方社会的工业化高潮期正值我国明清两代，因此我国错过了国家和平工业化的历史时期。19世纪中叶，在帝国主义的坚船利炮面前，全面溃败的清政府以一种急功近利的方式创办了中国的近代工业——洋务生产，洋务运动所创办的工厂、企业多为军事工业，虽然其形式是工业，但是这些工厂和企业并没有劳动法所依赖之雇佣劳动的社会土壤——资本与雇佣。

1. 中国劳动法的产生

辛亥革命后，中国很快陷入军阀混战。从1912年到1927年，北洋政府曾颁布过一些劳工法规，但是对于工会运动和工人权益维护采取暴力政策，曾镇压"二七"大罢工、枪杀工人领袖。这期间，孙中山实行"联俄、联共、扶助农工"政策，颁布了大量有利于劳工的相关劳动法规，但其实施的范围有限，对后世的影响一般。

1927年秋，国民政府定都南京，展开了大规模的立法，其中包含劳动立法。抗日战争全面爆发之前，工会法、工厂法、劳资争议处理法、团体协约法、劳动契约法、工资法等相继颁布。这些法律从立法技术角度看相对成熟，甚至出现了立法超前的现象，随着国民党政府败退台湾，其中部分法律经修订后仍在台湾地区适用。

中华人民共和国成立前，中央苏区、陕甘宁边区及东北解放区曾颁布过一些劳动法规、规章，相对而言，这些法规立法技术落后，对后世的影响较小。

2. 中国劳动法的发展

中华人民共和国成立后，党和政府高度重视劳动立法工作。1950年，《中华人民共和国工会法》（简称《工会法》）颁布，1951年，《中华人民共和国劳动保险条例》（简称《劳动保险条例》）颁布，此后，大量有关劳动保护方面的法律法规相继颁布。1956年社会主义改造完成之后，在劳动立法方面，我国颁布了大量法规、规章，劳动政策渐渐替代法律。"文化大革命"时期，法律虚无主义泛滥，劳动法更是消失在社会常识中。改革开放后，我国劳动立法及劳动法制逐步恢复，1986年7月，《国营企业实行劳动合同制暂行规定》颁布，劳动合同制度开始实施。1987年，我国恢复了劳动争议处理制度，尤其是1992年社会主义市场经济体制确立后，劳动立法步伐加快。1994年7月5日，《中华人民共和国劳动法》（简称《劳动法》）颁布，该法的颁布是劳动立法的里程碑。之后，国家颁布实施了若干劳动法律法规，主要包括《中华人民共和国安全生产法》（简称《安全生产法》）、《中华人民共和国职业病防治法》（简称《职业病防治法》）、《中华人民共和国劳动合同法》（简称《劳动合同法》）、《中华人民共和国就业促进法》（简称《就业促进法》）、《中华人民共和国劳动争议调解仲裁法》（简称《劳动争议调解仲裁法》）等，尤其是《劳动合同法》颁布实施以来，劳动法律渐成"活法"，法律实践越来越丰富和活跃。至今，劳动立法、司法与劳动行政执法已经构成新时期劳动法制建设的整体。

二、劳动法面临的挑战

自工厂立法，即以国家介入劳资关系、颁布实施以劳动基准为代表的劳动法产生以来，已经过了两个多世纪。这期间，人们经历了很多变化。例如，资本、劳动力量的此消彼长，劳工保护的高潮与低谷，以机器制造业为主的工厂法时代向多元产业适用劳动法的新时代的转变，从蓝领工人的社会保护时代到蓝领、白领一体化保护时代的跨越，从工作时间统一的劳动基准时代向工作时间逐渐弹性化时代的跨越。劳动法所面临的挑战越来越多。

1. 现实挑战

自 20 世纪 80 年代以来，世界范围内，劳资关系管制与去管制的博弈一直存在，管制弹性逐渐释放。客观上讲，社会保障法制的发展或多或少削弱了劳动法的功能和价值，一些国家工会参会率持续下降；同时，新自由主义兴起，劳动法去管制的声音对于劳工保护呈现出相应的负面影响。其中，劳动法上的新问题不断涌现，具体体现在以下两个方面：

（1）非典型用工数量大幅增加。自劳动派遣制度合法化以来，不少国家的劳动派遣用工数量在不断增加。我国自《劳动合同法》颁布实施以来，劳动派遣用工数量曾大幅上升，这对于派遣劳工的劳动保护而言，显然不利。此外，在非全时用工、远程用工等过程中都出现了劳动保护弱化的迹象。

（2）技术升级对劳动派遣用工制度产生冲击。随着互联网的出现，社会进入了"万物互联"时代，由互联网技术支持的网络平台用工成了现实中劳动者权益保护的难题。这些劳动者一直以来游离于劳动法保护的边缘，如何保护这些新时代的劳动者成为劳动法的现实难题。

2. 未来挑战

从劳动法的发展历程可以看出，基于劳资关系调整的劳动法自然受到劳资双方博弈、意识形态、经济发展等各种因素的影响。经济社会的未来决定劳动法的未来，可以预见的是，未来，技术替工现象将不断出现，但企业只有资本密集与劳动密集程度上的差异，过去不曾有今后也不会出现"零工经济"。一个生产型企业中可能不会有多少职工，而是存在大量机器人作业的现象。几个世纪之后，"机器"会逐渐向"人"转变并且将更加智能化，劳动者的岗位将越来越稀缺。传统社会的资本与劳动对抗模式是否会改变，这是一个值得思考的问题。不久的将来，那些脏、苦、累、重的工作岗位逐渐成为机器人的领地，劳动法调整的社会关系的宽度将被压缩，劳动者将逐渐"白领化"，甚至向之前劳动法不调整的"人事"关系领域拓展。弹性工作可能会越来越多，劳动法所面临的新问题将随着时代的发展而不断更新。

课程思政

回应现实挑战与问题的和谐劳动关系理论

党的十八大明确提出构建和谐劳动关系。在新的历史条件下，努力构建中国特色和谐劳动关系，是加强和创新社会管理、保障和改善民生的重要内容，是建设社会主义和谐社会的重要基础，是经济持续健康发展的重要保证，是增强党的执政基础、巩固党的执政地位的必然要求。各级党委和政府要从夺取中国特色社会主义新胜利的全局和战略高度，深刻认识构建和谐劳动关系的重大意义，切实增强责任感和使命感，把构建和谐劳动关系作为一项紧迫任务，摆在更加突出的位置，采取有力措施抓实抓好。

2015年3月21日《中共中央、国务院关于构建和谐劳动关系的意见》

（中发〔2015〕10号）

知识点2　劳动法的概念与调整对象

基本理论

一、劳动法的概念

劳动法的概念即回答什么是劳动法。劳动法的概念有多种表述，如"劳动法是关于劳动之法""劳动法为规范劳动关系及其附随一切关系之法律制度之全体"等。在我国，劳动法有狭义和广义之分。

（一）狭义的劳动法

狭义的劳动法是指国家最高立法机关制定公布的全国性、综合性或单行性的劳动法，一般以法典形式出现，如《劳动法》《劳动合同法》《劳动争议调解仲裁法》《就业促进法》等。

（二）广义的劳动法

广义的劳动法是调整劳动关系及与劳动关系有密切联系的其他社会关系的法律规范的总称。这一概念是我国劳动法学界公认的概念。劳动法学所研究的劳动法，不仅包括狭义的劳动法，而且包括全部劳动法律规范。广义的劳动法调整的是两部分社会关系，即劳动关系和与劳动关系密切联系的其他社会关系。上述概念是我国劳动法教学概念的通说，但是，关于劳动关系的认定，在现实生活、劳动仲裁及司法审判中，存在不少分歧。因此，对劳动法概念的阐释是在一个模糊概念的基础上进行的，实际上劳动法概念并不清晰。不过，劳动法学界都认同，在解析劳动法概念时，对有关劳动法上的劳动的解释须辅之以以下解释：

（1）劳动法上的劳动指有偿劳动（意味着劳动与报酬存在对价关系）。

（2）劳动法上的劳动是职业劳动，不是偶然劳务，其职业范围由国家统一设定。

（3）劳动法上的雇佣劳动发生在特定产业领域，其最初是第二产业中的工业，之后向第三产业（服务业）拓展。

《牛津法律大辞典》对劳动法的解释如下：与雇佣劳动相关的全部法律原则和规则，大致和工业法相同。它规定的是雇佣合同和劳动或工业关系法律方面的问题。上述解释是基于工厂法时代对劳动法所作的解释，英国劳动法中雇佣法部分属于典型的普通法，而劳动基准法，如劳动安全卫生法、产业关系法等，是相对独立的单元，这些法律与英国劳动法概念的形成有很大关系。

二、劳动法的调整对象——劳动关系

在我国法学教学领域，不同的法律部门调整各自不同的社会关系，并将这些不同的社会关系划分为不同的调整对象。这是法学中的重要基础理论。从劳动法的概念中可以明确劳动法的调整对象是两部分社会关系：劳动关系是劳动法调整的主要社会关系；除劳动关系外，劳动法还调整与其有密切联系的其他社会关系。因此，劳动法的调整对象是指劳动关系及与劳动关系有密切联系的其他社会关系。这里，我们重点讲劳动关系。

劳动法调整的劳动关系，是指在运用劳动能力、实现劳动过程中，劳动者与用人单位（雇主）之间的社会劳动关系。劳动关系应理解为：人们在劳动过程中，不仅与自然发生关系，而且同时与劳动中的人产生各种社会关系，这种社会关系非常广泛，但并不是所有与劳动有关的社会关系均由劳动法调整，有些与劳动有关的社会关系由其他法调整，如民法中的承揽关系等。由劳动法调整的劳动关系和劳动有直接关系，劳动是这种关系的基础和实质。劳动法调整社会关系中的劳动关系是一种笼统之说，劳动关系有不同种类。劳动关系是在用人单位（雇主）与劳动者彼此关系的基础上形成的一系列社会关系的总称。一般来讲，在社会生活中，劳动关系常常被界定在个别劳动关系的范围内，但劳动法不只调整个别劳动关系，也调整集体劳动关系、劳动行政关系、劳动服务关系等。

（一）劳动关系的性质

劳动关系作为劳动法的调整对象，首先具有客观性，即某类特定社会关系。劳动关系是社会关系的一类，对这类社会关系及它与其他社会关系的区别的认识又是主观的范畴，因此立法活动容易陷入盲目，司法和相关执法会越界。但是，自劳动法产生以来，经过立法确立和学界的不断认知，人们对其边界已逐渐形成一个相对清晰的认识。

劳动法调整的劳动关系，有若干种名称，如"劳资关系""劳动关系""雇佣关系""劳使关系"等。对这类社会关系，须从不同角度进行分析。

首先，劳动关系属于雇佣关系。从国外劳动法教科书、相关著述中我们不难发现这一点，如"employment law""employment contract"等概念的使用已经为人们所熟知，雇佣关系揭示了劳动法调整社会关系的本质。这里需要澄清的是，"雇佣"一词是一个相对成熟的概念，属于中性词语。雇佣现象由来已久，早在劳动法产生之前就存在雇佣现象，也曾产生过雇佣关系，农业社会中就有雇工、雇农等。此外，在近代劳动法产生之前，相关劳工法规就曾存在，而近代劳动法则是19世纪后以"工厂立法"的形式产生的。劳动法调整的对象属于雇佣关系，但并非全部的雇佣关系，也就是说雇佣关系并非都是劳动法的调整对象，如我国劳动仲裁、审判中所认定的劳务关系就是不受劳动法调整的雇佣关系。只是从性质上区分，劳动法调整的劳动关系一定是由雇佣关系引起的。

其次，劳动法调整的劳动关系是产业雇佣关系。产业雇佣关系在产业（工业）革命后，迅速成为一类社会普遍现象。马克思主义理论的重大贡献是揭示了雇佣劳动与剩余价值的关系。这一理论实际上是围绕产业社会中的雇佣劳动展开的。工厂劳动这种被普遍运用的雇佣劳动，创造了资本主义的繁荣，同时，工厂劳动产生了一类特定的社会关系——产业雇佣关系。长久以来，雇佣契约被视作一种单纯的债权债务给付的契约。其在履行时，国家公力从未直接进行干预，而从英国18世纪末、19世纪初在工厂设立工厂视察员制度开始，国家公力机构开始监督工厂雇佣契约的履行，即监督劳动条件的恶劣程度是否超过了工人生理、心理所能承受的范围。在工人劳动过程中，也就是在履行雇佣契约时，不仅要有双方当事人的合意，而且雇佣契约必须符合社会道德、国家法令。从此，调整工厂雇佣劳动的法律逐步迈出传统私法的范畴，形成了类似工作时间等的劳动基准。随后，工厂制度逐步向近现代企业制度迈进，劳动法调整的雇佣劳动关系也不再是工厂雇佣劳动关系，而逐渐转化为产业雇佣关系。所谓的产业雇佣关系包括两个层面的社会关系：一个层面是产业领域中的个别雇佣关系；另一个层面是产业领域中的集体（团体）雇佣关系。后一种在西方市场经济发达国家又被称为产业关系。

再次，劳动法调整的劳动关系是个别雇佣关系与以个别雇佣关系为基础而形成的集体劳动关系。几乎每一个产业发达的国家的劳动法都涉及集体劳动关系的法律调整，集体劳动关系是劳动法调整的对象之一，是劳动关系的有机组成部分。

最后，劳动法调整的雇佣关系是国家公力干预之后的私法关系。最初的雇佣关系的建立完全属于私人之间的事务，国家不会干预，也无力进行干预。因此，体现雇佣关系的雇佣契约的履行被单纯地视为一般的债权债务关系。劳动法产生之后，产业领域中的雇佣关系不再完全是双方当事人的意思自治，国家公力机构对这类社会关系开始实施干预，最为集中的表现是劳动基准的大量推行。

（二）劳动关系的特征

（1）劳动关系是社会劳动过程中发生的关系。劳动者付出劳务，用人单位（雇主）付出报酬并提供劳动过程所需要的生产条件和工作条件，劳动关系是双方在直接的劳动过程中发生的关系。

（2）劳动关系的主体双方是劳动者和用人单位（雇主）。劳动关系的主体双方各自具有独立的经济利益，劳动者提供劳务，要求获得相应的报酬和工作条件；用人单位（雇主）为获得经济利益，会要求劳动者付出劳务并尽力降低人工成本。

（3）劳动关系的主体双方在维护各自经济利益的过程中，地位是平等的。但客观上用人单位（雇主）的经济势力和其他因素，造成了劳动关系主体双方之间力量的不平衡，一般来说，资（用人单位一方）强劳（劳动者一方）弱是普遍存在的。

（4）劳动关系的主体双方存在管理和被管理关系，即劳动关系建立后，劳动者要依法服从用人单位（雇主）的管理和监督，遵守规章、制度，接受用人单位（雇主）的指挥命令。

（5）劳动关系不是一种或一类社会关系，可以从不同角度对其进行分类，它既可以分为个别劳动关系、集体劳动关系，也可以分为用人单位（雇主）与劳动者之间的劳动关系及其附随的社会关系。关于分类，后文还有详细的介绍。

以上劳动关系的特征，可以将劳动法调整的劳动关系与其他法律调整的与劳务有关的社会关系区别开来。在民事关系中，有关提供劳务的服务类社会关系有很多，如承揽合同关系、演出合同关系、出版合同关系、运输合同关系等，这些均不是劳动关系。因此，并非有劳务关系的双方当事人都能够形成劳动关系。

（三）劳动关系的种类

关于劳动关系，可以从不同的角度对其进行不同的分类。同时应注意，劳动关系因各国社会经济发展所处阶段不同、社会经济制度存在差异而有所不同。有些国家和地区的劳动法偏重对个别劳动关系的调整，有些国家和地区的劳动法偏重对集体劳动关系的调整。但它们有一个共同的宗旨，那就是维护劳动者的合法权益，为了劳动关系弱势一方的劳动者能够获得公平的对待而努力。基于上述劳动关系的性质和特征，劳动法调整对象上的劳动关系及其附随关系大体上可以从以下角度进行分类。

1. 个别劳动关系

所谓个别劳动关系，是一个用人单位与一个劳动者直接形成的劳动关系。多数情况下，这种劳动关系是用人单位与劳动者的劳动合同关系，但是，也有少量尚未建立劳动关系，或者说虽存在劳动合同关系，但不是合同本身形成的社会关系，如招聘关系、就业歧视所形成的权利关系，或者用人单位招用不适格劳动者（如童工或精神残疾劳动者）而形成的关系，等等。个别劳动关系是劳动法调整对象中的一大类劳动关系，尤其是在我国劳动法实务中，劳动争议案件更多体现在个别劳动关系领域。

2. 集体劳动关系

集体劳动关系，又称团体劳动关系，是指劳动者的团体组织——工会与用人单位、用人单位的组织（如商会、企业协会）之间形成的团体劳动关系。团体劳动关系中大部分是团体协议关系，我国称之为集体合同关系。集体劳动关系中，也有不少侵权类事件所形成的社会关系。此外，工会内部的成员之间、成员与工会组织体之间的关系因属于工会法本身问题，广义上也属于劳动法调整的劳动关系范畴。

3. 劳动行政关系

劳动行政关系是发生在政府相关部门或机构与用人单位（雇主）之间，因执行劳动基准所引发的监督管理与被监督管理的关系。随着大量的劳动基准的颁布，用人单位（雇主）须在劳动合同关系的基础上执行劳动基准，如工作时间、休息休假、劳动安全卫生，倘若用人单位（雇主）违反上述领域的劳动基准，政府相关部门或机构将对其进行行政处罚。此外，在日常生产经营活动中，政府相关部门或机构将监督用人单位（雇主）执行上述领域的劳动基准，这样一来，即形成相应的劳动行政关系。劳动行政关系亦属于劳动法调整的内容，被划入附随关系的序列。

4. 劳动服务关系

所谓劳动服务关系，是因劳动关系的建立或服务于劳动关系的建立而形成的一类社会关系。例如，职业介绍关系，职业介绍机构与劳动者、用人单位（雇主）之间形成的类似民事法律上的居间关系，但是，它不是居间关系，而是劳动法上特定的社会关系类型。职业介绍曾属于政府相关机构提供的服务，市场主体不能经营职业介绍业务；之后，职业介绍机构获得了相应的营业地位，属于市场主体。此外还有就业服务，如职业训练，相当于对劳动者进行技能提升或转岗培训类的经营业务。由此形成一类社会关系——劳动服务关系。虽然这类社会关系形式上类似民事关系，但其属于劳动法调整的对象。

总而言之，劳动法调整的对象以"劳动关系及其附随社会关系"或"劳动关系及与劳动关系有密切联系的其他社会关系"来解释并不清晰，但结合劳动关系的性质、特征、种类，可以归纳出劳动法的调整对象。我们透过对劳动法的调整对象的理解，也大体上可以理解劳动法的概念，甚至劳动法的范围和功能等。当然，即使如此，劳动法调整的劳动关系在微观领域仍存在模糊不清的现象，尤其是在区别个别劳动关系中的劳动法雇佣和民法上的雇佣的差别时，我们仍然需要以上述解释为基础进行甄别。

知识点3 劳动关系及其认定

基本理论

一、我国劳动关系认定实践与劳动关系认定的实质问题

劳动法的调整对象是若干类劳动关系的集合。劳动法既调整个别劳动关系，也调整集体（团体）劳动关系；既调整横向的劳资之间的劳动关系，也调整政企之间的纵向劳动行政关系。此外，劳动法还调整为建立劳动关系或辅助劳动关系而构成的劳动服务关系。上述劳动关系，属于广义的劳动关系，狭义的劳动关系仅仅是个别劳动关系。我国现实生活中存在的劳动关系认定问题，仅仅针对个别劳动关系而言。不论是劳动仲裁机构还是人民法院，在处理劳动争议案件时，常常就劳动关系认定问题进行专门的审理，以确认双方当事人是否存在劳动关系；亦有律师代理当事人的案件，或确认当事人与对方当事人之间存在劳动关系，或确认当事人与对方当事人之间不存在劳动关系。总而言之，"劳动关系的确认"成为劳动法上的一个焦点问题。由于我国社会保险关系建立的法律依据刚性不强，仅仅依赖社会保险法，社会保险法律关系并不能自然建立，而社会保险（如养老保险、医疗保险、失业保险、工伤保险）权益对于劳动者本人来讲，非常重要，尤其是劳动者遭受职业伤害后，当事人权利救济多半从认定劳动关系开始，没有劳动关系的存在，社保权益也将不保。因此，在我国，劳动关系的认定显得非常重要。

那么，劳动关系的认定到底是怎么回事呢？劳动关系的认定，实质上讲，并非区别个别劳动关系与其他劳动关系，而是确认是劳动关系。现实生活中，在我国认

定劳动关系的劳动争议案件中，其认定为劳动关系的，案件审理便就此展开；认定不是劳动关系的，也不是以"不属于劳动关系"的裁决形式出现，而是以区别劳动关系与劳务关系的形式作出相应的裁决。裁决认定为劳务关系的，不仅在劳动争议审理程序中会停止对案件的实质审理，而且针对这种"劳务"究竟是雇佣，还是承揽、演出、出版、代理等问题也不会给出明确的说法，只是笼统地称"劳务关系"。认定为劳务关系后，当事人的权利救济在劳动争议审理程序终止后，其他权利救济程序并不清晰。例如，人民法院审理确认为劳务关系的，并不是将案件直接移转到普通民事诉讼程序中展开审理，而是终止了审理。当事人再寻求普通民事救济亦相当困难。例如，当事人主张的请求权是补发工资，给付解除劳动合同的经济补偿金，申请认定工伤，等等，如果经审理认定不是劳动关系，那么这样的请求权在普通民事诉讼程序中更不予以支持。因此，"认定劳动关系"显得异常重要。这样的问题，其实质是当事人的权益是否属于劳动法保护的权益，是否应当由劳动法保护当事人。《中华人民共和国民法典》（简称《民法典》）颁布后，其中没有任何条款对民事雇佣予以规定，如果认定为劳务关系，无形中加大了当事人寻求权利救济的风险。因此，区别劳动法上的个别劳动关系与民法上的劳务关系的问题，就是我国劳动关系认定的实质问题，准确地说，劳动关系认定问题应该是区别劳动法上雇佣与民法上雇佣的问题。这个问题属于一个理论问题，在法律规定中并无确定劳动关系的"标准"性规定。

二、域外劳动关系界定的理论依据及法理形成

一般来讲，关于劳动关系是否存在，也就是劳动法上雇佣关系是否存在的问题，大陆法系体现的是区别劳动法上的劳动合同关系与民法上的雇佣合同关系，英美法系体现的是区别受雇劳动者与独立经营者之间的关系。大陆法系与英美法系在认定的理论依据上存在差异，但两大法系亦有异曲同工之处。

（一）大陆法系劳动关系认定之从属性原理

一般来讲，大陆法系国家辨析劳动关系成立与否，是基于雇员对雇主的从属性，以此认定两者之间存在劳动法上的雇佣关系，也就是劳动关系。这种从属性，可以细分为人格从属性、经济从属性和组织从属性三个方面。

1. 人格从属性

人格从属性是德国法律中的通说。第二次世界大战后，德国代表性学说认为，人格的从属劳动指除法律、团体协约、经营协定、劳动契约另有规定外，在雇主指挥命令下，由雇主单方决定的劳动场所、时间、种类等之他人决定的劳动。这种雇

员对于雇主的人格从属性，是认定雇员是否属于劳动法上劳动者的重要参考因素。所谓人格上从属性有无的认定，应取决于雇员工作的特性，其实并无适用于所有当事人的抽象标准，其主要参考因素有如下三个方面：

（1）受雇主指示权的约束。

（2）纳入他人（即雇主）的生产领域或劳动组织之内。

（3）劳务提供者如以全部的劳动力供利他之目的，受他人使用（指供雇主支配使用），以至于劳务提供者本身无法再支配自己的劳动力，且再无以企业活动参与市场运作之可能性者（即劳动力的纯粹利他性），即应具备人格上的从属性，故应属雇员。

从上述分析可看出，人格从属性集中体现在一方当事人是否受另一方的指挥命令。当然这种指挥命令是在一定的场所、时间、组织体内完成的。

2. 经济从属性

经济从属性意味着一方当事人的经济地位或收入所得依赖于对方当事人。经济上的从属性重点在于雇员并不是为自己的业务劳动，而是从属于他人的，为他人的经营目的而劳动，因此，其与经济上的不独立性显然是同一意义。受雇人既不是用自己的生产工具从事劳动，亦不能用指挥性、计划性或创作性方法对自己所从事的工作加以影响，收入所得由他人分配，这就是经济从属性的实质。经济从属性决定双方当事人的强弱，其也是日常生活中"资强劳弱"格局形成的基础。因此，一般而言，在劳资关系中，雇员先天上处于弱势地位，雇主拥有资本、生产资料，雇员只有劳动力，其只能依赖提供劳务而获得工资的这种方式，按照马克思所言，其是只能出卖劳动力的"无产者"。

3. 组织从属性

组织从属性更为强调劳动者在生产、经营团队中的地位，即雇员属于雇主组织的成员，其劳动行为构成雇主事业经营整体的一部分，为生产经营过程中必要的一环，尤其是在雇员人数较多、组织体相对复杂的情形下，这种组织从属性更加鲜明。这种组织上的从属性往往和人格从属性形成叠加，是判断劳动关系存否的重要因素。

（二）英美法系将雇主对雇员的控制性作为判断标准

英美法系并不存在劳动法上劳动合同与民法上雇佣合同的差别问题，而是对雇佣合同与独立经营合同关系加以区分，这实质上是大陆法系人格从属性、经济从属性的另一种表述。所谓控制性，即雇主对雇员控制程度的判定，类似于大陆法系雇主对雇员的指挥命令。当然对于这种"控制性"的判断并不是抽象的，而应与相关因素结合起来进行。

因此,英美法系依赖"控制性"理论认定劳动关系,须综合考虑以下因素,之后才能得出结论:①技能要求;②工具来源;③工作地点;④双方当事人关系持续时间;⑤雇主是否有权利分配额外的工作给雇员;⑥雇员能否决定开始的工作时间和工作时长;⑦报酬支付方式;⑧雇员在雇佣和提供帮助的过程中的角色;⑨该工作是否为雇主日常营业的一部分;⑩雇员是否在营业;⑪雇员利益内容;⑫雇员税收缴纳。这12项指标可以分别作为人格控制、经济控制和组织控制的指标。人格控制指标主要包括技能要求、双方当事人关系持续时间、雇主是否有权利分配额外的工作给雇员、雇员能否决定开始的工作时间和工作时长、雇员在雇佣和提供帮助的过程中的角色、该工作是否为雇主日常营业的一部分、雇员是否在营业、雇员税收缴纳。经济控制指标包括报酬支付方式、雇员利益内容。组织控制指标包括工具来源、工作地点。具体而言,如医生、律师等,往往被认定为独立营业者,医院和医生之间并不构成英美法系中的雇佣关系。

三、我国现实生活中劳动关系与劳务关系认定的理论与实践

我国劳动争议案件的仲裁和诉讼中,认定劳动关系与劳务关系的案件占据了很大一部分,其意义在前文已经说明。劳动者请求认定为劳动关系的,旨在获得劳动法的保护,而用人单位往往期望认定为劳务关系,以摆脱劳动法上用人单位的相关义务和责任。在国外,大陆法系、英美法系的上述理论已经逐渐沉淀,获得了法官、律师的一致认可,认定工作无非是具体案件中相关要素的衡量问题。这些要素皆非成文法律的规定,一种是理论阐述,一种是通过司法判例积累而形成的共识。但是,在我国,人们对该领域尚未形成共识,因此,认定劳动关系与劳务关系时,在主观判断之下,不同地区的法官、仲裁员裁决的结论可谓五花八门。换言之,劳动关系认定需要理论与实践的有机结合,它既需要实践中的认知统一,也需要学理的支撑,尤其后者至关重要,是解决认知分歧的关键。但是,我国至今尚未形成认知一致的劳动关系认定理论。因此,本书在整合上述大陆法系劳动关系认定从属性理论、英美法系劳动关系认定控制性理论的基础上,结合多元因素,归纳出认定劳动关系所依赖的各种因素。

1. 劳动关系一定是雇佣关系

劳动关系的形成溯源于雇佣关系,雇佣关系在劳动法产生之前已经存在。雇佣关系具有从属性,受雇一方须接受雇佣一方的指挥命令。区别雇佣关系与承揽关系的关键点在于提供劳务一方的劳动是否受对方当事人指挥命令、是否具备从属性,

如同大陆法系国家中德国认定劳动关系的标准基于雇员对雇主的从属性标准一样，认定劳动关系，首要的是确定为雇佣关系。

2. 劳动关系是产业关系

何为产业？产业是国家统一规定产业目录中的产业，大的产业分类为第一产业、第二产业、第三产业。农业属于第一产业，在我国只有少部分地区的农业实现了企业化经营、商品化经营，这类农业企业的雇佣属于劳动法上的雇佣，双方当事人之间形成了劳动关系；第二产业、第三产业全部属于劳动法上的雇佣，双方当事人的关系属于劳动关系，如交通运输业、制造业、采掘业、餐饮服务业等，这些产业领域的雇佣关系一定是劳动关系。

3. 劳动关系属于继续性关系

劳动关系的继续性有长有短，但不是偶然劳务关系。例如，教师在本职工作所在单位以外的其他单位做临时学术讲座，医生在本单位以外的其他医院临时出诊或做手术，律师接受委托诉讼等皆属于偶然劳务，并不具有继续性。因此，双方当事人之间形成的不是劳动关系，而是劳务关系。

4. 职业性

这种职业性指劳动者从事职业的类别。国家颁布了若干职业分类大典和相关目录，类似电工、钳工、焊工、调酒师、驾驶员等都能在职业分类中找到，一个岗位是否有相应的职业分类中的名目是确定这种劳动是否具备继续性、是否具备产业属性、是否属于偶然劳务的另一种判断标准。

5. 雇主的单位属性

我国劳动法规定的劳动关系主体双方：一方为用人单位，另一方为劳动者。换言之，一方主体为自然人，另一方主体不属于自然人。有些雇佣是自然人之间的雇佣，如城市家庭通过个人介绍或其他原因直接雇佣的家庭保姆，农民雇佣他人帮助自己放羊、放牛、收割庄稼等，皆不属于劳动法上的雇佣，双方当事人之间的关系不属于劳动关系。当然，有些雇佣形式上属于私人之间的关系，如工程承包中的包工头与农民工之间看似属于私人之间的雇佣，但这种雇佣存在于一个工程的完成中，换言之，包工头或者包工单位的上游一定有一个有资质的工程建设单位，它具备法人资格，用人单位的劳动法义务应当由具备资质的建设单位承担。

综上所述，劳动关系认定是一个实务问题，更是一个理论问题，影响劳动关系认定的因素较为复杂，不是只有从属性一个要素，而是上述若干要素的集合。认定为劳动关系的，提供劳务的一方或者受雇的一方就能获得劳动法的保护；不被认定为劳动关系的，当事人就无法获得劳动法的保护。

现实生活中，我国对特殊工作岗位或特殊职业劳动者的劳动关系认定存在不少分歧，这些岗位上的劳动者有的已经纳入劳动法保护的范围，有的则游离于劳动法保护范围之外。这些劳动者具体包括家政工、保安、农电工、乡邮员、保险代销员、导游、退休劳动者、挂靠与承包中的劳动者、平台骑手等。承包经营的出租车司机与出租车公司之间的关系曾经不被视作劳动关系，而是承包关系，如今出租车司机在劳动法上的劳动者地位已经获得了支持，他们与出租车公司之间的劳动关系已经得到确认，而对家政工、农电工、乡邮员、平台骑手、保险代销员、退休劳动者等的劳动关系认定还存在严重的认知分歧。保安等属于派遣劳动者，已经获得劳动法上劳动者的认可，保安与保安公司之间存在劳动关系。其他特殊工作岗位或特殊职业劳动者同样须参考上述认定劳动关系的各种因素来认定劳动关系。

课程思政

确认劳动关系以保护劳动者合法权益的依据

《关于确立劳动关系有关事项的通知》（劳社部发〔2005〕12 号）为司法实践中确认劳动关系提供了从属性判断标准，即"用人单位依法制定的各项劳动规章制度适用于劳动者，劳动者受用人单位的劳动管理，从事用人单位安排的有报酬的劳动""劳动者提供的劳动是用人单位业务的组成部分"。这是司法实践中法官断案的重要依据，也是我国劳动法实践的制度成就。这个规范深入人心，有助于构建和谐劳动关系。

知识点 4 劳动法的体系与劳动法的定位

基本理论

一、劳动法律体系的构成

（一）法律体系的内涵

法律体系（法学中有时也称为法的体系）通常是指一个国家全部现行法律规范分类组合为不同的法律部门而形成的有机联系的统一整体。简单地说，法律体系就是部门法体系。部门法，又称法律部门，是根据一定标准、原则所制定的同类规范的总称。第一，法律体系是一个由国家全部现行法律构成的整体。第二，法律体系是一个由法律部门分类组合而形成的呈体系化的有机整体。第三，法律体系的理想化要求是门类齐全、结构严密、内在协调。第四，法律体系是客观法则和主观属性的有机统一。中国特色社会主义法律体系包含七个大的法律部门，其中之一是社会法门类，包含劳动法与社会保障法，这是与人民生活密切相关的法律制度，被称为"民生法律"，而劳动法又是由若干单行法律、行政法规、地方性法规及政府和部门规章，以及其他法律规范组成的一个支体系。

（二）我国劳动法律体系

我国劳动法律体系分为实然（已经颁布实施）的劳动法律体系和应然（应当颁布）的劳动法律体系。一般来讲，宪法上的劳动法规范、劳动法律或相关法律中的劳动法规范、行政法规、行政规章、地方性法规和地方规章等皆属于劳动法律体系的组成部分，它们构成了一个整体。以法律的形式颁布的劳动法律规范包括《劳动法》《安全生产法》《职业病防治法》《就业促进法》《劳动争议调解仲裁法》《劳动合同法》《工会法》，以及《中华人民共和国职业教育法》（简称《职业教育法》）和《中华人民共和国矿山安全法》（简称《矿山安全法》）等。体现为行政法规形式的劳动行政法规和地方性法规、规章数量庞大，这里不再列举。相对而言，《劳动合同法》《劳动争议调解仲裁法》的影响力较大，其法律的适用性更强。

但是，我国劳动法律体系并不健全，仍有许多法律制度需要完善，也有许多法律制度亟待颁布以填补空白，如解雇保护法、集体合同法、反就业歧视法、工资法、工作时间及休息休假法、职业训练法、劳动审判法等。

二、劳动法的定位

劳动法的定位，也称劳动法的地位，指的是劳动法在法律体系中的功能、价值及与相邻法律制度之间的关系问题。法律制度源于社会生活，其目的是调整特定的社会关系。劳动法是很多国家和地区普遍存在的法律制度，也是重要的法学教育的内容。劳动法与民法、社会法、行政法及刑法等有密切的联系。

（一）劳动法与民法的关系

近代民法以所有权绝对、契约自由和过失责任为标志，曾在资产阶级革命和缔造市场主义中发挥过巨大作用，尤其是在市场发育阶段，民法的价值是巨大的。然而，自由本身是一把"双刃剑"，在资本主义跨越自由主义阶段的历史时期，自由应受到限制已被大多数人认同。劳动法与民法的关系集中体现在契约关系上，即体现在雇佣合同与劳动合同的联系和区别上，并由该契约关系而衍生出职业伤害从民法侵权行为法向劳动法劳灾补偿社会化，继而向社会法之工伤补偿制度的演进。劳动法与民法之间的联系是密切的，这种联系不仅体现在劳动法产生过程中与民法有逐渐分离的历史背景方面，而且体现在劳动法在调整部分社会关系时仍不能离开民法法理的依托方面。

（二）劳动法与社会法的关系

产业社会形成后，职业风险成为一类特别风险。职业风险有时也称为劳动风险，如劳动者在劳动过程中因工业事故而伤残或患职业病，劳动者患病、年老。此外，资本主义生产力与生产关系的内在矛盾所导致的通货膨胀和经济危机加重了这种职业风险。劳动者单纯依赖在健康条件下获得的收入而形成的积蓄能够应付一时之急，却无法应对长久的生活。劳动者因患病、年老、职业伤害等而产生的职业风险，也不可能全部在劳资博弈中求得解决。甚至有些职业风险，如劳动者年老，并非雇主过错。劳动者年老后不能提供职业劳动，进而没有收入，产生职业风险，但是不能将该风险强加于用人单位。因此，社会法是职业风险遮蔽的保护伞，也是劳动法"升格"后的产物。

（三）劳动法与行政法的关系

劳动法与行政法有着密切的联系。马克思在《资本论》中所论述的童工调查委员会、工厂视察员等制度，就是现代劳动监督检查制度的雏形。当时童工调查委员会、工厂视察员通过实地调查，并向相关部门提供调查报告，对工厂主的违法行为进行纠正，而在当代，各国劳动法中都规定了劳动监督检查制度，该制度的建立是国家干预产业关系的范例。行政法与劳动法在劳动监督检查领域存在法律制度的竞合或法律的双重调整。一方面，在劳动监督检查制度中，法律赋予相关行政部门或机构劳动行政执法的权力，它们可以依据法律的规定实施其行政行为，当然，在行政行为违法时，其也要依法承担行政法上的责任；另一方面，劳动保障行政部门或机构依据劳动法的规定实施劳动监督检查行为，对产业雇佣劳动实施干预，而弱势一方——劳动者的权益，本身属于劳动法的范畴。

（四）劳动法与刑法的关系

一般来讲，多数国家和地区在劳动法领域有罪与罚的法律规范。当代劳动刑法规范所涉及的领域十分广泛，主要体现在劳动安全卫生法律制度、集体劳动关系法律制度及其他劳动法律制度之中。

我国刑法实行罪刑法定、无罪推定等原则，凡刑法未有明确规定者，皆不能对嫌疑人定罪并实施刑罚，而我国刑法条款中只规定了重大劳动安全事故罪、强迫劳动罪、雇用童工从事危重劳动罪等劳动刑法规范，我国劳动刑法的完善仍有很长的路要走。

知识点 5　劳动法中的基本权利

基本理论

一、基本权利的形成与划分

基本权利理念的形成有其历史轨迹，西方学者一般从人权保障的立场阐释基本权，这种基本权理念的形成，是基于中世纪人民自由被严重束缚而人民要求自由的结果。资产阶级革命后，人民的自由和对公权的约束成为制度构建的基石，这种理念最终成为人权理论和基本权利制度打造的基础。资产阶级革命初期的基本权利创制，一般指自由、平等、独立等权利的维护，与封建君权至上形成对立，显示了相当的历史进步意义。现阶段基本权利可划分为以下几类：

（1）自由权，即行政机关或司法机关没有法律依据，不得限制个人自由，包括身体自由、信仰自由、迁徙自由、集会结社自由等。

（2）受益权，即个人为了自身利益请求国家机关为某种行为以获得某种利益的权利，如请愿权、诉愿权、诉讼权、受教育权等。

（3）参政权，包括选举权、罢免权、创制权、复决权等。

（4）平等权，即不因阶级、性别、民族、种族、年龄等因素而产生差别待遇的权利。

（5）生存权，即个人在社会发展过程中获得生存保障的权利、劳动的权利和财产受保障的权利等。

二、劳动基本权

劳动法上的劳动基本权大体上分为团体劳动关系领域的劳动基本权和个别劳动关系领域的劳动基本权两大类。

（一）团体劳动关系领域的劳动基本权——"劳动三权"

所谓"劳动三权"，指团体劳动关系领域劳动者以团体力量抗衡资方（雇主）的三项权利，即团结权（亦称结社权）、交涉权（亦称集体谈判权）和争议权（亦称斗争权、行动权或罢工权等），这三项劳动基本权是劳动法上的基本权。结社权形成的实质在于：通过结社形成强有力的权利集合，以对抗强势一方的欺凌，或抵御风险。劳动者的结社权是基于对抗资方自由结社的必要，由于资方的自由结社，资方人格虚拟化，力量越来越强大，劳动者如果没有结社组织，没有团体力量与之对抗，劳资双方力量将更加不平衡，劳资关系将更加扭曲。因此，劳动者结社从自发到自觉，从非法到合法，最终劳动者的结社权成为宪法规制的基本权利。劳动者结社而成的团体，与劳动者个体相比，力量要强大许多，自然能够形成与雇主交涉的团体力量，但是，这种交涉的力量如果没有法律上的权利，自然也无法达到结社的目的。交涉权成为劳动基本权是一个历史的过程，即经历了无数次的工人运动和权利斗争，工会合法化之后，交涉权才成为劳动基本权。即使获得了交涉权，劳动者通过交涉、谈判，也不一定能够取得应有的劳动权利，交涉无果或谈判失败的情形总是在不断发生。在劳动者最低要求无法满足、交涉无果的情势下，作为劳动者团体的工会具有相应的采取行动的权利，该项权利是工会的最后手段，也是劳动者抗争的最后手段，目的在于迫使雇主满足劳动者的相应劳动条件。这最后的手段，通常来讲，就是罢工，于是罢工权实质上乃是劳动者斗争权的具体形式。上述"劳动三权"相辅相成，缺少其中任何一项基本权，其他两项基本权便无所依存。

（二）个别劳动关系领域的劳动基本权

相对而言，个别劳动关系领域的劳动基本权大体包括以下几种。

1. 劳动权

《中华人民共和国宪法》（简称《宪法》）第42条第1款规定："中华人民共和国公民有劳动的权利和义务。"这里需要指出的是，公民劳动权被创制为劳动基本权，对劳动者而言，是获得职业劳动机会的权利。该项权利是消极意义上的劳动权，即当他人或组织对劳动者的劳动权的行使制造了障碍时，劳动者具有相应的请求权。

劳动者的劳动基本权并不能独立地实现，而是与其他权利一体实现，尤其是体现在具体的劳动关系中，其具体的劳动权利的实现与劳动基本权之劳动权密切相关，该项权利亦称"工作权"。

2. 休息权

《宪法》第43条规定："中华人民共和国劳动者有休息的权利。国家发展劳动者休息和休养的设施，规定职工的工作时间和休假制度。"劳动者的休息权是一项重要的基本权利，是生命健康权的另一种体现。与劳动权相对应，有劳动便有休息。劳动者的休息权通过劳动法上具体规定的工作时间和休息休假制度得以实现。

3. 工作平等权

工作平等权，亦称平等就业权，《宪法》第48条规定："中华人民共和国妇女在政治的、经济的、文化的、社会的和家庭的生活等各方面享有同男子平等的权利。国家保护妇女的权利和利益，实行男女同工同酬，培养和选拔妇女干部。"《宪法》在规定性别的平等就业权的同时，也规定了民族、种族及其他方面的平等就业权，防止职业歧视。

实训

【实训情境】

张某系董某丈夫，2021年11月16日，董某到家政中心求职，填写了求职登记表，与该中心签订了《员工服务协议》，并交纳了20元的求职登记费。2021年11月17日，家政中心推荐董某进入案外人罗某家工作，工作内容主要是照顾罗某父亲的饮食起居，吃和住都在罗某家。2021年12月24日下午，董某在罗某家突发疾病，当日下午2时许，进入贵阳市某医院进行住院治疗，于2021年12月26日11时死亡。案外人罗某于2021年7月7日同家政中心签订《家政服务协议》，约定由家政中心推荐服务员在客户处提供照顾不能自理的老人、做家务等服务，由客户包吃包住，协议期限为2021年7月7日至2022年1月7日。

张某以家政中心为被告提起诉讼。

《员工服务协议》部分条款约定的内容如下：

第1条：甲方（家政中心）安排到客户家的员工，员工必须服从客户的安排，尽量满足客户的要求。

第4条：乙方（家政服务员）与甲方签订服务协议后，必须遵守协议签订的期限，如有特殊情况要求提前解除服务协议，必须提前一周向甲方申请，经甲方协调另外安排其他员工替换后方可离开，否则扣发当月工资，无正当理由解除服务协议的，视为放弃当月工资。

第9条：乙方工作休息时间按家政中心规定，每周休息1天（重病护理人员每月休息2天）；节假日休息时间按家政中心规定，元旦、五一、中秋节各休息1天，国庆节休息2天，春节休息3天。法定节假日用工，按照国家规定执行加班工资计发（育儿嫂工作休息时间由双方协商解决）。

第10条：乙方每月10日下午2点到公司进行业务培训学习，如遇星期天，就提前到星期六。

一审法院认为，董某与家政中心签订的《员工服务协议》并不符合劳动合同关系的特征，双方也没有达成劳动关系的合意。因此，双方之间不存在书面劳动合同。此外，家政中心为董某提供的服务实际上也仅为职业介绍，并没有在事实上负责过董某的工资、考勤、监督、管理等工作，董某也没有证据证明在事实上接受了家政中心对其的管理。因此，双方之间不存在事实劳动关系，而是职业介绍关系。故判决驳回原告的全部诉讼请求。

二审法院认为，根据该《员工服务协议》载明的内容，双方对董某的工作内容、工资情况、作息时间等进行了约定，可以认定董某接受了家政中心的安排，到业主处进行家政服务，故家政中心与董某签订的协议名称虽为"员工服务协议"，实为劳动合同，双方之间存在劳动关系。判决如下：撤销一审判决，支持张某的诉讼请求。

在认定劳动关系时，书面劳动合同是关键证据。所谓书面劳动合同，即约定用人单位与劳动者权利义务关系的书面协议。因此，对于劳动合同的认定，应当看协议内容是否符合劳动合同的基本要件。根据该《员工服务协议》载明的内容，双方对家政服务员的工作内容、工资情况、作息时间、业务培训、协议的履行与解除及违约责任等进行了约定。另外，家政中心与雇主于2021年7月7日签订的《家政服务协议》的约定内容与《员工服务协议》的主要内容一致，可以认定家政服务员接受家政中心的安排，到业主处进行家政服务。故家政中心与家政服务员签订的协议名称虽为"员工服务协议"，实为劳动合同，双方之间存在劳动关系。

【实训任务】

掌握劳动关系认定的参考因素，熟悉认定劳动关系的判断标准。

【实训方法】

1. 8名学生组成模拟法庭，其中审判员3名、当事人各1人、双方代理人各1人、书记员1名，展开本案审理。

2. 认定劳动关系需要考量的各种要素，甄别各种证据。

3. 辅导教师予以点评。

练习题

一、单项选择题

1. 下列社会关系中，属于劳动法调整的劳动关系的是（　　）。
   A. 劳动者甲与劳动者乙发生的借款关系
   B. 劳动者按国家房改房政策购买用人单位原分配住房而发生的关系
   C. 农民李某被某饭店录用为服务员而发生的关系
   D. 两个企业因并购而发生的关系

2. 我国《劳动法》颁布的时间是（　　）。
   A. 1994年1月1日　　　　　　　　B. 1994年7月5日
   C. 1995年1月1日　　　　　　　　D. 1995年7月5日

3. 我国《劳动法》第2条规定："在中华人民共和国境内的企业、个体经济组织（以下统称用人单位）和与之形成劳动关系的劳动者，适用本法。国家机关、事业组织、社会团体和与之建立劳动合同关系的劳动者，依照本法执行。"依照该条款，下列劳动者适用《劳动法》的是（　　）。
   A. 南通市环境保护局招用的环卫工人　　B. 北京社会科学院某研究所研究员
   C. 中国科学院计算技术研究所所长　　　D. 北京协和医院内科医生

4. 我国尚未颁布的劳动法律是（　　）。
   A. 劳动法　　　　　　　　　　　B. 劳动合同法
   C. 劳动争议调解仲裁法　　　　　D. 解雇保护法

5. 下列社会关系中，属于劳动关系的是（　　）。
   A. 个体经济组织与其雇佣的帮工之间的关系
   B. 承揽人与定做人之间的关系
   C. 企业中劳动者之间的关系
   D. 国家机关与其公务员之间的关系

二、多项选择题

1. 劳动法调整的社会关系包括（　　）。
   A. 乡镇企业与农民工之间的关系
   B. 某市市政公用局与该局劳资科科长之间的关系
   C. 某化工公司与该公司材料科科长之间的关系
   D. 某加油站与该站站长之间的关系

2. 以下社会关系属于劳动法调整的是（　　）。

A. 个体户与其家庭成员共同劳动形成的共同劳动关系

B. 计算机公司与该公司某程序设计员之间因劳动争议发生的关系

C. 工会与企业之间的关系

D. 有关国家机关因执行劳动法进行监督而发生的关系

3. 我国民国时期颁布的劳动法律包括（　　）。

A.《工会法》　　　　　　　　　　B.《劳动争议处理法》

C.《团体协约法》　　　　　　　　D.《劳动基准法》

4. 我国劳动法调整的劳动关系具有以下特征（　　）。

A. 劳动关系是在实现劳动权过程中所发生的关系

B. 劳动关系的双方当事人，一方是劳动者，另一方是用人单位

C. 劳动关系双方是平等的，不具有从属性

D. 劳动关系当事人双方存在管理与被管理关系

5. 以下属于劳动法上劳动基本权的是（　　）。

A. 团结权　　　　B. 交涉权　　　　C. 斗争权　　　　D. 平等就业权

单元 2 劳动合同法律制度

🎯 学习目标

1. 理解劳动合同的概念、种类。
2. 掌握书面劳动合同制度、劳动合同的内容。
3. 了解劳动合同的生效制度、履行与变更制度。
4. 掌握劳动合同的解除制度、终止制度,以及经济补偿制度。
5. 理解非典型劳动合同的类型,熟悉非全日制劳动合同、劳务派遣制度。

💡 要点提示

1. 劳动合同,是劳动者与用人单位确立劳动关系、明确双方权利和义务的协议。劳动合同可分为固定期限劳动合同、无固定期限劳动合同和以完成一定工作任务为期限的劳动合同。

2. 劳动关系自用工之日起建立,用人单位应当与劳动者订立书面劳动合同。用人单位自用工之日起超过1个月不满1年未与劳动者订立书面劳动合同的,应当向劳动者每月支付2倍的工资。

3. 以欺诈、胁迫的手段或者乘人之危,使对方在违背真实意思的情况下订立或者变更劳动合同的,劳动合同无效。

4. 用人单位与劳动者应当按照劳动合同的约定,全面履行各自的义务。

5. 以劳动合同解除的方式为标准,劳动合同的解除可分为协议解除和单方解除。以解除的主体为标准,单方解除可分为劳动者单方解除和用人单位单方解除。以行使解除权是否需要预告为标准,单方解除可分为单方预告解除和单方即时解除。

6. 经济补偿是劳动法中一项具有特色的制度，依法支付经济补偿金是用人单位的法定义务。

7. 非典型劳动合同包括非全日制劳动合同、劳务派遣。

知识点 1　劳动合同概述

导入案例

案例 2-1　单位拒签无固定期限劳动合同构成违法解除劳动合同

2016 年 9 月 1 日，重庆某公司与姚某签订《劳动合同书》，劳动合同期限自 2016 年 9 月 1 日至 2019 年 8 月 31 日。2019 年 8 月 27 日，重庆某公司再次与姚某签订《劳动合同书》，期限为 2019 年 9 月 1 日至 2022 年 8 月 31 日。2022 年 8 月 18 日，重庆某公司当面向姚某发出《〈劳动合同书〉终止通知书》，告知姚某双方劳动合同期满后，将不再与其签订劳动合同。姚某当场拒绝签收，并向重庆某公司提出续订无固定期限劳动合同的要求。

2022 年 9 月 1 日，重庆某公司向姚某支付解除劳动合同的经济补偿、工资、未休年休假工资。姚某向当地劳动仲裁机构申请仲裁，要求重庆某公司支付违法解除劳动合同的赔偿金。劳动仲裁机构支持重庆某公司支付姚某违法解除劳动合同的赔偿金。一审法院判决重庆某公司不支付姚某违法解除劳动合同的赔偿金，姚某不服，提起上诉，法院终审判决重庆某公司支付姚某违法解除劳动合同的赔偿金。

导入案例分析

基本理论

一、劳动合同的概念、特征和性质

（一）劳动合同的概念

劳动合同，亦称劳动契约、劳动协议。劳动合同是劳动者与用人单位确立劳动关系、明确双方权利和义务的协议。我国劳动合同的当事人为劳动者与用人单位。其中劳动者一方，不论称之为雇员、受雇人、劳工、雇工、职工、员工还是工人等，均系为获取报酬而提供职业劳动的自然人；用人单位一方，不论称之为雇主、雇方还是雇用人等，乃接受劳动者所提供的劳动并支付报酬的社会组织。

（二）劳动合同的特征

1. 从属性

从属性是劳动合同最突出的特征。从属性包含人格从属性、组织从属性和经济从属性。人格从属性是指用人单位支配劳动者的劳动力从而支配劳动者的人格，表现为对劳动者的监督指挥。组织从属性是指劳动者被安置在用人单位的经营组织体系中从事劳动，这使得企业规章制度成为协调劳动关系的重要依据。经济从属性是指劳动者非为自己，而是为用人单位的利益进行劳动，并通过亲自劳动来获取劳动报酬。

2. 继续性

劳动合同是一种典型的继续性合同。劳动合同中的劳动给付不能一次给付，即使合同目的实现，劳动者的给付总额亦难以自始确定，时间因素在合同履行上占有重要地位。因此，劳动合同属于不完全契约。

3. 附和性

劳动合同的条款往往是在缔约前由用人单位单方预先拟定的，劳动者只能附和。附和性表现为订立劳动合同附和化、劳动条件附和化、企业劳动规章制度的制定和实施附和化。

4. 关系性

劳动关系有着丰富的社会意义，在用人单位指使劳动者劳动的背后隐藏着复杂的社会关系。劳动合同的关系性表现为围绕着用人单位指挥管理和劳动者给付劳动而存在着多种复杂关系，这为劳动合同的法律规制提供了正当性基础。

（三）劳动合同的性质

关于劳动合同的性质，有身份契约说、租赁契约说、劳动加工说和特种契约说之分，特种契约说是通说。特种契约说认为劳动合同不同于民法上的已有典型合同，而是一种新的独立合同类型。我国的劳动合同是独立于民法上合同的具有自身属性的由劳动法调整的合同。

> **课程思政**
>
> **从身份到契约仍然是国有企业改革的重要目标**
>
> 建立健全企业各类管理人员公开招聘、竞争上岗等制度,对特殊管理人员可以通过委托人才中介机构推荐等方式,拓宽选人用人视野和渠道。建立分级分类的企业员工市场化公开招聘制度,切实做到信息公开、过程公开、结果公开。构建和谐劳动关系,依法规范企业各类用工管理,建立健全以合同管理为核心、以岗位管理为基础的市场化用工制度,真正形成企业各类管理人员能上能下、员工能进能出的合理流动机制。
>
> 2015年8月24日《中共中央、国务院关于深化国有企业改革的指导意见》
>
> (中发〔2015〕22号)

二、劳动合同的种类

根据不同的标准,劳动合同可以有不同的分类。例如,劳动合同可依据其典型性分为典型劳动合同和非典型劳动合同,可依据其形式分为书面劳动合同和非书面劳动合同。根据期限对劳动合同的划分形成了我国劳动合同的三个法定种类:固定期限劳动合同、无固定期限劳动合同和以完成一定工作任务为期限的劳动合同。

(一) 固定期限劳动合同

固定期限劳动合同是指用人单位与劳动者约定合同终止时间的劳动合同。用人单位与劳动者协商一致,可以订立固定期限劳动合同。固定期限劳动合同的期限由用人单位与劳动者协商确定,没有长度限制。合同期限届满,合同终止。如双方协商一致,还可续订合同。我国实践中固定期限劳动合同运用较多,大量的劳动合同都是固定期限的,以至于出现了固定期限劳动合同常态化、本位化、短期化的现象。引导用人单位与劳动者订立无固定期限劳动合同,限制固定期限劳动合同的签订,是劳动合同法的重要取向。

(二) 无固定期限劳动合同

无固定期限劳动合同是指用人单位与劳动者约定无确定终止时间的劳动合同。无固定期限劳动合同即不定期劳动合同。无固定期限劳动合同能够制约用人单位滥用合同期限制度,有利于稳定劳动关系、平衡双方利益。多数国家和地区均将无固定期限劳动合同作为劳动合同的主导形式，劳动合同法也鼓励订立无固定期限劳动合同。

用人单位与劳动者协商一致，可以订立无固定期限劳动合同。有下列情形之一，劳动者提出或者同意续订、订立劳动合同的，除劳动者提出订立固定期限劳动合同外，应当订立无固定期限劳动合同：①劳动者在该用人单位连续工作满10年的；②用人单位初次实行劳动合同制度或者国有企业改制重新订立劳动合同时，劳动者在该用人单位连续工作满10年且距法定退休年龄不足10年的；③连续订立2次固定期限劳动合同，且劳动者没有《劳动合同法》第39条和第40条第1项、第2项规定的情形，续订劳动合同的。其中，劳动者连续工作满10年的起始时间，应当自用人单位用工之日起计算。

在上述三种情形下，劳动者提出订立无固定期限劳动合同的，用人单位应当与其订立无固定期限劳动合同。对劳动合同的内容，双方应当按照合法、公平、平等自愿、协商一致、诚实信用的原则协商确定；对协商不一致的内容，适用集体合同规定；没有集体合同或者集体合同未规定劳动报酬的，实行同工同酬；没有集体合同或者集体合同未规定劳动条件等标准的，适用国家有关规定。用人单位违反《劳动合同法》的规定不与劳动者订立无固定期限劳动合同的，应自应当订立无固定期限劳动合同之日起向劳动者每月支付2倍的工资。用人单位自用工之日起满1年不与劳动者订立书面劳动合同的，视为用人单位与劳动者已订立无固定期限劳动合同。

（三）以完成一定工作任务为期限的劳动合同

以完成一定工作任务为期限的劳动合同是指用人单位与劳动者约定以某项工作的完成时间为合同期限的劳动合同。例如，以一项工作或工程的完毕之时作为劳动合同的终止期限。这里的"一定工作任务"应具有一定的独立性，一般适用于单项工作、可按项目承包的工作、因季节性原因临时用工的工作等。以完成一定工作任务为期限的劳动合同的终止时间一般在订立时不能准确确定，要视工作或工程的进展情况而定，但最终总是要完成的，其完成时间一般是可以大致预期的。因此，其实际上是一种特殊的固定期限劳动合同。

相关法律法规

1. 《劳动法》第16条
2. 《劳动合同法》第12条～第15条

知识点 2　劳动合同的订立

导入案例

案例 2-2　"职业培训"是否可以约定服务期及其效力问题

袁某系厦门市某集装箱储运有限公司（以下简称储运公司）的集装箱牵引车司机，袁某与储运公司签订了期限自 2021 年 6 月 19 日至 2023 年 6 月 18 日的《劳动合同书》，且袁某在入职培训申请书中承诺若在合同期满前离职或辞职，则赔偿储运公司车辆油料费及车辆损耗费 3 000 元。2021 年 9 月袁某提出离职申请。2022 年 7 月，储运公司向厦门市某区劳动仲裁委员会提起仲裁，要求袁某赔偿储运公司培训费用及车辆损耗费 3 000 元。

厦门市某区劳动仲裁委员会裁定，袁某应支付储运公司服务期尚未履行部分所应分摊的培训费用。袁某不服该仲裁裁决，遂向法院提起诉讼。一审法院判决，袁某赔偿储运公司车辆油料费及车辆损耗费。袁某不服，向中级人民法院提起上诉。中级人民法院经过审理，判决撤销一审法院民事判决，认为袁某无须向储运公司支付车辆油料费及车辆损耗费。

导入案例分析

基本理论

一、劳动合同订立过程中当事人的义务

劳动合同的订立，是指劳动者与用人单位就劳动合同的条款协商一致，确立劳动关系，明确双方权利义务的法律行为。订立劳动合同，应当遵循合法、公平、平等自愿、协商一致、诚实信用的原则。在劳动合同的订立过程中，双方均需要获知有关对方的足以影响缔约决策的信息。相互如实告知此类信息，有利于双方在充分了解对方相关情况的情况下作出理性的选择，保障劳动合同顺利履行，这也是诚实信用原则的要求。若用人单位或劳动者违反告知义务，提供虚假信息或隐瞒真实信息，构成欺诈的，可导致劳动合同无效或部分无效，如给对方造成损害，有过错的

一方应当承担赔偿责任。

（一）用人单位的告知义务

用人单位告知义务的内容包含两项：第一，主动告知事项。用人单位招用劳动者时，应当如实告知劳动者工作内容、工作条件、工作地点、职业危害、安全生产状况、劳动报酬情况。这些内容都是劳动者就业选择的重要考虑因素，用人单位对这些内容的告知义务是法定的、无条件的，无论劳动者是否要求了解，用人单位均应主动告知。第二，被动告知事项。用人单位对于劳动者要求了解的其他情况，也应如实告知。

（二）劳动者的告知义务

用人单位有权了解劳动者与劳动合同直接相关的基本情况，劳动者应当如实说明。劳动者的告知义务是被动的、有限的。只有在用人单位要求了解时，劳动者才有说明义务。劳动者告知义务的内容限于与劳动合同直接相关的基本情况，如劳动者的健康状况、学历、职业资格、知识技能、工作经历等。用人单位应当尊重劳动者的宪法权利及隐私权，对于与劳动合同不直接相关的情况，诸如宗教信仰、结婚意愿、生育计划等，劳动者可以拒绝告知。

（三）用人单位不得要求劳动者提供担保或者收取财物

用人单位招用劳动者，不得扣押劳动者的居民身份证和其他证件，不得要求劳动者提供担保或者以其他名义向劳动者收取财物。用人单位为防止劳动者在工作中给用人单位造成损失、不辞而别等，在招用劳动者时要求劳动者提供担保或采取变相的手段以牵制劳动者的，将承担相应的法律责任。扣押劳动者居民身份证等证件的，由劳动保障行政部门责令限期退还劳动者本人，并依照有关法律规定给予处罚。用人单位以担保或者其他名义向劳动者收取财物的，由劳动行政部门责令限期退还劳动者本人，并以每人500元以上2 000元以下的标准处以罚款；给劳动者造成损害的，应当承担赔偿责任。

二、劳动合同的书面形式

用人单位自用工之日起即与劳动者建立劳动关系。建立劳动关系，应当订立书面劳动合同，劳动合同应当以书面形式订立。因此，劳动关系的建立同是否订立书面劳动合同是两个问题，订立书面劳动合同并不意味着劳动关系建立，未订立书面劳动合同而用工，并不影响劳动关系的建立。要求劳动合同采用书面形式既有利于执法机关监督检查，也有利于劳动者维护其合法权益。我国劳动立法规定了用人单位不及时订立书面劳动合同则须承担不利法律后果的措施，以督促用人单位与劳动者订立书面劳动合同。具体内容如下：

已建立劳动关系，未同时订立书面劳动合同的，应当自用工之日起1个月内订立书面劳动合同。用人单位与劳动者在用工前订立劳动合同的，劳动关系自用工之日起建立。自用工之日起1个月内，经用人单位书面通知后，劳动者不与用人单位订立书面劳动合同的，用人单位应当书面通知劳动者终止劳动关系，无须向劳动者支付经济补偿，但是应当依法向劳动者支付其实际工作时间的劳动报酬。用人单位自用工之日起超过1个月不满1年未与劳动者订立书面劳动合同的，应当向劳动者每月支付2倍的工资，并与劳动者补订书面劳动合同；劳动者不与用人单位订立书面劳动合同的，用人单位应当书面通知劳动者终止劳动关系。用人单位向劳动者每月支付2倍工资的起算时间为用工之日起满1个月的次日，截止时间为补订书面劳动合同的前1日。用人单位自用工之日起满1年未与劳动者订立书面劳动合同的，自用工之日起满1个月的次日至满1年的前1日应当向劳动者每月支付2倍的工资，并视为自用工之日起满1年的当日已经与劳动者订立无固定期限劳动合同，应当立即与劳动者补订书面劳动合同。

书面劳动合同文本记载着双方的权利义务，是双方履行合同的依据，也是证明劳动关系存在及其内容的重要证据。劳动合同文本由用人单位和劳动者各执1份。如果用人单位与劳动者经协商一致变更劳动合同的内容，变更后的劳动合同文本仍由用人单位和劳动者各执1份。用人单位对已经解除或者终止的劳动合同的文本，至少保存2年备查。用人单位未将劳动合同文本交付劳动者的，由劳动保障行政部门责令改正；给劳动者造成损害的，应当承担赔偿责任。

为强化证明劳动关系存在与否的证据，督促用人单位规范用工，用人单位应当建立职工名册备查。职工名册应当包括劳动者姓名、性别、居民身份证号码、户籍地址及现住址、联系方式、用工形式、用工起始时间、劳动合同期限等内容。

三、劳动合同的内容

劳动合同的内容可分为必备内容和约定内容。

（一）劳动合同的必备内容

劳动合同的必备内容是由法律明确规定的劳动合同一般应当具备的条款。劳动合同应当具备以下条款：①用人单位的名称、住所和法定代表人或者主要负责人；②劳动者的姓名、住址和居民身份证或者其他有效身份证件号码；③劳动合同期限；④工作内容和工作地点；⑤工作时间和休息休假；⑥劳动报酬；⑦社会保险；⑧劳动保护、劳动条件和职业危害防护；⑨法律、法规规定应当纳入劳动合同的其他事项。

上述必备内容是示范性质的，对缔约人制作完备的合同条款起提示作用，缺少部分条款，并不导致劳动合同不成立或无效。用人单位提供的劳动合同文本未载明上述必备条款的，由社会保障行政部门责令改正；给劳动者造成损害的，应当承担赔偿责任。如果用人单位和劳动者对一些合同条款未作约定，仍可依法协议补充。劳动合同对劳动报酬和劳动条件等标准约定不明确，引发争议的，用人单位与劳动者可以重新协商；协商不成的，适用集体合同规定；没有集体合同或者集体合同未规定劳动报酬的，实行同工同酬；没有集体合同或者集体合同未规定劳动条件等标准的，适用国家有关规定。

还需说明的是，劳务派遣单位与被派遣劳动者订立的劳动合同还应当载明被派遣劳动者的用工单位以及派遣期限、工作岗位等情况。此外，一些单行劳动立法也有关于劳动合同必备条款的规定。例如，职业病防治法律制度中，用人单位与劳动者订立劳动合同时，应当将工作过程中可能产生的职业病危害及其后果、职业病防护措施和待遇等如实告知劳动者，并在劳动合同中写明，不得隐瞒或者欺骗；在安全生产法律制度中，生产经营单位与从业人员订立的劳动合同，应当载明有关保障从业人员劳动安全、防止职业危害的事项，以及依法为从业人员办理工伤社会保险的事项。

（二）劳动合同的约定内容

除必备内容外，用人单位与劳动者可以在劳动合同中约定试用期、培训、保守秘密、补充保险和福利待遇等其他事项。但是，用人单位与劳动者不得在法定的劳动合同终止情形之外约定其他的劳动合同终止条件。

四、试用期

试用期，是指包含在劳动合同期限内的，用人单位对新录用的劳动者是否符合录用条件进行考核，劳动者对用人单位是否适合自己进行了解的期限。劳动合同中是否约定试用期，由用人单位与劳动者协商确定。在试用期间，劳动合同已经生效，但双方解除合同的条件相对宽松。实践中常有用人单位滥用试用期侵害劳动者权益的现象，如仅签订试用合同、延长试用、长期试用、重复试用、廉价甚至无偿试用、试用期内任意辞退劳动者等，需要法律予以规范。

（一）试用期的适用范围

以完成一定工作任务为期限的劳动合同或者劳动合同期限不满 3 个月的，不得约定试用期。

（二）试用次数

同一用人单位与同一劳动者只能约定一次试用期。

（三）试用期与劳动合同期限的关系

试用期包含在劳动合同期限内。劳动合同仅约定试用期的，试用期不成立，该期限为劳动合同期限。用人单位对劳动者先试用，待试用合格以后再签订劳动合同的做法不仅违反试用期规定，而且容易导致劳动合同签订次数、劳动合同书面形式等方面的违法情形。

（四）试用期限

劳动合同期限 3 个月以上不满 1 年的，试用期不得超过 1 个月；劳动合同期限 1 年以上不满 3 年的，试用期不得超过 2 个月；3 年以上固定期限和无固定期限的劳动合同，试用期不得超过 6 个月。

（五）试用期工资

劳动者在试用期的工资不得低于本单位相同岗位最低档工资的 80% 或者不得低于劳动合同约定工资的 80%，并不得低于用人单位所在地的最低工资标准。

（六）试用期内劳动合同的解除

在试用期内，除有《劳动合同法》第 39 条和第 40 条第 1 项、第 2 项规定的用人单位可以即时解除或预告解除劳动合同的情形外，用人单位不得解除劳动合同。用人单位在试用期解除劳动合同的，应当向劳动者说明理由。劳动者在试用期内提前 3 日通知用人单位，可以解除劳动合同。

（七）违法约定试用期的法律责任

用人单位违反《劳动合同法》规定与劳动者约定试用期的，由劳动保障行政部门责令改正；违法约定的试用期已经履行的，由用人单位以劳动者试用期满月工资为标准，按已经履行的超过法定试用期的期间向劳动者支付赔偿金。

五、服务期

服务期，是指用人单位与劳动者约定的，劳动者因获得用人单位提供的特殊待遇而须与用人单位保持劳动关系的期限。约定服务期的前提是用人单位为劳动者提供特殊待遇，效力是劳动者承担在服务期内不辞职的义务，一般会约定若劳动者违反约定则须承担违约金责任。

用人单位为劳动者提供专项培训费用，对其进行专业技术培训的，可以与该劳动者订立协议，约定服务期。这里所谓的培训，应为专业技术培训和专项培训，不应包括各种非专业技术培训及用人单位对一般劳动者的职业培训。一般的上岗培训、转岗培训、安全卫生知识技能培训等，不属于专项培训的范畴，不能成为约定服务期的条件。一般认为，专项培训费用应达到较大的数额才可约定服务期。用人单位承担的少量专项培训费用支出，不具有保障其回收的必要性，亦欠缺约定服务期的必要性。如果用人单位并未提供专项培训费用，仅为防止劳动者辞职而约定服务期，该约定不发生法律效力。

违约金的数额不得超过用人单位提供的培训费用。用人单位要求劳动者支付的违约金不得超过服务期尚未履行部分所应分摊的培训费用。这里的培训费用，包括用人单位为了对劳动者进行专业技术培训或专项培训而支付的有凭证的培训费用、培训期间的差旅费用以及因培训产生的用于该劳动者的其他直接费用。用人单位与劳动者约定服务期的，不影响按照正常的工资调整机制提高劳动者在服务期期间的劳动报酬。劳动合同期满，但是用人单位与劳动者约定的服务期尚未到期的，劳动合同应当续延至服务期满；双方另有约定的，从其约定。

六、竞业限制

在劳动合同中订立竞业限制条款或在劳动合同之外订立单项竞业限制协议，可以防止劳动者利用其掌握的商业秘密成为用人单位的竞争者，减少商业秘密被披露或被他人使用的机会。《中华人民共和国促进科技成果转化法》《劳动合同法》都作出了允许约定竞业限制的规定。竞业限制是通过在一定范围内限制劳动者的就业权来实现的，这种限制在离职后的竞业限制中表现得更为突出。

（一）竞业限制的条件

约定竞业限制的目的是保护商业秘密，用人单位必须具有或将来可能具有被法律承认和保护的商业秘密，而该劳动者可能接触到商业秘密。用人单位与劳动者可以在劳动合同中约定保守用人单位的商业秘密和与知识产权相关的保密事项。对负有保密义务的劳动者，用人单位可以在劳动合同或者保密协议中与其约定竞业限制条款。竞业限制的人员限于用人单位的高级管理人员、高级技术人员和其他负有保密义务的人员。

（二）竞业限制的范围、地域、期限

竞业限制不可随意设置，其必须被置于合理的范围、地域、期限等限制条件之下，才能保证公平。竞业限制的范围、地域、期限由用人单位与劳动者约定，竞业限制的约定不得违反法律、法规的规定。在解除或者终止劳动合同后，竞业限制的劳动者到与本单位生产或者经营同类产品、从事同类业务的有竞争关系的其他用人单位，或者自己开业生产或者经营同类产品、从事同类业务的竞业限制期限，不得超过2年。

（三）竞业限制的补偿

竞业限制条款应约定在解除或者终止劳动合同后，用人单位在竞业限制期限内按月给予劳动者经济补偿。当事人在劳动合同或者保密协议中约定了竞业限制，但未约定解除或者终止劳动合同后给予劳动者经济补偿，劳动者履行了竞业限制义务，要求用人单位按照劳动者在劳动合同解除或者终止前12个月平均工资的30%按月支付经济补偿的，人民法院应予支持。月平均工资的30%低于劳动合同履行地最低工资标准的，按照劳动合同履行地最低工资标准支付。当事人在劳动合同或者保密协议中约定了竞业限制和经济补偿，当事人解除劳动合同时，除另有约定外，用人单位要求劳动者履行竞业限制义务，或者劳动者履行了竞业限制义务后要求用人单位支付经济补偿的，人民法院应予支持。在竞业限制期限内，用人单位请求解除竞业限制协议的，人民法院应予支持。在解除竞业限制协议时，劳动者请求用人单位额外支付劳动者3个月的竞业限制经济补偿的，人民法院应予支持。

（四）违反竞业限制约定的责任

劳动者违反竞业限制约定的，应当按照约定向用人单位支付违约金。劳动者违反劳动合同中约定的保密义务或者竞业限制，给用人单位造成损失的，应当承担赔偿责任。劳动者违反竞业限制约定，向用人单位支付违约金后，用人单位要求劳动者按照约定继续履行竞业限制义务的，人民法院应予支持。当事人在劳动合同或者保密协议中约定了竞业限制和经济补偿,劳动合同解除或者终止后,由于用人单位的原因导致3个月未支付经济补偿,劳动者请求解除竞业限制约定的,人民法院应予支持。

在此需要补充说明的是,除前述约定服务期和此处约定竞业限制的情形外,用人单位不得与劳动者约定由劳动者承担违约金。

> **课程思政**
>
> **竞业限制期限的解释中劳动者自由优先于合同约定**
>
> 用人单位与劳动者在竞业限制条款中约定,因履行竞业限制条款发生争议申请仲裁和提起诉讼的期间不计入竞业限制期限的,属于《劳动合同法》第26条第1款第2项规定的"用人单位免除自己的法定责任、排除劳动者权利的"情形,应当认定为无效。
>
> 《最高人民法院发布第32批指导性案例》指导案例184号

相关法律法规

1. 《劳动法》第19条
2. 《劳动合同法》第3条、第7条~第11条、第17条~第25条

知识点3 劳动合同的履行与变更

导入案例

案例2-3 以调岗达到对劳动者解雇的目的

2015年9月1日,上海某医药贸易有限公司向谢某发出《调岗通知》,内容为将谢某的工作岗位地点从广州调整到洛阳,且告知其调岗决定于2015年10月1日生效。双方此前进行过沟通,公司明确知道谢某有不到2岁的小孩需要照顾,将谢某的工作地点由广州调至洛阳,其应该清楚谢某不可能同意该调岗安排。公司在未与谢某协商的情况下,明确要求谢某转岗并参加新岗位培训。谢某拒绝转岗且未参加新岗位培训。随后,公司以谢某不参加培训构成旷工为由将其解雇。谢某向法院提起诉讼。

法院认为，用人单位不仅调整了谢某的工作地点，而且调整了其工资待遇。从调岗后的收入来看，上诉人谢某调岗前的月基本工资为 8 491 元，而调岗后为 7 862 元，调岗后的收入有所降低。根据我国《劳动法》《劳动合同法》等相关法律法规的规定，工作岗位的调整，不得降低原有待遇，不能使工作内容发生实质性变化，且不应具有侮辱性、惩罚性。从实质上看，用人单位调整了劳动者的工作地点，降低了工资薪金待遇，劳动者原有的稳定生活环境已无法得到保障。因此，用人单位的调岗决定是不合法的。

导入案例分析

基本理论

一、劳动合同的履行

劳动合同的履行是指劳动者和用人单位按照劳动合同的约定完成义务的行为。依法订立的劳动合同具有约束力，用人单位与劳动者应当履行劳动合同约定的义务。

（一）劳动合同履行的原则

劳动合同的履行应遵循亲自履行原则、全面履行原则和协作履行原则。

（1）亲自履行原则要求劳动合同当事人双方都应以自己的行为履行其所承担的义务。其中，劳动者应由本人亲自为劳动给付，不得由他人代为完成。用人单位应直接受领劳动给付，未经劳动者同意不得将劳动者借调到其他用人单位。

（2）全面履行原则要求劳动合同当事人应按照劳动合同约定的时间、地点，以约定的方式，保质保量地全面履行合同义务。

（3）协作履行原则要求劳动者和用人单位均应互助合作，协助对方履行合同。

（二）劳动合同履行的规则

（1）劳动报酬支付规则。用人单位应当按照劳动合同约定和国家规定，向劳动者及时足额支付劳动报酬。用人单位拖欠或者未足额支付劳动报酬的，劳动者可以依法向当地人民法院申请支付令，人民法院应当依法发出支付令。

（2）安排劳动者加班的限制规则。用人单位应当严格执行劳动定额标准，不得强迫或者变相强迫劳动者加班。用人单位安排加班的，应当按照国家有关规定向劳动者支付加班费。

(3) 劳动者劳动安全卫生权利保障规则。劳动者拒绝用人单位管理人员违章指挥、强令冒险作业的，不视为违反劳动合同。劳动者对危害生命安全和身体健康的劳动条件，有权对用人单位提出批评、检举和控告。

(4) 用人单位变更名称、法定代表人等事项时的履行规则。用人单位变更名称、法定代表人、主要负责人或者投资人等事项，并不导致用人单位的主体资格和法律地位变化，故不影响劳动合同的履行。

(5) 用人单位合并、分立时的履行规则。用人单位发生合并或者分立等情况的，原劳动合同继续有效，劳动合同由承继其权利和义务的用人单位继续履行。此时劳动权利义务的转移是法定的转移，无须双方协商。

二、劳动合同的变更

劳动合同的变更，是指劳动合同当事人双方协商一致而变更劳动合同的内容。劳动合同的变更仅指劳动合同内容的变更，不发生当事人的变更。《劳动合同法》第35条规定："用人单位与劳动者协商一致，可以变更劳动合同约定的内容。变更劳动合同，应当采用书面形式。变更后的劳动合同文本由用人单位和劳动者各执一份。"

此外，《劳动合同法》并没有明确规定用人单位单方变更劳动合同的规则。除了协商一致变更劳动合同外，用人单位可以依据企业规章制度、集体合同及劳动合同的约定单方变更劳动者的工作地点、单方调岗及单方调薪。以调岗为例，在进行劳动合同的变更时，应明确用人单位调岗的权利基础并判断调岗的合理性。

（一）用人单位调岗的权利基础

用人单位单方调整劳动者岗位的权利基础有两个：一是劳动者同意，即合同授权；二是经营需要，即经营权。从调岗的最终权利基础来看，用人单位单方调整岗位的权利是劳动合同的预定内容。要在劳动合同预定范围之内，再判断用人单位是否滥用了调岗权利。事实上，调岗的原因很多，赋予用人单位有限的单方调岗权也是必要的。调岗的权利基础源自劳动者权益保护和用人单位经营自主的平衡。

（二）用人单位的法定调岗权

依据《劳动合同法》第40条规定，企业有权单方调整员工岗位和薪酬的情形主要有下列两种：①劳动者不胜任工作的，企业可单方调岗。不能胜任工作是指不能按要求完成劳动合同中约定的任务或者同工种、同岗位人员的工作量。这是企业行使法定调岗权的前提条件。②劳动者患病或者非因工负伤，在法律规定的医疗期满后，不能从事原工作，企业可以单方调岗。此时由于劳动者劳动能力的缺陷不能胜任原来岗位的工作，为了保护劳动者的生存权，《劳动合同法》规定企业不能解除合同而是可以进行岗位的调整，岗位的调整能保持双方权利义务的平衡。

（三）用人单位单方调岗的合理性判断

个案中调岗的合法性判断会转化为调岗的合理性判断，即合理的调岗才是合法的。企业基于预先约定和用工自主权获得对员工单方调岗的权利。但是，为了防止滥用权利而损害员工利益，企业的单方调岗行为应受到充分合理性的制约。应该从权利来源合理性、事实依据合理性、调岗程序合理性、调岗内容合理性四个维度对单方调岗的合理性进行全面审查、综合判断，即获得劳动者的同意、有充分的理由、有调岗的详尽流程和调岗后的权益评估等。从限制用人单位滥用调岗权的法理出发，形成了调岗合理性判断的五项原则：基于企业经营所必需；不得违反劳动契约；对劳动者的薪资及其他劳动条件，未作不利的变更；调动后的工作与原有工作性质为劳动者的体能及技术所可胜任；调动地点过远者，用人单位应予以必要的协助。

相关法律法规

1. 《劳动法》第 19 条
2. 《劳动合同法》第 3 条、第 8 条~第 10 条、第 16 条、第 26 条~第 35 条

知识点 4　劳动合同的解除与终止

导入案例

案例 2-4　用人单位不能仅因劳动者考核居于末位而与劳动者解除劳动合同

2005 年 7 月，王某进入某公司工作，劳动合同约定王某从事销售工作，基本工资为每月 3 840 元。该公司的《员工绩效管理办法》规定：员工半年、年度绩效考核分别为 S、A、C1、C2 四个等级，分别代表优秀、良好、价值观不符、业绩待改进；S、A、C（C1、C2）等级的比例分别为 20%、70%、10%；不能胜任工作原则上考核为 C2。王某原在该公司分销科从事销售工

作，2009年1月后因分销科解散，其转岗至华东区从事销售工作。2008年下半年、2009年上半年及2010年下半年，王某的考核结果均为C2。该公司认为，王某不能胜任工作，经转岗后，仍不能胜任工作，故该公司在支付了部分经济补偿金的情况下解除了与王某签订的劳动合同。2011年7月27日，王某提请劳动仲裁，请求该公司支付违法解除劳动合同的赔偿金。

仲裁委员会认为，该公司违法解除劳动合同，裁决该公司支付王某违法解除劳动合同的赔偿金。

法院认为，C2等级并不完全等同于"不能胜任工作"，该公司仅凭该限定考核等级比例的考核结果，不能证明劳动者不能胜任工作，这不符合据此单方解除劳动合同的法定条件。之后进行的调岗也不能被认定为有效的调岗，故不能证明王某系因不能胜任工作而转岗。因此，该公司存在违法解除劳动合同的情形，应当依法向王某支付经济补偿标准2倍的赔偿金。

案例2-5　劳动者因用人单位未依法缴纳社会保险而辞职时可请求的权利

闫某于2019年2月入职某协会从事行政、出纳工作。闫某与该协会于2019年2月9日签订《聘用人员协议书》，协议期限自2019年2月9日起至2020年2月9日止。到期后，双方续签了期限自2020年5月15日起至2021年5月15日止的《聘用人员协议书》。2021年7月1日，闫某与该协会再次签订期限自2021年7月1日起至2022年7月1日止的《聘用人员协议书》。上述三份协议对闫某劳动报酬的具体数额均未作约定。

2022年7月1日协议到期后，双方未再续签聘用协议，但闫某仍在该协会工作。2023年3月，闫某以某协会未能依法为其缴纳社会保险为由向某协会提交辞职报告。闫某、某协会均认可闫某在某协会工作期间的各项社会保险均由闫某自行缴纳。

后闫某向北京市劳动人事争议仲裁委员会申请仲裁。

北京市劳动人事争议仲裁委员会裁决：某协会支付闫某3~5个月的经济补偿金，并支付闫某2023年3月的工资，驳回闫某的其他仲裁请求和申请。一审法院判决，用人单位支付闫某经济补偿金，以及2023年3月的工资，驳回其他诉讼请求。二审法院驳回上诉，维持原判。北京市劳动人事争议仲裁委员会、一审法院、二审法院的态度是一致的。

基本理论

一、劳动合同解除的含义与种类

（一）劳动合同解除的含义

劳动合同的解除，是指在劳动合同订立以后，因当事人双方或一方的意思表示，使劳动合同关系提前消灭的行为。劳动合同是典型的继续性合同，且具有人身性因素，劳动力给付后无法返还，不能恢复原状，因此劳动合同的解除不具有溯及力，仅向将来发生效力。

（二）劳动合同解除的种类

以劳动合同解除的方式为标准，劳动合同的解除可分为协议解除和单方解除。协议解除，也称合意解除，即劳动合同当事人双方达成解除劳动合同的协议而解除劳动合同。单方解除，即拥有解除权的当事人一方行使解除权而解除劳动合同。单方解除不必经过对方当事人的同意，只需单方作出解除劳动合同的意思表示并符合一定条件即可解除劳动合同。对于单方解除还可再做分类：以解除的主体为标准，单方解除可分为劳动者单方解除（亦称辞职）和用人单位单方解除（亦称辞退、解雇）；以行使解除权是否需要预告为标准，单方解除可分为单方预告解除和单方即时解除。

二、协议解除劳动合同

劳动合同是用人单位与劳动者协商一致订立的，双方也可以在自愿的基础上协商一致解除劳动合同。不论固定期限劳动合同、无固定期限劳动合同或者以完成一定工作任务为期限的劳动合同，均可协议解除。用人单位和劳动者任何一方均可向对方提出解除劳动合同的提议，经与对方协商一致而解除劳动合同。考虑到在劳动关系中劳动者处于弱势地位，如果用人单位向劳动者提出解除劳动合同并与劳动者协商一致解除劳动合同，劳动者可能面临失业并失去生活来源的风险，为补偿劳动者的损失，用人单位应当向劳动者支付经济补偿。如果劳动者向用人单位提出解除劳动合同并与用人单位协商一致解除劳动合同，由劳动者自己承担失去生活来源的风险，用人单位无须向劳动者支付经济补偿。

三、劳动者单方解除劳动合同

（一）预告辞职

预告辞职，是指劳动者预先通知用人单位后单方解除劳动合同。劳动者辞职是其法定的权利，无须说明理由，也无须用人单位同意，仅凭劳动者的单方意愿，遵守一定的程序即可。

劳动者提前30日以书面形式通知用人单位，可以解除劳动合同。劳动者预告辞职，需要遵守以下两项要求：

第一，遵守预告期。劳动者在劳动合同的一般履行期内应提前30日通知用人单位，以便于用人单位及时安排人员接替其工作，保持工作过程的连续性和正常的工作秩序，避免因劳动者辞职而给用人单位造成不利影响。在试用期内，劳动关系尚不稳定，劳动者对是否维持与用人单位的劳动关系应有更宽松的选择自由，提前3日通知用人单位即可辞职。

第二，通知用人单位。劳动者行使劳动合同解除权应以意思表示方式为之，通知用人单位。否则，用人单位无法知晓，不能发生合同解除的效力。须提前30日发出的解除劳动合同的通知应为书面形式；试用期内提前3日发出的解除劳动合同的通知则不要求形式，口头、书面均可。

（二）即时辞职

即时辞职，是指在具备一定条件时，劳动者无须预先通知用人单位即可单方解除劳动合同。即时辞职没有预告期，不给用人单位留有准备时间，会给用人单位造成不利影响，仅适用于用人单位有过错的情形，其必须具备法律规定的条件。劳动者即时辞职，用人单位应当向劳动者支付经济补偿。如果用人单位与劳动者约定了服务期，劳动者依照《劳动合同法》关于即时辞职的规定解除劳动合同的，不属于违反服务期的约定，用人单位不得要求劳动者支付违约金。根据是否需要通知用人单位，即时辞职可以分为随时通知辞职和无须通知辞职。

1. 随时通知辞职

随时通知辞职，是指劳动者解除劳动合同需告知用人单位。随时通知辞职适用于用人单位实施了一般性的侵害劳动者权益的过错行为的情形，劳动者辞职时需履行告知义务，不得不辞而别。具体情形如下：

其一，用人单位未按照劳动合同约定提供劳动保护或者劳动条件的。

其二，用人单位未及时足额支付劳动报酬的。

其三，用人单位未依法为劳动者缴纳社会保险费的。

其四，用人单位的规章制度违反法律、法规的规定，损害劳动者权益的。

其五，因下列情形之一致使劳动合同无效：用人单位以欺诈、胁迫的手段或者乘人之危，使劳动者在违背真实意思的情况下订立或者变更劳动合同的；用人单位在劳动合同中免除自己的法定责任、排除劳动者权利的；用人单位违反法律、行政法规强制性规定的。

其六，法律、行政法规规定劳动者可以解除劳动合同的其他情形。

2. 无须通知辞职

无须通知辞职，是指劳动者可以立即解除劳动合同，不需事先告知用人单位。无须通知辞职适用于用人单位实施了严重侵害劳动者权益的过错行为的情形，劳动者辞职时无告知义务，可以不辞而别。具体情形如下：

其一，用人单位以暴力、威胁或者非法限制人身自由的手段强迫劳动者劳动的。这里的"暴力"是指对劳动者的身体实施打击或强制手段；"威胁"是指以给劳动者及其亲友的生命健康、荣誉、名誉、财产等造成损害为要挟，迫使劳动者作出违背真实意愿的选择；"非法限制人身自由"是指采用拘留、禁闭或其他强制方法非法剥夺或限制他人按照自己的意志支配自己的身体活动自由的行为。

其二，用人单位违章指挥、强令冒险作业危及劳动者人身安全的。在这种情况下，劳动者的生命健康处于危险之中，劳动者有权拒绝并撤离作业场所，有权立即解除劳动合同，不需事先告知用人单位。

四、用人单位单方解除劳动合同

（一）即时辞退

即时辞退，是指用人单位无须向劳动者预告就可随时通知劳动者解除劳动合同。即时辞退的法定条件限于劳动者在试用期间被证明不符合录用条件及劳动者有过错的情形，用人单位无须向劳动者支付经济补偿。具体情形如下：

（1）劳动者在试用期间被证明不符合录用条件的。对于劳动者不符合录用条件，用人单位需要举证证明。

（2）劳动者严重违反用人单位的规章制度的。必须在用人单位依法制定并公布合法有效的工作规则的前提下，劳动者严重违反了工作规则，用人单位才可解除劳动合同。何为"严重",应根据劳动者的行为事实、劳动法律法规规定的限度及工作规则依此限度所规定的具体界限确定。劳动者违反工作规则的行为未达到"严重"程度的,用人单位不得依此辞退劳动者。

(3) 劳动者严重失职,营私舞弊,给用人单位造成重大损害的。劳动者的严重失职、营私舞弊行为须给用人单位造成重大损害,但尚未达到刑罚处罚的程度。此属于劳动者违反忠实义务的过错性辞退或过错性解雇。

(4) 劳动者同时与其他用人单位建立劳动关系,对完成本单位的工作任务造成严重影响,或者经用人单位提出,拒不改正的。

(5) 劳动者以欺诈、胁迫的手段或者乘人之危,使用人单位在违背真实意思的情况下订立或者变更劳动合同的。

(6) 被依法追究刑事责任的。在劳动合同存续期间,劳动者实施犯罪行为被依法追究刑事责任的,用人单位有权即时解除劳动合同。

> **课程思政**
>
> **在用人单位解除劳动合同时的特别"诚信"要求**
>
> 人民法院在判断用人单位单方解除劳动合同行为的合法性时,应当以用人单位向劳动者发出的解除通知的内容为认定依据。在案件审理过程中,用人单位超出解除劳动合同通知中载明的依据及事由,另行提出劳动者在履行劳动合同期间存在其他严重违反用人单位规章制度的情形,并据此主张符合解除劳动合同条件的,人民法院不予支持。
>
> 《最高人民法院发布第 32 批指导性案例》指导案例 180 号

(二) 预告辞退

预告辞退,是指用人单位预先通知劳动者后单方解除劳动合同。预告辞退适用于劳动者无过错而无法继续履行劳动合同的情形,用人单位应当向劳动者支付经济补偿。法律设定预告期是为劳动者重新求职、避免失业作准备,要求用人单位提前 30 日以书面形式通知劳动者本人。用人单位也可以额外支付劳动者 1 个月工资,而免除劳动者的劳动给付义务,替代预告。用人单位承担的 1 个月工资标准额外支付,称为"代预告金"。用人单位如果选择额外支付劳动者 1 个月工资解除劳动合同,其额外支付的工资应当按照该劳动者上个月的工资标准确定。

1. 预告辞退的具体情形

(1) 劳动者患病或者非因工负伤,在规定的医疗期满后不能从事原工作,也不能从事由用人单位另行安排的工作的。医疗期是指劳动者因患病或非因工负伤停止工作治病休息不得解除劳动合同的时限。劳动者患病或者非因工负伤，需要停止工作医疗时，根据本人实际参加工作年限和在本单位工作年限，用人单位给予3个月到24个月的医疗期。在规定的医疗期满后不能从事原工作，用人单位应为劳动者另行安排对劳动能力要求低的适当工作。在劳动者仍不能从事新的工作时，用人单位可以预告解除劳动合同。

（2）劳动者不能胜任工作，经过培训或者调整工作岗位，仍不能胜任工作的。劳动者不能胜任工作，用人单位不得即行辞退，而应进行培训或者调整工作岗位；劳动者仍不能胜任工作的，才可预告辞退。这里的"不能胜任工作"，是指不能按要求完成劳动合同中约定的任务或者同工种、同岗位人员的工作量。用人单位不得故意提高定额标准，使劳动者无法完成。

（3）劳动合同订立时所依据的客观情况发生重大变化，致使劳动合同无法履行，经用人单位与劳动者协商，未能就变更劳动合同内容达成协议的。这里的"客观情况发生重大变化"是指发生不可抗力或出现致使劳动合同全部或部分条款无法履行的其他情况，如企业迁移、被兼并或企业资产转移等。

（4）裁员。裁员是指由于生产经营状况发生重大变化，用人单位一次性辞退部分劳动者，以此作为改善生产经营状况的手段。裁员只发生于企业中，其原因在于经济方面，因而也被称为经济性裁员。由于劳动者无过错，用人单位应当向劳动者支付经济补偿。裁员导致批量的劳动者被辞退，社会影响较大，因此裁员须满足法定条件并符合法定程序。

1）裁员的条件。有下列情形之一，需要裁减人员20人以上或者裁减不足20人但占企业职工总数10%以上的，用人单位可以依照规定的程序裁减人员：

其一，依照企业破产法规定进行重整的。

其二，生产经营发生严重困难的。

其三，企业转产、重大技术革新或者经营方式调整，经变更劳动合同后，仍需裁减人员的。

其四，其他因劳动合同订立时所依据的客观经济情况发生重大变化，劳动合同无法继续履行的。

2）裁员的程序。用人单位需要裁员，应提前30日向工会或者全体职工说明情况，听取工会或者职工的意见后，其裁减人员方案经向劳动保障行政部门报告，可以裁减人员。

3）裁员时的优先留用及裁员后的优先录用规则。裁减人员时，应当优先留用下列人员：与本单位订立较长期限的固定期限劳动合同的；与本单位订立无固定期限劳动合同的；家庭无其他就业人员，有需要扶养的老人或者未成年人的。用人单位裁减人员，在6个月内重新招用人员的，应当通知被裁减的人员，并在同等条件下优先招用被裁减的人员。

2. 预告辞退的禁止性条件

劳动者有下列情形之一的，用人单位不得依照预告辞退的规定解除劳动合同，若劳动合同期满，劳动合同应当续延至相应的情形消失时终止：

其一，从事接触职业病危害作业的劳动者未进行离岗前职业健康检查，或者疑似职业病病人在诊断或者医学观察期间的。

其二，在本单位患职业病或者因工负伤并被确认丧失或者部分丧失劳动能力的。

其三，患病或者非因工负伤，在规定的医疗期内的。

其四，女职工在孕期、产期、哺乳期的。

其五，在本单位连续工作满15年，且距法定退休年龄不足5年的。

其六，法律、行政法规规定的其他情形。

（三）工会对用人单位单方解除劳动合同的监督

用人单位单方解除劳动合同，应当事先将理由通知工会。用人单位违反法律、行政法规规定或者劳动合同约定的，工会有权要求用人单位纠正。用人单位应当研究工会的意见，并将处理结果书面通知工会。

五、劳动合同的终止

（一）劳动合同终止的含义

劳动合同的终止，是指劳动合同的效力因解除以外的法定的事由而消灭，劳动者与用人单位之间的劳动合同关系不复存在。

（二）劳动合同终止的事由

用人单位与劳动者不得在法定的劳动合同终止情形之外约定其他的劳动合同终止条件。《劳动合同法》规定的劳动合同终止情形如下：①劳动合同期满；②劳动者开始依法享受基本养老保险待遇；③劳动者死亡，或者被人民法院宣告死亡或宣告失踪；④用人单位被依法宣告破产；⑤用人单位被吊销营业执照、责令关闭、撤销或者用人单位决定提前解散；⑥法律、行政法规规定的其他情形。

六、劳动合同解除和终止的经济补偿

（一）经济补偿的含义

经济补偿，是指在劳动合同解除或终止后，由用人单位在法定条件下按照法定标准一次性支付给劳动者经济补偿金。经济补偿是劳动法中一项具有特色的制度，依法支付经济补偿金是用人单位的法定义务。经济补偿是用人单位向劳动者支付的离职补贴，是劳动法对劳资双方的地位、利益进行总体权衡后作出的制度安排。经济补偿金须以货币形式一次性支付给劳动者，符合法定条件的劳动者皆可获得。

（二）经济补偿的支付条件

有下列情形之一的，用人单位应当向劳动者支付经济补偿：

其一，劳动者即时辞职的。

其二，用人单位向劳动者提出解除劳动合同并与劳动者协商一致解除劳动合同的。

其三，用人单位预告辞退劳动者的。

其四，用人单位裁员的。

其五，除用人单位维持或者提高劳动合同约定条件续订劳动合同，劳动者不同意续订的情形外，劳动合同期满，终止固定期限劳动合同的。

其六，用人单位被依法宣告破产或用人单位被吊销营业执照、责令关闭、撤销或者用人单位决定提前解散，终止劳动合同的。

其七，法律、行政法规规定的其他情形。

依据《中华人民共和国劳动合同法实施条例》的规定，以完成一定工作任务为期限的劳动合同因任务完成而终止的，用人单位应当向劳动者支付经济补偿。用人单位依法终止工伤职工的劳动合同的，除依照《劳动合同法》规定的标准支付经济补偿外，还应当依照国家有关工伤保险的规定支付一次性伤残就业补助金。

（三）经济补偿的标准

经济补偿按劳动者在本单位工作的年限，每满1年支付1个月工资的标准向劳动者支付。6个月以上不满1年的，按1年计算；不满6个月的，向劳动者支付半个月工资的经济补偿。

劳动者月工资高于用人单位所在直辖市、设区的市级人民政府公布的本地区上年度职工月平均工资3倍的，向其支付经济补偿的标准按职工月平均工资3倍的数额支付，向其支付经济补偿的年限最高不超过12年。

这里的月工资是指劳动者在劳动合同解除或者终止前12个月的平均工资。月工资按照劳动者应得工资计算，包括计时工资或者计件工资及奖金、津贴和补贴等货币性收入。劳动者在劳动合同解除或者终止前12个月的平均工资低于当地最低工资标准的，按照当地最低工资标准计算。劳动者工作不满12个月的，按照实际工作的月数计算平均工资。

七、用人单位违法解除或终止劳动合同的法律后果

（一）继续履行

用人单位违反《劳动合同法》的规定解除或者终止劳动合同，劳动者要求继续履行劳动合同的，用人单位应当继续履行。

（二）支付赔偿金

用人单位违反《劳动合同法》的规定解除或者终止劳动合同，劳动者不要求继续履行劳动合同或者劳动合同已经不能继续履行的，用人单位应当按照经济补偿标准的2倍向劳动者支付赔偿金。用人单位支付了赔偿金的，不再支付经济补偿。赔偿金的计算年限自用工之日起计算。

用人单位有下列情形之一的，由劳动保障行政部门责令限期支付劳动报酬、加班费或者经济补偿；劳动报酬低于当地最低工资标准的，应当支付其差额部分；逾期不支付的，责令用人单位按应付金额50%以上100%以下的标准向劳动者加付赔偿金：①未按照劳动合同的约定或者国家规定及时足额支付劳动者劳动报酬的；②低于当地最低工资标准支付劳动者工资的；③安排加班不支付加班费的；④解除或者终止劳动合同，未依照《劳动合同法》的规定向劳动者支付经济补偿的。

八、后合同义务

用人单位应当在解除或者终止劳动合同时出具解除或者终止劳动合同的证明，并在15日内为劳动者办理档案和社会保险关系转移手续。用人单位出具的解除、终止劳动合同的证明，应当写明劳动合同期限、解除或者终止劳动合同的日期、工作岗

位、在本单位的工作年限。用人单位对已经解除或者终止的劳动合同的文本，至少保存 2 年备查。与劳动者有离职竞业限制约定的，用人单位应依约给予劳动者经济补偿。劳动者依法解除或者终止劳动合同，用人单位扣押劳动者档案或者其他物品的，由劳动保障行政部门责令限期退还劳动者本人，并以每人 500 元以上 2 000 元以下的标准处以罚款；给劳动者造成损害的，应当承担赔偿责任。

劳动者应当按照双方约定，办理工作交接。用人单位依法应当向劳动者支付经济补偿的，在办结工作交接时支付。劳动者离开用人单位时，有权索取本人职业健康监护档案复印件，用人单位应当如实、无偿提供，并在所提供的复印件上签字、盖章。负有保密义务的劳动者，按照约定保守用人单位的商业秘密和与知识产权相关的保密事项。与用人单位有竞业限制约定的劳动者，应依约履行义务。

相关法律法规

《劳动合同法》第 36 条 ~ 第 50 条

知识点 5　非典型劳动合同

导入案例

案例 2-6　对劳务派遣人员被退回的处理

史某于 2019 年 3 月 22 日进入 H 公司工作，后被派遣到 N 公司厨师岗位。史某与 H 公司签订了《南京市劳务派遣劳动合同书》，末期劳动合同期限自 2021 年 4 月 1 日至 2023 年 3 月 31 日。

N 公司通过日常考勤记录、食堂员工日常工作情况认定史某存在擅自早退情况。鉴于史某擅自离岗，拒绝完成工作，2022 年 5 月 31 日，N 公司的工作人员与史某进行了谈话，明确告知其工作期间故意不完成工作的后果。史某在谈话之后，仍拒不改正，严重违反了 N 公司的规章制度。2022 年 6 月 16 日，N 公司向 H 公司出具结束劳务派遣通知单，以史某严重违纪为由于 2022 年 6 月 17 日结束史某的劳务派遣。2022 年 6 月 21 日，H 公司经工会决定，根据《劳动合同法》第 39 条的规定，以史某严重违纪被结束劳务派遣为由对史某作出解除劳动合同的决定。

N 公司作出的结束派遣通知单及 H 公司作出的关于解除史某劳动合同

的决定中均未载明史某违反公司规章制度的具体行为。N公司未提供证据证明其所依据的《考勤管理办法》《员工违纪处理办法》是经过民主程序制定的，且已向史某进行公示。N公司提供的日常考勤记录表、工作日志、谈话记录均未经史某签字确认，史某对此也不予认可。

史某提出劳动仲裁申请，要求H公司、N公司支付赔偿金。

2022年8月23日，南京市浦口区劳动人事争议仲裁委员会以史某就同一事由再次提请仲裁没有法律依据为由作出仲裁决定，对史某诉H公司、N公司赔偿金争议一案不予受理。史某向法院提起诉讼，请求H公司、N公司支付违法解除劳动关系的赔偿金。法院认为，用人、用工单位在解除劳动关系违法的情况下须支付赔偿金。

基本理论

一、劳务派遣

（一）劳务派遣的含义及特征

劳务派遣，是指劳务派遣单位与被派遣劳动者订立劳动合同，并与接受以劳务派遣形式用工的单位订立劳务派遣协议，将劳动者派遣到用工单位，劳动者在用工单位的指挥监督下提供劳动。劳务派遣具有如下四项特征。

1. 劳务派遣涉及三方主体，形成三角关系

劳务派遣关系发生于劳务派遣单位、被派遣劳动者、用工单位三方之间。其中劳务派遣单位与劳动者之间成立劳动合同关系；劳务派遣单位与用工单位之间成立平等的、交易性的劳务派遣契约关系，该契约并非单纯的民事契约，而应为劳动法上的特殊契约；用工单位与被派遣劳动者之间成立指挥监督及劳动给付关系。

2. 劳务派遣关系经由两份合同形成

劳务派遣单位与被派遣劳动者订立的劳动合同和劳务派遣单位与用工单位订立的劳务派遣协议奠定了劳务派遣关系的基础，二者具有关联性。劳动者虽在用工单位劳动，但双方之间并无合同关系。

3. 雇佣与使用相分离

劳务派遣单位是用人单位，与被派遣劳动者订立劳动合同，履行用人单位对劳动者的义务，但劳动者并不向劳务派遣单位提供劳动，而向用工单位提供劳动，用工单位直接使用劳动者的劳动力。被派遣劳动者提供的劳动所生利益由用工单位收取。

4. 劳务派遣用工是我国企业用工的补充形式

劳动合同用工是我国企业的基本用工形式，劳务派遣用工是补充形式。用工单位只能在临时性、辅助性或者替代性的工作岗位上使用被派遣劳动者。临时性工作岗位是指存续时间不超过 6 个月的岗位；辅助性工作岗位是指为主营业务岗位提供服务的非主营业务岗位；替代性工作岗位是指用工单位的劳动者因脱产学习、休假等原因无法工作的一定期间内，可以由其他劳动者替代工作的岗位。《劳动合同法》要求用工单位应当严格控制劳务派遣用工数量，不得超过其用工总量的一定比例，具体比例由国务院劳动保障行政部门规定。

（二）劳务派遣单位的设立

经营劳务派遣业务应当具备下列条件：①注册资本不得少于人民币 200 万元；②有与开展业务相适应的固定的经营场所和设施；③有符合法律、行政法规规定的劳务派遣管理制度；④法律、行政法规规定的其他条件。

经营劳务派遣业务，应当向劳动保障行政部门依法申请行政许可；经许可的，依法办理相应的公司登记。未经许可，任何单位和个人不得经营劳务派遣业务。违反《劳动合同法》的规定，未经许可，擅自经营劳务派遣业务的，由劳动保障行政部门责令停止违法行为，没收违法所得，并处违法所得 1 倍以上 5 倍以下的罚款；没有违法所得的，可以处 5 万元以下的罚款。人力资源和社会保障部制定的《劳务派遣行政许可实施办法》规定，县级以上地方人力资源社会保障行政部门按照省、自治区、直辖市人力资源社会保障行政部门确定的许可管辖分工，负责实施本行政区域内劳务派遣行政许可工作及相关的监督检查。许可机关依法作出准予行政许可决定的，向申请人发放劳务派遣经营许可证。

（三）劳务派遣单位的义务

1. 与被派遣劳动者订立劳动合同的义务

劳务派遣单位应当与被派遣劳动者订立 2 年以上的固定期限劳动合同。劳务派遣单位与被派遣劳动者订立的劳动合同，除应当载明《劳动合同法》第 17 条规定的事项外，还应当载明被派遣劳动者的用工单位及派遣期限、工作岗位等情况。劳务派遣单位不得以非全日制用工形式招用被派遣劳动者。劳务派遣单位应当建立培训制度，对被派遣劳动者进行上岗知识、安全教育培训。

2. 支付劳动报酬的义务

劳务派遣单位应当按月支付劳动报酬；被派遣劳动者在无工作期间，劳务派遣单位应当按照所在地人民政府规定的最低工资标准，向其按月支付报酬。劳务派遣单位不得克扣用工单位按照劳务派遣协议支付给被派遣劳动者的劳动报酬。劳务派遣单位跨地区派遣劳动者的，被派遣劳动者享有的劳动报酬和劳动条件，按照用工单位所在地的标准执行。劳务派遣单位应当按照国家规定和劳务派遣协议约定，依法为被派遣劳动者缴纳社会保险费，并办理社会保险相关手续。

3. 订立劳务派遣协议的义务

劳务派遣单位派遣劳动者，应当与接受以劳务派遣形式用工的单位订立劳务派遣协议。劳务派遣协议应当约定派遣岗位和人员数量、派遣期限、劳动报酬和社会保险费的数额与支付方式及违反协议的责任。劳务派遣单位应当督促用工单位依法为被派遣劳动者提供劳动保护和劳动安全卫生条件，协助处理被派遣劳动者与用工单位的纠纷。

4. 告知义务

劳务派遣单位应当将劳务派遣协议的内容告知被派遣劳动者。

5. 不得收取费用的义务

劳务派遣单位和用工单位不得向被派遣劳动者收取费用。

（四）用工单位的义务

1. 履行法定义务，维护被派遣劳动者的合法权益

用工单位应当履行下列义务：①执行国家劳动标准，提供相应的劳动条件和劳动保护；②告知被派遣劳动者的工作要求和劳动报酬；③支付加班费、绩效奖金，提供与工作岗位相关的福利待遇；④对在岗被派遣劳动者进行工作岗位所必需的培训；⑤连续用工的，实行正常的工资调整机制。

2. 禁止再派遣的义务

用工单位不得将被派遣劳动者再派遣到其他用人单位。

3. 按需确定派遣期限的义务

用工单位应当根据工作岗位的实际需要与劳务派遣单位确定派遣期限，不得将连续用工期限分割订立数个短期劳务派遣协议。

4. 严格控制劳务派遣用工数量的义务

用工单位应当严格控制劳务派遣用工数量，使用的被派遣劳动者数量不得超过其用工总量的10%。这里所称用工总量是指用工单位订立劳动合同人数与使用的被派遣劳动者人数之和。

5. 禁止自设派遣的义务

用人单位不得设立劳务派遣单位向本单位或者所属单位派遣劳动者。用人单位或者其所属单位出资或者合伙设立的劳务派遣单位，向本单位或者所属单位派遣劳动者的，均属禁止之列。

劳务派遣单位、用工单位违反《劳动合同法》有关劳务派遣规定的，由劳动保障行政部门责令限期改正；逾期不改正的，以每人5 000元以上10 000元以下的标准处以罚款，对劳务派遣单位，吊销其劳务派遣业务经营许可证。用工单位给被派遣劳动者造成损害的，劳务派遣单位与用工单位承担连带赔偿责任。

（五）被派遣劳动者的权利

1. 同工同酬的权利

被派遣劳动者享有与用工单位的劳动者同工同酬的权利。用工单位应当按照同工同酬原则，对被派遣劳动者与本单位同类岗位的劳动者实行相同的劳动报酬分配办法。用工单位无同类岗位劳动者的，参照用工单位所在地相同或者相近岗位劳动者的劳动报酬确定。劳务派遣单位与被派遣劳动者订立的劳动合同和与用工单位订立的劳务派遣协议，载明或者约定的向被派遣劳动者支付的劳动报酬应当符合上述要求。

2. 参加工会的权利

被派遣劳动者有权在劳务派遣单位或者用工单位依法参加或者组织工会，维护自身的合法权益。

3. 辞职权

被派遣劳动者可以依照《劳动合同法》第36条、第38条的规定与劳务派遣单位解除劳动合同。

与劳动者的辞职权相对应，如果被派遣劳动者有《劳动合同法》第39条规定的即时辞退情形和第40条第1项、第2项规定的预告辞退情形的，用工单位可以将劳动者退回劳务派遣单位，劳务派遣单位依照《劳动合同法》的有关规定，可以与劳动者解除劳动合同。

劳务派遣单位或者被派遣劳动者依法解除、终止劳动合同的经济补偿，依照《劳动合同法》第46条、第47条的规定执行。

二、非全日制用工

（一）非全日制用工的含义

非全日制用工，是指以小时计酬为主，劳动者在同一用人单位一般平均每日工作时间不超过 4 小时，每周工作时间累计不超过 24 小时的用工形式。

（二）非全日制用工劳动合同的订立

非全日制用工双方当事人可以订立口头协议。

从事非全日制用工的劳动者可以与一个或者一个以上用人单位订立劳动合同，但是，后订立的劳动合同不得影响先订立的劳动合同的履行。

非全日制用工双方当事人不得约定试用期。

（三）非全日制用工的终止

非全日制用工双方当事人任何一方都可以随时通知对方终止用工。终止用工，用人单位不向劳动者支付经济补偿。

（四）非全日制用工的劳动报酬

非全日制用工劳动者的工资权受法律保护，非全日制用工小时计酬标准不得低于用人单位所在地人民政府规定的最低小时工资标准。非全日制用工劳动报酬结算支付周期最长不得超过 15 日。

相关法律法规

《劳动合同法》第 57 条 ~ 第 72 条

实训

【实训情境】

2006 年 5 月 2 日，吴某某到 J 县交警大队参加协警工作，工资按月发放，工资发放及上下班时间由 J 县交警大队统一管理。吴某某在 J 县交警大队工作期间，曾于 2018 年 5 月 1 日与 J 县交警大队签订用工协议，约定用工期限为 1 年，从 2018 年 5 月 1 日起至 2019 年 4 月 30 日止。J 县交警大队未为吴某某缴纳社会保险。2020 年 11 月 30 日，吴某某与 J 县交警大队就签订劳动合同、缴纳社会保险一事未能达成一致意见，J县交警大队通知吴某某停职。2020年12月1日，吴某某离开J县交警大队。2020年12月26日，吴某某向J县政府劳动人事争议仲裁委员会申请仲裁，要求J县交警大队为其补办养老保险等社会保险，并签订无固定期限劳动合同。2020年12月30日，J县人民政府劳动人事争议仲裁委员会作出仲裁：经审查，申请诉求不在仲裁案件受理范围。诉求一，可按照《社会保险法》第63条办理；诉求二，应向当地人力资源和社会保障部门申请。依据《劳动争议调解仲裁法》第29条的规定，不予受理。

吴某某不服，于2021年1月7日向法院起诉，要求J县交警大队：①依法与其签订无固定期限书面劳动合同；②为其依法补缴养老保险等社会保险。在审理过程中，吴某某增加、变更诉讼请求如下：①J县交警大队依法与其签订无固定期限书面劳动合同；②J县交警大队为其依法补缴养老保险、医疗保险、失业保险、工伤保险、生育保险、住房公积金，如不能补缴，换算成相应的经济损失赔偿；③J县交警大队未与其签订书面劳动合同，其应按照劳动合同法的规定向其支付2倍工资，合计427 000元（175个月×2 440元/月）；④J县交警大队支付经济赔偿金，按每年支付1个月的赔偿金计12年共32 400元；⑤退还劳动保证金1 000元。

另查明，J县交警大队系独立的机关法人。经J县人力资源和社会保障局测算，吴某某的工伤保险经济损失1 700.44元，生育保险经济损失1 561.29元。

J县交警大队辩称：

（1）原告增加、变更诉讼请求违反诉讼程序，应依法裁定不予受理或者裁定驳回起诉。原告以经过仲裁的签订无固定期限劳动合同、补缴养老保险提出起诉，后增加、变更的诉讼请求与此前仲裁诉争事项不是同一法律关系和同一事实，相互之间不具有依附性和不可分性，不符合劳动争议案件合并审理的法定条件，原告无权规避劳动争议仲裁前置的法定程序。

（2）原告要求法院判令与J县交警大队签订无固定期限劳动合同违反相关法律规定，被告与原告之间的劳动关系早于2020年12月1日终止，原告未提出任何异议并实际离岗至今，现其对已不存在的劳动关系要求签订无固定期限劳动合同，缺乏事实和法律依据。原告要求被告为其补办社会保险，按《社会保险法》第63条及《劳动法》第100条的规定，对用人单位未按时足额缴纳社会保险费的监督、责令甚至申请划拨、执行等职能由社会保险费征收机构行使，这不属于人民法院判令用人单位执行特定行为的审理范畴。且能否补办或可补办几项，还取决于社会保险经办机构的操作规程，原告不足额缴纳个人承担的部分也无法补办。对增加的诉讼请求：第一项缺乏支撑依据，第二项已超过《劳动法》第82条规定的"自劳动争议发生之日起60日内"的法定期限，且劳动关系终止，不能得到支持。

（3）原告合法使用警用佩戴标志保证金的返还是劳动关系终止所致的后果，与本案事由无关，且原告未返还警用标志，无权要求退还保证金。

（4）被告没有义务向原告支付或赔偿任何费用。

综上，原告的诉讼请求从实体、程序上是错误和无法成立的，请依法驳回。

J县人民法院于2021年12月24日判决：

（1）由被告J县交警大队支付原告吴某某赔偿金36 000元及2倍工资的差额47 295元。

（2）由被告J县交警大队支付原告吴某某失业保险经济损失14 168元，工伤保险经济损失1 700.44元，生育保险经济损失1 561.29元。上述款项限于判决生效后10日内支付。

（3）驳回原告吴某某的其他诉讼请求。

一审宣判后，J县交警大队不服，向H州中级人民法院提起上诉。

H州中级人民法院于2022年4月23日判决：驳回上诉，维持原判。

【实训任务】

通过对劳动合同解除案件的具体分析，进一步理解和掌握劳动合同解除的条件、程序及其法律后果，提高具体分析劳动合同纠纷案件的能力。

【实训方法】

1. 全体实训人员分为原告、被告、审判员3组，各自结合本方的诉讼角色运用证据认定案件事实。

2. 各小组形成本组的观点及依据后，由1名代表发表意见。

3. 辅导教师归纳小组意见并予以点评。

练习题

一、单项选择题

1. 关于劳动合同的性质，以下说法正确的是（　　）。

A. 身份合同　　　　　　　　　　B. 租赁劳动力合同

C. 劳动加工合同　　　　　　　　D. 由劳动法调整的特种合同

2. 关于订立劳动合同的规则，以下说法正确的是（　　）。

A. 用人单位的告知义务限于与劳动合同直接相关的基本情况

B. 劳动者的告知义务限于与劳动合同直接相关的基本情况

C. 用人单位为方便可代为保管劳动者的执业资格证书、护照

D. 用人单位为稳定劳动关系可要求劳动者提供不超过半年工资的押金

3. 关于书面劳动合同的规则，以下说法正确的是（　　）。

A. 没有书面劳动合同，就没有劳动关系

B. 有劳动关系，就推定为有书面劳动合同

C. 自用工之日起，用人单位就应该与劳动者订立书面劳动合同

D. 用人单位自用工之日起超过1个月不满1年未与劳动者订立书面劳动合同的，应当向劳动者每月支付2倍的工资

4. 关于劳动合同的履行规则，以下说法正确的是（　　）。

A. 用人单位未足额支付劳动报酬的，劳动者可以依法向当地人民法院申请支付令

B. 加班是劳动定额标准之外的劳动，属于用人单位和劳动者自由协商的内容

C. 用人单位管理人员违章指挥、强令冒险作业的，劳动者可以拒绝，但会推定为解除劳动合同

D. 劳动合同的任何变更，均需用人单位和劳动者协商一致，用人单位无单方变更的权利

二、多项选择题

1. 劳动合同是劳动者与用人单位确立劳动关系、明确双方权利和义务的协议，这个协议具有（　　）特征。

　　A. 从属性　　　　B. 继续性　　　　C. 附和性　　　　D. 关系性

2. 关于无固定期限劳动合同的规则，以下说法正确的是（　　）。

A. 用人单位和劳动者协商一致，即可订立无固定期限劳动合同

B. 劳动者在用人单位工作满10年的，用人单位就有义务与劳动者订立无固定期限劳动合同

C. 连续订立两次固定期限劳动合同后，续订第三次劳动合同的，一般应订立无固定期限劳动合同

D. 用人单位自用工之日起满1年不与劳动者订立书面劳动合同的，视为用人单位与劳动者已订立无固定期限劳动合同

3. 关于劳动合同的内容，以下说法正确的是（　　）。

A. 劳动合同的必备内容是劳动合同成立或生效不可或缺的要件

B. 劳动合同的内容可分为必备内容和约定内容

C. 无论必备内容，还是约定内容，都不能违反劳动法

D. 劳动合同没有约定或约定不明的，用人单位与劳动者可以重新协商

4. 关于劳动合同的试用期，以下说法正确的是（　　）。

A. 试用期包含在劳动合同期限内，没有约定劳动合同期限，试用期不成立，试

用期为劳动合同期限

B. 以完成一定工作任务为期限的劳动合同不得约定试用期

C. 同一用人单位与同一劳动者只能约定一次试用期

D. 用人单位在试用期解除劳动合同的，无须向劳动者说明理由

5. 关于劳动合同的服务期，以下说法正确的是（　　）。

A. 用人单位为劳动者提供专项培训费用，对其进行专业技术培训的，可以与该劳动者订立协议，约定服务期

B. 一般的上岗培训、转岗培训、安全卫生知识技能的培训等，不能成为约定服务期的条件

C. 违约金的数额不得超过用人单位提供的培训费用

D. 劳动合同期满，用人单位与劳动者约定的服务期尚未到期的，劳动合同应当续延至服务期满

6. 关于劳动合同中的竞业限制条款，以下说法正确的是（　　）。

A. 约定竞业限制的目的是保护用人单位的商业秘密

B. 竞业限制的人员限于用人单位的高级管理人员、高级技术人员和其他负有保密义务的人员

C. 竞业限制的期限不得超过3年

D. 约定了竞业限制，没有约定经济补偿的，劳动者履行了竞业限制义务，可向用人单位要求经济补偿

7. 以下属于劳动合同的履行原则的是（　　）。

A. 亲自履行原则　　　　　　　　B. 全面履行原则

C. 协作履行原则　　　　　　　　D. 劳动者绝对服从原则

8. 关于用人单位调岗合理性的判断标准，以下说法正确的是（　　）。

A. 基于企业经营上所必需

B. 不得违反劳动合同

C. 对劳动者的薪资及其他劳动条件，未作不利的变更

D. 调岗后的工作与原有工作性质为劳动者的体能及技术所可胜任

9. 关于劳动合同的解除，以下说法正确的是（　　）。

A. 在劳动合同期限内，劳动者可提前30日通知用人单位解除劳动合同

B. 用人单位未依法为劳动者缴纳社会保险的，劳动者可以随时解除劳动合同

C. 劳动者违反劳动纪律，用人单位可依据企业规章制度的规定辞退劳动者

D. 劳动者考核在末位的，用人单位可根据双方在劳动合同中的约定辞退劳动者

10. 关于解除劳动合同的经济补偿，以下说法正确的是（　　）。

A. 用人单位裁员的，应依法支付经济补偿

B. 经济补偿的计算基数是劳动者上个月的工资

C. 经济补偿按劳动者在本单位工作的年限，每满 1 年支付 1 个月工资的标准向劳动者支付

D. 用人单位提出并与劳动者协商解除劳动合同的，应当支付经济补偿

11. 关于劳动合同的终止，以下说法正确的是（　　）。

A. 用人单位应当与劳动者约定劳动合同终止的条件

B. 劳动合同期满，劳动合同终止

C. 劳动者开始依法享受养老保险待遇的，劳动合同终止

D. 用人单位被吊销营业执照的，劳动合同终止

12. 关于劳动合同解除或终止的后合同义务，以下说法正确的是（　　）。

A. 用人单位应当为劳动者开具解除或终止劳动合同的证明

B. 用人单位应当为劳动者办理档案和社会保险关系转移手续

C. 用人单位应当保存原劳动合同文本备查，并至少保存 2 年

D. 劳动者应当办理工作交接

13. 关于劳务派遣，以下说法正确的是（　　）。

A. 劳务派遣单位是劳动合同法上的用人单位

B. 劳务派遣单位应当与被派遣劳动者订立 2 年以上的固定期限劳动合同

C. 劳务派遣单位应当将劳务派遣协议的内容告知被派遣劳动者

D. 用人单位不得设立劳务派遣单位向本单位或者所属单位派遣劳动者

14. 关于非全日制用工，以下说法正确的是（　　）。

A. 非全日制用工关系就是劳务关系

B. 非全日制用工无须签订书面劳动合同

C. 非全日制用工任何一方都可以随时通知对方终止用工

D. 非全日制用工劳动者的工资权受法律保护

三、案例分析题

1. 不能胜任工作案

2016 年 7 月，被告王某进入原告某通信（杭州）有限责任公司（以下简称某某通信）工作。该公司的《员工绩效管理办法》规定：员工半年、年度绩效考核分别为 S、A、C1、C2 四个等级，分别代表优秀、良好、价值观不符、业绩待改进；不能胜任工作原则上考核为 C2。王某原在该公司分销科从事销售工作，2020 年 1 月后因分销科解散，其转岗至华东区从事销售工作。2019 年下半年、2020 年上半年及 2021 年下半年，王某的考核结果均为 C2。某某通信认为，王某不能胜任工作，经

转岗后,仍不能胜任工作,故在支付了部分经济补偿金的情况下解除了劳动合同。

2022年7月27日,王某提起劳动仲裁。同年10月8日,仲裁委作出裁决:某某通信支付王某违法解除劳动合同的赔偿金余额36 596.28元。某某通信认为其不存在违法解除劳动合同的行为,故诉至法院。

问题:

(1) 何谓不能胜任工作?

(2) 用人单位因劳动者不能胜任工作而解除劳动合同时,有何程序性要求?

(3) 案例中用人单位解雇王某是否合法?为什么?

(4) 末位淘汰是否合法?为什么?

(5) 在提成工资制中,用人单位和劳动者约定月销售额,且在劳动者未完成预定的销售额时用人单位有权解雇劳动者。此种约定是否有效?

2. 不当劝退致员工自杀案

2017年12月14日,网友寒夜来客在网络上发表了一篇文章,文章称她老公欧某某于12月10日在某某网信科技有限公司跳楼身亡。以下为截取的部分内容:

(1) 我们的家庭支柱倒了,留下我、9岁的儿子及2岁的女儿,4个年迈的老人茫然失措,我感到天崩地裂!

(2) 欧某某于2011年跳槽到某某网信科技有限公司,签订的劳动合同的时间是2011年4月18日至2019年8月18日。具体工作是在研发部门搞研发。在某某网信科技有限公司的这6年多来他一直勤勤恳恳工作、任劳任怨。通过他的努力工作和我们平日朴素的生活,我们两个来自普通家庭的人也得以在深圳安家落户,过上了小康生活。

(3) 2017年12月1日这天,欧某某的直接领导王某某找他谈话,其间流露出劝退的意思。当时我老公完全没有预见到这个局面,一时无法接受要被公司辞退的决定。加上他一直工作勤恳,业务能力也不错,他本能地向公司提出是否还有挽回的余地、能不能内部调换岗位。王某某直接回复说:"上面领导已经决定的事情就没有回旋的余地了。"我老公难以接受这个突如其来的打击,回来后一声不吭,脸色非常难看。我发现后问他怎么了,他只是简单地跟我描述了事情的过程就再不吱声了。

(4) 以后几天的时间内,人事部刘某和张某找我老公沟通,直言实行$N+1$补偿的方案。12月7日,部门负责人郭某某又找到我老公与他谈股份转让的事情。本来对公司辞退方案已经不满却无法辩驳的老公,只能寄希望于公司念其苦劳能在股价上有所补偿。他之前了解到去年离职的员工股份转让价为4元多,内心深处希望这次公司能以更高的价钱回购。谁知当天郭某某态度冰冷而强硬,不仅不同意以去年的价格回购股权，还强行压低到 2 元一股回购。本来就没有多少股权的我们，这下几乎得不到任何额外补偿。在无比的吃惊和愤怒下，我老公只能坚称不卖。郭某某言辞激烈地说："你要离职，这个股权必须卖，否则后果自负。"公司领导表现得如此冷漠无情、态度无比恶劣，完全从劝退变成了逼退。

（5）12 月 10 日上午 9 点多我老公对我说："领导要我去公司。"走之前他说："我们公司有内部矛盾，我很可能成为牺牲品。"我说："你都快离开公司了，对你有什么影响？"他说："就是因为他们的矛盾，才影响到我，要我走。"我说："你这么优秀，南开的硕士，在华为做了 8 年，在某某网信科技有限公司做了 6 年，可以再换一个更好的。"他默许地点了点头就走了。

（6）下午 1 点多我突然接到一个陌生的电话说："欧某某坠楼死了。"

上述为单方陈述，不可尽信。若无进一步赔偿以安抚家属，起诉要求赔偿是极有可能的。从劳动与社会保障法的角度来看，该案例可能涉及解除劳动合同的法律依据或环境、自杀与工作的关联、职工持股的性质与处理等问题。

问题：

请根据本章所学内容，分析案例中可能涉及的法律问题，并自拟主题，撰写案例评析。

单元 3 集体合同法律制度

学习目标

1. 掌握集体合同的特征、集体合同与劳动合同的区别、集体合同签订的程序。

2. 理解和熟悉集体协商制度。

3. 掌握集体合同履行、变更、解除和终止的内容。

4. 了解我国法律关于不当劳动行为是如何规定的。

5. 选择具体案例，对集体合同签订程序和涉及的法律、法规进行应用，达到理论和实际相结合。

要点提示

1. 集体合同也称集体协议或团体协约，是指工会或劳动者代表与用人单位或其组织之间就劳动者的劳动条件与劳动待遇等事项在平等协商的基础上达成的书面协议。作为一种特殊的劳动合同，集体合同必然与劳动合同存在区别。

2. 集体合同的订立，是指工会或职工一方的协商代表与用人单位之间，为规定用人单位和全体职工的权利和义务而依法就集体合同条款经过协商一致，确立集体合同关系的法律行为。

3. 集体合同的签订必须经过以下步骤：确定协商代表；集体协商，形成草案；通过草案；集体合同的审查与生效。

4. 集体协商中发生争议，双方当事人不能协商解决的，当事人一方或双方可以书面向劳动保障行政部门提出协调处理申请；未提出申请的，劳动保障行政部门认为必要时,也可以进行协调处理。

5. 集体合同或专项集体合同变更和解除必须符合一定的条件和程序。

6. 我国修改后的《工会法》中对不当劳动行为的规定包括对用人单位的不当劳动行为的规定和对工会的不当劳动行为的规定。

知识点1 集体合同概要

导入案例

案例3-1 集体合同是否对柳某也适用

申诉人:柳某,男,27岁,某市建筑安装公司临时工。

被诉人:某市建筑安装公司。

法定代表人:胡某,某市建筑安装公司总经理。

2022年3月1日,某市建筑安装公司与公司工会经过协商谈判,签订了一份集体合同,合同草案经过公司职工代表大会讨论于3月5日通过,并于3月6日正式报送某市人力资源和社会保障局,某市人力资源和社会保障局于3月21日作出正式书面通知,对本集体合同不表示异议,合同生效。集体合同规定:公司所有职工工资最低不少于3 400元/月。本案申诉人与被诉人双方在2022年5月30日签订聘用合同,合同规定聘用期2年,工资3 200元/月。申诉人柳某于2022年8月3日在外为公司装修房子时偶然得知公司集体合同规定:公司职工的最低工资为3 400元/月。

于是,在2022年8月9日,申诉人柳某以某市建筑安装公司未按公司与公司工会签订的集体合同规定的工资标准(3 400元/月为企业职工最低工资)支付工资,提起劳动仲裁,要求公司补付6、7、8月份少发的600元工资,申诉人剩余合同期内工资按3 400元/月执行。被诉人则答复集体合同是公司与公司工会签订的,只适用于公司的正式职工,而对临时工不适用。

导入案例分析

仲裁机构受理并作出如下裁决:①被诉人一次性补付申诉人工资600元[(3 400-3 200)×3];②申诉人剩余合同期内工资按3 400元/月执行。

基本理论

一、集体合同的概念和特征

（一）集体合同的概念

集体合同也称集体协议或团体协约，是指工会或劳动者代表与用人单位或其组织之间就劳动者的劳动条件与劳动待遇等事项在平等协商的基础上达成的书面协议。根据《集体合同规定》第3条的规定，集体合同是用人单位与本单位职工根据法律、法规、规章的规定，就劳动报酬、工作时间、休息休假、劳动安全卫生、职业培训、保险福利等事项，通过集体协商签订的书面协议。专项集体合同是指用人单位与本单位职工根据法律、法规、规章的规定，就集体协商的某项内容签订的专项书面协议。

（二）集体合同的特征

集体合同作为一种合同形式，除具有一般合同的共同特征外，同时还具有自身的特征：

（1）集体合同是特定当事人之间的协议。依《劳动法》第33条第2款①之规定，集体合同的主体一方是用人单位或其团体，另一方是工会或劳动者代表。

（2）集体合同的内容侧重于维护劳动者的权益。集体合同以集体劳动关系中全体劳动者的共同权利和义务为内容，可能涉及劳动关系的各个方面，也可能只涉及劳动关系的某个方面（如工资合同等）。

（3）集体合同当事人的义务性质不同。集体合同规定由用人单位承担的义务具有法律性质，而代表职工签订合同的工会所承担的义务具有道义性，不具有法定性。

（4）集体合同是要式合同。根据《劳动法》和《集体合同规定》的有关规定，首先，集体合同是书面协议，只能采用书面形式订立；其次，集体合同的内容是劳动关系方面的权利义务；再次，集体合同草案应当提交职工代表大会或者全体职工讨论通过；最后，集体合同签订后，应当在规定的时间内报送劳动保障行政部门审查，劳动保障行政部门自收到集体合同文本之日起15日内未提出异议的，集体合同

---

① 集体合同由工会代表职工与企业签订；没有建立工会的企业，由职工推举的代表与企业签订。

即行生效。

（5）集体合同具有较强的法定性。集体合同当事人不能自由决定是否订立集体合同、与谁订立集体合同、订立什么内容的集体合同、集体合同采取什么形式、集体合同争议处理等。

（6）集体合同具有劳动基准法的效能。集体合同的内容多涉及国家劳动基准法的规定，它规定用人单位在不低于国家劳动标准的基础上，向劳动者提供劳动条件与生活条件。

二、集体合同与劳动合同的区别

集体合同作为一种特殊的劳动合同，必然与劳动合同存在着区别，主要表现在如下方面。

（一）当事人不同

集体合同中用人单位一方是企业、事业单位，劳动者一方是代表全体职工的工会组织或职工推举的代表（没有建立工会的企业）；劳动合同中虽然用人单位一方也是企业、事业单位，而劳动者一方只能是职工个人。

（二）二者的内容所指向的对象不同

集体合同虽然与劳动合同都以劳动条件、劳动报酬、工作时间、劳动安全卫生、休息休假等事项为基本内容，但劳动合同的内容是个性的，只限于订立该劳动合同的劳动者个人和企业；集体合同的内容是共性的，是有关整个企业或整个行业的劳动基准，是为一个单位的劳动者整体设立的。

（三）功能不同

订立劳动合同，着重于建立劳动关系，维护劳动者个人和用人单位的合法权益；订立集体合同，主要是改善劳动关系，加强劳动纪律，减少劳动纠纷，通过维护和保障企业职工的整体利益，调动全体职工的生产积极性，提高劳动生产率。

（四）效力范围不同

劳动合同只对该劳动合同的订立者（即劳动者个人和用人单位）有效，对其他劳动者均无约束力，对其他劳动合同亦无影响力和约束力。集体合同则对用人单位及其全体职工均具有约束力，并且职工个人与用人单位所订立的劳动合同中的劳动条件和劳动报酬等标准不得低于集体合同的规定，凡低于集体合同规定的标准的，一律无效。

（五）产生的时间不同

劳动合同产生于劳动者参加劳动前，而集体合同产生于劳动关系运行过程中。

（六）生效的程序不同

任何劳动合同，只要它是劳动者与用人单位依法协商一致达成的书面协议，一般就生效；集体合同在达成书面协议后，还应报送劳动保障行政部门。劳动保障行政部门自收到集体合同文本之日起15日内未提出异议的，集体合同才生效。

（七）解决争议的途径不同

因劳动合同发生的争议，当事人可以向本单位劳动争议调解委员会申请调解；因集体合同发生的争议，不能由企业劳动争议调解委员会进行调解。

（八）责任不同

劳动合同的当事人一方如果违反合同，可导致另一方解除劳动合同；劳动者可能受到辞退、除名、开除等处分，也可能因违约而承担支付违约金、赔偿损失等民事责任。集体合同则不同，企业一方违反集体合同，如果损害了职工和工会的经济利益，应承担赔偿责任；工会组织一方不履行集体合同义务时，一般情况下应负道义上的责任，不承担赔偿责任。如果职工个人不履行集体合同规定的义务，其表现一般即同时违反了劳动合同，就应按违反了劳动合同来承担相应的责任。

相关法律法规

1. 《劳动法》第7条、第8条、第33条~第35条、第84条
2. 《劳动合同法》第五章
3. 《工会法》
4. 《集体合同规定》

单元3　集体合同法律制度

知识点 2　集体合同的订立和效力

导入案例

案例 3-2　如何进行工资集体协商

S 建材实业有限公司是一家集建筑材料生产、销售于一体的民营企业，其成立于 2001 年 10 月，现有职工 100 余人。该公司职工小王是个积极乐观的 80 后，大学毕业后在 S 建材实业有限公司作技术员。他想通过自己的努力买一套房子和一辆车。可是随着物价上涨，平时的生活开销占到了他工资的大部分，买房和买车的梦想离他似乎越来越遥远。他开始焦虑和不安，时常抱怨微薄的工资难以支撑起自己的梦想。该公司大多数职工也存在这种焦虑和不安的情绪，纷纷准备辞职离开公司。公司工会看到这种情况后，为了提高职工的工资收入和工作积极性，稳定职工队伍，增强职工对公司的认同，向公司管理方提出了工资集体协商的要求。那么如何进行工资集体协商呢？

导入案例分析

基本理论

一、集体合同的订立

集体合同的订立，是指工会或职工一方的协商代表与用人单位之间，为规定用人单位和全体职工的权利和义务而依法就集体合同条款经过协商一致，确立集体合同关系的法律行为。订立集体合同应遵循合法原则，相互尊重、平等协商，诚实信用、公平合作，兼顾双方合法权益，不得采用过激行为原则，遵循当事人地位平等原则。

（一）集体合同订立的主体

集体合同订立的主体也称集体合同签约人、缔约人，实际上就是集体合同的订约当事人，包括劳动者方签约人和用人单位方签约人。

1. 劳动者方签约人

劳动者方签约人一般情况下为工会；在没有工会的情况下，由劳动者依法正式选出或委任的代表为劳动者方签约人。

《集体合同规定》《工会法》等法律法规只赋予基层工会委员会以集体合同签约人资格，故原则上劳动者方签约人以基层工会为主。如果用人单位未建立工会组织，则允许由职工大会或职工代表大会投票过半数推选的代表为签约当事人。

2. 用人单位方签约人

用人单位方签约人既可以是用人单位（雇主）本身，也可以是用人单位（雇主）的团体或组织。但无论何种团体或组织，其地位应与作为对方当事人的工会组织对等。依我国现行立法规定，与工会相对的集体合同当事人只限于用人单位。

（二）集体合同订立的程序

集体合同属于要式合同，必须以书面形式订立，其订立程序非常严格。集体合同的签订必须经过以下步骤。

1. 确定协商代表

因为集体协商由双方推选代表进行，所以订立集体合同首先要确定协商代表。

（1）对集体协商双方代表的一般规定。集体协商双方的代表人数应当对等，每方至少3人，并各确定1名首席代表。协商代表履行职责的期限由被代表方确定。用人单位协商代表与职工协商代表不得相互兼任。集体协商双方首席代表可以书面委托本单位以外的专业人员作为本方协商代表。委托人数不得超过本方代表的1/3。首席代表不得由非本单位人员代理。协商代表应当维护本单位正常的生产、工作秩序，不得采取威胁、收买、欺骗等行为。协商代表应当保守在集体协商过程中知悉的用人单位的商业秘密。企业内部的协商代表参加集体协商视为提供了正常劳动。

协商代表应履行下列职责：①参加集体协商；②接受本方人员质询，及时向本方人员公布协商情况并征求意见；③提供与集体协商有关的情况和资料；④代表本方参加集体协商争议的处理；⑤监督集体合同或专项集体合同的履行；⑥法律、法规和规章规定的其他职责。

（2）职工一方的协商代表的产生。职工一方的协商代表由本单位工会选派。未建立工会的，由本单位职工民主推荐，并经本单位半数以上职工同意。职工一方的首席代表由本单位工会主席担任。工会主席可以书面委托其他协商代表代理首席代表。工会主席空缺的，首席代表由工会主要负责人担任。未建立工会的，职工一方的首席代表从协商代表中由民主推举产生。工会可以更换职工一方协商代表；未建立工会的，经本单位半数以上职工同意可以更换职工一方协商代表。协商代表因更换、辞任或遇有不可抗力等情形造成空缺的，应在空缺之日起 15 日内按照《集体合同规定》产生新的代表。

（3）用人单位一方的协商代表的产生。用人单位一方的协商代表，由用人单位法定代表人指派。首席代表由单位法定代表人担任或由其书面委托的其他管理人员担任。用人单位法定代表人可以更换用人单位一方协商代表。协商代表因更换、辞任或遇有不可抗力等情形造成空缺的，应在空缺之日起 15 日内按照《集体合同规定》产生新的代表。

2. 集体协商，形成草案

（1）集体协商任何一方均可就签订集体合同或专项集体合同及相关事宜，以书面形式向对方提出进行集体协商的要求。一方提出进行集体协商要求的，另一方应当在收到集体协商要求之日起 20 日内以书面形式给予回应，无正当理由不得拒绝进行集体协商。

（2）协商代表在协商前应进行下列准备工作：①熟悉与集体协商内容有关的法律、法规、规章和制度；②了解与集体协商内容有关的情况和资料，收集用人单位和职工对协商意向所持的意见；③拟定集体协商议题，集体协商议题可由提出协商一方起草，也可由双方指派代表共同起草；④确定集体协商的时间、地点等事项；⑤共同确定一名非协商代表担任集体协商记录员，记录员应保持中立、公正，并为集体协商双方保密。

（3）集体协商会议由双方首席代表轮流主持，并按下列程序进行：①宣布议程和会议纪律；②一方首席代表提出协商的具体内容和要求，另一方首席代表就对方的要求作出回应；③协商双方就商谈事项发表各自意见，开展充分讨论；④双方首席代表归纳意见。集体协商达成一致意见的，应当形成集体合同草案或专项集体合同草案，由双方首席代表签字。

（4）集体协商未达成一致意见或出现事先未预料的问题时，经双方协商，可以中止协商。中止期限及下次协商时间、地点、内容由双方商定。

3. 通过草案

经双方协商代表协商一致的集体合同草案或专项集体合同草案应当提交职工代表大会或者全体职工，就草案中的有关问题进行充分讨论、酝酿，提出修改意见，并就修改后的草案正式表决通过。

4. 集体合同审查与生效

（1）报送期限。集体合同草案或专项集体合同草案经职工代表大会或职工大会通过后，由集体协商双方首席代表签字。用人单位一方应当在签字后的 10 日内将集体合同文本一式三份报送劳动保障行政部门审查。

（2）审查机关及管辖范围。县级以上劳动保障行政部门负责审查本行政区域内的集体合同或专项集体合同。集体合同或专项集体合同审查实行属地管辖，具体管辖范围由省级劳动保障行政部门规定。中央管辖的企业以及跨省、自治区、直辖市的用人单位的集体合同应当报送人力资源和社会保障部或人力资源和社会保障部指定的省级劳动保障行政部门。

（3）审查内容。劳动保障行政部门应当对报送的集体合同或专项集体合同的下列事项进行合法性审查：①集体协商双方的主体资格是否符合法律、法规和规章的规定；②集体协商程序是否违反法律、法规、规章规定；③集体合同或专项集体合同内容是否与国家规定相抵触。

（4）审查意见书与审查期限。劳动保障行政部门应当对报送的集体合同或专项集体合同的合法性进行审查；有异议的，应当自收到文本之日起 15 日内将《审查意见书》送达双方协商代表。《审查意见书》应当加盖劳动保障行政部门印章。用人单位与本单位职工就劳动保障行政部门提出异议的事项经集体协商重新签订集体合同或专项集体合同的，用人单位一方应当按照上述规定将文本报送劳动保障行政部门审查。

（5）生效与公布履行。劳动保障行政部门自收到拟审查的集体合同或专项集体合同文本之日起 15 日内未提出异议的，集体合同或专项集体合同即行生效。生效的集体合同或专项集体合同，应当自其生效之日起由协商代表及时以适当的形式向本方全体人员公布。签订双方要积极履行各自的义务，确保集体合同的顺利实现。

（三）集体协商争议的协调处理

依《劳动法》第 84 条第 1 款和《集体合同规定》第 49 条的规定，集体协商争议的协调处理方法有以下两种。

1. 当事人协商

集体协商中发生的争议由双方当事人自行协商解决有利于双方及时消除分歧，达成共识。

2. 劳动保障行政部门协调处理

（1）管辖。

根据《集体合同规定》第 51 条的规定：集体协商争议处理实行属地管辖，具体管辖范围由省级劳动保障行政部门规定。中央管辖的企业以及跨省、自治区、直辖市用人单位因集体协商发生的争议，由人力资源和社会保障部指定的省级劳动保障行政部门组织同级工会和企业组织三方面的人员协调处理，必要时，人力资源和社会保障部也可以组织有关方面协调处理。

（2）处理程序。

1）申请。因集体协商过程中发生争议，双方当事人不能自行协商解决的，当事人一方或双方可向劳动保障行政部门的劳动争议协调处理机构书面提出协调处理申请，后者应及时受理申请。视情况需要，劳动保障行政部门也可以在当事人未提出申请的情况下主动介入集体协商争议，进行协调处理。

2）推举或指定代表。协调处理因签订集体合同而发生的争议，双方当事人应各自选派代表 3~10 名，并指派 1 名首席代表参加。用人单位代表，由其法定代表人担任或指派。职工一方由工会代表；未建立工会的企业由职工民主推举代表，并须得到半数以上职工的同意。在协调处理争议期间，企业不得解除与职工代表的劳动关系。

3）进行协调和处理。劳动保障行政部门在协调处理集体协商过程中发生的争议时，应组织同级工会代表、用人单位方面的代表及其他有关方面的代表共同进行。争议双方及其代表应如实提供有关情况和材料。协调处理集体协商争议，应自受理协调处理申请之日起 30 日内结束协调处理工作，期满未结束的，可以适当延长协调期，但延长期限不得超过 15 日。

4）制作《协调处理协议书》并下达执行。协调处理因集体协商而发生的争议结束后，由劳动保障行政部门制作《协调处理协议书》。《协调处理协议书》应当载明协调处理申请、争议的事实和协调结果。双方当事人就某些协商事项不能达成一致的，应将继续协商的有关事项予以载明。《协调处理协议书》由集体协商争议协调处理人员和争议双方首席代表签字盖章后生效。争议双方均应遵守生效后的《协调处理协议书》。

二、集体合同的效力

我们一般从集体合同对人的效力、时间效力和空间效力层面对集体合同的效力进行阐释。

对人的效力是指集体合同对什么人有约束力。按有关规定，依法签订的集体合同对工会组织和用人单位或其团体、工会组织所代表的全体劳动者和用人单位团体所代表的各个用人单位具有法律约束力。

时间效力是指集体合同何时生效、何时终止效力以及有无溯及效力和余后效力的问题。其表现形式有以下三种：

（1）当期效力，即集体合同在其存续期间内具有约束力。

（2）溯及效力，即对其生效前已签订的劳动合同是否产生约束力。有约束力的即有溯及效力，不产生约束力的为无溯及效力。集体合同一般不具有溯及效力，但某些国家规定，当事人如有特别理由，并经集体合同管理机关认可，集体合同可具有溯及效力。

（3）余后效力，即集体合同终止后对依其订立并仍然生效的劳动合同继续产生约束力的状况。

空间效力是指集体合同在什么地域、产业（职业）范围内发生效力。全国性或地方性集体合同分别对全国范围或某特定地域内的用人单位及其劳动者有效；产业（职业）的集体合同则对该产业的覆盖范围内的用人单位及其劳动者有效；企业的集体合同只能对该企业范围内的用人单位及其劳动者有效。

相关法律法规

1. 《劳动法》第 33 条～第 35 条
2. 《工会法》第三章
3. 《集体合同规定》

知识点 3　集体合同的履行、变更、解除和终止

导入案例

案例 3-3　集体合同生效后企业应按时足额缴纳社会保险费

A 棉纺集团现有职工 3 246 人，这些职工先后与 A 棉纺集团签订了劳动合同。2018 年 9 月 5 日，A 棉纺集团与工会签订集体合同，集体合同于 9 月 29 日提交劳动保障行政部门审查。该集体合同规定："公司根据国家有关规定，为员工办理社会统筹保险，并按时足额缴纳养老、工伤、生育、失业等保险费。工会有权监督，并向职工定期公开。"A 棉纺集团每月从职工工资中按规定扣缴了个人应缴的社会保险费，却没有及时上缴职工个

人已缴给企业部分和企业应缴的社会保险费。截至2020年3月底，A棉纺集团累计欠缴社会保险费5 219 828.71元，其中养老保险费4 955 140.34元、工伤保险费132 397.22元、生育保险费28 421.39元、失业保险费103 869.76元。2020年4月，A棉纺集团工会委员会向劳动争议仲裁委员会申请仲裁，要求A棉纺集团履行签订的集体合同，为职工补缴拖欠的社会保险费。

劳动争议仲裁委员会在受理此案后依法组成仲裁庭，经审理后认为，本案属于履行集体合同时发生的争议，对申诉人要求补缴社会保险费的请求应予以支持，遂裁决A棉纺集团依法补缴其欠缴的社会保险费5 219 828.71元。

导入案例分析

基本理论

一、集体合同的履行

集体合同的履行，是指集体合同依法生效后，双方当事人全面按照合同约定履行合同义务的行为。《劳动法》第35条规定："依法签订的集体合同对企业和企业全体职工具有约束力。职工个人与企业订立的劳动合同中劳动条件和劳动报酬等标准不得低于集体合同的规定。"这就要求企业行政与工会组织及全体职工，认真执行、严格遵守集体合同规定的条款，全面落实集体合同中规定的各项措施和指标。对于其中的标准性条款，如劳动报酬、工作时间、劳动定额、休息休假、保险福利、劳动安全卫生等方面的标准，双方当事人要在集体合同有效期限内，始终按照集体合同规定的各项标准签订和履行劳动合同，确保职工劳动权利的实现不低于集体合同中所规定的标准。对于目标性条款，即在集体合同的有效期限内应当达到的具体目标和实现该目标的主要措施，双方当事人应将其具体落实到企业计划和工会工作计划之中，并积极创造条件予以实现。对于约定不明的内容，凡法律、法规有明确规定的按规定执行；无明确规定的，由双方当事人协商议定。

在集体合同履行过程中，企业行政和工会组织双方代表，应定期对合同的执行情况进行检查，并随时向职工代表大会和职工群众通报情况，接受职工群众的监督。这样可以提高企业履行集体合同的责任感和全体职工履行集体合同规定的义务的事业心，既有利于改善职工的劳动条件和物质文化生活条件，又能增强企业职工的凝聚力。

二、集体合同的变更和解除

（一）集体合同变更和解除的概念

集体合同的变更，是指集体合同依法订立（生效）后，尚未履行或尚未全部履行之前，由于订立集体合同所依据的主观或客观情况发生变化而难以继续履行，当事人依照法律规定的条件和程序，对原合同中的某些条款进行增减或修改的法律行为。集体合同的变更必须是在合同尚未全部履行时进行，如果合同已经全部履行，就是集体合同的消灭，而不是变更。

集体合同的解除，是指集体合同依法订立（生效）后，尚未履行或尚未全部履行之前，由于订立集体合同所依据的主观或客观情况发生变化，合同履行成为不可能或不必要，当事人依照法律规定的条件和程序，提前终止原集体合同的法律行为。集体合同的解除只对未履行的部分发生效力，不涉及已履行的部分。

（二）集体合同变更和解除的条件

根据法律规定，发生下列情形之一的，允许变更或解除集体合同：

（1）当事人双方协商代表经协商一致，并且不因此损害国家利益和社会公共利益。一方提出变更或解除集体合同的建议，经与对方当事人协商并取得一致意见，即可变更或解除集体合同，但变更后的集体合同不得违反国家法律、法规的规定，不得损害国家利益和社会公共利益。

（2）订立集体合同所依据的国家法律、法规或政策发生了变化。若继续执行原合同就会与现行的法律、法规、政策相悖，即出现违法行为，因此，必须变更有关的集体合同内容或者解除合同。

（3）不可抗力等原因致使集体合同无法履行或部分无法履行的，应当允许当事人变更或解除集体合同。

（4）用人单位因被兼并、解散、破产等原因，致使集体合同无法履行的，可以根据实际情况变更或解除集体合同。

（5）集体合同约定的变更或解除条件出现。

（6）法律、法规、规章规定的其他情形。

（三）变更和解除集体合同的程序

集体合同的变更和解除，必须按照一定的程序进行。按《集体合同规定》第41

条的规定，变更或解除集体合同适用本规定的集体协商程序。

（1）当事人提出变更或解除集体合同的建议（要求）。提出变更或解除集体合同的一方，应向对方说明需要变更的条款、变更或解除集体合同的理由等。

（2）变更或解除集体合同建议的答复，应在双方协商的期限内或法律、法规规定的期限内作出。《集体合同规定》第32条第2款规定："一方提出进行集体协商要求的，另一方应当在收到集体协商要求之日起20日内以书面形式给以回应，无正当理由不得拒绝进行集体协商。"

（3）当事人双方经过协商达成一致意见，并签订书面协议。如果双方经过协商不能达成一致意见，也可以根据《劳动法》第84条的规定，由当地人民政府劳动保障行政部门组织有关各方进行协调处理，以便最终达成变更或解除集体合同的一致意见。

（4）审议通过变更或解除集体合同的书面协议。由职工代表大会或职工大会审议通过变更或解除集体合同的书面协议。

（5）提交劳动保障行政部门审议。集体合同变更或解除的书面协议经职工代表大会或职工大会审议通过后，由原集体合同双方当事人的代表签字，然后报劳动保障行政部门审查。双方协商一致对原集体合同进行变更修订后，应在双方首席代表签字之日起10日内报劳动保障行政部门审查。双方协商一致解除集体合同的，应在10日内向审查集体合同的劳动保障行政部门提交书面说明。如果劳动保障行政部门自收到书面协议之日起15日内未提出异议的，当事人双方变更或解除集体合同的协议即行生效。原合同或原合同的有关条款即行终止。

三、集体合同的终止

集体合同的终止，是指由于某种法律事实的发生而导致集体合同所确立的法律关系的消灭。集体合同的终止，也就是集体合同法律效力的终结。

根据《集体合同规定》的规定和我国集体合同的实践，集体合同的终止一般有以下几种情况。

（一）集体合同期限届满

《集体合同规定》第38条规定，集体合同期限届满，集体合同即行终止。集体合同或专项集体合同期满前3个月内，任何一方均可向对方提出重新签订或续订的要求。如果未提出，集体合同期限届满，合同即行终止。

（二）双方当事人在集体合同中约定的终止条件发生

《集体合同规定》第 38 条规定，双方约定的终止条件出现，集体合同即行终止。当事人双方约定的终止条件不得违反国家法律、法规或政策，不得损害国家利益、社会利益或他人的合法利益。

（三）集体合同依法或经协商而解除，合同终止

根据《集体合同规定》第 40 条的规定，当事人在履行集体合同的过程中，因订立集体合同的环境和条件发生变化而致使集体合同难以履行的，可解除集体合同，集体合同因协商解除而终止。

相关法律法规

1. 《劳动法》第 33 条~第 35 条
2. 《工会法》第三章
3. 《集体合同规定》

知识点 4　不当劳动行为

导入案例

案例 3-4　终止任期内的工会主席的劳动合同是否属于违法终止？

2018 年 6 月 13 日，李某到 B 陶瓷公司工作，担任管理职务，双方订立书面劳动合同，劳动合同期限至 2022 年 6 月 11 日。2020 年 10 月 8 日，镇总工会根据 B 陶瓷公司工会的选举，同意李某任职 B 陶瓷公司工会主席，任期 3 年。同时李某仍然继续担任 B 陶瓷公司管理职务。2022 年 5 月 6 日，B 陶瓷公司发通知函给李某，决定劳动合同期满后不与李某续签劳动合同。李某对此提出异议，认为其担任公司工会主席的任期未满，公司不应与其终止劳动合同。B 陶瓷公司未听取其意见，劳动合同期满后，与李某终止了劳动合同。李某申请仲裁，要求 B 陶瓷公司支付违法终止劳动合同的赔偿金。

在李某工会主席任期未满的情况下，用人单位能否以"劳动合同期满"为由终止与其订立的劳动合同？

仲裁委员会经审理，认定 B 陶瓷公司终止与李某的劳动合同属于违法终止，裁决 B 陶瓷公司支付李某违法终止劳动合同的赔偿金。

📁 基本理论

一、不当劳动行为的概念

不当劳动行为，是指集体劳动关系中的当事人以不正当的手段，妨碍或者限制了对方（少数情况下也可能是第三方）行使其合法权利的行为。不当劳动行为的主体，在大多数情况下是用人单位及其团体（主要是用人单位），但是少数情况下也可能是工会。规定不当劳动行为的目的是防止任何一方采取不公平行为而妨碍另外一方进行集体协商的努力。

二、不当劳动行为的类型

1. 用人单位的不当劳动行为

用人单位的主要不当劳动行为如下：①干涉工会活动；②控制、操纵工会活动；③拒绝集体协商；④给予歧视待遇。

2. 工会的不当劳动行为

工会的主要不当劳动行为如下：①限制工人的行动或者加以强制；②给予歧视待遇；③集体协商中的不诚信行为；④间接抵制行为。

三、《工会法》关于不当劳动行为的规定

《劳动法》中目前并没有不当劳动行为的概念，但 2001 年修改后的《工会法》有涉及不当劳动行为的规定，2009 年第二次、2021 年第三次修改的《工会法》保留了原规定。

（一）对用人单位的不当劳动行为的规定

1. "干涉工会活动"的不当劳动行为

《工会法》第12条第2款规定："上级工会可以派员帮助和指导企业职工组建工会，任何单位和个人不得阻挠。"根据《工会法》第51条、第52条的规定，阻挠职工依法参加和组织工会或者阻挠上级工会帮助、指导职工筹建工会的，由劳动行政部门责令其改正；拒不改正的，由劳动行政部门提请县级以上人民政府处理；以暴力、威胁等手段阻挠造成严重后果，构成犯罪的，依法追究刑事责任。对依法履行职责的工会工作人员进行侮辱、诽谤或者进行人身伤害，构成犯罪的，依法追究刑事责任；尚未构成犯罪的，由公安机关依照治安管理处罚法的规定处罚。

2. "控制、操纵工会活动"的不当劳动行为

《工会法》第10条第2款特别规定："各级工会委员会由会员大会或者会员代表大会民主选举产生。企业主要负责人的近亲属不得作为本企业基层工会委员会成员的人选。"

3. "拒绝集体协商"的不当劳动行为

《工会法》第21条规定："工会代表职工与企业、实行企业化管理的事业单位、社会组织进行平等协商，依法签订集体合同。"第54条第4项进一步规定，无正当理由拒绝进行平等协商的，由县级以上人民政府责令改正，依法处理。

4. "给予歧视待遇"的不当劳动行为

《工会法》第18条规定："工会主席、副主席任期未满时，不得随意调动其工作。因工作需要调动时，应当征得本级工会委员会和上一级工会的同意。"《工会法》第19条规定："基层工会专职主席、副主席或者委员自任职之日起，其劳动合同期限自动延长，延长期限相当于其任职期间；非专职主席、副主席或者委员自任职之日起，其尚未履行的劳动合同期限短于任期的，劳动合同期限自动延长至任期期满。"《工会法》第42条规定："用人单位工会委员会的专职工作人员的工资、奖励、补贴，由所在单位支付。社会保险和其他福利待遇等，享受本单位职工同等待遇。"基层工会的非专职委员占用生产或者工作时间参加会议或者从事工会工作，每月不超过3个工作日，其工资照发，其他待遇不受影响。如果用人单位违反上述法律规定，应当承担相应的法律责任。

（二）对工会的不当劳动行为的规定

我国实践中，一些基层工会或者工会工作人员的行为违反了《工会法》的原则和宗旨，实质上已经构成了不当劳动行为。针对这些现象，《工会法》第56条规定："工会工作人员违反本法规定，损害职工或者工会权益的，由同级工会或者上级工会责令改正，或者予以处分；情节严重的，依照《中国工会章程》予以罢免；造成损失的，应当承担赔偿责任；构成犯罪的，依法追究刑事责任。"这是我国平衡劳动双方当事人的利益，规范工会不当劳动行为的一种有益的探索。

但是，《工会法》第56条的规定只适用于工会工作人员，而不适用于工会组织；只适用于损害职工或者工会权益的情形，而不适用于损害用人单位或者第三方权益的情形。因此，我国的工会不当劳动行为立法尚待于随着实践的发展进一步充实、完善。

课程思政

中国工会的地位

工会是中国共产党领导的职工自愿结合的工人阶级群众组织，是中国共产党联系职工群众的桥梁和纽带。中华全国总工会及其各工会组织代表职工的利益，依法维护职工的合法权益。中华全国总工会根据独立、平等、互相尊重、互不干涉内部事务的原则，加强同各国工会组织的友好合作关系。

相关法律法规

1. 《工会法》第二章、第六章
2. 《劳动合同法》第五章

实训

【实训情境】

刘某自2016年2月起在C时装公司从事裁剪工作。2018年4月20日，该公司行政方与工会签订集体合同书，规定公司执行平均每周工作时间不超过40小时的工时制度，并保证职工每周至少休息1日，无论实行何种工作制，其平均日工作时间和平均周工作时间应与法定标准工作时间相同。2019年4月23日至2023年4月23日期间，市劳动保障行政部门应C时装公司申请许可其实行特殊工时工作制，其中综合计算工时制计算周期均为年，岗位包括编织、缝合、包装等。刘某从事的裁剪岗位属于手缝部门。2020年度特殊工时花名册载有"刘某、手工岗位、综合工作制"，2021年度和2022年度实行综合计算工时工作制和不定时工作制职工名册中均载有"刘某、手缝岗位、特殊工时"，职工签名处有刘某的签字。2020年度刘某加班累计时长1 167.5小时；2021年度刘某加班累计时长1 106.5小时；2022年1月至6月刘某加班累计时长459.5小时。2021年6月至2022年5月，刘某上班天数共计306天，平均每周工作近6天。2022年9月3日，刘某以公司超时加班，未足额支付加班工资为由向公司提出解除劳动合同。后双方于2022年9月10日解除劳动关系。刘某诉至法院，请求判令C时装公司支付加班工资。法院认为，从刘某实际的工作情况来看，其在法定标准工作时间内均在上班，岗位的淡旺季之分仅体现在平时和周末加班时数的长短上，C时装公司在生产淡季未安排刘某轮休、调休，刘某的岗位作息制度已与标准工时制无异，故判令C时装公司按标准工时制向刘某支付加班工资。

法律规定企业因生产特点不能实行劳动法规定的标准工时制的，可以实行不定时工作制或综合计算工时制。而企业实行特殊工时工作制除了必须报劳动保障行政部门审批外，还应当采用集中工作、集中休息、轮休调休、弹性工作时间等适当方式，确保职工的休息休假权利。实行综合计算工时工作制的，平均日工作时间和平均周工作时间应与法定标准工作时间基本相同。本案中，即使C时装公司已就刘某的工作岗位向劳动保障行政部门申请了实行综合计算工时工作制，但由于其在实施过程中未能严格按照该制度的条件和要求执行，使刘某一直处于超时加班状态，故仍被法院责令按标准工时制的计算标准向刘某支付加班工资。特殊工时工作制度是为了便于企业用工管理而设立的，不能成为企业逃避支付加班工资责任的工具。

【实训任务】

针对情境材料就C时装公司的工时制度模拟集体协商谈判场景。

【实训方法】

1. 学生分为两组（每组10人为宜），一组模拟代表工会和职工，另一组模拟代表C时装公司。

2. 每组各派协商谈判代表3人，其中2人参与协商谈判，1人担任现场记录。每组各派观察员1人。其他组员协同准备。

3. 实训老师主持引导协商谈判过程，时间为2小时。

4. 协商谈判结束后，双方代表分别对本方的表现发表感想和体会，并对对方的表现发表看法。观察员谈观察意见、问题及建议。其他同学发表看法。

5. 实训老师对整个模拟协商谈判做鼓励性总结，并指出存在的问题以利再战。

练习题

一、单项选择题

1. （　　）是指工会或劳动者代表与用人单位或其组织之间就劳动者的劳动条件与劳动待遇等事项在平等协商的基础上达成的书面协议。

A. 劳动合同　　　　B. 判例法　　　　C. 司法解释　　　　D. 集体合同

2. 建立基层工会的批准机构是（　　）。

A. 基层党委　　　B. 上一级工会　　　C. 基层民政部门　　　D. 基层人民政府

3. 根据我国《劳动法》第35条的规定，集体合同的效力范围及于（　　）。

A. 企业工会的全体会员

B. 签订集体合同的职工代表

C. 参与合同讨论的企业职工

D. 企业全体职工，包括没有参加工会的职工

4. 集体合同或专项集体合同期满前（　　）个月内，任何一方均可向对方提出重新签订或续订的要求。如果未提出，集体合同或专项集体合同期限届满，合同即行终止。

A. 3　　　　　　B. 6　　　　　　C. 1　　　　　　D. 2

5. 集体协商一方向另一方以书面形式提出进行集体协商要求的，另一方应当在收到集体协商要求之日起（　　）日内以书面形式给予回应，无正当理由不得拒绝进行集体协商。

A. 30　　　　　B. 20　　　　　C. 45　　　　　D. 60

二、多项选择题

1. 下列有关签订集体劳动合同的表述，正确的是（　　）。

A. 依法签订的集体合同对企业和企业全体职工具有约束力

B. 集体合同的草案应提交职工代表大会或全体职工讨论通过

C. 集体合同签订后应报送劳动保障行政部门审核备案

D. 劳动保障行政部门自收到集体合同文本之日起15日内未提出异议的，集体合同即行生效

2. 在我国，《劳动法》和《工会法》均确认了（　　）制度。

A. 集体罢工　　　B. 集体合同　　　C. 失业保险　　　D. 集体协商

E. 集体仲裁

3. 目前在我国现阶段，能够作为集体协商谈判主体的有（　　）。

A. 用人单位工会代表

B. 用人单位职工代表

C. 企业和实行企业化管理的事业单位代表

D. 数个用人单位的联合代表

E. 行业或者企业组织的代表

4. 根据《劳动法》第33条和《集体合同规定》第8条的规定，集体合同应当

包括的条款有（　　）。

 A. 劳动报酬与工作时间

 B. 休息休假与保险福利

 C. 劳动安全与卫生

 D. 变更、解除、终止集体合同的协商程序

 E. 双方履行集体合同的权利和义务

5. 集体合同的内容按义务主体来划分，基本上可以分为（　　）。

 A. 企业和全体职工共同承担的义务　　B. 企业单方面负担的义务

 C. 工会单方面负担的义务　　　　　　D. 劳动者单方面负担的义务

三、案例分析题

  2023年6月，某国有图书出版公司工会与该公司协商签订集体合同。马某为该公司工会主席，并担任了首席协商代表，与另外两名工会推选的协商代表一起与公司代表在协商集体合同条款时，就职工最低工资、业务提成、年假时间等条款发生了重大分歧，谈判陷入僵局。马某等协商代表认为与公司发生的争议，表面上看是在集体合同签订过程中发生的争议，而实质是劳动争议，遂向劳动争议仲裁委员会提出仲裁申请，请求裁决该图书出版公司按照马某等协商代表认定的条款，签订集体合同。劳动争议仲裁委员会驳回了马某等协商代表的仲裁申请。

  问题：

  1. 集体合同争议与集体争议是一回事吗？

  2. 发生集体合同争议是否可以申请劳动仲裁？

单元 4 反就业歧视法律制度

学习目标

1. 了解就业歧视的概念及分类。
2. 了解我国关于反就业歧视的立法。
3. 掌握我国目前的反就业歧视措施。
4. 掌握职业场所性骚扰的预防及处理措施。

要点提示

1. 就业歧视是反歧视法的歧视概念在就业制度中的体现。反就业歧视试图纠正劳动力市场中存在的主要的偏见，诸如年龄歧视、容貌歧视、姓氏歧视、性倾向歧视等，从而使得歧视的种类出现扩大化趋势。

2. 根据内容不同，就业歧视可大致分为生理性就业歧视和身份性就业歧视。按照所发生的阶段，就业歧视可分为求职中的歧视和执业中的歧视。按照性质不同，就业歧视可分为制度性就业歧视、伦理性就业歧视和用人性就业歧视。

3. 《就业促进法》规定了禁止以下种类的歧视：就业性别歧视、对少数民族劳动者的就业歧视、对残疾人的就业歧视、对传染病病原体携带者的就业歧视及对进城的农村劳动者的就业歧视。

4. 反就业歧视可以采取三个方面的措施：法律规定禁止就业歧视并明确受歧视劳动者的救济权；政府采取积极措施创造公平的就业环境；用人单位政策性用人。

5. 职业场所的性骚扰实质上也是一种性别歧视，用人单位有责任采取积极主动的防范措施，杜绝这类事件发生。例如，可发布禁止工作场所性骚扰的书面政策声明，建立内部申诉渠道和调查机制，查证属实的要实施相应的惩戒并对受害者进行适当的弥补。

知识点 1　反就业歧视制度概述

导入案例

案例 4-1　求职者以出差岗位限男性为由主张性别歧视的精神损害赔偿

某职业技能培训公司（以下简称该公司）在某网站上发布了关于文案职位的招聘要求，未写明招聘人数、性别。2021 年 6 月，郭某在该网站上向该公司投递了个人简历，简历中载明性别"男"，年龄"20"，该网站上显示该公司查看了郭某的简历。郭某就招聘事宜打电话给该公司的联系人，同时说明在所投简历中不小心将性别写成男性，该公司联系人以文案职位需经常与校长出差、校长为男性、出差时间较长等为由，回复郭某公司只招男性，建议郭某可考虑应聘该公司的人事、文员等岗位。

该公司在另一网站上发布关于文案策划（全职）职位的招聘要求，招聘人数 1 人，最低学历大专，工作经验不限（应届生亦可），性别为男性。2021 年 6 月，郭某在该网站上向该公司投递了个人简历，该公司未反馈。郭某就招聘事宜打电话给该公司的联系人，该公司联系人以文案策划职位需早晚加班等为由回复郭某不考虑女生，想招男生。

郭某还到该公司人力资源部招聘面试处应聘文案职位，该公司工作人员仍以文案职位需与校长出差、女性有很多不方便为由，回复郭某文案职位想招男生，不考虑女生，同时建议郭某可考虑应聘该公司的人事、文员等岗位。

郭某以出差岗位限男性为由起诉，主张性别歧视的精神损害赔偿。法院认为，该公司直接以郭某为女性、公司需招录男性为由拒绝郭某应聘，侵犯了郭某平等就业的权利。赔礼道歉与赔偿损失等均为侵权人承担侵权责任的具体方式。郭某要求该公司赔偿精神损害抚慰金的理由充分，至于具体金额，法院根据该公司在此过程中的过错程度及给郭某造成的损害后果酌情确定为 2 000 元。

导入案例分析

基本理论

一、歧视的概念及分类

（一）歧视的概念

歧视是一种差别待遇，而优待同样也是一种差别待遇，两者的区分在于待遇的正当性判断。关于歧视的概念，应把握以下四点：

第一，不合理的同样对待对某些群体产生不利，它与不合理的区别对待同样有害，应予以禁止。

第二，故意不是证明歧视的关键性要件，因此，不是故意的歧视也是歧视。

第三，受歧视者一旦初步证明歧视存在，证明责任就转移给了用人单位。因此，就业歧视中用人单位有义务证明其没有违反禁止歧视的规定。

第四，法律上已经确认的歧视种类越来越多，如性骚扰就是一种新的歧视。

（二）歧视的分类

对人群的分类可建立在众多不同因素之上，主要包括性别、种族、国籍、年龄、健康状况等个人特征。对基于不同因素的歧视，司法审查的宽严标准也不相同。在很大程度上，司法审查标准取决于特定国家的历史传统和当务之急。在我国，一方面是反歧视立法尚待完善，另一方面是特有的或特别急迫的歧视问题需要理论支撑。例如，户籍歧视问题、农民工歧视问题、政治面貌歧视问题等，是我国比较特殊的歧视问题。

根据形式不同，歧视可分为直接歧视和间接歧视；根据是否出于故意，歧视可分为故意歧视和非故意歧视；根据是否与就业相关，歧视可分为就业歧视和非就业歧视。

1. 直接歧视

直接歧视也称差别对待，它是反歧视法最早涉及的一种歧视形式，其立法基础是形式平等，即相同情况相同对待。在判断是否构成直接歧视时，一般要回答如下三个问题：

其一，是否在相同情况下受到了比其他人不利的待遇。

其二，该不利的待遇与立法保护的诸如性别、种族、残疾等特征之间是否存在着一定联系。

其三，是否有合理的理由和例外允许这种不利的待遇。

2. 间接歧视

间接歧视也称不利后果的歧视或差别影响的歧视。间接歧视是指表面上看似中立的规定、标准或实践，将使（属于特定性别、种族或信仰等的）个人处于与他人相比特别不利的地位，除非这种规定、标准或实践是基于合法的目的并有可观的法律理由，而且实现该目的的手段是必要和适当的。

3. 非故意歧视

歧视的伦理性往往使我们关注歧视的故意性，但不论直接歧视还是间接歧视均无须证明歧视的故意。反歧视法的重点不应该是对行为人的惩罚，而应该是为受害人提供救济。歧视的故意可以从歧视的要件中排除，最重要的应该是行为的结果或后果。

4. 就业歧视

就业歧视是反歧视法的歧视概念在就业制度中的体现。反就业歧视试图纠正劳动力市场中存在的主要的偏见，诸如年龄歧视、容貌歧视、姓氏歧视、性别歧视等，从而使得歧视的种类出现扩大化趋势，如将性骚扰纳入反就业歧视法律制度的视野正是就业歧视理论发展的成果。

课程思政

就业优先战略的提出

实施就业优先战略。就业是最基本的民生。强化就业优先政策，健全就业促进机制，促进高质量充分就业。健全就业公共服务体系，完善重点群体就业支持体系，加强困难群体就业兜底帮扶。统筹城乡就业政策体系，破除妨碍劳动力、人才流动的体制和政策弊端，消除影响平等就业的不合理限制和就业歧视，使人人都有通过勤奋劳动实现自身发展的机会。

《习近平在中国共产党第二十次全国代表大会上的报告》

二、就业歧视的分类

（一）生理性就业歧视和身份性就业歧视

根据就业歧视的内容，就业歧视可以大致分为生理性就业歧视和身份性就业歧视。

生理性就业歧视,也称自然性就业歧视,一般针对的是劳动者与生俱来的特征,与其生理状况密切联系在一起,如因为劳动者的性别、种族、残疾、基因及健康等而产生的就业歧视。

身份性就业歧视,也称社会性就业歧视,一般针对的是个体在社会化过程中具有的特征,往往与劳动者的社会身份密切联系在一起,如因为户籍、职业史、地域等而产生的就业歧视。

(二)求职中的歧视和执业中的歧视

按照就业歧视发生的阶段,就业歧视可分为求职中的歧视和执业中的歧视。一般情况下,求职中的歧视比较明显,往往表现为用人单位歧视性的招聘条件限制;执业中的歧视比较隐蔽,往往表现为用人单位内部的规章制度或者惯例性做法。

按照劳动力市场的划分,企业外部劳动力市场和企业内部劳动力市场是两个范畴,其中企业内部劳动力市场中的歧视是一个更为复杂的歧视判断领域。职业场所性骚扰在性别歧视理论支撑下的法律展开正是企业内部劳动力市场职业歧视理论的典型。

(三)制度性就业歧视、伦理性就业歧视和用人性就业歧视

制度性就业歧视是指因为制度性问题而造成的就业歧视。例如,户籍制度实际上造成了歧视性待遇,造成部分人的就业障碍,以户口为招聘条件即此种就业歧视;二元社会的制度架构实际上造成了对农民的歧视,农民工进城务工之困状即此种就业歧视。

伦理性就业歧视涉及歧视的本质性判断,这里主要与制度性就业歧视相比较而言。一般来说,制度性就业歧视往往面临强烈的道德批判;伦理性就业歧视往往是一种获得道德支撑的就业歧视。如果一项差别待遇获得道德伦理上的原谅、接受或忽视,此项歧视便有了其存在的社会基础。法律明文禁止的就业歧视多属于伦理性就业歧视。

用人性就业歧视是指用人单位在招用劳动者时所实施的歧视行为,以及在企业内部管理中所实施的歧视行为。

三、反就业歧视的立法

反就业歧视的主要法律渊源如下:

(1) 宪法有关劳动平等权的规定。

(2) 全国人民代表大会及其常务委员会制定的有关反就业歧视的基本法。其中,

主要有《劳动法》《中华人民共和国残疾人保障法》(简称《残疾人保障法》)、《中华人民共和国妇女权益保障法》(简称《妇女权益保障法》)、《就业促进法》。其中《就业促进法》专章规范"公平就业",其成为反就业歧视法律制度的重要渊源。

(3) 有关反就业歧视的法规、规章和其他规范性文件,以及我国批准生效的国际公约和文件,等等。

> **课程思政**
>
> **就业歧视的法律内涵是开放的**
>
> 就业歧视的内涵是开放的,不限于法律明确规定的种类。用人单位在招用人员时,基于地域、性别等与"工作内在要求"无必然联系的因素对劳动者进行无正当理由的差别对待的,构成就业歧视,应当承担相应的法律责任。劳动者以平等就业权受到侵害,请求用人单位承担相应法律责任的,人民法院应予支持。
>
> 《最高人民法院发布第32批指导性案例》指导案例185号

相关法律法规

《就业促进法》第三章

知识点2 就业歧视的种类

导入案例

案例4-2 乙肝携带者劳动权利的救济

高某原系上海A计算机有限公司的助理工程师。北京B公司邀请高某到他们公司从事结构工程师工作。高某与B公司通过E-mail就此进行了联系。2021年4月25日,B公司工作人员向高某发送了E-mail,内容如下:您好!祝贺您通过了公司的面试,欢迎您加入我公司。您需要在陈各庄附近某健康体检中心或者其他三甲及以上医院体检。您需要携带的入职资料包括体检表、薪酬证明及离职证明。请尽快携带您的资料来公司报到。之后,双方就具体入职事宜进行了详细沟通。2021年5月11日,高某正式办理了A公司的离职手续,其离职前的平均工资近10 000元。2021年5

月 30 日，高某按照 B 公司要求至北京某健康体检中心进行体检，体检结果是乙肝表面抗原、乙肝 e 抗体、乙肝核心抗体三项阳性，即乙肝"小三阳"。之后，B 公司未与高某签订劳动合同。

对于未签订劳动合同的原因，高某称是体检结果为乙肝"小三阳"，故 B 公司拒绝录用。B 公司辩称未录用高某的原因是其未完成培训，不符合上岗要求，为此 B 公司提供了员工培训评估表一份。经查实，B 公司提供的员工培训评估表与真实情况矛盾。而且，B 公司并未提供其他证据充分证明其在邀请高某应聘后又拒绝录用存在其他合理理由。可以确定，B 公司系因高某体检结果为乙肝"小三阳"而拒绝与其签订劳动合同。由于高某与 B 公司一直未能签订劳动合同，2021 年 11 月 26 日，高某与另一公司签订劳动合同，担任结构工程师职务，每月工资为 12 000 元。

高某认为，B 公司无视我国法律，在其有工作的情况下，主动邀请其来京工作。当其辞去原工作后，B 公司却以其患有乙肝"小三阳"为由拒绝接收，使其在长达 6 个半月的时间内无收入来源，精神上蒙受极大的痛苦和伤害。B 公司的行为违背了用人单位招用人员不得以乙肝"小三阳"为由拒绝录用的原则。故高某诉至北京市某区人民法院，请求判令 B 公司公开向高某赔礼道歉；赔偿高某因受就业（乙肝）歧视而遭受的经济损失 78 000 元（从 2021 年 5 月 11 日起至同年 11 月 26 日止，按每月 12 000 元计算，计算 6 个半月）；赔偿精神损害抚慰金 50 000 元。

导入案例分析

基本理论

一、就业性别歧视

性别歧视是劳动力市场中一种常见的行为，表现在两性在就业机会、工资、职业安排、劳动保障和发展机会等方面程度不同的差异。比较严重的就业性别歧视有招聘录用过程中对女大学毕业生的歧视、录用后的职别和职位的性别隔离、解除劳动关系过程中的性别歧视等。

国家保障妇女享有与男子平等的劳动权利。用人单位招用人员，除国家规定的不适合妇女的工种或者岗位外，不得以性别为由拒绝录用妇女或者提高对妇女的录用标准。用人单位录用女职工，不得在劳动合同中规定限制女职工结婚、生育的内容。

关于国家规定的不适合妇女的工种或者岗位可参见《女职工劳动保护特别规定》。该规定附录中有女职工禁忌从事的劳动范围。例如，每小时负重 6 次以上、每次负重超过 20 千克的作业，或者间断负重、每次负重超过 25 千克的作业，就是女职工禁忌从事的劳动。

二、对少数民族劳动者的就业歧视

各民族劳动者享有平等的劳动权利。用人单位招用人员，应当依法对少数民族劳动者给予适当照顾。关于对少数民族劳动者照顾的法律法规，还有待进一步的立法和解释。实践中，有对于少数民族劳动者的照顾政策，这并不构成就业歧视。

三、对残疾人的就业歧视

国家保障残疾人的劳动权利。各级人民政府应当对残疾人就业进行统筹规划，为残疾人创造就业条件。用人单位招用人员，不得歧视残疾人。

关于残疾人的就业权利及保障，《残疾人保障法》设专章规范"劳动就业"，并且国务院根据《残疾人保障法》制定了《残疾人就业条例》。根据《残疾人就业条例》，用人单位应当按照一定比例安排残疾人就业，并为残疾人提供适当的工种、岗位。用人单位安排残疾人就业的比例不得低于本单位在职职工总数的 1.5%，用人单位安排残疾人就业达不到其所在地省、自治区、直辖市人民政府规定的比例的，应当缴纳残疾人就业保障金。用人单位应当为残疾人职工提供适合其身体状况的劳动条件和劳动保护，不得在晋职、晋级、评定职称、报酬、社会保险、生活福利等方面歧视残疾人职工。用人单位应当根据本单位残疾人职工的实际情况，对残疾人职工进行上岗、在岗、转岗等培训。

依法律规定，用人单位不仅不得对残疾人实施就业歧视，而且有义务招用一定比例的残疾人，否则应当缴纳残疾人就业保障金。在用人单位和残疾人之间，法律对用人单位规定了扶助残疾人的社会责任。

四、对传染病病原携带者的就业歧视

用人单位招用人员，不得以劳动者是传染病病原携带者为由拒绝录用。但是，经医学鉴定，传染病病原携带者在治愈前或者排除传染嫌疑前，不得从事法律、行政法规和国务院卫生行政部门规定禁止从事的易使传染病扩散的工作。

目前,乙肝病原携带者和艾滋病原携带者的公平就业权利是社会比较关注的问题。依《就业服务与就业管理规定》的规定,用人单位招用人员,除法律、行政法规和国务院卫生行政部门规定禁止乙肝病原携带者从事的工作外,不得强行将乙肝病毒血清学指标作为体检标准。

五、对进城的农村劳动者的就业歧视

进城就业的农村劳动者,俗称农民工。农民工享有与城镇劳动者平等的劳动权利,不得对农民工进城就业设置歧视性限制。实践中,农民工所受到的歧视往往是体制性、制度性的。应当通过改革和完善社会保障、教育培训、户籍管理制度来保障农民工的权利,消除对农民工的就业歧视。

相关法律法规

《就业促进法》第三章

知识点 3　反就业歧视的措施

导入案例

案例 4-3　隐瞒婚姻状态而被辞退的孕妇的权利救济

陈某与 G 公司于 2021 年 6 月 14 日签订劳动合同,约定合同期限为 2021 年 6 月 16 日起至 2023 年 6 月 15 日止,试用期为 1 个月。工作地点为 G 公司驻广州办事处,职务为营销部业务助理,月薪为 7 394 元。2021 年 12 月 8 日,G 公司发出《处理通知》,称陈某入职公司时填写的员工履历表中提供了虚假信息,严重打乱了公司的用人计划,G 公司决定自 2021 年 12 月 8 日起终止与陈某的劳动合同关系。此时,G 公司已明知陈某处于妊娠期。2021 年 12 月 13 日,陈某把 G 公司广州办事处大门钥匙交还给公司,G 公司以"G 公司广州办事处"名义开具收条。陈某于 2021 年 12 月 10 日向广州市劳动争议仲裁委员会申请仲裁,该仲裁委员会认为陈某主体不适格,作出《不予受理通知书》。陈某对此不服,遂向法院起诉。2021

年12月15日，陈某向G公司发出《声明》，表示G公司未经陈某同意单方面解除劳动合同，并不顾陈某抗议，强行陆续搬走陈某的办公桌、椅子、计算机等办公用品，强迫陈某交出办公室的大门钥匙导致其无法上班，陈某保留依法维护正当权益及依法要求公司作出赔偿的权利。

G公司提交的员工履历表显示，陈某在"婚否"一栏中填写的是"未婚"，且履历表中注明"以上信息本人如实填写，如有虚报愿受辞退处分"。陈某承认填写履历表的事实，但主张G公司在招聘的时候未申明"业务助理"职位的状态，且认为没有摆酒席就是未婚。陈某提交的中山大学附属医院病例显示，2021年8月20日，陈某因"停经41天，要求检查"，而到中山大学附属医院就诊。2021年10月9日，陈某被上述医院诊断为"孕13周，先兆流产"，医院建议全休3天，陈某向G公司提交了病假单。2022年4月3日，陈某在广东省人民医院生育，花费医疗费8 470.82元。G公司对陈某提交的中山大学附属医院病假单的真实性没有异议，但认为陈某当时是以事假为由休假的，故G公司并不知道陈某曾经有先兆流产的情况。陈某于2020年12月25日登记结婚。法院支持了陈某的部分诉讼请求，判决G公司应向陈某支付经济补偿金，同时向陈某赔偿工作收入损失和医疗待遇损失。

导入案例分析

基本理论

一、用人单位的义务

用人单位招用人员应当履行以下义务：

（1）用人单位在招用人员时，除国家规定的不适合妇女从事的工种或者岗位外，不得以性别为由拒绝录用妇女或者提高对妇女的录用标准。用人单位录用女职工，不得在劳动合同中规定限制女职工结婚、生育的内容。

（2）用人单位招用人员，应当依法对少数民族劳动者给予适当照顾。

（3）用人单位招用人员，不得歧视残疾人。

（4）用人单位招用人员，不得以劳动者是传染病病原携带者为由拒绝录用。但是，经医学鉴定传染病病原携带者在治愈前或者排除传染嫌疑前，不得从事法律、行政法规和国务院卫生行政部门规定禁止从事的易使传染病扩散的工作。用人单位招用人员，除法律、行政法规和国务院卫生行政部门规定禁止乙肝病原携带者从事的工作外，不得强行将乙肝病毒血清学指标作为体检标准。

（5）用人单位发布的招用人员简章或招聘广告，不得包含歧视性内容。

（6）用人单位招用从事涉及公共安全、人身健康、生命财产安全等特殊工种的劳动者，应当依法招用持相应工种职业资格证书的人员；招用未持相应工种职业资格证书人员的，须组织其在上岗前参加专门培训，取得职业资格证书后方可上岗。

二、政府创造公平就业环境的职责

（一）消除就业歧视的措施

政府消除就业歧视的努力，重点在于改善就业状况，主要措施有以下两点：

（1）鼓励企业增加就业岗位，扶持失业人员和残疾人就业，对安置残疾人员达到规定比例或者集中使用残疾人的企业依法给予税收优惠。

（2）实行城乡统筹的就业政策，建立健全城乡劳动者平等就业的制度，引导农业富余劳动力有序转移就业。

（二）对就业困难人员的扶助

就业困难人员与就业歧视受害者往往是重叠在一起的，就业困难者一般在就业歧视受害者之列。对就业困难人员的扶助主要体现在就业援助制度和促进就业政策中。

三、用人单位政策性用工

在市场调节就业的情况下，劳动者自主择业，用人单位自主用人，用人单位极易从用人成本出发而忽视可能造成的歧视。在政策性措施的引导乃至规范下，用人单位可以成为直接的反就业歧视的纠偏行为人。一般情况下，可以通过立法的手段，规定用人单位有义务招用一定比例的被歧视群体，并同时通过其他的补偿性政策或立法来平衡用人单位的利益。这种强制性或者鼓励性的用人单位政策性用工是一种反就业歧视措施。

相关法律法规

《就业促进法》第三章

知识点 4　职业场所性骚扰的防治

导入案例

案例 4-4　劳动者性骚扰女职工被用人单位依企业规章制度开除

方某于 2007 年 6 月 8 日入职 D 五金制品公司，任职于管理技术岗位。2022 年 1 月 26 日，D 五金制品公司的道德热线接到一名女员工的匿名举报，称方某在工作期间对周边女员工实施性骚扰。D 五金制品公司组成调查团队，对厂内与方某有工作接触的重点对象（曾某等 12 名女工）逐一进行内部访谈，并制作形成《员工调查访谈》。访谈中有 7 名女员工表示方某对其存在违反本人意愿的身体接触等性骚扰行为，有 2 名女员工陈述知道或者亲眼见过方某骚扰其他女员工。D 五金制品公司人事部在调查内容及处理意见经工会讨论同意后解除与方某的劳动关系，并不支付经济补偿金。方某申请仲裁要求 D 五金制品公司向其支付解除劳动关系的经济补偿金 46 200 元。方某不服，起诉至法院。

法院认为，关于方某对女同事是否有不当行为的问题，D 五金制品公司提供了情况说明、邮件、律师执业证、针对 12 名女员工的《员工调查访谈》、厂区外的视频录像、妇联妇女儿童权益维护工作站来访回执及参与员工调查访谈的 2 名工作人员的证人证言等予以证实，并申请法院调查取证，由一审法院对其中 5 名女员工进行询问并制作了询问笔录。虽然陈述遭受方某性骚扰的女员工没有出庭作证，但是上述证据能够互相印证，形成完整的证据链。方某否认对女员工有性骚扰的行为，抗辩称是 D 五金制品公司与女员工串通诬陷，借口开除老员工，但是其提供的证据无法证实存在串通诬陷的情形。根据双方的陈述和提交的证据，考虑到在工作场所性骚扰的隐蔽性和隐私性，结合日常生活经验，法院认定 D 五金制品公司提供的证据的证明力明显大于方某提供的证据的证明力，从而对 D 五金制品公司主张的接到投诉调查核实方某确实存在对多名女员工进行性骚扰的行为予以采信。据此，法院认定本案方某对女同事存在性骚扰行为，D 五金制品公司以方某严重违反用人单位规章制度为由解除劳动关系属于合法解除，无须向方某支付解除劳动关系的经济补偿金。

导入案例分析

基本理论

一、职业场所性骚扰的概念和类型

（一）职业场所性骚扰的概念

相沿成习的职业场所性骚扰的概念源自美国平等就业机会委员会的定义。性骚扰行为包括在性方面占便宜达到不受欢迎的程度、要求性方面的好处，以及其他具有性本质的口头或肢体行为。在职场出现以下情形时构成违法的职业场所性骚扰：顺从该行为是作为某人明示或默示的就业条件或情况；个人顺从或拒绝该项行为，成为影响其就业决定的基础；该项行为的目的或结果，会不合理干涉个人的工作表现；该项行为的目的或结果会造成一种胁迫性、敌意性或冒犯性的工作环境。

（二）职业场所性骚扰的类型

职业场所性骚扰可分为以下四种类型：

（1）性的交换（交换条件式的性骚扰）。明示或暗示以性方面的要求，作为员工取得职务或丧失职务或变更其劳动条件的交换，这是最直接、最恶劣的性骚扰形态。

（2）敌意的工作环境。单方面以与性有关的语言、举动或其他方法，对员工造成困扰。例如，从口头上的说黄色笑话、色眯眯的窥视、肢体上的动手动脚到迫使对方陪上司应酬等都属于敌意的工作环境。

（3）性的徇私。若有人真和上司有性的交换，而换得较好的工作待遇，那么对其他员工，亦为一种不应有的骚扰。

（4）非雇主或非受雇员工的性骚扰。非雇主性骚扰即被公司以外的人性骚扰，骚扰者通常是客户。非受雇员工遭雇主性骚扰的情形，如面试中性骚扰求职者。

二、职业场所性骚扰的预防

用人单位有责任采取积极主动的防范措施，来杜绝职业场所性骚扰的发生，如发布禁止工作场所性骚扰的书面政策声明，声明通常包含如下事项：

（1）坚定宣示用人单位将不会容忍任何性骚扰行为在工作场所内发生。

（2）对性骚扰一词做明确的界定，并举例加以说明。

（3）对用人单位处理这类事件的申诉程序做概括说明，并指定有权处理这类事件的人员来负责解决这类申诉。

（4）保证对所有这类申诉，都会尽量以保密的方式来处理。

（5）保证所有申诉者，不会因提出申诉而招致报复或得到其他不利的处分。

（6）明确表示采取纠正措施，任何从事性骚扰活动的员工将会遭到惩处，情节严重者将被解雇。

为求防范更为周全，用人单位还可以采取下列辅助性做法：

（1）在员工离职时，举办离职面谈，借以发掘其辞职的原因是否为性骚扰事件的压力，如果发现确有此种情形发生，应劝服其继续留任，直到整个事件完全解决为止。如此不但可设法解决现存而未被公开的问题，而且可避免离职者在嗣后提起不当解雇诉讼之虞。

（2）设立检举这类事件的电话热线或建议信箱，以设法在早期发掘事实。匿名检举虽然在原则上不应被受理，但其仍不失为一项发现真相的预警制度。

（3）经常巡视工作场所，借以发现员工是否有陈列冒犯性挂图、月历或文字，以及是否有使用冒犯性语言或其他开性方面的玩笑的情形。

（4）追查任何员工有关性骚扰的谣言及闲谈，如果同一主角重复多次出现，即应主动对其进行相关调查。

三、职业场所性骚扰的申诉程序和调查

正式的申诉程序足以用来处理有关工作场所性骚扰的纷争，但是应考虑这些程序是否满足如下要求：是否让事件受害人有充分陈述的机会；是否对事件的双方当事人都能确保执行正常的程序；是否足以适时解决这种纷争；是否有尽早解决纷争的方案；是否有合适的上诉及审查渠道；是否包括有关保守秘密的规定；是否包括申诉人免于招致报复的条款。如果上述要求能在现有的内部申诉程序中得到满足，则没有必要另行制定其他的申诉程序来处理有关工作场所性骚扰的问题。

非正式申诉程序可以提供最具弹性的方式来解决有关工作场所性骚扰的纠纷。通常应由用人单位指派1名或数名代表（以女性居多，或视案情而定），来对员工提供咨询服务，并设法在最短时间内解决问题。用人单位一般都应鼓励员工在提出前述的正式控诉前，先行采用这种程序。

在进行这类调查工作时，通常应注意下列事项：对任何这类事件的控诉，处理者都应以严肃的态度来加以处理，而切不可掉以轻心；要以专业的态度来与申诉者面谈，并使其感觉没有任何压力；尽量搜集相关事实，而不要急于作出判断；对"何人""何事""何时""何地""为何""如何"等问题详加询问，同时，应询问申诉者是否担心被挟怨报复，以及她（他）们希望用人单位如何解决该项问题。

四、职业场所性骚扰的惩戒

用人单位对职业场所性骚扰采用的惩戒方式是渐进式的，所采用的惩戒措施如下：

（1）对初犯或情节轻微的行为，通常都是给予口头或书面谴责，而书面谴责会存放在骚扰者的人事数据中（通常是 1~2 年），如果在嗣后并无再犯的情形，则这些书面资料将会被移去。

（2）对情节较严重的行为，通常是给予书面谴责，并予以停职停薪或降薪调岗。

（3）对所谓交换性骚扰，或情节极端严重的敌意工作环境性骚扰，通常都会直接解雇。

除上述惩戒措施外，用人单位在给予惩戒处分时，还可对以下四种情况做进一步探讨：

（1）对情节轻微的，可命骚扰者以书面形式向受害人保证将不会再有类似情形发生，并警告其若有再犯的情形，则将会给予更严厉的处分，甚至予以解雇。

（2）在作出调职处分时，应是骚扰者被调职，而非受害人，即使必须调动受害人，其职位及一切薪资、报酬、福利、津贴等，都不应降低或减少。

（3）为避免被解雇者挟怨报复而提起诽谤或妨害名誉之诉，对整个处理程序的公正性及保密性均应注意。虽然也可对这些人提供心理咨询服务，但由于费用昂贵，是否可取，尚待斟酌。也可要求骚扰者自动辞职离去，并允诺在其人事数据上不附加任何记录，但这种做法一般对受害人并不公平，而且会助长骚扰者到其他用人单位再犯的可能性。

（4）为避免同样事件再度发生或有事后报复的情形，应进行事后追踪考核监督，以确保所采取的惩戒措施能有效执行。

> **课程思政**
>
> **性骚扰事件中延伸对管理人员的惩戒措施——辞退**
>
> 用人单位的管理人员对被性骚扰员工的投诉，应采取合理措施进行处置。用人单位的管理人员对被性骚扰员工的投诉没有采取合理措施，或者存在纵容性骚扰行为、干扰对性骚扰行为调查等情形，用人单位以管理人员未尽岗位职责，严重违反规章制度为由解除劳动合同，管理人员主张解除劳动合同违法的，人民法院不予支持。
>
> 《最高人民法院发布第 32 批指导性案例》指导案例 181 号

五、职业场所性骚扰的弥补措施

在确定申诉者确曾遭到性骚扰行为侵犯后，用人单位应采取下列措施，来弥补其所遭受的损失。

（1）针对交换性骚扰，受害人应得到补发工资、可得而未能得到的职位、晋升或其他应得的利益。

（2）针对敌意工作环境性骚扰，用人单位应主动保证同样的事件将不会再发生，同时，应进行各种后续性调查，以确保事件不会重演，或申诉者不致因此遭到报复。

如情节严重，应给予事件受害人专业性的心理咨询治疗，一切费用由用人单位负担。

此外，用人单位还应向所有员工重申禁止工作场所性骚扰的政策措施，但为避免不必要的诽谤讼争，应切忌指名道姓将整个事件的当事人（尤其是骚扰者）做不必要的曝光。

相关法律法规

1. 《就业促进法》第三章
2. 《民法典》第 1010 条

实训

【实训情境】

上诉人闫某某、浙江喜某某度假村有限公司（以下简称"喜某某公司"）因平等就业权纠纷一案，不服杭州互联网法院（2019）浙 0192 民初 6405 号民事判决提起上诉。

单元4 反就业歧视法律制度

原审法院认定，2019年7月，喜某某公司通过智联招聘平台向社会发布了一批公司人员招聘信息，其中包含"法务专员"和"董事长助理"两个岗位。2019年7月3日，闫某某通过智联招聘手机App就喜某某公司发布的前述两个岗位分别投递了求职简历。闫某某投递的求职简历中，包含姓名、性别、出生年月、户口所在地、现居住城市等个人基本信息，其中户口所在地填写为"河南南阳"，现居住城市填写为"浙江杭州西湖区"。据杭州市杭州互联网公证处出具的公证书记载，公证人员使用闫某某的账户、密码登录智联招聘App客户端，显示情况如下：闫某某投递的前述"董事长助理"岗位在2019年7月4日14点28分被查看，28分被给出岗位不合适的结论，"不合适原因：河南人"；"法务专员"岗位在同日14点28分被查看，29分被给出岗位不合适的结论，"不合适原因：河南人"。另查明，闫某某因案涉公证事宜，支出公证费用1 000元。闫某某的一审诉讼请求为：①判令喜某某公司向闫某某口头道歉；②判令喜某某公司自判决生效之日起连续15日在《人民日报》《河南日报》《浙江日报》上向闫某某登报道歉；③判令喜某某公司向闫某某支付精神抚慰金6万元；④诉讼费、公证费等一切与诉讼相关费用由喜某某公司承担。

原审法院认为：根据本案闫某某诉请的法律关系及已查明的案件事实，本案主要争议焦点为：①喜某某公司被诉侵权行为是否构成对闫某某平等就业权的侵害；②若侵权行为成立，喜某某公司应承担何种民事责任。

（1）关于喜某某公司行为是否侵害闫某某的平等就业权的问题。闫某某认为，喜某某公司以其系河南人为由拒绝予以录用，属于就业地域歧视，侵害其平等就业权利。喜某某公司认为，该公司不存在就业地域歧视，不合适原因虽表述为"河南人"，但实际是因为闫某某的简历不符合公司的基本招聘要求，没有工作经验，不符合岗位条件，并非是公司对闫某某或者河南人有歧视，这只是公司工作人员自己的备注。原审法院认为，根据《就业促进法》第3条规定，劳动者依法享有平等就业和自主择业的权利。劳动者就业，不因民族、种族、性别、宗教信仰等不同而受歧视。该法第62条同时规定，违反本法规定，实施就业歧视的，劳动者可以向人民法院提起诉讼。前述法规对劳动者平等就业权及权利受到侵害的救济做出了相应规定。平等就业权是指具有劳动能力，达到法定年龄的劳动者能够在劳动力市场上选择用人单位从而平等地获得参加社会劳动的机会，不因民族、种族、性别、宗教信仰等不同而遭受歧视的权利。平等就业权是劳动者依法享有的一项基本权利，其既具有社会权利的属性，亦具有民法上的私权属性，劳动者享有平等就业权是其人格独立和意志自由的表现，侵害平等就业权在民法领域侵害的是一般人格权的核心内容——人格尊严，人格尊严重要的方面就是要求平等对待，就业歧视往往会使人产生一种严重的受侮辱感，对人的精神健康甚至身体健康造成损害。据此，劳动者可以在其平等就业权受到平等主体侵害时向人民法院提起民事诉讼，寻求民事侵权救济。结合《中华人民共和国侵权责任法》①（简称《侵权责任法》）中关于侵害他人人格权的构成要件，本案喜某某公司是否侵害闫某某平等就业权，应从以下层面进行评判，即：喜某某公司是否存在就业歧视行为、闫某某就业机会是否受到侵害、就业歧视与不利后果之间是否存在因果关系及是否存在主观过错。①喜某某公司是否存在就业歧视行为。《就业促进法》第 26 条规定，用人单位招用人员、职业中介机构从事职业中介活动，应当向劳动者提供平等的就业机会和公平的就业条件，不得实施就业歧视。所谓就业歧视是指，用人单位在招聘过程中，对招聘条件相同或相近的求职者基于某些与个人工作能力或工作岗位无关的因素，而不能给予其平等的就业机会或在工资、岗位安排、劳动条件与保护、社会保险与福利等方面不能提供平等待遇。就业歧视的本质特征是没有正当理由的差别对待，其包含两个方面的基本要素：第一，存在差别对待的行为；第二，这种差别对待缺乏合理性基础，为法律所禁止。对于是否存在差别对待现象初步的举证责任在于求职者，即求职者应举证证明用人单位存在将原本无序混杂的人群按照某一标准重新分割排列，触发归类效果，并对其产生不利后果。求职者完成前述证明责任后，应由用人单位举证证明差别对待具有合理依据，不违反法律禁止性规定，若不能提供有效的证据证明待遇的差别是合理需要，则可判定歧视成立。具体就本案而言：第一，从已查明的事实可知，闫某某向喜某某公司两次投递求职简历，均被喜某某公司以"河南人"不合适为由予以拒绝，显然在针对闫某某的案涉招聘过程中，喜某某公司使用了主体来源的地域空间这一标准对人群进行了归类，并根据这一归类标准而给予闫某某低于正常情况下应当给予其他人的待遇，即拒绝录用，可以认定喜某某公司因"河南人"这一地域事由要素对闫某某进行了差别对待。喜某某公司虽然辩称，该公司是基于闫某某不符合招聘条件，即缺乏工作经验、居住在河南、路途较远、工作不便等事由进行拒绝，而之所以给出不合适理由"河南人"，则是该公司工作人员操作失误所致。对此，原审法院认为，首先，喜某某公司以工作人员操作失误进行辩解缺乏客观证据支撑，从外观呈现出的形态看，喜某某公司给出的拒绝理由系闫某某为"河南人"已确凿无疑，现该公司主张系工作人员操作失误所致，应承担举证责任，其不能提供任何客观证据予以证实，理应承担举证不利的后果；其次，从日常经验的盖然性分析，公司人事应熟悉招聘软件的基本应用功能，在拒绝求职者求职申请时对外给出理由是招聘软件最基本的应用操作，很难想象熟悉软件操作的公司

---

① 已废止，现行为《中华人民共和国民法典》。

人事会将对外拒绝理由和对内备注混为一谈，喜某某公司的该辩解不符合日常经验；最后，喜某某公司称备注是人事人员对于闫某某籍贯的一个标注，以备自己和公司查看使用，但该辩解与其所称拒招理由为不符合工作条件，逻辑上显然存在矛盾，既然公司拒招闫某某系因其工作经验不符等事由，并不在意闫某某的籍贯等，为何对内又以"河南人"进行标注区分，而不标注为"不符合工作条件"或以其他与招聘事项联系更为密切的标准进行分类标注，喜某某公司不能给出任何合理解释。综上，原审法院对喜某某公司的该项辩解不予采纳。第二，喜某某公司以地域标准的事由要素对闫某某区别对待，缺乏合理性基础，违反法律禁止性规定。用人单位依法享有自主用人的权利，但自主用工权并非毫无节制，须在法律的规制下行使，不得侵害劳动者平等就业的合法权利，而关键是要划清用人单位自主用工权和劳动者平等就业权的界限。《就业促进法》第3条在明确规定民族、种族、性别、宗教信仰四种法定禁止区分事由时使用"等"字结尾，表明该条款是一个不完全列举的开放性条款，即法律除认为前述四种事由构成不合理差别对待的禁止性事由外，还存在与前述事由性质一致的其他不合理事由，亦为法律所禁止。何种事由属于前述条款中"等"的范畴，现阶段在司法实践中一个重要的判断标准是，用人单位是根据劳动者的专业、学历、工作经验、工作技能及职业资格等与"工作内在要求"密切相关的"自获因素"进行选择，还是基于劳动者的性别、户籍、身份、地域、年龄、外貌、民族、种族、宗教等与"工作内在要求"没有必然联系的"先赋因素"进行选择，后者构成为法律禁止的不合理就业歧视。劳动者的"先赋因素"，是指人们出生伊始所具有的人力难以选择和控制的因素，法律作为一种社会评价和调节机制，不应该基于人力难以选择和控制的因素给劳动者设置不平等；反之，应消除这些因素给劳动者带来的现实上的不平等，将与"工作内在要求"没有任何关联性的"先赋因素"作为就业区别对待的标准，根本违背了公平正义的一般原则，不具有正当性。本案中，喜某某公司以地域事由要素对闫某某的求职请求进行区别对待，而地域事由属于闫某某乃至任何人都无法自主选择、控制的与生俱来的"先赋因素"，在喜某某公司无法提供客观有效的证据证明，地域要素与闫某某申请的工作岗位之间存在必然的内在关联或存在其他的合法目的的情况下，喜某某公司的区分标准不具有合理性，构成法定禁止事由。综上，喜某某公司在针对闫某某的招聘活动中，提出与职业没有必然联系的地域事由对闫某某进行区别对待，构成对闫某某的就业歧视。②闫某某是否因歧视遭受不利后果、喜某某公司是否存在主观过错。本案中，喜某某公司直接以闫某某系"河南人"为由，两次拒绝闫某某的求职请求，该公司拒绝理由本身就包含明显的不合理的差别对待，属于直接就业歧视，直接剥夺了闫某某平等参与和平等被对待的就业机会，对其人格尊严和意志自由构成侵害，故闫某某在求职中遭受的损害与喜某某公司歧视行为存在直接因果关系。同时，从本案已查明的事实可以推定，喜某某公司对于其实施的歧视行为至少存在主观上明知或应知而放纵损害发生的主观过错，具有可责难性。至于喜某某公司辩称该行为系公司员工个人疏忽所致，公司不具有过错，原审法院认为，喜某某公司工作人员以公司名义对外在智联招聘平台发布招聘信息、回复求职者求职申请的行为，系公司工作人员的职务行为，公司工作人员执行公司职务行为产生的过错，对外应视为公司法人过错，责任应由公司法人负担，故对喜某某公司该点辩解理由不予采纳。综上，喜某某公司在案涉招聘活动中对闫某某实施了就业歧视行为，损害了闫某某平等地获得就业机会和就业待遇的利益，主观上具有过错，构成对闫某某平等就业权的侵害。

（2）喜某某公司侵害闫某某平等就业权，应承担何种民事责任的问题。①关于闫某某主张精神抚慰金及合理维权支出损失的赔偿。根据《侵权责任法》第22条规定，侵害他人人身权益，造成他人严重精神损害的，被侵权人可以请求精神损害赔偿。平等就业权涉及劳动者的人格尊严和意志自由，属于一般人格权，对劳动者平等就业权的侵害，不仅会使劳动者在就业竞争中处于劣势，导致其不能公平参与社会资源分配，难以通过提供劳动获取基本生活来源，更会阻碍劳动者的人格发展，使劳动者在就业活动中受到排斥、被归于异类，会使劳动者感到自己的人格、自尊被无端地伤害，产生一种严重的受侮辱感，会在不同程度上对劳动者精神造成损害，故本案喜某某公司侵害闫某某平等就业权，闫某某主张受到精神损害，要求赔偿精神抚慰金，依法予支持。至于精神抚慰金的金额，因精神损害系受害人痛苦之感受，然而受害人痛苦之有无、大小、长短，因人而异，精神损害既不具有金钱价值，又没有为人们易于辨识的物理特征，因此，受害人精神损害抚慰金之确定，须就个别案件，斟酌一切情势，始能实现抚慰金制度之抚慰、惩戒及调整功能。《最高人民法院关于确定民事侵权精神损害赔偿责任若干问题的解释》[①]第10条对确定精神损害抚慰金数额的考量因素有原则性规定，即：一方面，考虑受害人的损害程度、经济状况、年龄、性别、社会地位等因素；另一方面，考虑加害人的过错程度、侵权的具体情节、经济状况、认错态度等因素，并辅之以侵权行为地一般收入水平、经济状况等外在环境因素。故原审法院综合全案情形酌情确定，喜某某公司赔偿闫某某精神抚慰金9 000元，对诉请超出的部分不予支持。同时，根据《最高人民法院

---

① 2001年2月26日最高人民法院审判委员会第1161次会议通过，根据2020年12月23日最高人民法院审判委员会第1823次会议通过的《最高人民法院关于修改〈最高人民法院关于在民事审判工作中适用《中华人民共和国工会法》若干问题的解释〉等二十七件民事类司法解释的决定》修正。

关于审理利用信息网络侵害人身权益民事纠纷案件适用法律若干问题的规定》① 第18条规定，对闫某某为制止侵权行为所支付的合理开支即公证费1 000元予以支持，对其他未提交证据证实的费用开支，不予支持。综上，原审法院酌情确定喜某某公司应赔偿闫某某精神抚慰金及合理维权支出损失共计10 000元。②关于闫某某主张赔礼道歉。根据《侵权责任法》第15条规定，侵害他人人格权，受害人可以要求侵权人承担赔礼道歉的民事责任。本案喜某某公司对闫某某实施就业歧视，使得闫某某在求职过程中受到不公平的屈辱对待，闫某某要求喜某某公司赔礼道歉，依法应予支持。至于赔礼道歉的方式，考虑以下两方面的因素：首先，《侵权责任法》的立法目的除保护民事主体的合法权益外，还包括预防并制裁侵权行为，就业领域的地域歧视社会影响大、波及范围广、受影响的人群多，而现实中侵权主体的违法成本低，单靠口头上的赔礼道歉难以达到教育、预防及制裁的效果；其次，喜某某公司至少存在明知或应知而放纵损害发生的主观过错，且在事件发生后未及时认识到问题的性质，以消极态度予以应对，故酌情确定由喜某某公司向闫某某进行口头道歉并在国家级媒体《法制日报》登报道歉，对诉请超出的部分不予支持。

（3）原审法院指出，本案虽因闫某某作为河南人遭受就业地域歧视而引发，但本案争议的本质系发生在就业领域的不合理区别对待。就业是最大的民生，就业公平无疑是民众最大的期待，就业歧视涉及每一个劳动者的公平正义。一方面，平等的劳动就业权是公民最重要、最基本的生存权利，是公民生存和发展的基础，依法应受到法律保护。人的特征几乎是无限的，今天闫某某因"河南人"的地域标签受到歧视，明天其他劳动者也可能因民族、种族、性别、宗教信仰、年龄、容貌、方言、血型，甚至是姓氏、星座等形形色色、举不胜举的事由受到不公平对待，而前述特征中只有极少数特征与工作及其所产生的社会效益相关，故对于侵害劳动者平等就业权的歧视行为，应旗帜鲜明地给予否定，对遭受侵害的权利依法给予及时、适当救济，以维护法律公平正义的价值秩序及公民合法权益。另一方面，用人单位合理、合法的自主用人权应当受到尊重，市场在配置劳动力资源过程中的决定性、基础性作用不容否定，但用人单位的自主权应受到法律的规制。就业意味着职业作为一种资源或财富的分配，有分配就会产生竞争，进而不可避免会产生差别，竞争促进发展，并非所有的差别对待都构成歧视，但对资源的分配应符合正义标准——

---

① 2014年6月23日最高人民法院审判委员会第1621次会议通过，根据2020年12月23日最高人民法院审判委员会第1823次会议通过的《最高人民法院关于修改〈最高人民法院关于在民事审判工作中适用《中华人民共和国工会法》若干问题的解释〉等二十七件民事类司法解释的决定》修正。

相同者予以相同处理，不同者予以区别对待，歧视的本质不是差别，而是不正当的差别对待，故用人单位的用工自主权不应突破法律禁止的红线，有必要通过司法的评价和确认来厘清权利的边界，引导建立兼具公平、效率的用工秩序和市场环境。我们都希望生活在一个凭自身能力、不懈奋斗就能实现人生价值的社会，这不仅需要从法律、制度层面规范用人制度，消除一切影响平等就业的制度障碍和就业歧视，更需要在每一个劳动者心中培育相互尊重、宽容、多元的社会文化。依据《中华人民共和国民法总则》①第109条，《就业促进法》第3条、第8条、第26条，《侵权责任法》第6条、第15条、第22条，《最高人民法院关于确定民事侵权精神损害赔偿责任若干问题的解释》第10条，《最高人民法院关于审理利用信息网络侵害人身权益民事纠纷案件适用法律若干问题的规定》第16条、第18条，《中华人民共和国民事诉讼法》（简称《民事诉讼法》）第64条，《最高人民法院关于适用〈中华人民共和国民事诉讼法〉的解释》第90条、第95条之规定，判决：一、喜某某公司于判决生效之日起十日内赔偿闫某某精神抚慰金及合理维权费用损失共计10 000元；二、喜某某公司于判决生效之日起十日内，向闫某某进行口头道歉并在《法制日报》公开登报赔礼道歉（道歉声明的内容须经原审法院审核）；逾期不履行，原审法院将在国家级媒体刊登判决书主要内容，所需费用由喜某某公司承担；三、驳回闫某某其他诉讼请求。如果未按判决指定的期间履行给付金钱义务，应当依照《民事诉讼法》第253条之规定，加倍支付迟延履行期间的债务利息。案件受理费300元，由喜某某公司负担。

宣判后，闫某某、喜某某公司均不服，分别提起上诉。闫某某上诉称：①一审法院适用法律错误。一审法院根据《最高人民法院关于确定民事侵权精神损害赔偿责任若干问题的解释》第10条的相关规定，认为受害人精神损害抚慰金之确定，考虑受害人的损害程度、经济状况、年龄、性别、社会地位等因素，酌定本案的精神抚慰金为9 000元。但该条中的认定因素并未提及需要考虑受害人的损害程度、经济状况、年龄、性别、社会地位等因素。换言之，法院不能在同样的侵害行为下因受害人的经济状况、年龄、性别、社会地位等因素对其区别对待，而应关注侵权人的过错程度、侵害手段、场合、行为方式等具体情节、侵权行为所造成的后果、侵权人获利情况、侵权人担责的经济能力、受诉法院所在地平均生活水平等法律规定因素来确认精神抚慰之数额。②一审法院判令被上诉人支付的精神损害抚慰金畸低。首先，一审法院判令被上诉人支付上诉人精神损害抚慰金9 000元过低。根据《最高人民法院关于确定民事侵权精神损害赔偿责任若干问题的解释》第10条的规

---

① 已废止，现行为《中华人民共和国民法典》。

定,精神损害的赔偿数额根据以下因素确定:侵权人的过错程度,法律另有规定的除外;侵害的手段、场合、行为方式等具体情节;侵权行为所造成的后果;侵权人的获利情况;侵权人承担责任的经济能力;受诉法院所在地平均生活水平。本案中被上诉人于 2019 年 7 月 4 日 14 时 28 分对上诉人简历进行查看,并于短短的 1 分钟对"董事长助理"和"法务专员"两个职位得出不合适的结论,"不合适原因:河南人"。另在原审庭审过程中,被上诉人以其与李姓河南籍员工签署的劳动合同证明其不存在歧视,可见其具备"河南人"这一称谓系地域歧视的常识。故被上诉人上述行为,主观上存在对"河南人"这一群体歧视的故意,客观上侵害了上诉人的平等就业权。其既认识到自己的行为构成侵权,也存在侵权故意,故其侵权过错程度应为重大故意。另被上诉人的侵权行为给上诉人带来严重的精神损害。诚如广大来自小镇乡村的年轻人,上诉人到大城市追求自己的梦想,成为响应时代号召的追梦人。上诉人系河南人,成长、成人之路上亲人、朋友、同学大部分是河南人,被上诉人以上诉人的先赋因素认定上诉人不适合其发布的两个职位,严重摧毁了上诉人长期建立起来的社会价值观,给上诉人再次找工作带来极大的心理障碍,也给当下社会带来严重的负面影响。同时,喜某某公司自始至终未主动对上诉人进行任何道歉,在庭审始末均不承认其行为构成侵权,更加剧了对上诉人的精神及心理损害。此外,被上诉人系注册资本为 1 860 万美元的合资企业,其完全有能力承担上诉人一审中主张的 6 万元精神损害抚慰金。且本案上诉人被被上诉人拒绝的系为"董事长助理"和"法务"两个职位,虽均系侵权法律关系,实际上却为两侵权法律行为。2018 年杭州市城镇居民人均消费水平达 41 615 元。结合侵权人承担责任的经济能力及受诉法院所在地平均生活水平,上诉人认为一审法院判决被上诉人支付精神抚慰金 9 000 元畸低。请求:撤销原审判决第一项、第三项,发回重审或依法改判支持闫某某一审的诉讼请求;一、二审诉讼费用由喜某某公司承担。

喜某某公司答辩称:①暂且不论喜某某公司在本次纠纷中是否存在就业歧视的情形,闫某某上诉时认为应根据其作为被侵权人受到的伤害程度、场合等因素来判定本案的精神损害抚慰金的数额。但本案中,喜某某公司发布招聘信息,闫某某在网上投简历应聘,双方实际上没有安排面试,也没有其他实质性的接触,所有的事情都发生在线上,也没有任何第三方得知上述过程。但本案一审开庭前,网络微博、媒体等铺天盖地的报道,将本次事件进行大面积发酵的是闫某某。从一个被侵权人或者说被害人的角度出发,真正受到伤害的状态应当是沮丧的,不想被他人知晓的。诚如闫某某在上诉状中提出,因为喜某某公司的行为导致了其长期建立起来的社会价值观被严重摧毁,但是闫某某将本次事件公布于众的行为,很难让人相信其受到了很深的伤害,且这样的伤害是可以通过舆论的方式来治愈的。所以闫某某认为其受到了严重伤害的事实喜某某公司不予认可。②喜某某公司在招聘、录用员工的过程中,对河南籍员工从未有不平等歧视行为,相反,喜某某公司一直以来都有聘用河南籍员工的事实。喜某某公司二审提供的证据可以证明,在双方发生本案招聘争议之前,喜某某公司已经招聘录用了一名河南籍的员工。除此之外,喜某某公司多次给河南籍员工提供面试机会,更进一步证明了喜某某公司没有歧视河南籍员工的事实。③闫某某在上诉状中提到喜某某公司自始至终没有道歉,也与事实不符。在双方发生招聘争议后,闫某某从来没有通过任何渠道向喜某某公司投诉或要求赔礼道歉。在闫某某向法院提起诉讼后,喜某某公司当时的招聘工作人员,第一时间致电闫某某并表示了歉意,但闫某某坚持要通过诉讼解决。喜某某公司从未道歉的事实是不存在的。以上事实在闫某某接受浙江电视台采访中也认可在起诉后接到了喜某某公司负责招聘的工作人员的电话。因此闫某某认为喜某某公司没有道歉,加剧了其心理损害与事实不符。综上,请求驳回闫某某的上诉请求。

喜某某公司上诉称:一审判决认定上诉人存在就业歧视的行为,侵害了被上诉人平等就业机会是错误的,具体理由如下:①上诉人并没有歧视"河南人"的主观故意,侵权行为要件不成立。根据《侵权责任法》之规定,侵犯他人人格权利的,必须主观上有故意的行为。结合本案的事实,被上诉人觉得受到歧视,被剥夺平等就业机会的原因是基于其籍贯为"河南人"。也就是说,上诉人在招聘员工过程中,对于包括被上诉人在内的所有河南人,都存在歧视行为,都没有给予公平的就业机会,才属于主观故意。但根据上诉人提供的证据,上诉人现有在册员工七人,其中来自河南籍员工为两人。上诉人公司在招聘、面试过程中,更是从未对来自河南的应聘人员给予不公平的对待。甚至相反的是,公司面试员工中,来自河南的应聘人员比例相当高。所以,仅因上诉人公司员工一时疏忽的过失,就认定上诉人主观上有侵权的故意,是错误的。②就业歧视是指"条件相近的求职者在求职过程中,由于某些与个人能力无关因素的影响,自己不能够享有与他人平等的就业机会,从而使其平等就业权受到侵害的现象"。但本案中,被上诉人没有得到上诉人安排就业机会的根本原因是在于被上诉人的履历不符合上诉人公司的要求。根据上诉人发布的招聘信息,本案中招聘的"法务专员"和"董事长助理"岗位,均明确要求应聘者的工作经验为1~3年。但被上诉人应聘的简历显示其2017年大学毕业后,就没有相应的工作经验。而符合岗位的基本要求是上诉人给予面试者就业机会的前提。所以被上诉人没有得到就业机会,是基于客观条件的不符合,而并非是与其个人无关的地域、籍贯的影响。③一审判决认为本次事件发生后,上诉人消极对待,与事实不符。上诉人自收到一审法院传票得知被上诉人起诉后,第一时间联系了被上诉人,解释了上诉人员工操作失误的原因,并向被上诉人做出了道歉。但被上诉人并未接受，坚持要通过诉讼解决本次争议。基于对法律的信任，上诉人相信法院会给双方一个公正的判决，于是上诉人静待一审开庭。但不知为何，在一审开庭前上诉人接到了各方媒体的电话采访，劳动、工商等多个行政主管部门的配合调查通知，理由均是上诉人歧视"河南人"。无论是网络上还是其他媒体，各方在法院未开庭审理的情况下，已经将上诉人扣上了地域歧视的帽子。为此，上诉人承受了巨大的压力，面临各种不公平的声音。但仍希望积极化解矛盾，渴望得到公正的对待。④上诉人非常认同一审判决中的一段话，就业是最大的民生，就业公平是民众最大的期待，任何因为地域标签而受到的歧视行为都必须被纠正。同样的，上诉人作为一家合法经营的企业，给国家、社会创造财富，承担社会责任，主要的贡献就是给老百姓提供更多的就业机会。上诉人相信，企业的合法权益也应受到法律的保护，企业的合法诉求也应得到公平的评判。如果上诉人真的有地域歧视行为存在，无论一审如何判决，上诉人必然接受并改正。反之，上诉人希望在本次纠纷中能得到一个公平的审判结果，而不是在案件未开庭时就被评价为是一家地域歧视的企业。在一审开庭中上诉人提出诸多意见，一审法院完全不予理睬，直接当庭宣判。上诉人希望司法审判是不受任何其他因素干扰的审判。请求：依法撤销原判，改判驳回闫某某的诉讼请求；一、二审诉讼费用由闫某某承担。

闫某某答辩称：①侵权责任的承担与否并不以侵权行为人主观上是否故意为要件，喜某某公司存在就业歧视行为，且该行为主观上存在过错，其侵权行为要件不成立的观点是错误的。根据《侵权责任法》的有关规定，对因侵权行为而承担责任仅要求行为人主观上存在过错即可，是否故意并不是承担侵权责任的必要条件。故意和过失是侵权行为人过错行为在主观上的两种表现形式，区分行为人主观上是故意还是过失并不是确定是否侵权的构成要件，而是确认责任大小时应当考虑的因素。喜某某公司明知道"地域"这一条件是与个人工作能力或工作岗位无关的因素，仍然置法律禁止性规定于不顾，在闫某某通过智联招聘平台向其两次投递简历后1分钟之内便以"河南人"为由予以拒绝，很显然喜某某公司在实施这一行为时主观上是故意的。②喜某某公司关于"只有对包括被上诉人在内的所有河南人都存在歧视行为，都没有给予公平的就业机会，才属于主观故意"的观点是错误的，曾录用过河南人并不能证明其未对闫某某实行差别对待。主观故意是行为人实施侵权行为时的一种心理状态，即明知道"地域"这一条件是与个人工作能力或工作岗位无关的因素，以该理由录用相对人时会对其心理上造成伤害，仍然置法律禁止性规定于不顾，继续放任这种结果的发生，这与其行为指向的相对人人数的多少无关。③喜某某公司因"河南人"这一地域事实实施了针对闫某某的差别对待，其工作人员操作失误所致的理由不能成立。对此一审判决认定非常清楚全面。综上，请求驳回喜某某公司的上诉请求。

二审中，喜某某公司向二审法院提交如下证据：一、该公司员工王某简历、户口本信息、劳动合同复印件，用于证明在闫某某提起本案诉讼前，喜某某公司已经有面试并录用河南籍员工的事实；二、刘某面试登记表、应聘简历，杨某面试登记表、应聘简历，用于证明闫某某简历过于简单，不符合公司面试的简历要求。闫某某质证称：对证据一，认可合法性，真实性不认可，劳动合同的签订时间是可以倒签的，社保也是可以补交的，且与本案没有关联性，王某并非河南人，本案的受害人是闫某某，其侵权对象具有针对性，喜某某公司是否录用过河南人并不能证明其没有实施过对闫某某的侵权，不能达到喜某某公司的证明目的；对证据二，真实性、合法性、关联性均不认可，该证据发生在本案之后，系伪造，与本案没有关联性，喜某某公司不录用闫某某的理由是其为河南人，并非简历过于简单或没有工作经验，简历是否符合要求应与喜某某公司发布的招聘说明相比较，而不能与他人的简历相比，因此不能达到喜某某公司的证明目的。闫某某未向二审法院提交新的证据。二审法院认为，对喜某某公司提交的证据一和证据二的形式真实性予以认可，对是否达到证明目的将在论理部分一并阐述。

经审理，二审法院查明的事实与原审法院查明的事实一致。

二审法院认为，《劳动法》第3条规定，劳动者享有平等就业和选择职业的权利。《就业促进法》第3条规定，劳动者依法享有平等就业和自主择业的权利。劳动者就业，不因民族、种族、性别、宗教信仰等不同而受歧视。该法第26条规定，用人单位招用人员、职业中介机构从事职业中介活动，应当向劳动者提供平等的就业机会和公平的就业条件，不得实施就业歧视。因此，平等就业权作为法律赋予劳动者的一项基本权利，是法律面前人人平等原则在劳动就业领域的具体体现，其实质为劳动者可以自主选择用人单位并平等获得就业机会和相应待遇，不因民族、种族、性别、宗教信仰等因素而受到差别对待。《就业促进法》第3条在明确民族、种族、性别、宗教信仰四类禁止区别对待事由的基础上以"等"字结尾，表明了对上述禁止区别对待事由的界定为不完全列举。根据上述法律的规定并结合平等就业权保护法益之考虑，二审法院认为，用人单位如无正当理由，基于劳动者的性别、户籍、外貌等与工作内在要求没有必然联系的先天形成的因素，而非学历、工作经验等与工作内在要求密切相关的后天获取的因素对劳动者进行差别对待的，应当认定构成就业歧视行为。作为用人单位而言，其虽享有用人自主权，但平等就业权是劳动者生存和发展的前提，是劳动者的一般人格权之所在，用人单位对用人自主权的行使应始终谨守权利的边界，不得以实施就业歧视的方式侵犯劳动者的平等就业权。

关于本案喜某某公司所实施的行为是否构成对闫某某平等就业权的侵害。二审法院认为，对平等就业权的侵害仍属于一般侵权行为的范畴，应当符合一般侵权责任的构成要件。根据《侵权责任法》第6条之规定："行为人因过错侵害他人民事权益，应当承担侵权责任。"本案中，闫某某通过智联招聘平台向喜某某公司投递简历，喜某某公司在查看闫某某简历后快速给出不合适的结论，并注明"不合适原因：河南人"，该表意清晰，系以闫某某的籍贯为由拒绝给予就业机会。喜某某公司诉称未录用闫某某的原因系其简历过于简单，并非出于对籍贯的歧视，并于二审中提供了其他应聘人员的简历作为比对以印证该主张。但该主张与其在招聘网站给出的拒绝理由明显不符，且如确为简历原因，喜某某公司亦可直接在不合适原因中予以明示，故对喜某某公司的该节主张二审法院不予支持，对其在二审中提交的证据二亦不予采信。喜某某公司另诉称对闫某某籍贯的标注系为方便公司内部查看，但事实上该内容为对外显示的信息，且为闫某某所阅见。喜某某公司未能合理解释籍贯与闫某某应聘的岗位内容之间的内在联系，故籍贯因素系与案涉工作岗位无关的因素，喜某某公司以该与工作内在要求没有必然联系的因素对闫某某应聘进行不合理的限制，拒绝给予其就业机会，客观上已经构成就业歧视。喜某某公司主张侵犯平等就业权应以侵权人存在主观故意为要件，而案涉行为仅是工作人员过失导致，并提交了公司录用的河南籍人员信息以证明其不存在侵权的主观故意。二审法院认为，本案中喜某某公司的工作人员，作为处理公司人事招聘的人员，在查看闫某某的简历后短时间内即快速回复不合适原因为"河南人"，对于该拒绝理由并未有任何掩饰或回避，足见其对该行为的损害后果具有重大过错。该工作人员对于应聘者的过滤和选择反映了喜某某公司对应聘人员的选择和评判标准，其职务行为的法律后果应归属于公司。至于喜某某公司是否录用过河南籍员工，并不影响对其以"河南人"为由拒绝给予闫某某就业机会的事实认定，故对其二审提交的证据一不予采信，其关于不存在主观故意、不构成侵权的主张既不符合客观事实，亦无相应的法律依据，二审法院不予支持。综上，喜某某公司以"河南人"为由拒绝给予闫某某就业机会的行为已经构成就业歧视，其存在侵权的主观过错，该就业歧视行为造成闫某某丧失了就业机会，损害了闫某某作为劳动者的人格尊严，原审判决据此认定该公司构成对闫某某平等就业权的侵害，应属妥当，二审法院予以确认。

关于本案侵权责任承担方式的确定。二审法院认为，侵权责任的承担应当与侵权人的主观过错程度、侵权行为的方式、手段以及损害后果的严重程度等相适应。本案中，原审法院综合喜某某公司的主观过错程度、侵权行为的方式以及对闫某某造成的精神损害后果等因素，酌情确定由喜某某公司赔付闫某某精神损害抚慰金9 000元，并支持其合理的维权支出1 000元，符合法律及司法解释的相关规定，并无不当。为消除喜某某公司侵权行为造成的不利影响，原审法院另判定由喜某某公司对闫某某进行口头道歉并在全国性媒体上登报致歉，亦属妥当。综上，闫某某和喜某某公司的上诉主张均不能成立，二审法院不予支持。原审判决认定事实清楚，适用法律正确，实体处理得当，应予维持。依照《民事诉讼法》第170条第1款第（1）项之规定，判决如下：驳回上诉，维持原判。

【实训任务】

通过对地域歧视案件的具体分析，进一步理解和掌握就业歧视的理论与实践，加深对劳动合同招聘、管理过程中各种资质要求的合理性的理解，增强对就业歧视的具体判断能力。

【实训方法】

1. 全体实训人员分为原告、被告、审判员3组，各自结合本方的诉讼角色，运用证据认定案件事实。

2. 各小组形成本组的观点及依据后，由1名代表发表意见。

3. 辅导教师归纳小组意见并予以点评。

练习题

一、单项选择题

1. 关于歧视的概念，以下说法正确的是（   ）。

A. 只有差别待遇，才可能构成歧视

B. 歧视一定是故意的，无故意，则不构成歧视

C. 歧视的受害人负有歧视的证明责任

D. 性骚扰是一种歧视

2. 关于歧视的判断，以下说法正确的是（   ）。

A. 因为地域产生的就业歧视是一种身份性就业歧视

B. 求职中遵从自愿原则，招聘条件限制不构成歧视

C. 招聘中为残疾人提供特别待遇，构成了反向歧视

D. 以五官清秀、身材匀称、身高170厘米的条件招聘公司办公秘书，不构成歧视

二、多项选择题

1. 以下（   ）属于《就业促进法》所禁止的歧视。

A. 就业性别歧视

B. 对少数民族劳动者的就业歧视

C. 对传染病病原体携带者的就业歧视

D. 对有违法记录人员的就业歧视

2. 以下（　　）属于反就业歧视可以采取的措施。

A. 由法律规定禁止就业歧视并明确被歧视劳动者的救济权

B. 政府采取积极措施创造公平的就业环境

C. 引导用人单位政策性用人

D. 通过雇佣自由来实现平等就业

3. 关于工作场所性骚扰，以下说法正确的是（　　）。

A. 和上司有性的交换，属于双方自愿，不构成性骚扰

B. 用人单位有责任采取积极主动的防范措施，以避免性骚扰行为的发生

C. 用人单位应建立涉及性骚扰的申诉程序，并注意保护受害者的隐私

D. 用人单位对性骚扰者应采取合理的惩戒措施

三、案例分析题

《民法典》第 1010 条规定："违背他人意愿，以言语、文字、图像、肢体行为等方式对他人实施性骚扰的，受害人有权依法请求行为人承担民事责任。机关、企业、学校等单位应当采取合理的预防、受理投诉、调查处置等措施，防止和制止利用职权、从属关系等实施性骚扰。"用人单位在防治工作场所性骚扰的措施建设中常常遇到关于职场恋情的困惑。

问题：

请从禁止就业歧视的理论出发，分析用人单位对职场恋情应采取的措施。

单元 5 劳动基准法律制度

🎯 学习目标

1. 理解和掌握工作时间、休息休假、工资和最低工资、劳动安全法律制度、劳动卫生法律制度、职业病、女职工及未成年工的保护等的内涵。

2. 熟悉和掌握工作时间的种类和延长工作时间的相关规定、休息时间的种类及待遇、工资的形式及支付保障、劳动安全卫生制度的内容、职业病预防及特殊劳动保护制度的内容。

3. 结合具体案例,对延长工作时间、女职工劳动保护问题涉及的法律法规进行重点学习和研讨,达到理论和实际相结合。

💡 要点提示

1. 工作时间,是指法律规定的劳动者在一昼夜或一周内从事生产或工作的时间(从事劳动的时间),即劳动者每天应工作的小时数或每周应工作的天数和小时数。

2. 工作时间的种类包括工作周和工作日,工作日又可分为标准工作日、缩短工作日、不定时工作日、综合计算工作日、计件工作时间和非全时工作时间。

3. 延长工作时间,是指劳动者的工作时数超过法律规定的标准工作时间。用人单位安排劳动者延长工作时间的,应当支付高于劳动者正常工作时间的工资报酬。

4. 国家实行带薪年休假制度，劳动者连续工作 1 年以上的，享受带薪年休假。

5. 最低工资，是指劳动者在法定工作时间或依法签订的劳动合同约定的工作时间内提供了正常劳动的前提下，用人单位依法应支付的最低劳动报酬。最低工资标准每 2 年至少调整一次。

6. 劳动安全卫生制度，是以保护劳动者的生命安全和身体健康为目的而设立的劳动保护法律制度，包括劳动安全法律制度、劳动卫生法律制度、企业安全卫生管理制度等。

7. 职业病，是指用人单位的劳动者在职业活动中，因接触粉尘、放射性物质和其他有毒、有害物质等因素而引起的疾病。用人单位必须做好前期预防和劳动过程中的预防和管理工作。

8. 从事特种作业的劳动者必须经过专门培训并取得特种作业资格。

9. 女职工的"三期"保护是指孕期保护、产期保护、哺乳期保护。

知识点 1　工作时间制度

导入案例

案例 5-1　赵某的工作时间是否属于超时加班？

2021 年 5 月，赵某应聘至某食品公司制冰车间工作，工作 2 个月后，赵某认为公司超时加班，违反了《劳动法》相关规定，于是向当地劳动保障监察机构举报。劳动保障监察机构马上深入该公司调查情况，经调取公司考勤等证据后得知，每年的 5 月、6 月、7 月、8 月为该公司制冰车间的生产旺季，工作时间为每天 10 小时，每周休息 1 天，另外 8 个月为淡季，制冰车间的员工则每天工作 5 小时，有正常的双休日。此外，该公司已经通过审批，实行的是半年期综合计算工时工作制。因此，该公司制冰车间的工时制度并未违法，劳动保障监察机构及时向赵某进行解释，对赵某的举报作出不予受理的决定。

导入案例分析

基本理论

一、工作时间的概念

工作时间，是指法律规定的劳动者在一昼夜或一周内从事生产或工作的时间（从事劳动的时间），即劳动者每天应工作的小时数或每周应工作的天数和小时数。劳动者每天应工作的小时数叫工作日，每周应工作的天数叫工作周。

二、工作时间的种类

（一）工作周

工作周，是指法律规定的劳动者在1周（7日）内从事劳动的时间。我国实行劳动者每周工作5天，平均每周工作时间不超过40小时的工作周制度。

（二）工作日

工作日，是指法律规定的劳动者在一昼夜内工作时间的小时数。我国实行的工作日种类主要有以下几种。

1. 标准工作日

标准工作日，是指法律规定的在一般情况下统一实行的劳动者从事工作或劳动的标准长度工作日。《国务院关于职工工作时间的规定》第3条规定："国家实行职工每日工作8小时、平均每周工作40小时的工时制度。"标准工作日是计算其他工作日种类的依据。

2. 缩短工作日

缩短工作日，是指法律规定的少于标准工作时数的工作日，即劳动者每天工作的时数少于8小时或者每周工作的时数少于40小时。根据《国务院关于职工工作时间的规定》第4条规定，在特殊条件下从事劳动和有特殊情况，需要适当缩短工作时间的，按照国家有关规定执行。原劳动部、人事部发布的《贯彻〈国务院关于职工工作时间的规定〉的实施办法》规定："在特殊条件下从事劳动和有特殊情况，需要在每周工作40小时的基础上再适当缩短工作时间的，应在保证完成生产和工作任务的前提下，根据《中华人民共和国劳动法》第三十六条的规定，由企业根据实际情况决定。"目前我国已实行缩短工作日的劳动者主要有以下几类：

（1）从事矿山井下、高山、有毒、有害、特别繁重和过度紧张的体力劳动职工以及纺织、化工、煤矿井下、建筑冶炼、地质勘探、森林采伐、装卸搬运等行业或岗位的职工。

（2）从事夜班工作的劳动者。夜班工作时间是指从本日22时到次日6时从事工作或劳动的时间。实行三班制的企业中，从事夜班工作的劳动者，其日工作时间比标准工作日缩短1小时。

（3）在哺乳期工作的女职工。根据规定，哺乳不满1周岁婴儿的女职工，在每个工作日有两次哺乳（含人工喂养）时间，每次30分钟。多胞胎生育的，每多哺乳一个婴儿，每次哺乳时间增加30分钟。女职工的哺乳时间和在本单位内往返途中的时间，算作劳动时间。

（4）16岁至18岁的未成年劳动者，给其一定的工间休息时间。

3. 不定时工作日

不定时工作日又称无定时工作日，是指没有固定工作时间限制的工作日。不定时工作制主要适用于一些工作性质或工作条件不受标准工作时间限制的劳动者。①

企业实行不定时工作制的，应履行审批手续。中央直属企业实行不定时工作制的，要经国务院行业主管部门审核，报国务院劳动行政部门批准；地方企业实行不定时工作制的审批办法，由省、自治区、直辖市人民政府劳动行政部门制定，报国务院劳动行政部门备案。经批准实行不定时工作制的职工，不受《劳动法》第41条规定的日延长工作时间标准和月延长工作时间标准的限制，但用人单位应采用弹性工作时间等适当的工作和休息方式，确保职工的休息休假权利和生产、工作任务的完成。实行不定时工作制的职工，其工作日长度超过标准工作日的，不算作延长工作时间，也不给予延长工作时间的工资报酬。

4. 综合计算工作日

综合计算工作日，是指用人单位根据生产和工作特点，分别采取以周、月、季、年等为周期综合计算劳动者工作时间的一种工时形式。企业综合计算工作日后，其平均日工作时间和平均周工作时间应与法定标准工作时间基本相同。综合计算工

---

① 原劳动部《关于企业实行不定时工作制和综合计算工时工作制的审批办法》第4条规定，企业对符合下列条件之一的职工，可以实行不定时工作制：①企业中的高级管理人员、外勤人员、推销人员、部分值班人员和其他因工作无法按标准工作时间衡量的职工；②企业中的长途运输人员、出租汽车司机和铁路、港口、仓库的部分装卸人员以及因工作性质特殊，需机动作业的职工；③其他因生产特点、工作特殊需要或职责范围的关系，适合实行不定时工时制的职工。

工作制通常适用于从事受自然条件和技术条件影响或限制的季节性或特殊性的工种。①

实行综合计算工时工作制的审批办法与实行不定时工作制相同。实行综合计算工时工作制，应采取集中工作、集中休息、轮流调休、弹性工作时间等适当方式，确保职工的休息休假权利和生产、工作任务的完成。

与不定时工作制不同的是，企业实行综合计算工时工作制，不论是以周、月、季、年何种形式为周期综合计算工作时间，职工的平均月工作时间和平均周工作时间应与法定标准工作时间基本相同。超过法定标准工作日部分，应作为延长工作时间计算，并应按规定支付职工延长工作时间的工资报酬。在法定节日工作的，用人单位应按规定支付法定节日工作的工资报酬。

5. 计件工作时间

计件工作时间，是指以劳动者完成一定劳动定额为标准的工作时间。《劳动法》第37条规定："对实行计件工作的劳动者，用人单位应当根据本法第三十六条规定的工时制度合理确定其劳动定额和计件报酬标准。"实行计件工作的用人单位，必须以劳动者在一个标准工作日或一个标准工作周的工作时间内能够完成的计件数量为标准，确定劳动者日或周的劳动定额。劳动者的劳动时间可以灵活，但平均每个工作周时间不得超过40小时。

6. 非全时工作时间

非全时工作时间，是指每日或每周少于正常工作时数的工作时间制度。依《劳动合同法》第68条的规定："非全日制用工，是指以小时计酬为主，劳动者在同一用人单位一般平均每日工作时间不超过四小时，每周工作时间累计不超过二十四小时的用工形式。"

三、延长工作时间

（一）延长工作时间的概念

延长工作时间，是指劳动者的工作时数超过法律规定的标准工作时间，包括加班和加点。加班是指职工根据用人单位的要求，在法定节日和公休日从事生产工作。

---

① 原劳动部《关于企业实行不定时工作制和综合计算工时工作制的审批办法》第5条规定，企业对符合下列条件之一的职工，可实行综合计算工时工作制：①交通、铁路、邮电、水运、航空、渔业等行业中因工作性质特殊，需连续作业的职工；②地质及资源勘探、建筑、制盐、制糖、旅游等受季节和自然条件限制的行业的部分职工；③其他适合实行综合计算工时工作制的职工。

加点是指职工根据用人单位的要求，在标准工作日以外继续从事生产或工作。

（二）关于延长工作时间的规定

1. 延长工作时间的一般规定

一般情况下，用人单位由于生产经营的需要，可以延长工作时间。《劳动法》第41条规定："用人单位由于生产经营需要，经与工会和劳动者协商后可以延长工作时间，一般每日不得超过一小时；因特殊原因需要延长工作时间的，在保障劳动者身体健康的条件下延长工作时间每日不得超过三小时，但是每月不得超过三十六小时。"据此，用人单位延长工作时间必须符合以下规定：

（1）用人单位延长工作时间必须符合法定条件：①必须是因生产经营需要；②必须与工会协商；③必须与劳动者协商，不得强迫劳动。

（2）用人单位延长工作时间不得超过法定时数，即用人单位延长工作时间每日不得超过1小时，因特殊原因需要延长工作时间的，每日不得超过3小时，但每月不得超过36小时。

《劳动法》第90条规定："用人单位违反本法规定，延长劳动者工作时间的，由劳动行政部门给予警告，责令改正，并可以处以罚款。"

2. 延长工作时间的特殊规定

特殊情况下延长工作时间不受《劳动法》第41条规定的限制。根据《劳动法》第42条的规定，有下列情形之一的，延长工作时间不受《劳动法》第41条规定的限制：

（1）发生自然灾害、事故或者因其他原因，威胁劳动者生命健康和财产安全，需要紧急处理的。

（2）生产设备、交通运输线路、公共设施发生故障，影响生产和公众利益，必须及时抢修的。

（3）法律、行政法规规定的其他情形。

3. 延长工作时间的工资支付

劳动者延长工作时间，即增加了额外的工作量，需要付出更多的劳动和消耗。因此，《劳动法》规定，用人单位安排劳动者延长工作时间的，应当"支付高于劳动者正常工作时间的工资报酬。"根据《劳动法》第44条的规定，有下列情形之一的，用人单位应当按照下列标准支付高于劳动者正常工作时间工资的工资报酬：

（1）安排劳动者延长工作时间的，支付不低于工资的150%的工资报酬。

（2）休息日安排劳动者工作又不能安排补休的，支付不低于工资的200%的工资报酬。

(3) 法定休假日安排劳动者工作的,支付不低于工资的300%的工资报酬。

相关法律法规

1. 《劳动法》第四章
2. 《劳动合同法》第五章
3. 《国务院关于职工工作时间的规定》
4. 《关于企业实行不定时工作制和综合计算工时工作制的审批办法》

知识点2　休息休假制度

导入案例

案例5-2　小王年休假天数的计算

2021年3月1日,小王应聘到某公司工作。因父亲生病,小王想休5天年假以便照顾父亲。小王向公司提出申请,公司人事部告诉他,因为他是3月1日才来公司工作的,他当年度在公司的剩余日历天数是365-31-28(31和28分别是已经过去的1月份和2月份的天数),按照《企业职工带薪年休假实施办法》第5条规定的计算办法,他应享受的年休假天数折算方法为 $(365-31-28)\div 365\times 5\approx 4.19$,折算后不足1整天的部分不享受年休假。所以他只能休4天的年假。小王辩解道:"我已经工作2年了,按照国家规定,就应该休5天年假。"小王和公司的说法谁正确?

导入案例分析

基本理论

一、休息休假的概念

休息休假,又称休息时间,是指劳动者在国家规定的法定工作时间外,不从事生产或工作而由自己自行支配的时间。其包括工时制度规定时间之外的时间,如每天休息的小时数、每周休息的天数，也包括节假日、年休假、探亲假等时间。

二、休息时间的种类

根据《劳动法》及有关劳动法规的规定，劳动者的休息时间主要有以下六种。

（一）工作日内的间歇休息时间

工作日内的间歇休息时间，是指在一个工作日内给予劳动者作为休息和用膳的时间。间歇休息时间的长短可由各用人单位根据具体情况确定，一般为1~2小时，最少不得少于半小时。间歇休息时间应具体规定在工作后4小时。

（二）两个工作日间的休息时间

两个工作日间的休息时间，即两个邻近工作日之间的休息时间，指劳动者在一个工作日结束后至下一个工作日开始前的休息时间。

（三）公休假日

公休假日，又称周休息日，是指劳动者在一个工作周（7日）内享有的休息日。目前我国实行五天工作制，劳动者的公休假日为每周两天，一般安排在星期六和星期日。用人单位也可以根据所在地的生产、交通、供水、供电等实际情况，经与工会和职工协商后，灵活安排公休假日。

（四）法定节日休假时间

法定节日，是指由国家法律统一规定的用于开展庆祝、纪念活动的休息时间。我国法律规定的法定节日主要有以下几种。

（1）全体公民放假的节日：①元旦，放假1天（1月1日）；②春节，放假3天（农历正月初一、初二、初三）；③清明节，放假1天（农历清明当日）；④劳动节，放假1天（5月1日）；⑤端午节，放假1天（农历端午当日）；⑥中秋节，放假1天（农历中秋当日）；⑦国庆节，放假3天（10月1日、2日、3日）。

（2）部分公民放假的节日及纪念日：①妇女节（3月8日），妇女放假半天；②青年节（5月4日），14周岁以上的青年放假半天；③儿童节（6月1日），不满14周岁的少年儿童放假1天；④中国人民解放军建军纪念日（8月1日），现役军人放假半天。

应注意的是，少数民族习惯的节日，由各少数民族聚居地区的地方人民政府，按照各民族习惯，规定放假日期。二七纪念日、五卅纪念日、七七抗战纪念日、九三抗战胜利纪念日、九一八纪念日、教师节、护士节、记者节、植树节等其他节日、纪念日，均不放假。全体公民放假的节日，如果适逢星期六、星期日，应当在工作日补假。部分公民放假的节日，如果适逢星期六、星期日，则不补假。

（五）带薪年休假

带薪年休假也叫年休假，是指职工工作满一定年限，每年可享有的带薪连续休息的时间。《劳动法》第 45 条规定："国家实行带薪年休假制度。劳动者连续工作一年以上的，享受带薪年休假。具体办法由国务院规定。"《职工带薪年休假条例》第 2 条、第 3 条规定：机关、团体、企业、事业单位、民办非企业单位、有雇工的个体工商户等单位的职工连续工作 1 年以上的，享受带薪年休假（简称年休假）。单位应当保证职工享受年休假。职工在年休假期间享受与正常工作期间相同的工资收入。职工累计工作已满 1 年不满 10 年的，年休假 5 天；已满 10 年不满 20 年的，年休假 10 天；已满 20 年的，年休假 15 天。国家法定休假日、休息日不计入年休假的假期。

年休假在 1 个年度内可以集中安排，也可以分段安排，一般不跨年度安排。单位因生产、工作特点确有必要跨年度安排职工年休假的，可以跨 1 个年度安排。单位确因工作需要不能安排职工休年休假的，经职工本人同意，可以不安排职工休年休假。对职工应休未休的年休假天数，单位应当按照该职工日工资收入的 300% 支付年休假工资报酬。单位不安排职工休年休假又不依照《职工带薪年休假条例》规定给予年休假工资报酬的，由县级以上地方人民政府人事部门或者劳动保障行政部门依据职权责令限期改正；对逾期不改正的，除责令该单位支付年休假工资报酬外，单位还应当按照年休假工资报酬的数额向职工加付赔偿金。对拒不支付年休假工资报酬、赔偿金的，属于公务员和参照公务员法管理的人员所在单位的，对直接负责的主管人员及其他直接责任人员依法给予处分；属于其他单位的，由劳动保障行政部门、人事部门或者职工申请人民法院强制执行。

（六）探亲假

探亲假，是指与父母或配偶分居两地的职工，在一定期限内所享受的保留工资、工作岗位而同分居两地的父母或配偶团聚的假期。根据 1981 年 3 月 14 日施行的《国务院关于职工探亲待遇的规定》，职工探亲假及其待遇主要包括以下内容。

1. 享受探亲假的条件

凡在国家机关、人民团体和全民所有制企业、事业单位工作满 1 年的固定职工，与配偶不住在一起,又不能在公休假日团聚的,可以享受规定的探望配偶的待遇。与父母都不住在一起,又不能在公休假日团聚的,可以享受规定的探望父母的待遇。但职工与父亲或母亲一方能够在公休假日团聚的,不能享受规定的探望父母的待遇。

2. 探亲假期

探亲假期,是指职工与配偶、父母团聚的时间。另外,根据实际需要给予路程假。上述假期均包括公休假日和法定节日在内。具体探亲假期如下:①职工探望配偶的,每年给予一方探亲假一次,假期为 30 天。②未婚职工探望父母,原则上每年给假一次,假期为 20 天。如果因工作需要,本单位当年不能给予假期,或者职工自愿 2 年探亲一次的,可以 2 年给假一次,假期为 45 天。③已婚职工探望父母的,每 4 年给假一次,假期为 20 天。④凡实行休假制度的职工,如学校的教职工,应在休假期间探亲;如果假期较短,可由本单位适当安排补足其探亲假的天数。

3. 探亲假期间的待遇

职工在探亲假期间享受的待遇有两项:①工资待遇。职工在规定的探亲假期和路程假期内,按照本人的标准工资发给工资。②探亲路费的报销。职工探望配偶和未婚职工探望父母的往返路费由所在单位负担。已婚职工探望父母的往返路费,在本人月标准工资 30% 以内的,由本人自理,超过部分由所在单位负担。

相关法律法规

1. 《劳动法》第四章
2. 《全国年节及纪念日放假办法》
3. 《职工带薪年休假条例》
4. 《企业职工带薪年休假实施办法》
5. 《国务院关于职工探亲假待遇的规定》

知识点 3　工资法律制度

导入案例

案例 5-3　奖金是否属于工资?

某日,某政法大学劳动法律诊所值班工作人员接到河北省保定市刘先生的来电咨询。刘先生说:"我在一家企业工作,单位经常无故扣发我们的奖金。请问奖金是否属于工资的范畴?单位随意扣发奖金应承担什么责任?"

本咨询的关键问题是奖金是否属于工资。

基本理论

一、工资的概念和特征

《劳动法》中的工资,是指用人单位依据国家有关规定和集体合同、劳动合同的约定标准,根据劳动者提供的劳动数量和质量,以货币形式直接支付给本单位劳动者的劳动报酬,一般包括计时工资、计件工资、奖金、津贴和补贴、延长工作时间的工资报酬及特殊情况下支付的工资等。工资与其他劳动报酬或劳动收入相比有以下特征:

(1) 工资是劳动者基于劳动关系所取得的劳动报酬。

(2) 工资是劳动者履行劳动义务后而应该得到的物质补偿。

(3) 工资标准必须是事先规定的。事先规定的形式可以是法律、法规、政策、集体合同、劳动合同。

(4) 工资必须以法定货币形式定期支付给劳动者本人。

(5) 工资的支付是以劳动者提供的劳动数量和质量为依据的。

二、工资形式

工资形式即计量劳动和支付工资的方式,包括工资的基本形式、工资的辅助形式和工资的特殊形式。

(一) 工资的基本形式

1. 计时工资

计时工资,是用人单位按照单位时间工资标准和劳动者实际工作时间支付劳动者劳动报酬的工资形式。计时工资是最基本的工资形式。根据计算工资的时间单位不同,计时工资可分为月工资制、周工资制、日工资制和小时工资制。劳动者全勤,可按周工资标准或月工资标准计发工资;劳动者缺勤或加班加点,可按日工资标准或小时工资标准扣发或加发工资。

2. 计件工资

计件工资，是按照劳动者生产的合格产品的数量或其他可以计量的作业量和预先规定的计件工资标准来计算报酬的工资形式。它仍然是以计时工资为基础，是计时工资的转化形式。计件工资只能适用于具备一定条件的企业和岗位，其具体包括如下内容：

（1）产品的数量能够准确计量，并能正确反映劳动者付出的劳动量。

（2）产品的数量和质量主要取决于劳动者的主观努力。

（3）具有先进合理的劳动定额和健全的原始记录制度，有严格的计量标准。

（4）具有明确的产品质量标准，能够检验产品的质量。

（5）生产任务饱满，原材料、燃料、动力供应和产品销路比较正常，生产过程中不会出现运行故障。

（二）工资的辅助形式

1. 奖金

奖金，是支付给劳动者的超额劳动报酬和增收节支的劳动报酬。奖金按劳动者付出的超额劳动来支付，是对劳动者作出优异成绩的一种奖赏。奖金可以分为：年度奖、季度奖和月奖；经常性奖金和一次性奖金；超产奖，质量奖，安全生产奖，节约奖，劳动竞赛奖，机关、事业单位的奖励工资；等等。它是计时工资的辅助形式。

2. 津贴

津贴，是为了补偿劳动者额外的和特殊的劳动消耗而发给的劳动报酬。津贴根据其目的可分为如下种类：

（1）为补偿劳动者在特殊劳动条件下的劳动消耗和额外劳动消耗而支付的津贴，如矿山井下津贴、高温津贴、高空津贴、野外施工津贴等。

（2）为补偿劳动者特殊劳动消耗和额外生活支出而支付的津贴，如林区津贴、山区津贴、驻岛津贴、艰苦气象台站津贴、铁路津贴等。

（3）为保障职工健康而支付的津贴，如卫生防疫津贴、科技保健津贴、特殊岗位上的职工的特殊保健津贴等。

（4）技术性津贴，如特级教师津贴、特殊教师津贴、工人技师津贴、中药老药工技术津贴等。

3. 补贴

补贴是为了保障劳动者的工资水平不受特殊因素的影响而支付给劳动者的工资形式。例如，为了保证职工工资水平不受物价上涨或变动的影响而支付的各种补贴。

补贴与劳动者的劳动没有直接关系，其发放根据主要是国家有关政策规定。

> **课程思政**
>
> **工资辅助形式的特别保护**
>
> 用人单位规定劳动者在完成一定绩效后可以获得奖金，对符合条件的劳动者申请发放奖金的，有义务进行审查。用人单位无正当理由拒绝履行审批义务，劳动者向人民法院主张获奖条件成就，用人单位应当按照规定发放奖金的，人民法院应予支持。
>
> 《最高人民法院发布第32批指导性案例》指导案例182号
>
> 年终奖发放前离职的劳动者主张用人单位支付年终奖的，人民法院应当结合劳动者的离职原因、离职时间、工作表现以及对单位的贡献程度等因素进行综合考量。用人单位的规章制度规定年终奖发放前离职的劳动者不能享有年终奖，但劳动合同的解除非因劳动者单方过失或主动辞职所导致，且劳动者已经完成年度工作任务，用人单位不能证明劳动者的工作业绩及表现不符合年终奖发放标准，年终奖发放前离职的劳动者主张用人单位支付年终奖的，人民法院应当予以支持。
>
> 《最高人民法院发布第32批指导性案例》指导案例183号

（三）工资的特殊形式

年薪，是1994年后对国有企业经营者推行的工资制度，它是以企业的一个生产周期，即以年度为单位，根据企业的生产经营规模和业绩确定并支付经营者工资的一种制度。年薪是一种特殊的工资形式，在我国，这种工资形式只适用于企业的承包者或经营者等。企业的承包者或经营者根据企业承包合同或租赁合同以企业的经济效益作为分配其报酬的依据。年薪具有如下特点：

（1）经营者的年薪一般高于企业职工的工资水平，但与职工工资水平挂钩。

（2）年薪的确定方式由经营合同约定，而不由劳动合同或集体合同约定。

（3）年薪有奖励性和风险性，充分体现了按劳分配，责任、风险、利益相一致的原则。

三、最低工资

（一）最低工资的概念和特征

最低工资，是指劳动者在法定工作时间或依法签订的劳动合同约定的工作时间内提供了正常劳动的前提下，用人单位依法应支付的最低劳动报酬。其特征如下：

(1) 它由国家有关部门依法制定，如《劳动法》第48条的规定。

(2) 它是国家确定的用人单位支付给劳动者报酬的最低限额。

(3) 最低工资对其适用范围内的全体劳动者都有保障力，并且不因劳动者工种、岗位的不同而有任何变化。

(4) 最低工资以劳动者在法定工作时间或依法签订的劳动合同约定的工作时间内提供了正常劳动为条件。劳动者在法定工作时间或劳动合同约定的工作时间内未履行劳动给付义务并且没有免除此义务的法定依据的，其所得报酬不受最低工资保障。

（二）最低工资的组成

最低工资由国家规定的报酬项目组成。一般来说，只要劳动者在法定工作时间或劳动合同约定的工作时间内从事劳动得到的实际劳动报酬都应当作为最低工资的组成部分，包括工资、奖金、津贴、补贴等。

根据《最低工资规定》第12条的规定，下列劳动收入不列入最低工资的范畴：

(1) 延长工作时间工资，即加班加点工资。

(2) 中班、夜班、高温、低温、井下、有毒有害等特殊工作环境、条件下的津贴。

(3) 法律、法规和国家规定的劳动者福利待遇等。

(4) 职工所得的非经常性奖金，如竞赛奖、体育奖、合理化建议奖等。

（三）最低工资的适用范围

1. 最低工资适用的劳动者范围

最低工资适用的劳动者范围，即哪些劳动者应当受到最低工资制度的保障。《最低工资规定》第2条规定："本规定适用于在中华人民共和国境内的企业、民办非企业单位、有雇工的个体工商户（以下统称用人单位）和与之形成劳动关系的劳动者。国家机关、事业单位、社会团体和与之建立劳动合同关系的劳动者，依照本规定执行。"

2. 最低工资的时间适用范围

最低工资的时间适用范围，即劳动者在哪些时间内从事劳动才享受最低工资保障。根据《最低工资规定》及有关规定，劳动者享受最低工资保障的时间范围，应当是法定的工作时间或依法签订的劳动合同约定的工作时间之内。以下情况不适用最低工资标准：

（1）劳动者在法定工作时间或依法签订的劳动合同约定的工作时间内有迟到、早退、旷工等违纪行为。

（2）企业下岗待业人员。

（3）职工患病或非因工负伤治疗期间，在规定的医疗期间内由企业按有关规定支付其病假工资或疾病救济费，病假工资和疾病救济费可以低于当地最低工资标准，但不能低于最低工资标准的80%。

（4）在非带薪假期间的人员，如请事假者。

3. 最低工资的劳动种类的适用范围

最低工资的劳动种类的适用范围，是指劳动者在法定劳动时间或依法签订的劳动合同约定的时间内，提供哪些种类的劳动有权享有最低工资保障。依我国《最低工资规定》及有关规定，劳动者只有在法定工作时间或依法签订的劳动合同约定的工作时间内提供了正常劳动的，才有权享受最低工资保障。劳动者依法享受带薪年休假、探亲假、婚丧假、生育（产）假、节育手术假等国家规定的休假期间，以及法定工作时间内依法参加社会活动期间，视为提供了正常劳动。因此，凡是劳动者在国家规定的带薪休假期间内的休假，劳动者在法定工作时间或依法签订的劳动合同约定的工作时间内，依法参加社会活动，都应视为提供了正常劳动，并适用最低工资保障规定。

（四）最低工资标准的确定和调整

最低工资标准，是指单位时间的最低工资数额。一般采用月最低工资标准和小时最低工资标准形式。《劳动法》第48条规定："最低工资的具体标准由省、自治区、直辖市人民政府规定，报国务院备案。"确定和调整最低工资标准应当综合考虑下列因素：

（1）劳动者本人及平均赡养人口的最低生活费用。

（2）社会平均工资水平。

（3）劳动生产率[①]。

（4）就业状况[②]。

[①] 不同地区、不同行业劳动生产率不同，在单位时间内劳动者对社会贡献有所差别。在法定工作时间不变的情况下，劳动生产率的差别导致劳动者对社会贡献的不平衡性，也意味着各行业、各地区的用人单位对劳动者工资的支付能力亦有差别。因此，其最低工资标准也可不同。

[②] 就业状况越好，最低工资标准应当越高；在就业状况较差的地区和行业，最低工资标准就低。最低工资制应当尽量保证更多的人就业。

（5）地区之间经济发展水平的差异①。

（6）地区职工生活费用价格指数。

（7）职工个人缴纳的社会保险费和住房公积金。

最低工资标准发布实施后，如上述因素发生变化，应当进行适当调整。最低工资标准每两年至少调整一次。

省、自治区、直辖市劳动保障行政部门应将本地区最低工资标准方案报省、自治区、直辖市人民政府批准，并在批准后 7 日内在当地政府公报上和至少一种全地区性报纸上发布。省、自治区、直辖市劳动保障行政部门应在发布后 10 日内将最低工资标准报人力资源和社会保障部。

四、工资的法律保障

（一）工资支付的保障

1. 用人单位支付工资的方式

根据《劳动法》及《工资支付暂行规定》，用人单位支付工资必须按以下方式执行：

（1）工资应以法定货币形式支付，不得以实物或有价证券代替货币支付。

（2）用人单位应将工资支付给劳动者本人，劳动者本人因故不能领取时，可以由其亲属或委托人代领。用人单位可委托银行代发工资。

（3）支付工资时，用人单位必须书面记录支付劳动者工资的数额、时间，领取者的姓名及签字，并保存 2 年以上备查。用人单位在支付工资时应向劳动者提供一份其个人的工资清单。

（4）工资必须在用人单位与劳动者约定的日期支付，如遇节假日或休息日，则应提前在最近的工作日支付。工资至少每月支付一次，实行周、日、小时工资制的可按周、日、小时支付工资。

（5）对完成一次性临时劳动或某项具体工作的劳动者，用人单位应按有关协议或合同规定在其完成劳动任务后即支付工资。

（6）劳动者与用人单位依法解除或终止劳动合同时，用人单位应同时一次性付清劳动者工资。

---

① 经济发展较好的地区，最低工资水平就高；经济发展较差的地区，最低工资水平就低。

（7）用人单位依法破产时，应将劳动者的工资列入清偿顺序，首先支付。

2. 用人单位不得克扣劳动者工资

所谓克扣，是指用人单位无正当理由扣减劳动者应得工资。这里的"应得工资"即在劳动者已提供正常劳动的前提下，用人单位按劳动合同规定的标准应支付给劳动者的全部劳动报酬。

但有下列情况之一的，用人单位可以代扣劳动者工资：

（1）用人单位代扣代缴的个人所得税。

（2）用人单位代扣代缴的应由劳动者个人负担的各项社会保险费用。

（3）人民法院判决、裁定中要求代扣的抚养费、赡养费。

（4）法律、法规规定的可以从劳动者工资中扣除的其他费用。

3. 用人单位不得无故拖欠劳动者工资

所谓"无故拖欠"劳动者工资，是指用人单位无正当理由超过规定的付薪时间未支付劳动者工资的行为。

（二）工资支付的监督

根据《劳动法》《工资支付暂行规定》《最低工资规定》等，各级劳动保障行政部门、各级工会组织、职工大会、劳动者有权对用人单位支付工资的行为进行监督。具体表现如下：

（1）用人单位应根据法律、法规、规章的规定，通过与职工大会、职工代表大会或其他形式协商制定内部的工资支付制度，并告知本单位全体劳动者，主动接受劳动者的监督。同时抄报当地劳动保障行政部门备案。

（2）各级劳动保障行政部门有权监察用人单位工资支付的情况，用人单位有下列侵害劳动者合法权益行为的，由劳动保障行政部门责令其支付劳动者工资和经济补偿，并可责令其支付赔偿金：克扣或者无故拖欠劳动者工资的；拒不支付劳动者延长工作时间工资的；低于当地最低工资标准支付劳动者工资的。

（3）劳动者与用人单位因工资支付发生劳动争议的，当事人可依法向劳动争议仲裁机构申请仲裁。对仲裁裁决不服的，可以向人民法院提起诉讼。

课程思政

根治农民工欠薪与《保障农民工工资支付条例》

国家非常重视维护农民工的工资薪酬权益。2016年《国务院办公厅关于全面治理拖欠农民工工资问题的意见》就是专门部署解决农民工欠薪问题的。2019年初，习近平总书记对根治欠薪问题作出重要批示。《2019年政府工作报告》提出，"要根治拖欠农民工工资问题，抓紧制定专门行政法规，确保付出辛劳和汗水的农民工按时拿到应有的报酬"。《保障农民工工资支付条例》于2019年12月4日通过，于2020年5月1日起施行。《保障农民工工资支付条例》第7条规定了各相关部门在保障农民工工资支付工作中的职责。

人力资源社会保障行政部门负责保障农民工工资支付工作的组织协调、管理指导和农民工工资支付情况的监督检查，查处有关拖欠农民工工资案件。

住房城乡建设、交通运输、水利等相关行业工程建设主管部门按照职责履行行业监管责任，督办因违法发包、转包、违法分包、挂靠、拖欠工程款等导致的拖欠农民工工资案件。

发展改革等部门按照职责负责政府投资项目的审批管理，依法审查政府投资项目的资金来源和筹措方式，按规定及时安排政府投资，加强社会信用体系建设，组织对拖欠农民工工资失信联合惩戒对象依法依规予以限制和惩戒。

财政部门负责政府投资资金的预算管理，根据经批准的预算按规定及时足额拨付政府投资资金。

公安机关负责及时受理、侦办涉嫌拒不支付劳动报酬刑事案件，依法处置因农民工工资拖欠引发的社会治安案件。

司法行政、自然资源、人民银行、审计、国有资产管理、税务、市场监管、金融监管等部门，按照职责做好与保障农民工工资支付相关的工作。

《保障农民工工资支付条例》

相关法律法规

1. 《劳动法》第五章
2. 《劳动合同法》第4条、第11条、第20条、第30条、第38条、第72条
3. 《工资支付暂行规定》
4. 《最低工资规定》
5. 《关于工资总额组成的规定》

知识点 4　劳动安全卫生法律制度

导入案例

案例 5-4　未成年工小张的请求是否合法?

2021 年 5 月,已满 16 周岁的小张被某市某宾馆录用,双方签订了为期 3 年的劳动合同,工作岗位是宾馆锅炉房司炉。合同约定试用期 3 个月,试用期工资 3 500 元/月,试用期满转正后的工资是 4 000 元/月。小张上班后,发现锅炉房司炉工作比较清闲,也就很满意这份工作。但到了同年 10 月宾馆开始向房间供暖,小张的工作量就变得非常大,每天为烧锅炉需要用推车推运 50 多车煤,工作一天下来感到精疲力竭,身体吃不消。小张遂向宾馆有关领导要求增加人手或予以调换工作岗位。宾馆方却以这是合同中明确约定为由拒绝了小张的请求。为此双方发生了争议,在协商不成的情况下,小张在某法律援助中心的帮助下向当地劳动争议仲裁委员会申请仲裁,请求宾馆为自己调换适当的工作岗位。劳动争议仲裁委员会受理并核查事实后裁决该宾馆立即为小张调换适当的工作岗位。

导入案例分析

基本理论

一、劳动安全卫生制度的概念和特征

劳动安全卫生制度,是以保护劳动者的生命安全和身体健康为目的而设立的劳动保护法律制度,包括劳动安全法律制度、劳动卫生法律制度、企业安全卫生管理制度等。其具有以下特征:

(1) 劳动安全卫生制度的保护对象具有首要性。
(2) 劳动安全卫生制度的法律规范具有强行性。
(3) 劳动安全卫生制度的内容具有技术性。

(4) 劳动安全卫生制度的适用范围具有广泛性。
(5) 劳动安全卫生制度以劳动过程为其保护范围。

二、劳动安全法律制度

劳动安全法律制度，是指国家为了保护劳动者在劳动过程中的安全，防止伤亡事故、防止生产设备遭到破坏而制定的各种法律规范。下面主要介绍矿山安全技术规程和建筑安装工程安全技术规程。

（一）矿山安全技术规程

矿山建设工程的安全设施必须与主体工程同时设计，同时施工，同时投入生产使用。

1. 矿山设计的安全要求

矿山设计的主要项目必须符合矿山安全规程和行业技术规范。其包括矿井的通风系统和供风量、风质、风速；露天矿的边坡角和台阶的宽度、高度；供电系统；提升、运输系统；防水、排水系统和防火、灭火系统；防瓦斯系统和防尘系统；等等。矿山建设工程必须按照管理矿山企业的主管部门批准的设计文件施工。工程竣工后，由主管部门验收，并须有劳动保障行政主管部门参加，不符合矿山安全规程和行业技术规程的，不得验收，不得投入生产。

2. 作业场所的安全要求

矿山企业必须对下列危害安全的事故采取预防措施：
(1) 冒顶、片帮、边坡滑落和地表塌陷。
(2) 瓦斯爆炸、煤尘爆炸。
(3) 冲击地压、瓦斯突出、井喷。
(4) 地面和井下的火灾、水害。
(5) 爆破器材和爆破作业发生的危害。
(6) 粉尘、有毒有害气体、放射性物质和其他有害物质引起的危害。

矿山企业必须对作业场所中的有毒有害物质和井下空气含氧量进行检测，保证符合安全要求。对使用机械、电气设备、排土场、尾矿库和矿山闭坑后可能引起的危害，应当采取预防措施。

（二）建筑安装工程安全技术规程

为了保障建筑工人的安全和健康，防止各类伤亡事故的发生，各施工单位必须严格执行国家有关建筑安装工程安全技术规程的规定。

（1）对于从事高空作业的工人，必须进行身体检查，不适宜在高空作业的人，禁止从事高空作业。

（2）遇有六级以上强风时，禁止露天进行起重工作和高空作业。施工现场应符合安全卫生标准。

（3）脚手架的负荷量，每平方米不能超过270千克。

（4）进行土方工程前，应做好必要的地质、水文和地下设备的调查和勘察工作。挖掘土方应从上而下施工，禁止采用挖空底脚的操作方法，并且应该做好排水工作。

（5）拆除工程的施工，必须在工程负责人员的统一领导和经常监督下进行。拆除建筑物，应该自上而下顺序进行，禁止数层同时拆除。

三、劳动卫生法律制度

劳动卫生法律制度，是指国家为了保护劳动者在劳动过程中的健康，防止有毒有害物质的危害和防止职业病发生所采取的各种防护措施的法律规范的总称。下面主要介绍防止粉尘危害的规定和防止有毒有害物质危害的规定。

（一）防止粉尘危害的规定

劳动卫生规程要求各生产单位，实现生产设备的机械化、密闭化，矿山采用湿式凿岩和机械通风，凡是有粉尘作业环境的，要设置吸尘、滤尘和通风设备。

《中华人民共和国尘肺病防治条例》规定：

（1）凡有粉尘作业的企业、事业单位应采取综合防尘措施和无尘或低尘的新技术、新工艺、新设备，使作业场所的粉尘浓度不超过国家卫生标准。

（2）任何企业、事业单位除特殊情况外，未经上级主管部门批准，不得停止运行或者拆除防尘设施。

（3）新建、改建、扩建、续建有粉尘作业的工程项目，防尘设施必须与主体工程同时设计、同时施工、同时投产。设计任务书，必须经当地卫生行政部门、劳动部门和工会组织审查同意后，方可施工。

（4）竣工验收，应由当地卫生行政部门、劳动部门和工会组织参加，凡不符合要求的，不得投产。

（5）各企业、事业单位对新从事粉尘作业的职工，必须进行健康检查。对在职和离职的从事粉尘作业的职工，必须定期进行健康检查。凡有粉尘作业的企业、事业单位，必须定期测定作业场所的粉尘浓度，从事粉尘作业的单位必须建立测尘资料档案。

（二）防止有毒有害物质危害的规定

根据有关规定，作业场所中，有毒有害物质的浓度不得超过国家标准。对于散发有害健康的蒸气、气体和粉尘的设备要严加密闭，必要时应安装通风、吸尘和净化装置。有毒物和危险物品应该分别储藏，并且应该严格管理。在接触酸碱等腐蚀性物质并且有烧伤危险的工作地点，应该设有冲洗设备。在对有传染病危险的原料进行加工时，必须采取严格的防护措施。对于有毒或有传染性危险的废料，应该在当地卫生机关的指导下进行处理。废料和废水应该妥善处理，不要危害工人和附近居民。

四、职业病防治及处理的法律规定

职业病，是指用人单位的劳动者在职业活动中，因接触粉尘、放射性物质和其他有毒、有害物质等因素而引起的疾病。用人单位在职业病防治方面应采取以下措施：

（1）设置或者指定职业卫生管理机构或者组织，配备专职或者兼职的职业卫生管理人员，负责本单位的职业病防治工作；制定职业病防治计划和实施方案；建立、健全职业卫生管理制度和操作规程；建立、健全职业卫生档案和劳动者健康监护档案；建立、健全工作场所职业病危害因素监测及评价制度；建立、健全职业病危害事故应急救援预案。

（2）用人单位必须采用有效的职业病防护设施，并为劳动者提供个人使用的职业病防护用品。

（3）对可能发生急性职业损伤的有毒、有害工作场所，用人单位应当设置报警装置，配置现场急救用品、冲洗设备、应急撤离通道和必要的泄险区。对放射工作场所和放射性同位素的运输、贮存，用人单位必须配置防护设备和报警装置，保证接触放射线的工作人员佩戴个人剂量计。对职业病防护设备、应急救援设施和个人使用的职业病防护用品，用人单位应当进行经常性的维护、检修，定期检测其性能和效果，确保其处于正常状态，不得擅自拆除或者停止使用。

（4）用人单位应当实施由专人负责的职业病危害因素日常监测，并确保监测系统处于正常运行状态。

（5）向用人单位提供可能产生职业病危害的化学品、放射性同位素和含有放射性物质的材料的，应当提供中文说明书。产品包装应当有醒目的警示标识和中文警示说明。

（6）国内首次使用或者首次进口与职业病危害有关的化学材料，使用单位或者进口单位按照国家规定经国务院有关部门批准后，应当向国务院卫生行政部门报送该化学材料的毒性鉴定以及经有关部门登记注册或者批准进口的文件等资料。进口放射性同位素、射线装置和含有放射性物质的物品的，按照国家有关规定办理。

（7）任何单位和个人不得生产、经营、进口和使用国家明令禁止使用的可能产生职业病危害的设备或者材料。任何单位和个人不得将产生职业病危害的作业转移给不具备职业病防护条件的单位和个人。不具备职业病防护条件的单位和个人不得接受产生职业病危害的作业。

（8）用人单位对采用的技术、工艺、设备、材料，应当知悉其产生的职业病危害，对有职业病危害的技术、工艺、设备、材料隐瞒其危害而采用的，对所造成的职业病危害后果承担责任。

五、对特种作业人员的资格认证

特种作业人员的范围包括电工、锅炉工、压力容器操作工、起重机械操作工、爆破作业人员、金属焊接切割作业人员、井下瓦斯检验人员、机械车辆驾驶人员、机动船舶驾驶员和轮机操作工、建筑登高作业人员等。

《劳动法》第55条规定："从事特种作业的劳动者必须经过专门培训并取得特种作业资格。"未依法取得资格证被派上岗位的，追究用人单位领导人的安全责任。

六、特殊劳动保护制度

（一）女职工特殊劳动保护制度

1. 合理安排女职工的工种和工作

《劳动法》第59条规定："禁止安排女职工从事矿山井下、国家规定的第四级体力劳动强度的劳动和其他禁忌从事的劳动。"《女职工劳动保护特别规定》附录中明确规定了女职工禁忌从事的劳动范围：①矿山井下作业；②体力劳动强度分级标准中规定的第四级体力劳动强度的作业；③每小时负重6次以上、每次负重超过20千克的作业，或者间断负重、每次负重超过25千克的作业。

2. 女职工"三期"保护

（1）孕期保护。《劳动法》第 61 条规定："不得安排女职工在怀孕期间从事国家规定的第三级体力劳动强度的劳动和孕期禁忌从事的劳动。对怀孕七个月以上的女职工，不得安排其延长工作时间和夜班劳动。"

《女职工劳动保护特别规定》附录中明确规定了女职工孕期禁忌从事的劳动范围：①作业场所空气中铅及其化合物、汞及其化合物、苯、镉、铍、砷、氰化物、氮氧化物、一氧化碳、二硫化碳、氯、己内酰胺、氯丁二烯、氯乙烯、环氧乙烷、苯胺、甲醛等有毒物质浓度超过国家职业卫生标准的作业；②从事抗癌药物、己烯雌酚生产，接触麻醉剂气体等的作业；③非密封源放射性物质的操作，核事故与放射事故的应急处置；④高处作业分级标准中规定的高处作业；⑤冷水作业分级标准中规定的冷水作业；⑥低温作业分级标准中规定的低温作业；⑦高温作业分级标准中规定的第三级、第四级的作业；⑧噪声作业分级标准中规定的第三级、第四级的作业；⑨体力劳动强度分级标准中规定的第三级、第四级体力劳动强度的作业；⑩在密闭空间、高压室作业或者潜水作业，伴有强烈振动的作业，或者需要频繁弯腰、攀高、下蹲的作业。

（2）产期保护。《女职工劳动保护特别规定》第 7 条规定：女职工生育享受 98 天产假。其中，产前可以休假 15 天；难产的，增加产假 15 天；生育多胞胎的，每多生育 1 个婴儿，增加产假 15 天。女职工怀孕未满 4 个月流产的，享受 15 天产假；怀孕满 4 个月流产的，享受 42 天产假。

（3）哺乳期保护。《劳动法》第 63 条规定："不得安排女职工在哺乳未满一周岁的婴儿期间从事国家规定的第三级体力劳动强度的劳动和哺乳期禁忌从事的其他劳动，不得安排其延长工作时间和夜班劳动。"

《女职工劳动保护特别规定》第 9 条规定："对哺乳未满 1 周岁婴儿的女职工，用人单位不得延长劳动时间或者安排夜班劳动。用人单位应当在每天的劳动时间内为哺乳期女职工安排 1 小时哺乳时间；女职工生育多胞胎的，每多哺乳 1 个婴儿每天增加 1 小时哺乳时间。"第 10 条规定："女职工比较多的用人单位应当根据女职工的需要，建立女职工卫生室、孕妇休息室、哺乳室等设施，妥善解决女职工在生理卫生、哺乳方面的困难。"第 11 条规定："在劳动场所，用人单位应当预防和制止对女职工的性骚扰。"

《女职工劳动保护特别规定》附录中规定了女职工在哺乳期禁忌从事的劳动范围：①孕期禁忌从事的劳动范围的第①项、第③项、第⑨项；②作业场所空气中锰、氟、溴、甲醇、有机磷化合物、有机氯化合物等有毒物质浓度超过国家职业卫生标准的作业。

（二）未成年工的劳动保护制度

1. 未成年工禁忌从事的劳动

（1）《劳动法》第 64 条规定："不得安排未成年工从事矿山井下、有毒有害、国家规定的第四级体力劳动强度的劳动和其他禁忌从事的劳动。"

（2）《未成年工特殊保护规定》规定用人单位不得安排未成年工从事以下范围的劳动：①《生产性粉尘作业危害程度分级》国家标准中第一级以上的接尘作业；②《有毒作业分级》国家标准中第一级以上的有毒作业；③《高处作业分级》国家标准中第二级以上的高处作业；④《冷水作业分级》国家标准中第二级以上的冷水作业；⑤《高温作业分级》国家标准中第三级以上的高温作业；⑥《低温作业分级》国家标准中第三级以上的低温作业；⑦《体力劳动强度分级》国家标准中第四级体力劳动强度的作业；⑧矿山井下及矿山地面采石作业；⑨森林业中的伐木、流放及守林作业；⑩工作场所接触放射性物质的作业；⑪有易燃易爆、化学性烧伤和热烧伤等危险性大的作业；⑫地质勘探和资源勘探的野外作业；⑬潜水、涵洞、涵道作业和海拔 3 000 米以上的高原作业（不包括世居高原者）；⑭连续负重每小时在 6 次以上并每次超过 20 千克，间断负重每次超过 25 千克的作业；⑮使用凿岩机、捣固机、气镐、气铲、铆钉机、电锤的作业；⑯工作中需要长时间保持低头、弯腰、上举、下蹲等强迫体位和动作频繁每分钟大于 50 次的流水线作业；⑰锅炉司炉。

2. 对未成年工进行定期健康检查

《劳动法》第 65 条规定："用人单位应当对未成年工定期进行健康检查。"

《未成年工特殊保护规定》具体规定：

（1）用人单位对未成年工实行定期健康检查。分别在安排工作岗位之前；工作满 1 年；年满 18 周岁，距前一次的体检时间已超过半年。

（2）对未成年工进行健康检查，需按规定的未成年工健康检查表列出的项目检查，用人单位必须承担检查费用。未成年工在规定的健康检查期间，应算作工作时间，不得克扣其工资。

（3）用人单位应根据未成年工的健康检查结果安排其从事适合的劳动，对不能胜任原劳动岗位的，应根据医务部门的证明，予以减轻劳动量或安排其他劳动。

3. 对未成年工的使用和特殊保护实行登记制度

（1）国家对未成年工的使用和特殊保护实行登记制度。

（2）用人单位招收使用未成年工，除符合一般用工要求外，还须向所在地的县级以上劳动保障行政部门办理登记。

(3) 劳动保障行政部门根据《未成年工健康检查表》《未成年工登记表》，核发《未成年工登记证》，未成年工须持《未成年工登记证》上岗。

相关法律法规

1. 《劳动法》第六章、第七章
2. 《安全生产法》第二章、第三章
3. 《矿山安全法》第二章、第三章
4. 《职业病防治法》第二章、第三章
5. 《建设工程安全生产管理条例》
6. 《安全生产许可证条例》
7. 《未成年人保护法》第四章
8. 《女职工劳动保护特别规定》
9. 《企业职工伤亡事故报告和处理规定》
10. 《未成年工特殊保护规定》

实训

【实训情境】

家住密云的黄某在 J 服装厂工作。这是一家小服装厂，平时厂里工作不是很辛苦。但是 2021 年 6 月 J 服装厂取得一批订货合同，为了尽快完成合同约定的任务，厂领导在没有和职工进行协商的情况下，就单方决定全体职工平时每天加班 3 小时，每周六全天上班。对此，黄某她们十几个小姐妹十分不满，但大家还是坚持了半个多月，同时多次向厂领导提出意见，但都没有得到任何答复。黄某一气之下，自行决定按照 J 服装厂规章规定的工作时间，达到下班时间后，自行离厂。为此厂领导几次找到她，对她进行了严厉的批评。但黄某依然坚持自己的做法。厂里看到对她进行警告没有什么作用后，以违反厂规厂纪为由，作出了对黄某予以辞退的决定。黄某不服，诉到劳动争议仲裁委员会。

裁决结果：劳动争议仲裁委员会在接受黄某的仲裁申请后，经过审理，裁决厂方对黄某作出的辞退决定无效。

关于职工的工作时间，我国《劳动法》和相关的法律文件都有明确规定。《劳动法》第 36 条规定："国家实行劳动者每日工作时间不超过八小时、平均每周工作时间不超过四十四小时的工时制度。"《国务院关于职工工作时间的规定》第 3 条规定："职工每日工作 8 小时，每周工作 40 小时。"《国务院关于职工工作时间的规定》第 6 条规定："任何单位和个人不得擅自延长职工工作时间。因特殊情况和紧急任务确需延长工作时间的，按照国家有关规定执行。"《劳动法》第41条规定："用人单位由于生产经营需要，经与工会和劳动者协商后可以延长工作时间，一般每日不得超过一小时；因特殊原因需要延长工作时间的，在保障劳动者身体健康的条件下延长工作时间每日不得超过三小时，但是每月不得超过三十六小时。"除《劳动法》第42条规定外，企业确因生产经营需要，必须延长工作时间的，应与工会和劳动者协商。协商后，企业可以在劳动法限定的延长工作时数内决定延长的工作时间。对企业违反法律、法规强迫劳动者延长工作时间的，劳动者有权拒绝。若由此发生劳动争议，则可以提请劳动争议处理机构予以处理。

本案中厂领导的决定存在三处错误：一是延长工作时间程序违法。厂领导既没有同工会协商，也没有与劳动者协商，单方面作出决定，缺乏法定程序。二是延长工作时间超出了法律规定的限度。根据厂领导的要求，每日加班3小时，周六也要加班，仅以黄某等人坚持了半个多月来看，已经超过了每月最高不得超过36小时的规定。三是厂领导错误地理解"厂规厂纪"。"厂规厂纪"是根据一定民主程序产生的具有一定稳定性的企业内部规章制度，该厂领导将自己的临时决定作为"厂规厂纪"，认为自己在厂内应该是"言出法随"，这是一种错误的"家长"作风，是不符合法律规定的。因此黄某没有违反厂规厂纪，不能据此辞退黄某。劳动争议仲裁委员会对于厂方辞退黄某的决定无效的裁定是正确的。市场经济条件下，企业经常会遇到生产任务紧急、确实需要加班的情况，但一定不能忘记要按照法定的程序，在法定限度内适当安排。

【实训任务】

针对案情就下面的问题进行法律思考，运用法律进行分析和辩论，训练学生的语言表达能力，理解问题、分析问题和解决问题的能力。

1. 关于延长工作时间，劳动法律法规有什么规定？
2. 本案中仲裁委员会为什么会裁决J服装厂对黄某作出的辞退决定无效？
3. 指出本案中厂领导的决定存在的错误。

【实训方法】

1. 学生分为2个大组（10人一组为宜），一组代表黄某，一组代表J服装厂。
2. 两组各派代表3人，其中2人参加辩论，1人现场记录，并各派1名观察员。其他组员协同准备。
3. 实训老师主持引导辩论过程，时间为2小时。
4. 辩论结束后，双方代表分别对本方的辩论发表感想和体会，并对对方的辩论发表看法。观察员谈观察意见、问题及建议。其他组员发表意见。
5. 实训老师对双方的辩论做鼓励性总结，并指出存在的问题以利再战。

练习题

一、单项选择题

1. （　　）包括工作时间和休息休假制度、工资制度、劳动安全卫生制度以及女职工和未成年工特殊保护制度等。

   A. 促进就业法律制度　　　　　　B. 劳动基准制度
   C. 职业培训制度　　　　　　　　D. 社会保险和福利制度

2. 我国《劳动法》规定，法定休假日安排劳动者工作的，用人单位应当支付给劳动者的工资报酬为（　　）。

   A. 不低于工资100%的工资报酬　　B. 不低于工资150%的工资报酬
   C. 不低于工资200%的工资报酬　　D. 不低于工资300%的工资报酬

3. 我国《劳动法》规定，国家对女职工实行特殊劳动保护。下面的做法不符合这一规定的是（　　）。

   A. 某砖厂女职工董某怀孕期间，厂里安排给她一些简单打扫的清洁工作，不再让她做搬运工
   B. 某企业为完成全年生产任务，便要求每个职工每天加班1小时，怀孕达6个月的女职工刘某也不例外
   C. 某公司通知其女职工周某，鉴于她的孩子已满13个月，公司决定恢复她"三班倒"的工作制
   D. 某矿山女职工肖某被安排到井下工作

4. 我国《劳动法》规定，国家实行带薪年休假制度，享受年休假的条件是劳动者连续工作（　　）。

   A. 1年以上　　　　B. 2年以上　　　　C. 3年以上　　　　D. 5年以上

5. 根据国家有关规定，属于劳动者工资范畴的劳动收入是（　　）。

   A. 加班加点工作额外获得的劳动收入
   B. 发表专业论文获得的稿费
   C. 用人单位发放的生活困难补助费
   D. 用人单位发放的劳保工作服和劳保手套

二、多项选择题

1. 劳动法上的工作时间包括（　　）。

   A. 生产或工作前从事必要的准备和工作结束时的整理时间
   B. 因用人单位造成的等待工作任务的时间

C. 参加与工作有直接联系并有法定义务性质的职业培训和教育时间

D. 连续性有害于健康工作的间隙时间

E. 女职工哺乳的往返途中时间、孕期检查时间及未成年人工作中适当的工间休息时间

2. 下列有关综合计算工时工作制的表述,正确的是（　　）。

A. 在综合计算周期内,某一具体日（或周）的实际工作时间可以超过 8 小时（或 40 小时）

B. 综合计算周期内的总实际工作时间不应超过总法定标准工作时间

C. 超过部分应视为延长工作时间

D. 法定休假日安排劳动者工作的,按照不低于正常工资的 150% 的标准支付工资报酬

3. 根据国务院的有关规定,缩短工时制在现阶段的主要适用范围包括（　　）。

A. 从事矿山井下、高山、有毒、有害、特别繁重和过度紧张的体力劳动职工

B. 从事夜班工作的职工

C. 哺乳未满 12 个月婴儿的女职工

D. 工资收入低于国家最低工资标准的职工

E. 16 岁至 18 岁的未成年劳动者

4. 下列各项不能作为最低工资组成部分的有（　　）。

A. 加班加点工资　　　　　　B. 有毒有害工作环境下的津贴

C. 高温津贴　　　　　　　　D. 井下津贴

5. 在产期保护方面,2012 年施行的《女职工劳动保护特别规定》规定了（　　）。

A. 享受 98 天产假,产前可休假 15 天

B. 难产的,增加产假 15 天

C. 多胞胎的多生一个,增加产假 15 天

D. 怀孕未满 4 个月流产的,产假为 15 天

6. 在工种方面,女职工禁忌从事的劳动范围有（　　）。

A. 每小时负重 6 次以上、每次负重超过 20 千克的作业

B. 矿山井下作业

C. 间断负重,每次负重超过 25 千克的作业

D. 第四级体力劳动强度的作业

三、案例分析题

申请人王某诉称,其于 2019 年 3 月到某科技公司工作,双方签订了 1 年期限劳动合同,月工资为 4 250 元。王某在被申请人处工作至 2020 年 2 月。在职期间,王

某每天工作 6.5 小时,每周工作 6 天。2019 年 10 月 1 日至 3 日王某在公司加班。王某认为,根据《劳动法》的规定,每周应工作 5 天,而公司只安排本人每周休息 1 天,违反《劳动法》的规定,于是要求:①被申请人支付每周单休的加班工资;②支付 2019 年 10 月 1 日至 3 日的法定节假日的加班工资。被申请人辩称,申请人系我公司职工,在双方签订的劳动合同中约定申请人在职期间每天工作 6.5 小时,每周工作 6 天。2019 年 10 月 1 日至 3 日在公司上班,但公司已安排 1 天倒休,不存在另支付其加班工资的问题。

仲裁机构受理案件后在查明事实的基础上裁决如下:

1. 自本裁决书生效之日起,即由被申请人支付申请人 2019 年 10 月 1 日至 3 日法定节假日加班费 1 172.42 [4 250÷21.75×3×(300% - 100%)]元。

2. 驳回申请人其他申请请求。

问题:

如何看待仲裁机构对本案的处理?

单元 6 | 劳动争议处理与劳动保障监察法律制度

学习目标

1. 掌握劳动争议案件的范围,理解劳动争议处理的方式。
2. 了解劳动争议调解的概念、途径和法律效果。
3. 熟练掌握劳动仲裁的概念和仲裁程序,理解劳动仲裁和诉讼的区别与联系。
4. 了解劳动争议诉讼程序的特殊规则。
5. 了解劳动保障监察。

要点提示

1. 劳动争议处理的方式有和解、调解、仲裁、诉讼。劳动仲裁是诉讼的前置程序。
2. 经调解组织调解达成的调解协议对当事人具有约束力。仲裁庭作出的调解书自双方当事人签收后发生法律效力,当事人可依法向法院申请执行。
3. 劳动争议由劳动合同履行地或者用人单位所在地的劳动争议仲裁委员会管辖。劳动争议裁决有终局裁决和非终局裁决之分。
4. 劳动争议诉讼属于民事诉讼,适用一般民事诉讼案件的程序规则。劳动争议诉讼的举证责任分配有特殊规则。
5. 劳动保障监察,是劳动与社会保障监察的简称,是劳动保障行政部门依法对劳动和社会保障法律、法规和规章的实施情况进行监督检查,并对违法行为予以处罚的执法活动的总称。

知识点 1　劳动争议处理机制

导入案例

案例 6-1　劳动争议处理应当"仲裁前置"案

刘某于 2019 年入职某文化公司，担任剪辑师一职。2020 年 9 月 9 日，双方经过协商就社保、公积金、解除劳动关系经济赔偿金、未续签劳动合同赔偿、未发放劳动报酬等事项一并签署了《劳动合同解除协议》。后来，该文化公司认为此协议无效，未按照约定支付解除劳动合同的费用。刘某以追索劳动报酬纠纷为由提起诉讼，要求该文化公司支付解除劳动合同费用和违约金。法院认为，劳动者以用人单位的工资欠条为证据直接提起诉讼，诉讼请求不涉及劳动关系其他争议的，视为拖欠劳动报酬争议，人民法院按照普通民事纠纷受理。劳动者与用人单位因劳动关系是否已经解除或者终止，以及应否支付解除或终止劳动关系经济补偿金发生的纠纷属于劳动争议。本案中，原告与被告均认可双方于 2020 年 9 月 9 日签订的《劳动合同解除协议》中约定的 80 000 元款项包括解除劳动关系经济补偿金、社保、公积金等费用，但双方对该款项的性质存在争议，这笔款项并非均为欠付工资。因此，原告要求被告支付 80 000 元款项涉及劳动关系其他争议，须先经过劳动争议仲裁。法院作出民事裁定，驳回刘某的起诉。

导入案例分析

基本理论

一、劳动争议的概念和范围

劳动争议是劳动关系当事人之间因实现劳动权利、履行劳动义务而发生的争议。劳动争议可分为权利争议和利益争议，或个体劳动争议和集体劳动争议。根据现行法律的规定，除劳动者个人与用人单位之间的劳动争议以及因履行集体合同的争议外，其他劳动争议，如利益争议，尚未纳入劳动仲裁的范围。

根据《劳动争议调解仲裁法》第2条的规定，劳动争议包括用人单位与劳动者发生的下列争议：①因确认劳动关系发生的争议；②因订立、履行、变更、解除和终止劳动合同发生的争议；③因除名、辞退和辞职、离职发生的争议；④因工作时间、休息休假、社会保险、福利、培训以及劳动保护发生的争议；⑤因劳动报酬、工伤医疗费、经济补偿或者赔偿金等发生的争议；⑥法律、法规规定的其他劳动争议。

根据《最高人民法院关于审理劳动争议案件适用法律问题的解释（一）》的规定，下列纠纷属于劳动争议：①劳动者与用人单位在履行劳动合同过程中发生的纠纷；②劳动者与用人单位之间没有订立书面劳动合同，但已形成劳动关系后发生的纠纷；③劳动者与用人单位因劳动关系是否已经解除或者终止，以及应否支付解除或者终止劳动关系经济补偿金发生的纠纷；④劳动者与用人单位解除或者终止劳动关系后，请求用人单位返还其收取的劳动合同定金、保证金、抵押金、抵押物发生的纠纷，或者办理劳动者的人事档案、社会保险关系等移转手续发生的纠纷；⑤劳动者以用人单位未为其办理社会保险手续，且社会保险经办机构不能补办导致其无法享受社会保险待遇为由，要求用人单位赔偿损失发生的纠纷；⑥劳动者退休后，与尚未参加社会保险统筹的原用人单位因追索养老金、医疗费、工伤保险待遇和其他社会保险待遇而发生的纠纷；⑦劳动者因为工伤、职业病，请求用人单位依法给予工伤保险待遇发生的纠纷；⑧劳动者依据《劳动合同法》第85条规定，要求用人单位支付加付赔偿金发生的纠纷；⑨因企业自主进行改制发生的纠纷。

根据《最高人民法院关于审理劳动争议案件适用法律问题的解释（一）》的规定，下列纠纷不属于劳动争议：①劳动者请求社会保险经办机构发放社会保险金的纠纷；②劳动者与用人单位因住房制度改革产生的公有住房转让纠纷；③劳动者对劳动能力鉴定委员会的伤残等级鉴定结论或者对职业病诊断鉴定委员会的职业病诊断鉴定结论的异议纠纷；④家庭或者个人与家政服务人员之间的纠纷；⑤个体工匠与帮工、学徒之间的纠纷；⑥农村承包经营户与受雇人之间的纠纷。

二、劳动争议处理原则

解决劳动争议，应当根据事实，遵循合法、公正、及时、着重调解的原则，依法保护当事人的合法权益。

合法原则是指劳动争议处理必须遵守宪法、法律、法规、规章和其他规范性文件，不能突破劳动法律制度所确定的底线来解决劳动争议。

公正原则是指劳动争议处理要体现公平公正的价值追求，公正原则要求既要平衡双方的利益，又要考虑劳动者的弱势地位。

及时原则是指劳动争议处理中要及时解决争议，保障劳动者的生计权益，特别是要保护劳动者工资权益。

着重调解原则是指劳动争议处理中要通过多种途径在各个环节以调解的方式解决纠纷。

三、劳动争议处理方式

劳动争议处理的方式有和解、调解、仲裁、诉讼。

发生劳动争议，劳动者可以与用人单位协商，也可以请工会或者第三方共同与用人单位协商，达成和解协议。发生劳动争议，当事人不愿协商、协商不成或者达成和解协议后不履行的，可以向调解组织申请调解；不愿调解、调解不成或者达成调解协议后不履行的，可以向劳动争议仲裁委员会申请仲裁；对仲裁裁决不服的，除法律另有规定的外，可以向人民法院提起诉讼。

劳动争议仲裁是诉讼的前置程序，劳动争议案件不经仲裁，当事人不能直接向人民法院提起诉讼。除终局裁决案件的用人单位一方当事人外，当事人对劳动争议案件的仲裁裁决不服的，可以诉至人民法院。

相关法律法规

1. 《劳动法》第77条~第84条
2. 《劳动争议调解仲裁法》第一章
3. 《劳动合同法》第56条

知识点2　劳动争议调解制度

导入案例

案例6-2　劳动争议调解协议未确认无效情形下应不予受理劳动仲裁案

华某某（系曹某某丈夫、华小某父亲）生前系某市某制品厂员工，2011年7月13日因交通事故死亡。2011年10月20日，某市人力资源和社会保障局认定华某某系在下班途中发生交通事故死亡，为工伤。2011年10月13日，曹某某、某市某制品厂在某镇人民调解委员会驻派出所调解室达成调解协议，某市某镇某居民委员会亦派员参加了调解，曹某某、某市某制品厂业主刘某某及调解员、调解组织均在人民调解协议书上签名或盖章。当日，某市某制品厂按协议履行了一次性补偿117 000元的给付义务，曹某某亦于次日出具了收条。

2011年12月26日，曹某某、华小某向某市劳动人事争议仲裁委员会申请仲裁，要求某市某制品厂补足丧葬补助金和一次性工亡补助金。某市劳动人事争议仲裁委员会要求某市某制品厂补足原先协议中低于工伤保险待遇的差额部分，于2012年2月14日作出仲裁裁决：某市某制品厂支付申请人曹某某、华小某因华某某死亡的丧葬补助金14 688元、一次性工亡补助金382 180元，两项合计396 868元，扣除曹某某已得到的117 000元，余额279 868元由被申请人于裁决生效之日起30日内一次性支付。

因某市某制品厂不履行，曹某某、华小某于2012年4月5日向法院申请强制执行。

江苏省某市法院认为，经调解组织调解达成的调解协议，对双方当事人具有约束力，当事人应按约定履行；一方当事人在协议约定期限内不履行调解协议的，另一方当事人可以依法申请仲裁。江苏省高级人民法院、江苏省劳动争议仲裁委员会《关于适用劳动争议调解仲裁法若干问题的意见》第6条规定，协议履行完毕后，当事人申请确认调解协议无效的，劳动争议仲裁委员会应当受理。因此，调解协议履行完毕后，在调解协议未被依法确认无效的情形下，劳动争议仲裁委员会受理和作出补足原先协议中低于工伤保险待遇差额部分的裁决无法律依据，属适用法律错误。被执行人请求不予执行的理由成立。法院裁定：对某市劳动人事争议仲裁委员会仲裁裁决不予执行。

基本理论

一、劳动争议调解概述

调解是由第三方居中斡旋而达成调解协议的一种争议解决方式。发挥调解在劳动争议处理中的作用，有利于维护和谐劳动关系。但是，调解不具有强制性，也并非仲裁或诉讼的前置程序。因此，劳动争议处理的过程中，应发挥调解员、仲裁员、法官的主动性，从而促使劳动争议当事人达成调解协议。

二、劳动争议调解的途径

（一）调解组织的调解

《劳动争议调解仲裁法》规定了三种调解组织，包括企业劳动争议调解委员会、依法设立的基层人民调解组织、在乡镇和街道设立的具有劳动争议调解职能的组织。发生劳动争议，当事人可以向这些组织申请调解。企业劳动争议调解委员会是企业内部设立的调解本企业发生的劳动争议的群众性组织。基层人民调解组织是指村民委员会、居民委员会依照《中华人民共和国人民调解法》（简称《人民调解法》）的规定设立的人民调解委员会。乡镇、街道根据需要，可以设立具有劳动争议调解职能的组织，专业化地调解劳动争议。

企业内调解和社会组织调解均有独特的优势。企业内调解有助于预防与减少仲裁和诉讼案件，能充分考虑劳动关系中的人情因素。社会组织调解有助于加强基层治理，减少社会矛盾，例如，根据《保障农民工工资支付条例》第4条的规定，乡镇人民政府、街道办事处应当加强对拖欠农民工工资矛盾的排查和调处工作，防范和化解矛盾，及时调解纠纷。

（二）仲裁和诉讼过程中的调解

仲裁庭在作出裁决前，应当先行调解。调解达成协议的，仲裁庭应当制作调解书。调解书应当写明仲裁请求和当事人协议的结果。调解书由仲裁员签名，加盖劳动争议仲裁委员会印章，送达双方当事人。调解书经双方当事人签收后，发生法律效力。调解不成或者调解书送达前，一方当事人反悔的，仲裁庭应当及时作出裁决。

人民法院审理民事案件，根据当事人自愿的原则，在事实清楚的基础上，分清是非，进行调解。调解达成协议，必须双方自愿，不得强迫。调解协议的内容不得违反法律规定。调解达成协议，人民法院应当制作调解书。调解书应当写明诉讼请求、案件的事实和调解结果。调解书由审判人员、书记员署名，加盖人民法院印章，送达双方当事人。调解书经双方当事人签收后，即具有法律效力。调解未达成协议或者调解书送达前一方反悔的，人民法院应当及时判决。

三、劳动争议调解的法律效果

（一）调解组织调解的法律效果

1. 调解协议书及其效力

经调解达成协议的，应当制作调解协议书。调解协议书由双方当事人签名或者盖章，经调解员签名并加盖调解组织印章后生效，对双方当事人具有约束力，当事人应当履行。达成调解协议后，一方当事人在协议约定期限内不履行调解协议的，另一方当事人可以依法申请仲裁。

因支付拖欠劳动报酬、工伤医疗费、经济补偿或者赔偿金事项达成调解协议，用人单位在协议约定期限内不履行的，劳动者可以持调解协议书依法向人民法院申请支付令。人民法院应当依法发出支付令。

2. 调解协议的司法确认

经依法设立的调解组织调解达成调解协议，申请司法确认的，由双方当事人自调解协议生效之日起30日内，共同向法院提出。法院受理申请后，经审查，符合法律规定的，裁定调解协议有效，一方当事人拒绝履行或者未全部履行的，对方当事人可以向人民法院申请执行；不符合法律规定的，裁定驳回申请，当事人可以通过调解方式变更原调解协议或者达成新的调解协议，也可以向人民法院提起诉讼。

（二）仲裁和诉讼阶段调解的法律效果

根据《劳动争议调解仲裁法》第51条的规定，当事人对发生法律效力的调解书、裁决书，应当依照规定的期限履行。一方当事人逾期不履行的，另一方当事人可以依照民事诉讼法的有关规定向人民法院申请执行。受理申请的人民法院应当依法执行。调解书经双方当事人签收后，发生法律效力。因此，仲裁庭作出的调解书自双方当事人签收后发生法律效力，当事人可依法向法院申请执行。

法院作出的调解书发生法律效力的，当事人应当履行。

相关法律法规

1. 《劳动法》第77条、第79条、第80条
2. 《劳动争议调解仲裁法》第二章
3. 《人民调解法》第33条
4. 《劳动人事争议仲裁办案规则》第74条、第77条

知识点 3　劳动争议仲裁制度

导入案例

案例 6-3　劳动仲裁终局裁决申请撤销案

C 商贸公司是依法成立的有限责任公司，2021 年 5 月，李某到该公司工作，从事淘宝美工岗位，双方未签订书面劳动合同，2021 年 7 月，李某离职。后李某向区劳动争议仲裁委员会申请仲裁，要求 C 公司支付双倍工资，仲裁裁决支持了李某的请求，并明确为终局裁决。C 公司不服终局裁决，向基层人民法院提起诉讼。

法院经审理认为，用人单位对终局裁决不服的，可以向中级人民法院申请撤销，本案系终局裁决，故不属于基层法院处理范围。依照《劳动争议调解仲裁法》第 47 条、第 49 条，裁定驳回 C 商贸公司的起诉。

导入案例分析

基本理论

一、劳动争议仲裁概述

仲裁是解决纠纷的一种方式，劳动争议仲裁是劳动争议处理的法定方式。劳动争议仲裁与一般商事仲裁有较为明显的区别。两者的仲裁机构不同，仲裁性质也不同。劳动争议仲裁作为一种特殊的仲裁，具有行政性和准司法性。一方面，劳动争议仲裁委员会由劳动保障行政部门代表、工会代表和企业方面代表组成，劳动保障行政部门对劳动争议仲裁工作进行指导，劳动争议仲裁机构下设的实体化的办事机构也设在劳动保障行政部门，因此，劳动争议仲裁机构具有一定的行政属性。另一方面，劳动争议仲裁是劳动争议案件进入司法审理的前置程序，"一裁两审"是我国劳动争议仲裁和诉讼的基本格局，劳动争议仲裁的司法特征要强于一般商事仲裁的司法特征。商事仲裁的突出特征是一裁终局，强调仲裁的独立性；劳动争议仲裁的突出特征是仲裁前置，强调仲裁与诉讼的衔接。

二、劳动争议仲裁机构和管辖

（一）劳动争议仲裁机构

劳动争议仲裁机构是劳动争议仲裁委员会。根据《劳动争议调解仲裁法》的规定，劳动争议仲裁委员会按照统筹规划、合理布局和适应实际需要的原则设立。省、自治区人民政府可以决定在市、县设立；直辖市人民政府可以决定在区、县设立。直辖市、设区的市也可以设立一个或者若干个劳动争议仲裁委员会。劳动争议仲裁委员会不按行政区划层层设立。实践中，劳动争议和人事争议整合为劳动人事争议。根据《劳动人事争议仲裁组织规则》的规定，劳动人事争议仲裁委员会由干部主管部门代表、人力资源社会保障等相关行政部门代表、军队文职人员工作管理部门代表、工会代表和用人单位方面代表等组成。

（二）劳动争议仲裁管辖

根据《劳动争议调解仲裁法》的规定，劳动争议仲裁委员会负责管辖本区域内发生的劳动争议。劳动争议由劳动合同履行地或者用人单位所在地的劳动争议仲裁委员会管辖。双方当事人分别向劳动合同履行地和用人单位所在地的劳动争议仲裁委员会申请仲裁的，由劳动合同履行地的劳动争议仲裁委员会管辖。

根据《劳动人事争议仲裁办案规则》的规定，劳动合同履行地为劳动者实际工作场所地，用人单位所在地为用人单位注册、登记地或者主要办事机构所在地。用人单位未经注册、登记的，其出资人、开办单位或者主管部门所在地为用人单位所在地。双方当事人分别向劳动合同履行地和用人单位所在地的仲裁委员会申请仲裁的，由劳动合同履行地的仲裁委员会管辖。有多个劳动合同履行地的，由最先受理的仲裁委员会管辖。劳动合同履行地不明确的，由用人单位所在地的仲裁委员会管辖。案件受理后，劳动合同履行地或者用人单位所在地发生变化的，不改变争议仲裁的管辖。仲裁委员会发现已受理案件不属于其管辖范围的，应当移送至有管辖权的仲裁委员会，并书面通知当事人。对上述移送案件，受移送的仲裁委员会应当依法受理。受移送的仲裁委员会认为移送的案件按照规定不属于其管辖，或者仲裁委员会之间因管辖争议协商不成的，应当报请共同的上一级仲裁委员会主管部门指定管辖。

三、劳动争议仲裁的程序

劳动争议仲裁依照《劳动争议调解仲裁法》和《劳动人事争议仲裁办案规则》规定的程序进行。

（一）申请和受理

1. 申请

申请劳动争议仲裁应在法定的仲裁时效期间内提出申请。根据《劳动争议调解仲裁法》的规定，劳动争议申请仲裁的时效期间为一年。仲裁时效期间从当事人知道或者应当知道其权利被侵害之日起计算。前款规定的仲裁时效，因当事人一方向对方当事人主张权利，或者向有关部门请求权利救济，或者对方当事人同意履行义务而中断。从中断时起，仲裁时效期间重新计算。因不可抗力或者有其他正当理由，当事人不能在本条第一款规定的仲裁时效期间申请仲裁的，仲裁时效中止。从中止时效的原因消除之日起，仲裁时效期间继续计算。劳动关系存续期间因拖欠劳动报酬发生争议的，劳动者申请仲裁不受本条第一款规定的仲裁时效期间的限制；但是，劳动关系终止的，应当自劳动关系终止之日起一年内提出。超过劳动争议仲裁时效期间的，申请人的实体权利将难以获得救济。

申请人申请仲裁应当提交书面仲裁申请，并按照被申请人人数提交副本。仲裁申请书应当载明下列事项：①劳动者的姓名、性别、年龄、职业、工作单位和住所，用人单位的名称、住所和法定代表人或者主要负责人的姓名、职务；②仲裁请求和所根据的事实、理由；③证据和证据来源、证人姓名和住所。书写仲裁申请确有困难的，可以口头申请，由劳动争议仲裁委员会记入笔录，并告知对方当事人。

2. 受理

劳动争议仲裁委员会收到仲裁申请之日起5日内，认为符合受理条件的，应当受理，并通知申请人；认为不符合受理条件的，应当书面通知申请人不予受理，并说明理由。对劳动争议仲裁委员会不予受理或者逾期未作出决定的，申请人可以就该劳动争议事项向人民法院提起诉讼。

劳动争议仲裁委员会受理仲裁申请后，应当在5日内将仲裁申请书副本送达被申请人。被申请人收到仲裁申请书副本后，应当在10日内向劳动争议仲裁委员会提交答辩书。劳动争议仲裁委员会收到答辩书后，在5日内将答辩书副本送达申请人。被申请人未提交答辩书的，不影响仲裁程序的进行。

（二）开庭和裁决

劳动争议仲裁委员会裁决劳动争议案件实行仲裁庭制。仲裁庭由三名仲裁员组成，设首席仲裁员。简单劳动争议案件可以由一名仲裁员独任仲裁。劳动争议仲裁委员会应当在受理仲裁申请之日起5日内将仲裁庭的组成情况书面通知当事人。仲裁庭应当在开庭5日前，将开庭日期、地点书面通知双方当事人。当事人有正当理由的，可以在开庭3日前请求延期开庭。是否延期，由劳动争议仲裁委员会决定。申请人收到书面通知，无正当理由拒不到庭或者未经仲裁庭同意中途退庭的，可以视为撤回仲裁申请。被申请人收到书面通知，无正当理由拒不到庭或者未经仲裁庭同意中途退庭的，可以缺席裁决。

仲裁庭对专门性问题认为需要鉴定的，可以交由当事人约定的鉴定机构鉴定；当事人没有约定或者无法达成约定的，由仲裁庭指定的鉴定机构鉴定。根据当事人的请求或者仲裁庭的要求，鉴定机构应当派鉴定人参加开庭。当事人经仲裁庭许可，可以向鉴定人提问。当事人在仲裁过程中有权进行质证和辩论。质证和辩论终结时，首席仲裁员或者独任仲裁员应当征询当事人的最后意见。当事人提供的证据经查证属实的，仲裁庭应当将其作为认定事实的根据。劳动者无法提供由用人单位掌握管理的与仲裁请求有关的证据，仲裁庭可以要求用人单位在指定期限内提供。用人单位在指定期限内不提供的，应当承担不利后果。仲裁庭应当将开庭情况记入笔录。当事人和其他仲裁参加人认为对自己陈述的记录有遗漏或者差错的，有权申请补正。如果不予补正，应当记录该申请。笔录由仲裁员、记录人员、当事人和其他仲裁参加人签名或者盖章。

仲裁庭在作出裁决前，应当先行调解。调解不成或者调解书送达前，一方当事人反悔的，仲裁庭应当及时作出裁决。仲裁庭裁决劳动争议案件，应当自劳动争议仲裁委员会受理仲裁申请之日起45日内结束。案情复杂需要延期的，经劳动争议仲裁委员会主任批准，可以延期并书面通知当事人，但是延长期限不得超过15日。逾期未作出仲裁裁决的，当事人可以就该劳动争议事项向人民法院提起诉讼。仲裁庭裁决劳动争议案件时，其中一部分事实已经清楚，可以就该部分先行裁决。仲裁庭对追索劳动报酬、工伤医疗费、经济补偿或者赔偿金的案件，根据当事人的申请，可以裁决先予执行，移送人民法院执行。仲裁庭裁决先予执行的，应当符合下列条件：①当事人之间权利义务关系明确；②不先予执行将严重影响申请人的生活。劳动者申请先予执行的，可以不提供担保。

四、劳动争议裁决的效力

劳动争议裁决有终局裁决和非终局裁决之分。

（一）终局裁决

下列劳动争议，除《劳动争议调解仲裁法》另有规定的外，仲裁裁决为终局裁决，裁决书自作出之日起发生法律效力：①追索劳动报酬、工伤医疗费、经济补偿或者赔偿金，不超过当地月最低工资标准12个月金额的争议；②因执行国家的劳动标准在工作时间、休息、休假、社会保险等方面发生的争议。

追索劳动报酬、工伤医疗费、经济补偿或者赔偿金，如果仲裁裁决涉及数项，对单项裁决数额不超过当地月最低工资标准12个月金额的事项，应当适用终局裁决。前述经济补偿包括竞业限制的经济补偿、解除或者终止劳动合同的经济补偿等，赔偿金包括未签订书面劳动合同的2倍工资差额、违法约定试用期的赔偿金、违法解除或者终止劳动合同的赔偿金等。仲裁庭裁决案件时，裁决内容同时涉及终局裁决和非终局裁决的，应当分别制作裁决书，并告知当事人相应的救济权利。

劳动者对终局裁决不服的，可以自收到仲裁裁决书之日起15日内向人民法院提起诉讼。

用人单位有证据证明终局裁决有下列情形之一的，可以自收到仲裁裁决书之日起30日内向劳动争议仲裁委员会所在地的中级人民法院申请撤销裁决：①适用法律、法规确有错误的；②劳动争议仲裁委员会无管辖权的；③违反法定程序的；④裁决所根据的证据是伪造的；⑤对方当事人隐瞒了足以影响公正裁决的证据的；⑥仲裁员在仲裁该案时有索贿受贿、徇私舞弊、枉法裁决行为的。仲裁裁决被人民法院裁定撤销的，当事人可以自收到裁定书之日起15日内就该劳动争议事项向人民法院提起诉讼。

（二）非终局裁决

终局裁决以外的仲裁裁决为非终局裁决。当事人对终局裁决以外的其他劳动争议案件的仲裁裁决不服的，可以自收到仲裁裁决书之日起15日内向人民法院提起诉讼；期满不起诉的，裁决书发生法律效力。

相关法律法规

1. 《劳动法》第77条、第79条、第81条、第83条

2. 《劳动争议调解仲裁法》第三章
3. 《劳动人事争议仲裁办案规则》

知识点 4　劳动争议诉讼制度

导入案例

案例 6-4　用人单位就离职交接事项及内容承担举证责任案

白先生于 2020 年 8 月入职某图文软件公司从事技术开发工作。2022 年 3 月，白先生基于个人发展考虑向公司提出离职。2022 年 5 月，该公司提起劳动仲裁，要求白先生交接软件源代码，并要求白先生赔偿因未能完成工作交接而给公司造成的经济损失 30 万元。区劳动争议仲裁委员会审理后，以图文软件公司未能就其主张有效举证为由，驳回了该公司的仲裁申请请求。后图文软件公司不服仲裁裁决结果，起诉至法院。开庭审理过程中，图文软件公司称，白先生拒绝办理工作交接，未能向公司交接其负责研发的软件源代码，导致公司研发计划整体停滞，造成经济损失 30 万元。白先生则主张，离职前已经将软件源代码用 U 盘拷贝交付研发总监，已经完成了工作交接。再经询问，图文软件公司认可收到了白先生交接的 U 盘，但主张白先生 U 盘中交接的源代码无法运行，并非真实有效的源代码。

最终，经过审理，法院认定，图文软件公司未能就其主张充分有效举证，判决驳回了图文软件公司的全部诉讼请求。

导入案例分析

基本理论

一、劳动争议诉讼概述

劳动争议诉讼与一般民事案件的处理程序相同。但是，劳动争议案件的民事审判有一些特殊的政策和规则，主要体现在《最高人民法院关于审理劳动争议案件适用法律问题的解释（一）》的规定中。因此，以下仅介绍劳动争议诉讼中的特殊规则。

二、劳动争议案件的起诉与受理

1. 管辖

劳动争议案件由用人单位所在地或者劳动合同履行地的基层人民法院管辖。劳动合同履行地不明确的，由用人单位所在地的基层人民法院管辖。法律另有规定的，依照其规定。劳动者与用人单位均不服劳动争议仲裁机构的同一裁决，向同一人民法院起诉的，人民法院应当并案审理，双方当事人互为原告和被告，对双方的诉讼请求，人民法院应当一并作出裁决。在诉讼过程中，一方当事人撤诉的，人民法院应当根据另一方当事人的诉讼请求继续审理。双方当事人就同一仲裁裁决分别向有管辖权的人民法院起诉的，后受理的人民法院应当将案件移送给先受理的人民法院。劳动争议仲裁机构以无管辖权为由对劳动争议案件不予受理，当事人提起诉讼的，人民法院按照以下情形分别处理：①经审查认为该劳动争议仲裁机构对案件确无管辖权的，应当告知当事人向有管辖权的劳动争议仲裁机构申请仲裁。②经审查认为该劳动争议仲裁机构有管辖权的，应当告知当事人申请仲裁，并将审查意见书面通知该劳动争议仲裁机构；劳动争议仲裁机构仍不受理，当事人就该劳动争议事项提起诉讼的，人民法院应予受理。

2. 受理

（1）劳动争议仲裁机构以当事人申请仲裁的事项不属于劳动争议为由，作出不予受理的书面裁决、决定或者通知，当事人不服依法提起诉讼的，人民法院应当分别情况予以处理：①属于劳动争议案件的，应当受理；②虽不属于劳动争议案件，但属于人民法院主管的其他案件，应当依法受理。

（2）劳动争议仲裁机构以申请仲裁的主体不适格为由，作出不予受理的书面裁决、决定或者通知，当事人不服依法提起诉讼，经审查确属主体不适格的，人民法院不予受理；已经受理的，裁定驳回起诉。

（3）劳动争议仲裁机构为纠正原仲裁裁决错误重新作出裁决，当事人不服依法提起诉讼的，人民法院应当受理。

（4）劳动争议仲裁机构仲裁的事项不属于人民法院受理的案件范围，当事人不服依法提起诉讼的，人民法院不予受理；已经受理的，裁定驳回起诉。

（5）当事人不服劳动争议仲裁机构作出的预先支付劳动者劳动报酬、工伤医疗费、经济补偿或者赔偿金的裁决，依法提起诉讼的，人民法院不予受理。用人单位不履行上述裁决中的给付义务，劳动者依法申请强制执行的，人民法院应予受理。

(6) 劳动争议仲裁机构作出的调解书已经发生法律效力,一方当事人反悔提起诉讼的,人民法院不予受理;已经受理的,裁定驳回起诉。

(7) 劳动争议仲裁机构逾期未作出受理决定或仲裁裁决,当事人直接提起诉讼的,人民法院应予受理,但申请仲裁的案件存在下列事由的除外:①移送管辖的;②正在送达或者送达延误的;③等待另案诉讼结果、评残结论的;④正在等待劳动争议仲裁机构开庭的;⑤启动鉴定程序或者委托其他部门调查取证的;⑥其他正当事由。当事人以劳动争议仲裁机构逾期未作出仲裁裁决为由提起诉讼的,应当提交该仲裁机构出具的受理通知书或者其他已接受仲裁申请的凭证、证明。

(8) 劳动者向人民法院申请支付令,符合民事诉讼法督促程序规定的,人民法院应予受理。申请支付令被人民法院裁定终结督促程序后,劳动者就劳动争议事项直接提起诉讼的,人民法院应当告知其先向劳动争议仲裁机构申请仲裁。申请支付令被人民法院裁定终结督促程序后,劳动者依据调解协议直接提起诉讼的,人民法院应予受理。

(9) 人民法院受理劳动争议案件后,当事人增加诉讼请求的,如该诉讼请求与讼争的劳动争议具有不可分性,应当合并审理;如属独立的劳动争议,应当告知当事人向劳动争议仲裁机构申请仲裁。

(10) 劳动者以用人单位的工资欠条为证据直接提起诉讼,诉讼请求不涉及劳动关系其他争议的,视为拖欠劳动报酬争议,人民法院按照普通民事纠纷受理。

三、劳动争议案件的当事人

劳动关系的当事人是劳动者和用人单位,劳动争议案件的当事人也多限于劳动者与用人单位。但是,劳动争议诉讼中有一些特殊规则。

(1) 用人单位与其他单位合并的,合并前发生的劳动争议,合并后的单位为当事人;用人单位分立为若干单位的,其分立前发生的劳动争议,分立后的实际用人单位为当事人。用人单位分立为若干单位后,具体承受劳动权利义务的单位不明确的,分立后的单位均为当事人。

(2) 用人单位招用尚未解除劳动合同的劳动者,原用人单位与劳动者发生的劳动争议,可以列新的用人单位为第三人。原用人单位以新的用人单位侵权为由提起诉讼的,可以列劳动者为第三人。原用人单位以新的用人单位和劳动者共同侵权为由提起诉讼的,新的用人单位和劳动者列为共同被告。

(3) 劳动者在用人单位与其他平等主体之间的承包经营期间,与发包方和承包方双方或者一方发生劳动争议,依法提起诉讼的,应当将承包方和发包方作为当事人。

(4) 劳动者与未办理营业执照、营业执照被吊销或者营业期限届满仍继续经营的用人单位发生争议的，应当将用人单位或者其出资人列为当事人。

（5）未办理营业执照、营业执照被吊销或者营业期限届满仍继续经营的用人单位，以挂靠等方式借用他人营业执照经营的，应当将用人单位和营业执照出借方列为当事人。

四、劳动争议案件的举证责任

一般情况下，劳动争议诉讼遵循"谁主张谁举证"原则。但在特殊情况下，用人单位负有举证责任。

劳动者主张加班费的，应当就加班事实的存在承担举证责任。但劳动者有证据证明用人单位掌握加班事实存在的证据，用人单位不提供的，由用人单位承担不利后果。因用人单位作出的开除、除名、辞退、解除劳动合同、减少劳动报酬、计算劳动者工作年限等决定而发生的劳动争议，用人单位负举证责任。

相关法律法规

1. 《民事诉讼法》第64条
2. 《劳动争议调解仲裁法》第29条、第43条、第48条~第50条
3. 《最高人民法院关于审理劳动争议案件适用法律问题的解释（一）》

知识点5　劳动保障监察

导入案例

案例6-5　宋某某诉县人力资源和社会保障局不履行劳动保障监察职责案

宋某某于2005年7月到新世纪公司工作，后因企业改制，新世纪公司被广源公司兼并。2019年，宋某某与彩虹劳务派遣公司签订劳动合同，以劳务派遣方式到广源公司工作。广源公司从2013年1月开始为宋某某缴纳养老保险及医疗保险。宋某某认为广源公司没有为其缴纳2005年7月至2012年12月期间的社会保险是违法行为，于2020年5月25日向县人力资源和社会保障局投诉，要求县人力资源和社会保障局依法责令广源公司为

其补缴 2005 年 7 月至 2012 年 12 月 31 日期间的养老保险及医疗保险。县人力资源和社会保障局认为宋某某投诉超过 2 年查处时效，以不符合受理条件为由作出不予受理决定书。宋某某提起行政诉讼，请求确认县人力资源和社会保障局不作为行为违法，并判令其履行法定职责。

一审法院认为，责令补缴社会保险费和对欠费违法行为进行处罚不同，《劳动保障监察条例》第 20 条规定的"2 年"是对欠缴行为予以处罚的期限，劳动保障行政部门依法履行征缴社会保险费职责不受此限制。宋某某投诉事项属于劳动保障行政部门履行征缴社会保险费职责的范围，县人力资源和社会保障局应予以受理并履行该法定职责，不予受理决定书应予撤销。判决：①撤销县人力资源和社会保障局作出的不予受理决定书；②责令县人力资源和社会保障局在法定期限内针对投诉事项履行法定职责；③驳回宋某某的其他诉讼请求。县人力资源和社会保障局、广源公司提起上诉后，二审法院驳回上诉，维持原判。

基本理论

一、劳动保障监察概述

劳动保障监察，是劳动与社会保障监察的简称，是劳动保障行政部门依法对劳动和社会保障法律、法规和规章的实施情况进行监督检查，并对违法行为予以处罚的执法活动的总称。劳动保障监察是贯彻实施劳动与社会保障法、维护劳动者合法权益的重要手段。

与劳动争议处理制度相比，劳动保障监察具有预防劳动纠纷的功能，还具有快捷、高效等方面的制度优势。用人单位违反国家规定，拖欠或者未足额支付劳动报酬，或者拖欠工伤医疗费、经济补偿或者赔偿金的，劳动者可以向劳动保障行政部门投诉，劳动保障行政部门应当依法处理。因此，劳动者可以通过劳动保障监察来维护自己的合法权益。

劳动保障监察是一种行政执法行为。行使劳动保障监察权的主体是劳动保障行政部门，劳动保障监察的职责和事项是由法律法规明确的，劳动保障监察执法须依法定的职权、形式和程序。劳动保障监察相对人对劳动保障监察行为不服或认为劳动保障监察行为违法的，依法享有申请行政复议或者行政诉讼的权利。

根据《劳动保障监察条例》的规定，劳动保障监察的对象包括：第一，用人单位，具体包括企业、有雇工的个体工商户、民办非企业单位、基金会、会计师事务所、律师事务所等组织，以及存在劳动关系执行劳动保障法律、法规和规章的国家机关、事业单位、社会团体；第二，职业介绍机构、职业技能培训机构和职业技能考核鉴定机构等劳动服务机构；第三，无营业执照或者已被依法吊销营业执照，有劳动用工行为的经营者。

二、劳动保障监察的职责与事项

（一）劳动保障监察的职责

国务院劳动保障行政部门主管全国的劳动保障监察工作。县级以上地方各级人民政府劳动保障行政部门主管本行政区域内的劳动保障监察工作。劳动保障行政部门实施劳动保障监察，履行下列职责：①宣传劳动保障法律、法规和规章，督促用人单位贯彻执行；②检查用人单位遵守劳动保障法律、法规和规章的情况；③受理对违反劳动保障法律、法规或者规章的行为的举报、投诉；④依法纠正和查处违反劳动保障法律、法规或者规章的行为。

（二）劳动保障监察的事项

劳动保障行政部门对以下事项实施劳动保障监察：①用人单位制定内部劳动保障规章制度的情况；②用人单位与劳动者订立劳动合同的情况；③用人单位遵守禁止使用童工规定的情况；④用人单位遵守女职工和未成年工特殊劳动保护规定的情况；⑤用人单位遵守工作时间和休息休假规定的情况；⑥用人单位支付劳动者工资和执行最低工资标准的情况；⑦用人单位参加各项社会保险和缴纳社会保险费的情况；⑧职业介绍机构、职业技能培训机构和职业技能考核鉴定机构遵守国家有关职业介绍、职业技能培训和职业技能考核鉴定的规定的情况；⑨法律、法规规定的其他劳动保障监察事项。

三、劳动保障监察的实施

（一）劳动保障监察权

劳动保障行政部门实施劳动保障监察，有履行职责所需的劳动保障监察措施，包括如下调查、检查措施：①进入用人单位的劳动场所进行检查；②就调查、检查事项询问有关人员；③要求用人单位提供与调查、检查事项相关的文件资料，并作出解释和说明，必要时可以发出调查询问书；④采取记录、录音、录像、照相或者复制等方式收集有关情况和资料；⑤委托会计师事务所对用人单位工资支付、缴纳社会保险费的情况进行审计；⑥法律法规规定可以由劳动保障行政部门采取的其他调查、检查措施。

根据《保障农民工工资支付条例》的规定，为保障农民工工资支付，劳动保障监察机构在查处拖欠农民工工资案件时，需要依法查询相关单位金融账户和相关当事人拥有房产、车辆等情况，应当经设区的市级以上地方人民政府劳动保障行政部门负责人批准，有关金融机构和登记部门应当予以配合。这里的查询权就是法律法规规定的其他调查、检查措施。

劳动保障行政部门对事实清楚、证据确凿、可以当场处理的劳动保障违法行为有权当场予以纠正。

劳动保障行政部门对违反劳动保障法律、法规或者规章的行为，根据调查、检查的结果，作出以下处理：①对依法应当受到行政处罚的，依法作出行政处罚决定；②对应当改正未改正的，依法责令改正或者作出相应的行政处理决定；③对情节轻微且已改正的，撤销立案。

发现违法案件不属于劳动保障监察事项的，应当及时移送有关部门处理；涉嫌犯罪的，应当依法移送司法机关。

劳动保障行政部门对违反劳动保障法律、法规或者规章的行为作出行政处罚或者行政处理决定前，应当听取用人单位的陈述、申辩；作出行政处罚或行政处理决定，应当告知用人单位依法享有申请行政复议或者提起行政诉讼的权利。

（二）劳动保障监察的时效

违反劳动保障法律、法规或者规章的行为在 2 年内未被劳动保障行政部门发现，也未被举报、投诉的，劳动保障行政部门不再查处。该时效期限，自违反劳动保障法律、法规或者规章的行为发生之日起计算；违反劳动保障法律、法规或者规章的行为有连续或者继续状态的，自行为终了之日起计算。

（三）劳动保障监察的具体处理方式

1. 责令改正和罚款

用人单位有下列行为之一的，由劳动保障行政部门责令改正，按照受侵害的劳动者每人 1 000 元以上 5 000 元以下的标准计算，处以罚款：①安排女职工从事矿山井下劳动、国家规定的第四级体力劳动强度的劳动或者其他禁忌从事的劳动的；

②安排女职工在经期从事高处、低温、冷水作业或者国家规定的第三级体力劳动强度的劳动的；③安排女职工在怀孕期间从事国家规定的第三级体力劳动强度的劳动或者孕期禁忌从事的劳动的；④安排怀孕7个月以上的女职工夜班劳动或者延长其工作时间的；⑤女职工生育享受产假少于90天的；⑥安排女职工在哺乳未满1周岁的婴儿期间从事国家规定的第三级体力劳动强度的劳动或者哺乳期禁忌从事的其他劳动，以及延长其工作时间或者安排其夜班劳动的；⑦安排未成年工从事矿山井下、有毒有害、国家规定的第四级体力劳动强度的劳动或者其他禁忌从事的劳动的；⑧未对未成年工定期进行健康检查的。

2. 责令改正

用人单位与劳动者建立劳动关系不依法订立劳动合同的，由劳动保障行政部门责令改正。用人单位违反《工会法》，有下列行为之一的，由劳动保障行政部门责令改正：①阻挠劳动者依法参加和组织工会，或者阻挠上级工会帮助、指导劳动者筹建工会的；②无正当理由调动依法履行职责的工会工作人员的工作岗位，进行打击报复的；③劳动者因参加工会活动而被解除劳动合同的；④工会工作人员因依法履行职责被解除劳动合同的。

3. 警告、责令改正和罚款

用人单位违反劳动保障法律、法规或者规章延长劳动者工作时间的，由劳动保障行政部门给予警告，责令限期改正，并可以按照受侵害的劳动者每人100元以上500元以下的标准计算，处以罚款。

4. 责令支付经济补偿和责令加付赔偿金

用人单位有下列行为之一的，由劳动保障行政部门分别责令限期支付劳动者的工资报酬、劳动者工资低于当地最低工资标准的差额或者解除劳动合同的经济补偿；逾期不支付的，责令用人单位按照应付金额50%以上1倍以下的标准计算，向劳动者加付赔偿金：①克扣或者无故拖欠劳动者工资报酬的；②支付劳动者的工资低于当地最低工资标准的；③解除劳动合同未依法给予劳动者经济补偿的。

5. 责令改正、罚款和责令退还

用人单位向社会保险经办机构申报应缴纳的社会保险费数额时，瞒报工资总额或者职工人数的，由劳动保障行政部门责令改正，并处瞒报工资数额1倍以上3倍以下的罚款。骗取社会保险待遇或者骗取社会保险基金支出的，由劳动保障行政部门责令退还，并处骗取金额1倍以上3倍以下的罚款；构成犯罪的，依法追究刑事责任。

6. 责令改正、没收、罚款和吊销许可证，以及查处取缔

职业介绍机构、职业技能培训机构或者职业技能考核鉴定机构违反国家有关职业介绍、职业技能培训或者职业技能考核鉴定的规定的，由劳动保障行政部门责令改正，没收违法所得，并处 1 万元以上 5 万元以下的罚款；情节严重的，吊销许可证。未经劳动保障行政部门许可，从事职业介绍、职业技能培训或者职业技能考核鉴定的组织或者个人，由劳动保障行政部门、工商行政管理部门依照国家有关无照经营查处取缔的规定查处取缔。

相关法律法规

1. 《劳动法》第 85 条、第 86 条
2. 《劳动保障监察条例》
3. 《关于实施〈劳动保障监察条例〉若干规定》
4. 《劳动监察员管理办法》

实训

【实训情境】

申请人徐某向上海市某区劳动争议仲裁委员会申请仲裁，仲裁请求为：某房地产经纪公司违法解除劳动合同赔偿金 465 708.24 元、2010 年 12 月 3 日至 2020 年 1 月 8 日期间加班工资 1 603 777 元（延时加班工资 751 810 元、休息日加班工资 822 667 元、法定节假日加班工资 29 300 元）、2019 年 1 月工资差额 10 700 元、2019 年 1 月 1 日至 2020 年 1 月 8 日期间提成工资 85 790 元。

双方争议的焦点：徐某"拒绝使用工作手机"之违纪理由是否成立？

徐某称：徐某拿到工作手机后立即使用工作手机注册了微信号，并通过微信和短信先后通知了数百位客户转移添加新的工作微信号。由于徐某使用工作手机过于频繁，被电信运营商认定为账号异常而封号。该公司强制让徐某将个人微信号给公司使用，否则就等着离职。徐某的个人微信号使用多年，不同意给公司强行征用。

该房地产经纪公司称：我们公司的主营业务是豪宅销售，客户资源是公司的重要资产。为了避免"飞单"等情况给公司造成损失，公司于 2019 年 10 月 8 日开始推行工作手机。起初为了避免客户资源的流失，公司要求员工将所有工作中接触的客户联系方式和微信都放到工作手机上使用，让员工将微信号上私人好友移出，只保留客户好友。2019 年 11 月推行的过程中，由于不少员工提出异议，在 2019 年 12 月 18 日，公司作出了让步，同意员工使用工作手机注册微信号后开展工作，让员工将原先个人微信号上的客户都转移到工作微信号上，但徐某对此仍然拒绝。

关于争议焦点一，一审法院已就某房地产经纪公司不构成违法解除之缘由，作了详尽阐释。现徐某系以其不存在该公司所称的拒绝使用工作手机之违纪行为，该公司据以解除其劳动合同的工作手机使用手册系该公司伪造，客户衣物丢失与其无关，该事件也非该公司解除其劳动合同之理由等为由，主张该公司违法解除其劳动合同。但对此：一则，依据已查明事实，该公司在工作手机推行过程中，因徐某等员工就公司提出的将个人微信号换绑工作手机号码之要求持有异议，自2019年12月18日起已同意徐某使用工作手机号码注册微信号开展业务工作，并在2019年12月18日至20日期间三次通知徐某于2019年12月20日18：00前将私人微信上的客户添加至工作手机的微信后，再用工作手机及工作手机微信号开展业务工作，并于指定期限前将私人微信上的客户删除完毕。结合该公司所处的行业特点，其要求应属合理，且已明确告知徐某系需要将私人微信上的"客户"添加至工作手机微信号，而徐某却反问该公司"需要的是我哪些好友的信息？我是否要征询一下他们的同意"，其所称的工作手机的监控功能可能侵犯其微信好友隐私和个人信息之主张，既未得该公司认可，也未有相应证据予以证实。徐某质疑该公司上述工作安排，缺乏依据。该公司于2019年12月21日对徐某提出警告，并明确告知其违纪情节很严重，保护企业行业信息和商业秘密是员工的基本义务，再次要求徐某即日起使用工作手机及工作手机注册的微信号开展工作，但徐某仍未按要求执行。后该公司于2019年12月24日再度向徐某发送警告信息后，也未见徐某按要求将在职期间所获取的客户通讯录、业务资源等属于该公司的行业信息和商业秘密信息添加至工作手机，将客户微信号添加至工作手机注册的微信号，用工作手机及工作手机号注册的微信号开展工作。徐某虽辩解称其当时无法登录和使用工作手机，至一审庭审中才意外发现还能在工作手机上打开微信，在此之前完全不知道工作手机注册的微信号还能打开，但未见徐某当时提出工作手机无法使用之异议，且在该公司明确要求徐某将私人微信上的客户添加至工作手机微信号、使用工作手机及工作手机注册的微信号开展工作的情况下，徐某未核实其工作手机微信号能否打开即不执行公司指令，反可印证该公司所持徐某拒绝使用工作手机之主张。该公司主张徐某拒绝使用工作手机，事实依据充分。二则，该公司对于一审中提供的工作手机使用手册相关文件显示的修订时间为2020年6月之原因已做解释。徐某虽不认可其在职期间知晓、看到过工作手机使用手册，但从在案证据反映的该公司多次向员工强调的未按要求使用工作手机将导致的后果，徐某上诉状中有关该公司2019年12月18日至22日期间数次通知是为了配合其单方伪造的所谓工作手机使用规则之陈述看，难以依据在案证据认定该公司所提供工作手机使用手册系该公司专为针对徐某诉讼而特意伪造。

虽然双方就相关工作手机使用手册的制定时间以及有无向徐某告知存在争议，但结合该公司所处的行业特点、徐某在公司所任岗位以及在案证据反映的公司一再向徐某告知的使用工作手机开展工作之重要性及拒绝服从相关工作安排行为之性质，徐某拒不按照该公司要求使用工作手机开展工作，不服从该公司合理工作安排之行为，确已有违其作为劳动者的基本义务。三则，该公司所提供证据显示相关衣物之保管系徐某直接与客户进行沟通，徐某作为店长，也可以从下属销售员所做业务中享受提成，该公司据此认为徐某未尽到相关管理职责，严重失职，有其依据。依据在案证据，也不足以推断得出该公司解除徐某劳动合同之理由不包含客户贵重衣物丢失之严重失职行为的结论。故而，一审法院认定该公司不构成违法解除，无须向徐某承担赔偿金支付义务，并无不当。对徐某要求该公司支付违法解除劳动合同赔偿金 465 708.24 元的上诉主张，法院不予支持。徐某以该公司违法解除为由，要求该公司支付 2019 年 1 月 1 日至 2020 年 1 月 8 日期间提成工资 85 790 元，缺乏依据，法院对此亦不予支持。

【实训任务】

对该劳动争议案件进行模拟仲裁，提高运用所学的劳动仲裁和劳动合同法律知识处理具体劳动争议的能力。

【实训方法】

1. 参加实训的学生按仲裁庭、申请人方、被申请人方进行分组，各个小组进行角色分工与工作安排。

2. 小组讨论案件处理方案，准备所需仲裁文书，做好庭审组织与辩论预案。

3. 模拟仲裁庭审，按照劳动仲裁办案规则演练仲裁开庭、庭审调查、举证质证、辩论与最后陈述、调解等庭审活动。

4. 各小组提交劳动仲裁申请书、答辩书、仲裁调解书或仲裁裁决书。

5. 指导老师点评总结。

练习题

一、单项选择题

1. 如果要加强调解协议的效力，劳动争议经调解组织调解达成协议的，可以申请法院进行（　　）。

A. 和解协议　　　B. 调解协议书　　　C. 调解书　　　D. 司法确认

2. 不同于一般的诉讼时效，劳动争议申请仲裁的时效期间为（　　）。

A. 30 日 B. 1 年 C. 2 年 D. 3 年

3. 不同于调解协议，劳动仲裁调解书自双方当事人签收后发生（　　）。

A. 法律效力 B. 约束力 C. 证据效力 D. 合同效力

4. 劳动者对劳动仲裁裁决不服的，可以自收到仲裁裁决书之日起（　　）日内向人民法院提起诉讼。

A. 10 B. 15 C. 30 D. 60

5. 对发生法律效力的劳动仲裁裁决书，一方当事人逾期不履行的，另一方当事人可以依法向（　　）申请执行。

A. 劳动仲裁庭 B. 劳动争议仲裁委员会
C. 劳动保障行政部门 D. 人民法院

二、多项选择题

1. 劳动保障行政部门对（　　）事项实施劳动保障监察。

A. 用人单位与劳动者订立劳动合同的情况
B. 用人单位遵守禁止使用童工规定的情况
C. 用人单位支付劳动者工资的情况
D. 用人单位参加各项社会保险和缴纳社会保险费的情况

2. 用人单位与劳动者发生的下列争议属于适用《劳动争议调解仲裁法》处理的劳动争议的是（　　）。

A. 劳动者以用人单位拖欠工资为由辞职，并要求用人单位支付解除劳动合同经济补偿金，用人单位不支付
B. 劳动者在外兼职，用人单位以此为由辞退劳动者，劳动者要求继续履行劳动合同
C. 劳动者受伤，劳动者主张是工伤，用人单位认为不是工伤
D. 用人单位在劳动合同中与劳动者约定竞业限制条款，劳动者离职后，要求用人单位支付竞业限制经济补偿，用人单位不支付

3. 发生劳动争议，可以通过（　　）方式处理。

A. 协商 B. 调解 C. 仲裁 D. 诉讼

4. 劳动争议由（　　）的劳动争议仲裁委员会管辖。

A. 劳动者居住地 B. 用人单位所在地
C. 劳动合同履行地 D. 劳动合同签订地

5. 下列关于劳动争议调解的表述，正确的是（　　）。

A. 是劳动争议仲裁的前置必经程序
B. 由调解组织依职权强制调解

C. 经调解组织调解达成调解协议后不履行的，可以申请劳动仲裁
D. 由当事人就近就地向劳动争议调解组织申请调解

三、案例分析题

甲公司与劳动者 A 就解除劳动合同的经济补偿金发生争议。双方经过协商，达成协议，约定甲公司在协议生效后 3 日内支付给劳动者 A 补偿金 20 000 元。

乙公司与劳动者 B 就工伤后的待遇发生争议。双方到街道办事处申请调解，达成调解协议。约定乙公司在协议生效后 10 日内支付给劳动者 B 工伤补偿待遇 200 000 元。

丙公司与劳动者 C 就加班费计算发生争议。双方在劳动仲裁期间接受了仲裁员的调解方案，双方当庭签收了仲裁调解书。仲裁调解书载明，丙公司在 15 日内支付给劳动者 C 加班费 10 000 元。

问题：

案例中协议、调解协议、仲裁调解书三者有何差异？

下编

社会保障法

单元 7 社会保障法概述

学习目标

1. 了解社会保障法产生的历史、社会背景及我国社会保障法制的现状。
2. 理解社会保障法的概念及特征。
3. 理解社会保障法的体系。
4. 熟悉社会保障法在社会主义市场经济法律体系中的定位及其与主要法律部门之间的关系等。

要点提示

1. 济贫扶困古今中外概莫能外,但是,作为现代法制的社会保障,产生于近代社会。其产生的社会背景是,工业革命后,机器和社会化大生产带来的劳工职业风险增大,劳动者在年老、疾病、工伤、失业后,生活面临巨大难题,仅仅是旧时的"济贫扶困"难以使其应对日常生活的需要,必须由政府主导形成全社会力量,来保障这类人群渡过难关,政府亦有相应的法定职责保障相关人员的基本生活。

2. "社会保障"是一个外来词汇,即英文中的"social security"。它是指国家通过立法或行政手段,依靠社会的力量,实现国民收入再分配,向因年老、疾病、伤残、死亡、失业等存在生存风险的人群提供的暂行或永久性的物质帮助。社会保障法的内容因社会保障业务的复杂性,范围很广泛,法律体系相对繁杂。

3. 社会保障法包含着社会保险、社会救助等若干领域的法制建构,社会保险也分养老、医疗、工伤、失业等项目,社会救助包括日常生活救助、医疗救助、住房救助、教育救助及灾难救助等。社会保障法既包含着不同项目的法律制度，又包含着法律、行政法规、行政规章、地方法规和规章等各层面的法律制度。

4. 社会保障法是我国法律体系中重要的法律门类，它在社会生活中扮演着重要的角色，社会保障法与劳动法、社会保障法与民法、社会保障法与行政法、社会保障法与宪法等都有着密切的联系。这些相邻的法律门类相辅相成，构成完整的社会主义法律体系，社会保障法的实施亦需其他法律制度的支撑。

知识点 1　社会保障法的产生、发展与未来展望

基本理论

一、社会保障法的萌芽

济贫的思想古已有之。在农业社会，家庭既是生活单位，又是生产单位，并承担老、弱、病、残等弱势群体的生存保障职能。现代社会保障制度萌芽于最早进行工业革命的英国。在英国封建社会末期，自然经济逐步向商品经济过渡，摆脱了人身依附关系的农民不断涌入城市，家庭的保障功能日趋弱化。与此同时，贫困问题有增无减，社会性的贫困成为国家经济停滞、社会动荡的起因。1601年，英国伊丽莎白女王颁布了《济贫法》（史称"旧济贫法"），确认国家负有救济贫民的义务。该法将救济对象分为有劳动能力的贫民、无劳动能力的贫民和无依无靠的孤儿三种。其救济措施包括：①建立地方行政和征税机构；②为有劳动能力的人提供劳动场所；③资助老人、盲人等丧失劳动能力的人，为他们建立收容场所；④组织穷人和儿童学艺，建立贫民习艺所；⑤提倡父母子女的社会责任；⑥从比较富裕的地区征税补贴贫困地区。该法表明当时的英国政府意识到了贫困和失业对社会秩序的威胁，认识到必须由政府采取措施缓和社会矛盾。旧济贫法是人类历史上首次立法规定政府在解决贫困问题上应尽职责，是通过立法强制征收济贫税来救济贫民的第一次社会

行动，它意味着处于绝境的贫民有权向国家和其他更富有的人请求帮助。

旧济贫法实施后，由于救济费用逐年增加，政府不堪重负，英国议会于1834年通过了《济贫法修正案》（史称"新济贫法"），该修正案废止了由各教区掌握的济贫行政管理权，合并临近若干教区，成立济贫协会；扩大地方济贫的基层管理单位，将地方贫民习艺所列为地方单位的行政管理中心；成立中央济贫法实施委员会，实行中央督导制，将济贫的执行权力集于中央。英国的《济贫法》产生于以农业经济为主体的社会，目的主要是通过强迫劳动，解决贫民的流浪问题。一方面强迫劳动，另一方面进行福利救济，以强迫劳动为主，兼顾救济，但对接受救济者规定了苛刻的条件。它与现代意义的社会保障法尚有较大的差距，它的颁布只能算是社会保障法的萌芽。

二、社会保障法的产生

真正意义上的社会保障法产生于19世纪下半叶的德国。当时德国经济萧条，工人生活贫困，社会矛盾空前激烈，力量不断壮大的工人阶级与资本家进行对抗的工人运动不断爆发，影响德国的经济发展，威胁到德国政权的稳定，劳工问题成为当时必须解决的最重要的问题。俾斯麦政府一方面加紧镇压工人运动，另一方面通过社会保障立法，推行社会保障措施，改革社会弊端，缓解劳资矛盾。德国于1883年颁布了《疾病保险法》、1884年颁布了《工伤保险法》、1889年颁布了《伤残及养老保险法》，这是世界上第一批社会保险法。社会保险作为社会保障的基本项目由法律加以明确规定，意味着现代社会保障法的产生。德国的社会保障立法适合工业化国家的需要，德国成为各国效仿的对象，一批欧洲国家和少数美洲、大洋洲的国家也陆续颁布了包括医疗、养老、失业、工伤等内容的社会保障法律。工业化以后各国进行的大规模、系统化的社会保障立法，标志着一个新兴的法律门类——社会保障法的形成。

三、社会保障法的发展

1929年爆发的席卷资本主义世界的经济危机，使各资本主义国家的政治、经济陷入严重的混乱之中。1933年，美国罗斯福总统上台之后，为摆脱危机，缓和社会矛盾，稳定社会秩序，开始实行"新政"，其强调国家干预经济、生活，并发展社会保障事业。在新政初期，美国实施了许多社会救济措施，尤以1935年美国国会通过的《社会保障法》最具影响力。美国1935年的《社会保障法》在社会保障法发展史上具有里程碑意义，它的内容涉及社会保险、社会福利和社会救助等，是世界上第一部对社会保障进行全面系统规范的法律，社会保障的普遍性、社会性原则得以确立。该法对世界其他国家的社会保障制度也产生了较大影响，导致西方各国纷纷对原有的社会保障立法进行修订。

1941年，英国政府委托曾任劳工介绍所所长和伦敦经济学院院长的贝弗里奇教授，制订战后社会保障计划。贝弗里奇提交了题为"社会保险和相关服务"的报告，即著名的《贝弗里奇报告》。报告确立了第二次世界大战后英国社会保障体系的基本框架，是一份较为完整的现代福利国家的蓝图，其影响深远。"福利国家"一词在《贝弗里奇报告》发表后不胫而走，并且很快成为战后英国以艾德礼首相为首的工党政府的施政方针。第二次世界大战之后，英国以《贝弗里奇报告》为基础，进行了一系列社会保障立法。其中主要有《家庭津贴法》（1945年）、《国民保险法》（1946年）、《国民工伤保险法》（1946年）、《国民保健事业法》（1946年）、《国民救济法》（1947年）等。1948年，艾德礼宣布英国已成为福利国家。福利国家立法对社会保障法的影响极为深刻。在英国的影响下，西欧、北欧、北美、大洋洲等地区的工业发达国家，纷纷按英国模式实施社会福利政策，建设自己的"福利国家"，社会保障制度得以更充分地发展。

四、中国社会保障法的产生和发展

1949年10月，新中国在成立后即开始了最初的社会保障立法。1949年的《中国人民政治协商会议共同纲领》和1954年的《中华人民共和国宪法》，为创建新中国的社会保障制度提供了基本的法律依据。1951年2月26日，当时的政务院颁布了《中华人民共和国劳动保险条例》，初步建立了养老、工伤、疾病、生育等社会保险制度。这是新中国初期最重要的一部社会保障立法，奠定了我国改革开放前社会保障制度的基础。之后，我国在公费医疗、伤亡抚恤、社会优抚等各领域建有相应的社会保障制度。改革开放之后，我国的政治、经济生活发生了巨大的变化，社会保障制度逐步恢复和发展。这一时期的社会保障制度主要作为国有企业改革的配套措施，在关系国有企业改革的各单项项目上进行了探索，但其指导思想局限在计划经济与市场调节相结合的框架内。国务院于1978年发布了《关于安置老弱病残干部的暂行办法》和《关于工人退休、退职的暂行办法》，1980年颁布了《关于老干部离职休养的暂行规定》，1981年发布了《国家机关工作人员病假期间生活待遇的规定》，1986年发布了《国营企业职工待业保险暂行规定》，1991年发布了《关于企业职工养老保险制度改革的决定》等行政法规。国务院有关部门也制定了一批有关社会保障的部门规章。1992年以来，我国社会主义市场经济体制确立后，社会保障制度建设，尤其是社会保障立法取得了很大进步。国家颁布了大量社会保障领域的法律法规，具体包括

《社会保险法》《工伤保险条例》《失业保险条例》《社会保险费征缴暂行条例》《城市居民最低生活保障条例》等。尽管我国社会保障法制建设取得了一定程度上的进步，但是法制化程度较低，立法尚有诸多空白点。同时，我国社会保障领域法制存在着重立法、轻司法，法律政策化的现象，社会保障法制建设仍然任重道远。

课程思政

中国社会保障的制度自信

必须以保障和改善民生为重点加强社会建设，尽力而为、量力而行，一件事情接着一件事情办，一年接着一年干，在幼有所育、学有所教、劳有所得、病有所医、老有所养、住有所居、弱有所扶上持续用力，加强和创新社会治理，使人民获得感、幸福感、安全感更加充实、更有保障、更可持续。

——《中共中央关于党的百年奋斗重大成就和历史经验的决议》

五、社会保障法制的未来

全球范围内，科技发展日新月异，影响着人类生活的各个领域。其中，机器代替人工劳动现象将愈演愈烈，未来失业人数上升、人口老龄化加剧等因素将对社会保障事业造成新的冲击和挑战，社会保障事业本身前景可期，但未来的压力会愈加沉重。我国社会保障尚未真正实现法制化，未来国家既需要加快立法步伐以填补立法空白，也需要使社会保障事业走向秩序、走向法治。

知识点 2　社会保障法的概念、特征与调整对象

基本理论

一、社会保障法的概念

"社会保障"一词译自英文的"social security"，又可译作社会安全。在立法中，

它最早出现在美国1935年的《社会保障法》中。其后，这一概念被各国立法及有关国际公约普遍使用。在我国，社会保障概念最早出现在官方文件《中华人民共和国国民经济和社会发展第七个五年计划》中。社会保障法是调整社会保障关系的法律规范的总称。具体来说，社会保障法是政府依法对应受基本生活保障人群所展开的行政给付过程中发生的社会关系的法律规范的总称。

社会保障法可以分为形式意义上的社会保障法与实质意义上的社会保障法。形式意义上的社会保障法是指冠以与社会保障内容相关的名称的法律，如《社会保险法》《失业保险条例》《城市居民最低生活保障条例》《工伤保险条例》《社会保险费征缴暂行条例》《农村五保供养条例》等。实质意义上的社会保障法是指所有调整社会保障关系的法律，而不论其名称中是否包含与社会保障相关的内容。法学研究的社会保障法是实质意义上的社会保障法。

二、社会保障法的特征

（一）广泛的社会性

社会保障法是典型的社会法，社会性是其最主要的特征。社会保障法的社会性表现在以下几个方面。

1. 目的的社会性

制定和实施社会保障法是为了社会利益，通过保障社会成员的基本生活需要来实现社会的稳定和发展。

2. 权利主体的普遍性

社会保障权利由全体社会成员共同地、平等地享有。在国际上，有些国家之间还订有社会保障待遇互惠协议，保护旅居国外的本国公民平等地享受旅居国社会保障的权利和待遇。

3. 义务主体的社会性

社会保障立法规定，社会保障基金的缴纳义务主体是国家、用人单位和社会成员三方，以此将义务分散到社会，共同筹措社会保障基金。

（二）严格的强制性

法律规范按其强制性程度不同，可以分为强制性规范和任意性规范。强制性规范是指不问当事人的意愿必须加以适用的规范；任意性规范是指适用与否可以由当事人自行选择的规范。社会保障法是国家为保障社会成员的基本生活而制定的，涉及社会公益，必须强制推行。因此，社会保障法中的大部分法律规范均为强制性规范，有关各方当事人必须遵照执行，不能任意选择。

> **课程思政**
>
> **私约放弃社会保险中的诚信与法治问题**
>
> 《社会保险法》规定，用人单位应当自行申报、按时足额缴纳社会保险费，非因不可抗力等法定事由不得缓缴、减免。因此，用人单位和劳动者约定放弃缴纳社会保险费的约定是无效的，双方发生争议的，用人单位不能要求劳动者在该约定上讲诚信。社会保险强制性的背后是法治原则。

（三）实体法与程序法的统一性

法律按其所规定内容的不同，可以分为实体法与程序法。实体法是规定具体权利和义务（或职责、职权）的法律；程序法是规定权利和义务（或者职责、职权）实施的程序或方式的法律。在社会保障法中既有实体法规范，也有程序法规范。社会保障法既非单纯的实体法，也非单纯的程序法，而是兼具实体法与程序法的属性，是实体法与程序法的统一。

（四）特定的技术性

社会保障的运营须以数理计算为基础，这使得社会保障法中存在较多的技术性规范。其中，较为典型的是大数法则和平均法则在筹措社会保障基金中的运用。

（五）待遇给付的行政性

社会保障由政府主导，政府通过直接形式或间接形式对法定人群提供物质帮助，即提供相应的行政给付，我国称之为"社会保障待遇"，这些待遇给付的性质皆为行政给付，没有政府的主导、操作和经办，便不会有社会保障的存在。

三、社会保障法的调整对象——社会保障关系

社会保障法的调整对象是社会保障关系。社会保障关系就是以国家、社会保障职能机构和相关社会成员为主体，为保障社会成员的基本生活需要而发生的社会关系。社会保障法以其特定的调整对象与其他法律相区别。

（一）社会保障关系的特点

社会保障关系有自己的特点，主要表现在以下五个方面。

1. 社会保障关系产生于社会保障活动过程中

社会保障活动是产生社会保障关系的基础，没有社会保障活动就不会产生社会保障关系。

2. 社会保障关系的主体一方必须是社会保障职能机构

国家是社会保障的组织者，被授权或被委托行使具体社会保障职能的有关机构是社会保障职能机构，包括政府、社会保障经办机构、社会保障基金投资运营机构及其他有关机构，它们是社会保障关系的当事人一方。没有社会保障职能机构的参与，社会保障关系便无从产生，无法运作。

3. 社会保障关系是一种以人身关系为基础的财产关系

社会保障关系是围绕社会保障基金的筹集、管理、支付、运营等活动展开的，社会保障活动的最终结果是使保障对象获得物质帮助。因此，社会保障关系是财产关系。社会保障包括社会保险、社会救助、社会福利及社会优抚等。社会保险、社会救助、社会优抚都是针对特定的社会群体的，只有具备一定身份的人才能享受这些保障项目。社会福利虽具有广泛性，强调普惠性，但仍有部分项目是为特殊群体，如残疾人、孤寡老人等提供的，仍需具有一定身份才能享受到。所以说，社会保障关系是以人身关系为基础的财产关系。

4. 社会保障关系是一种社会权利与义务关系

社会保障关系既不同于体现意思自治的平等主体之间的民事关系，也不同于体现管理与服从的不平等主体之间的行政关系。社会保障关系由法律加以规定，而不能由当事人自由约定，所产生的社会关系与传统的民事关系有区别。在社会保障关系中，行政权力行使的最终结果是使保障对象获得利益，体现了对弱势群体的倾斜性保护，所产生的社会关系与传统的行政关系有所区别。社会保障将每一个社会成员纳入进来，使他们紧密地联结在一起，形成一种相互作用、相互依存的社会连带关系。有学者称之为社会连带责任关系，这是一种新型的社会关系。

5. 社会保障关系中的特定主体的权利和义务具有不对等性

在社会保障关系中，既有无须履行义务即可享有的权利，也有不享有任何权利而必须履行的义务。前者体现在社会救助、社会福利和社会优抚关系中，社会保障权利的享有者不需要履行任何义务，只要符合条件即可享受社会保障权利。在社会保险关系中，从形式上看其贯彻权利和义务相一致的原则，劳动者首先要尽到缴纳社会保险费的义务才能拥有享受社会保险待遇的权利。但对特定的劳动者来说，社会保险待遇的给付标准并不一定与其所缴纳的社会保险费的数额之间具有对等关系。在有的社会保险项目中，并非全体缴费者都享受保险待遇，如失业保险等。

（二）社会保障关系的分类

对于社会保障法所调整的社会保障关系，可以用不同的标准进行多种分类。

1. 按社会保障的内容分类

以社会保障的内容为标准，社会保障关系可分为社会保险关系、社会救助关系、社会福利关系和社会优抚关系。

2. 按社会保障的行为分类

以社会保障行为为标准，社会保障关系可分为社会保障管理关系、社会保障基金筹集关系、社会保障基金给付关系、社会保障基金运营关系、社会保障监督关系等。

3. 按社会保障关系主体分类

以社会保障关系主体为标准，社会保障关系可分为以下几类：

（1）政府与全体社会成员之间的关系。社会保障法调整这类社会关系，以明确政府代表国家对社会成员的社会保障职责和社会成员应享受的社会保障权利。

（2）政府与社会保障经办机构之间的关系。社会保障经办机构作为社会保障的具体实施者，与政府之间存在委托、管理和监督的关系。社会保障法调整这类社会关系，以明确社会保障经办机构的性质、地位、任务及具体的权利与义务。

（3）社会保障经办机构与社会成员之间的关系。社会保障经办机构与社会成员之间存在着社会保障基金的筹集、给付关系，是社会保障的具体提供者与接受者之间的关系。社会保障法调整这类社会关系，以明确社会保障经办机构对社会成员的职责和社会成员参加社会保障的权利与义务。

（4）社会保障职能机构与用人单位之间的关系。这是社会保障的组织、实施者，即政府、社会保障经办机构及其他有关机构，与社会保障参加义务人之间的关系。社会保障法调整这类社会关系，以明确双方的权利和义务。

（5）用人单位与劳动者之间的关系。社会保障法调整这类社会关系，以明确用人单位在社会保障中对劳动者应负的义务和劳动者享有的权利。

（6）社会保障职能机构相互之间的关系。这是承担社会保障基金的筹集、管理、运营、给付职能的机构之间，由于职能划分而形成的分工协作关系。社会保障法调整这类社会关系，以明确各机构的地位和权限。

（7）社会保障监督关系。这是在社会保障活动中，国家权力机关、司法机关、行政机关及社会行使监督权，与被监督对象之间发生的社会关系，这类社会关系也由社会保障法调整。

知识点 3　社会保障法的体系与地位

基本理论

一、社会保障法的体系

社会保障法的体系，是指按照一定的标准，将全部社会保障法律规范分类组合而形成体系化的具有内在联系的有机整体。确定恰当的社会保障法体系，有助于立法上合理构建社会保障制度，充分发挥社会保障法的效能；有助于实施中方便查找、合理解释和准确适用社会保障法；有助于社会公众掌握、运用社会保障法；有助于学习者把握社会保障法的整体结构，理解不同社会保障法律制度的特点。社会保障法在绝大多数国家都以单行法的形式存在，且都是由简到繁逐渐发展起来的，并且在不断补充和完善。起初往往并无非常清晰的整体架构，即便有，由于各种现实条件的限制，也往往只能部分地实现。随着社会的发展，新的社会问题出现，社会保障制度渐次整合修正，其往往会突破原有的设想，以至于制定于不同时期、有着不尽相同的目的、使用不尽相同的方法的社会保障法律，呈现出看似体系凌乱、庞杂无序、缺乏系统性、支离破碎的外观。实则，制度先行国家的社会保障法有着相对完备的体系，我国的社会保障法体系也在逐步形成中。

社会保障法覆盖的范围广泛，调整的关系复杂，调整手段不一，内容丰富，且在不断发展完善之中。依照不同的分类方法，社会保障法的体系可以有不同的划分。依法律的性质，社会保障法的体系可划分为社会保障实体法、社会保障组织法、社会保障基金法和社会保障程序法；依社会保障待遇的内容，社会保障法的体系可划分为货币给付法、实物给付法和服务给付法；依法律的作用，社会保障法的体系可划分为社会保障管理法、社会保障给付法和社会保障争议处理法。

依社会保障的内容，即以社会保障项目为标准，对社会保障法的体系进行划分，是应用最普遍的方法。社会保障法体系与社会保障体系虽是两个不同范畴的问题，但由于我国不具备制定综合性社会保障法的条件，针对不同的社会保障项目分别立法就成为建立我国社会保障法体系的现实选择，因而社会保障法的体系在一定程度上取决于社会保障体系的划分。关于我国社会保障体系的官方划分，相关内容最早出现在《中华人民共和国国民经济和社会发展第七个五年计划》中。该计划第五十一章"社会保障事业"开篇即指出："逐步建立、改进各种类型的社会保险制度，改进和完善社会福利、社会救济与优抚工作，有步骤地建立起具有中国特色的社会主义的社会保障制度雏形。"并将"七五"期间（1986—1990年）社会保障事业的主要任务设定为：建立健全社会保险制度，进一步发展社会福利事业，继续做好优抚、救济工作。此后，社会保障体系分为社会保险、社会救助、社会福利、社会优抚四个部分，其成为我国政府、社会保障法学术研究和教学的正统观点。例如，社会保障法教科书将我国社会保障法的体系划分为社会保险法、社会救助法、社会福利法、社会优抚法，这成为一种通说。

我国的社会保障制度尚属初创，我们必然要在考虑国情，比较借鉴国外不同社会保障模式的基础上，探索制定适合中国实际，能够满足国民需要的社会保障法。总体而言，我国的社会保障法更多地体现了以德国为代表的社会保险型的社会保障模式的共性。德国的"四分说"（即社会保险、社会救助、社会补偿和社会促进），分类严谨、涵盖全面、方便应用，已被成功地应用于我国台湾地区的社会保障制度中，可资借鉴。我们认为，我国社会保障法的体系应当划分为社会保险法、社会救助法、社会补偿法和社会福利法（特殊群体）四个部分。这种划分形式较我国常见的划分形式有所不同，主要表现在增加了社会补偿法，并将社会优抚并入其他三个部分中，而未单独列出。这四个部分既有清晰的界限，又有内在的联系，共同构成社会保障法的整体。

（一）社会保险法

社会保险法在社会保障法体系中占有最重要的地位，是社会保障法体系的核心。现在世界各国的社会保障法体系各异，但均将社会保险法作为一个极为重要的组成部分，社会保险法受到更多的关注。因此，我国第一部专门的社会保障法律为《中华人民共和国社会保险法》（简称《社会保险法》），也就不足为奇了。

社会保险法具有公法手段与私法技术并用的特征。在生存保障领域中，社会保险法应运而生，其主要采用了公法的手段，法律规范多为强行性规范。社会保险由国家举办，被保险人的范围、缴费主体、缴费标准、待遇享受条件、待遇标准等由法律预先规定，大多不得任意选择，社会保险的管理、经办均伴随着行政权力的普遍介入，法律救济亦多采用公法程序，因而社会保险法常被认为是公法。根据《社会保险法》第 2 条的规定，国家建立基本养老保险、基本医疗保险、工伤保险、失业保险、生育保险等社会保险制度，保障公民在年老、疾病、工伤、失业、生育等情况下依法从国家和社会获得物质帮助的权利。实际上，生育保险并非独立险种，而长期护理保险恰恰是独立险种，我国部分地区现正在试点实施长期护理保险制度。

（二）社会救助法

社会救助，是指国家和社会按照一定的标准和程序，向由于各种原因不能维持最低生活标准的贫困者提供物质帮助，以满足其最低生活需要的一种社会保障制度。社会救助是为解决贫困问题而采取的制度化的对策，是保障社会成员生存的最后一张安全网。社会救助制度是一种单向无偿的给付，其中的权利与义务不对等，享受者无须事先缴费或履行其他义务，但可能需要接受资产状况调查。救助资金主要来源于政府财政，与社会保险有明显区别。理解社会救助法，需要特别强调公民权利和国家义务。社会救助法是由国家对国民收入进行强制性再分配的一种制度，它源于保障公民生存的国家义务，是国家职能转变的产物。社会救助权的实现，需要法制的保障。我国的社会救助法律制度尚不健全，制定一部内容完备、体系严谨的社会救助法，是完善我国社会保障制度的重要一环。中华人民共和国社会救助法曾分别被列入第八、第十、第十一、第十二届全国人民代表大会常务委员会立法规划，时过二十几年，仍未出台。目前最主要的社会救助立法，是 2014 年国务院制定的《社会救助暂行办法》。其他规范社会救助行为的行政法规还有《城市居民最低生活保障条例》《农村五保供养工作条例》《自然灾害救助条例》《城市生活无着的流浪乞讨人员救助管理办法》等。另外，还有一些规定社会救助行为的部门规章和地方立法。

（三）社会补偿法

社会补偿对于我国而言，尚属新生事物，"社会补偿"还不是一个普及的概念，并不为大多数人所知晓，但其应为社会保障法的一个必要的组成部分。社会补偿制度建立在以下事实要件之上，即个人由于应由集体负责的原因或者法律规定应由集体承担责任的原因而受到损害。此类风险的发生并不鲜见，对遭受者的利益损害往往非常巨大，且并不能为传统赔偿或补偿法律所覆盖，也不能为其他社会保障法律所覆盖，由受害者独自承受亦不公平，因此令处于社会连带关系中的社会成员共同补偿损失。社会补偿法是一种有因性的社会保障法，即针对特定原因所致损害给予补偿，此与社会救助法的无因性相区别。

> **课程思政**
>
> **疫苗接种中的利益冲突与社会补偿**
>
> 2022年7月23日,国务院联防联控机制新闻发布会上公布,截至2022年5月30日,全国累计报告接种新冠疫苗超过33.8亿剂次,累计报告预防接种后不良事件238 215例,总体报告发生率为70.45/100万。《中华人民共和国疫苗管理法》规定,国家实行预防接种异常反应补偿制度。实施接种过程中或者实施接种后出现受种者死亡、严重残疾、器官组织损伤等损害,属于预防接种异常反应或者不能排除的,应当给予补偿。应理性看待疫苗接种及其不良反应,应认识到疫苗接种对于维护公共卫生安全的意义,应了解这里的补偿就是社会补偿。

(四) 社会福利法

我国社会保障制度中的社会福利是专门针对老年人、未成年人、妇女、残疾人等弱势群体的特别福利,本书也在此意义上使用社会福利概念,即将其作为社会保障项目之一,与社会保险、社会救助、社会补偿并列。社会福利在德国被称为社会促进,这一用语避免了可能的混淆和歧义。我们认为,社会福利是为保障特定社会成员的生活需要和提高其生活质量,由政府主导通过社会化的机制提供社会服务与津贴的社会保障制度。社会福利法的目的在于促进机会平等,使由于先天或后天原因在占有或者获得社会资源方面处于不利地位及具有特别需求的社会成员,能够拥有充分的发展机会。社会福利法给其保护对象更多的特殊优惠待遇,似乎是对其他群体的不平等对待,但这正是该法的特点,即以对社会成员看似不平等对待的方式,收到实质公平的效果。

二、社会保障法的地位

社会保障法作为一个新兴的法律门类,同传统法律存在着千丝万缕的联系,又与传统法律存在着显著的区别。我们认为,社会保障法有特定的、独立的调整对象,在法律体系中是一个独立的法律部门,它与民法、刑法、行政法、经济法等处于同一层次,其他法律部门均无法涵盖社会保障法,社会保障法并不隶属于任何其他法律部门。社会保障法将国家的职能重新定位,改写了国民与国家之间的关系,改变了人们的生存方式、生活方式乃至思维方式。在现代人的生活中,从摇篮到坟墓,无处不留下社会保障法实施的印记。

（一）社会保障法与劳动法的关系

关于社会保障法与劳动法的关系，在我国曾有过劳动法包含社会保障法、社会保障法包含劳动法、社会保障法与劳动法相互交叉等观点。社会保障立法晚于劳动立法，作为社会保障法核心的社会保险法被作为劳动法的组成部分，规定在《劳动法》第九章，该章的标题为"社会保险和福利"。随着社会保障制度的发展，社会保险制度的适用范围逐渐突破劳动者的范围，养老保险、医疗保险制度向全民覆盖推进，同劳动法并无实质关联的社会救助、社会福利制度也在逐步成长。在立法上，《劳动合同法》和《社会保险法》的颁布实施，使得社会保障法与劳动法分离的思路更加清晰。

社会保障法与劳动法是非常邻近的法律门类，两者具有某些近似的特征，在某些领域也具有一定的关联性。社会保障法与劳动法所调整的领域原本都是私人领域，两者都是资本主义发展的产物，都旨在解决进入工业社会以来出现的社会问题，都较为关注对弱者的保护，都表现为公权力对私权利的介入，都呈现出公法与私法相融合的特点。社会保险法最初定位于应对劳动者的生存风险，仅适用于劳动者，也可以说它是在劳动法基础上发展起来的。社会保障法与劳动法具有显著的区别，主要表现在以下几个方面：

（1）调整对象不同。社会保障法调整的行政机构或其授权组织与自然人之间的行政给付关系，性质上属于公法关系；劳动法调整的劳动关系及附随关系，虽然也有劳动行政关系的存在，但没有任何行政给付内容。

（2）立法宗旨不同。社会保障法以自然人的生存权保障为宗旨，劳动法以劳动者的劳动权保障为宗旨。

（3）适用范围不同。早期社会保障法适用的对象范围与劳动法适用的对象范围大体相当。如今社会保障法保障人群的范围已经扩展至全民，而劳动法适用的范围仅为劳动法上的劳动者。

（二）社会保障法与行政法的关系

行政法可划分为一般行政法（也称普通行政法）与部门行政法（也称特别行政法）。社会保障由国家和社会举办，需要强制推行，社会保障法实施中有广泛的行政权力的介入，管理、经办社会保障事务及监督社会保障的实施，都要受一般行政法的规制，社会保障法因而具有较强的公法性。行政法的原理在社会保障法中有较广泛的适用余地，行政法所研究的行政给付与社会保障法有较强的关联性。

（三）社会保障法与民法的关系

社会保障法与民法存在关联，尤其与民法中的婚姻家庭法在功能上存在协同关系。婚姻、家庭制度具有人的生存保障功能。家庭自产生以来，扶养就是其基本的职能。家庭曾经是人的生存最重要的保障机制，养老育幼、病残照顾等均在家庭中实现，无独立生活能力的家庭成员得以在家庭的扶助供养下生存。人类社会进入工业化时代以来，社会法在不同范围内替代了家庭法。子女照料、赡养年老或残疾的父母的义务普遍由养老保险体系代替了。家庭的生存保障功能虽然弱化了，但其仍将长期存在下去，社会保障法并不能替代婚姻家庭法中的扶养制度，社会保障法与调整婚姻家庭关系的民法仍有协同的关系。社会保障法与民法中的侵权责任法有着特殊的关系，工伤保险制度的发展使得侵权责任法在职业伤害领域中的功能下降，但其并未消失，这也使得工伤保险与侵权责任的适用关系演变为一个世界难题。然而，社会保障法与民法的区别远多于它们的关联，二者是两个独立的制度体系。

练习题

一、单项选择题

1. 德国于 1883 年颁布的（　　）法律是现代意义上的社会保障法。
   A. 疾病保险法　　　　　　　　　B. 工伤保险法
   C. 伤残及养老保险法　　　　　　D. 帝国保险法

2. 中华人民共和国最早的社会保障立法是（　　）。
   A.《中国人民政治协商会议共同纲领》　B.《劳动保险条例》
   C.《宪法》　　　　　　　　　　　D.《劳动法》

3. 以"社会保障法"名称颁布法律的国家是（　　）。
   A. 中国　　　　B. 日本　　　　C. 德国　　　　D. 美国

4. 改革开放以来，我国已经颁布的社会保障法律是（　　）。
   A.《社会救助法》　　　　　　　　B.《社会补偿法》
   C.《养老保险法》　　　　　　　　D.《社会保险法》

5. 以下不是弱势群体权益保障类的法律是（　　）。
   A.《老年人权益保障法》　　　　　B.《妇女权益保障法》
   C.《残疾人权益保障法》　　　　　D.《军人保险法》

二、多项选择题

1. 社会保障的特性包括（　　）。
   A. 广泛的社会性　　　　　　　　　　B. 严格的强制性
   C. 实体法与程序法的统一性　　　　　D. 待遇给付的行政性

2. 以下对社会保障关系的表述正确的是（　　）。
   A. 社会保障经办机构与社会成员之间的关系
   B. 社会保障职能机构与用人单位之间的关系
   C. 社会保障监督关系
   D. 社会保障是平等主体之间的财产关系

3. 已经颁布实施的有关社会救助领域法的法律规范包括（　　）。
   A.《社会救助法》　　　　　　　　　　B.《城市居民最低生活保障条例》
   C.《农村居民最低生活保障条例》　　　D.《社会救助暂行办法》

4. 属于德国社会保障法体系范围的是（　　）。
   A. 社会保险法　　B. 社会救助法　　C. 社会补偿法　　D. 社会促进法

5. 与社会保障法关系密切的法律部门有（　　）。
   A. 劳动法　　　　B. 民法　　　　　C. 行政法　　　　D. 刑事诉讼法

单元 8 | 基本养老保险法

学习目标

1. 理解社会化养老的含义。
2. 了解社会化养老和家庭养老的关系。
3. 掌握养老保险的概念和特点。
4. 掌握我国养老保险的制度构成。
5. 了解养老保险法律关系的含义。
6. 掌握养老保险法律关系的主体。
7. 理解养老保险法律关系的内容。
8. 掌握养老保险费制度。
9. 理解养老保险基金制度。
10. 掌握养老保险待遇制度。

要点提示

1. 家庭养老具有悠久的历史，其功能包含物质保障、生活照料、情感慰藉等。随着人类社会从农业社会向工业社会迈进，养老的义务由家庭向社会转移，社会化养老模式产生。

2. 社会化养老，是指由家庭以外的社会力量为老年人提供物质生活保障，即通过社会途径实现养老。社会化养老意味着养老资源主要由社会提供，强调的是养老保障从家庭向社会的转移，反映的是个人、家庭、国家和社会在养老问题上的分工和所起的不同作用。

3. 社会化养老并非要完全取代家庭养老。家庭的养老保障功能虽然弱化，但并未丧失，且还将继续存在下去。实现社会化养老与家庭养老的功能互补，是将来可期待的养老保障模式。

4. 社会化养老和家庭养老反映了不同的代际关系安排，也体现了不同的养老理念、不同的价值观、不同的权利义务安排。家庭养老体现的是家庭成员之间的代际关系，而社会化养老体现的则是整个社会范围内的代际关系。

5. 养老保险，又称老年保险、年金保险，是指国家通过立法建立养老保险基金，在被保险人达到法定年龄后，从养老保险基金中领取养老金，以保障其基本生活的一种社会保险制度。

6. 养老保险具有以下特点：养老保险应对的风险是被保险人在年老后维持生活的风险，其以保障老年生活安全为目的，是时间跨度最长的社会保险项目，被保险人享受养老保险待遇的基本条件是达到法定年龄，养老保险待遇给付具有持续性。

7. 我国按照职业和人群实施不同的养老保险制度，有职工养老保险、机关事业单位工作人员养老保险和城乡居民养老保险三种。我国还实行多层的养老保险制度，养老保险制度由基本养老保险和补充养老保险构成。企业年金、职业年金属于补充养老保险。

8. 养老保险法律关系，是指由养老保险法调整而形成的养老保险活动各方参与人之间的权利、义务关系，是公法关系与私法关系兼具的法律关系。

9. 被保险人、保险人、投保人是养老保险法律关系中基本的三方主体。被保险人是最重要的主体，是指参加养老保险法律关系，负有缴纳养老保险费义务，具备条件时有权获得养老保险待遇的自然人；保险人提供养老保险服务，在我国，养老保险经办机构是保险人；投保人是指负有缴纳养老保险费义务的人。

10. 养老保险法律关系的内容是指养老保险主体所享有的权利和承担的义务。

11. 职工参加基本养老保险，由用人单位和职工共同缴纳基本养老保险费。机关事业单位工作人员参加基本养老保险的养老保险费，由单位和个人共同负担。城乡居民养老保险由个人缴费，政府补贴。

12. 养老保险基金，是指为实施养老保险制度，依照法定程序和标准筹集的，为给付养老保险待遇而设置的专项资金。养老保险基金是养老保险制度运行的物质基础，基本养老保险基金由用人单位和个人缴费及政府补贴等组成。基本养老保险实行社会统筹与个人账户相结合。

13. 基本养老金由统筹养老金和个人账户养老金组成。参加基本养老保险的个人，达到法定退休年龄时累计缴费满15年的，按月领取基本养老金。

知识点1　养老保险的原理与制度构成

导入案例

案例8-1　对重复领取养老保险待遇问题的处理

2020年9月，秦某开始在北京市昌平区领取城乡居民基本养老保险待遇。2021年11月，北京市昌平区社会保险事业管理中心（以下简称昌平社保中心）在核查中发现，秦某于2020年5月在山西省长治市办理了退休手续，并一直领取城镇企业职工养老保险待遇至今。昌平社保中心于2021年11月20日向秦某下达了《告知书》，通知其因不符合领取城乡居民养老保险待遇的条件，昌平社保中心将从即日起暂停向其发放城乡居民养老保险待遇，要求秦某办理城乡居民养老保险关系终止手续，并将已领取的2020年9月至2021年10月的本地城乡居民养老金退还社会保险经办机构。秦某申请行政复议，北京市昌平区人力资源和社会保障局认为，秦某于2020年5月在山西省长治市办理城镇职工退休手续并领取城镇职工养老金，又于2020年9月开始在北京市昌平区领取城乡居民基本养老保险待遇，属于参保人同时领取职工基本养老保险和城乡居民基本养老保险待遇的情形，作出维持昌平社保中心停发秦某养老金的行政行为的复议决定。秦某向北京市昌平区人民法院提起行政诉讼，请求确认昌平社保中心停发其城镇居民养老保险待遇行为违法，应继续向其按月支付养老金。北京市昌平区人民法院审理认为，昌平社保中心停发秦某养老保险待遇的行为，认定事实清楚，适用法律、法规正确，程序合法；北京市昌平区人力资源和社会保障局作出的复议程序合法，复议结论正确；秦某的主张无事实和法律依据，判决驳回秦某的诉讼请求。

基本理论

一、养老模式的变迁

（一）从家庭养老到社会化养老

人从出生到走向成年、老年，再到最后死亡，这是生命的规律。当一个人步入老年时，劳动能力逐渐减退甚至丧失，也就会部分或全部丧失依靠自己的劳动维持生存的能力，出现养老需求。"老有所养"是千百年来人们梦寐以求的理想，在不同的时代，实现这一理想的思路各不相同。在中国传统的农业社会，由于家庭具有生产职能和消费职能，劳动创造的财富由家庭共同所有和消费，家庭也负担老年人赡养的职责。此时，养老是个人问题，家庭养老是最基本的养老模式，这使得"养儿防老"的观念深深地根植于人们的意识中。家庭中的各代人在经济上、生活上相互依赖，未成年人需要年长者的抚养，老年人需要青壮年人的赡养。这种抚养—赡养关系的形成具有一定的必然性和合理性，对这一现象的解释可归结于人性、情感、孝道、反哺、交换等，其深层次原因非常复杂，总体而言是人的情感和理性使然。家庭养老模式与农业社会相适应，是最传统、历史最悠久的养老模式，曾经对解决养老问题发挥了重要的作用。

家庭养老，是指老年人依靠家庭成员养老，即养老的资源来自家庭成员，其中又以子女养老最为常见。家庭养老具有悠久的历史，自从人类出现家庭，就有了这种养老保障方式。家庭养老有便利、周到、经济、有利于代际关系平衡与和谐等优势。家庭提供的养老保障不仅包含物质保障，还有生活照料、情感慰藉等。家庭养老得以奏效的前提是家庭的规模足够大且老年人数有限。随着人类社会从农业社会向工业社会迈进，经济组织、社会结构、政治制度、生产技术及谋生方式完全改变，昔日的大家庭变成小家庭，家庭的职能弱化，人类的寿命延长，老年人增多，单靠个人、家庭或者民间互助的力量难以承受养老负担，市场机制也不能解决这一需求。个人的生活、经济保障逐渐成为社会问题，养老的义务由家庭向社会转移，社会化养老模式产生。

（二）社会化养老的概念

社会化养老，是指由家庭以外的社会力量为老年人提供物质生活保障，即通过社会途径实现养老。社会化养老意味着养老资源主要由社会提供，强调的是养老保障从家庭向社会的转移，反映的是个人、家庭、国家和社会在养老问题上的分工和所起的不同作用。关于社会化养老的具体内容，尚无公认的说法，大体上可包含社会养老保险、社会救助、商业健康保险、企业年金等。社会化养老更具稳定性，应对老年风险的能力更加可靠，能够弥补家庭养老的不足。但需要指出的是，社会化养老并不能完全取代家庭养老。家庭的养老保障功能虽然弱化，但并未丧失，且还将继续存在下去。实现社会化养老与家庭养老的功能互补，是将来可期待的养老保障模式。

社会化养老是社会发展到一定阶段的产物，是在家庭养老功能弱化的背景下产生的。不同的代际关系对于家庭养老与社会化养老的选择有着不同的影响。在中国孝道文化的氛围中，家庭中的代际养老是千百年来形成的习惯，子女赡养父母是天经地义的。但这些立足于中国本土的养老模式未必具有普适性，各国的文化传统差异较大，在其他国度中，养老也可能是另一番景象。在西方的很多国家，个人的独立更受推崇，家庭代际关系是"接力式"的，父母对未成年子女有抚育义务，子女成年则应经济独立，而子女对父母没有赡养义务，这种单向的义务与中国的"反哺"差异较大，这样的模式客观上要求养老的社会化。

养老成为普遍的社会风险，个人和家庭无法自给自足地应对，客观上要求国家和社会应当组织和提供养老保障，否则将危及国家、社会的稳定与存续。在人的生存问题严重到对市民社会与政治国家都构成威胁的时候，唯有赋予国家建立覆盖大多数人的生存保障体系的职责，才能维持国家与社会的安定。同时，生产力水平的提高为社会保障提供了坚实的物质基础，国家和社会有能力承担起生存保障的职能。

老龄化是社会化养老兴起的一个重要因素。中国自20世纪末进入老龄化社会以来，老年人口数量和占总人口的比重持续增长，2000年，我国60岁以上老年人口为1.26亿人，老年人口占总人口的比重为10.2%。截至2022年底，60周岁及以上人口大约有2.8亿，占总人口的19.8%，其中65周岁及以上人口2.1亿，占总人口的14.9%。未来一段时间，老龄化程度将持续加深。老龄化是社会发展进步的产物，是历史的必然。在人口老龄化背景下，养老保障需求增加，而养老保障的供给面临着巨大的压力，如何构建充分、公平且可持续的养老保障，对国家来说是一个严峻的考验。我国在经济社会发展不充分的条件下进入老龄化社会，老龄人口规模巨大，老龄化发展迅速，在谋划养老保障措施方面，必须合理确定国家、社会、企业、家庭、个人的分工，建立多渠道、多层次、社会化的养老保障机制。

改革开放以来，我国人口的流动性增强，农村青壮年外出务工较多，国民的居住条件改善，很多共同居住的大家庭分解为独立居住的小家庭，大众的思想观念转变，计划生育政策的影响显现，出现了老龄化、少子化及家庭的小型化、核心化现象，家庭养老的局限性凸显，家庭的养老功能逐渐弱化，养老的职能向家庭外部转移，社会化养老模式兴起、养老模式的转变成为当代中国社会变革的一部分。

（三）社会化养老和家庭养老的关系

在中国所处的从传统走向现代的社会转型期，代际关系发生了重大的变化，对养老模式产生了不可忽视的影响，这是中国养老保障制度的构建和完善过程中必须重视的一个因素。从宏观层面看，老龄化、人口结构变化、城市化、人口流动、文化变迁等因素都对代际关系和养老保障产生了重大影响；从微观层面看，家庭结构、居住方式、就业方式的变化对代际关系和养老模式等也产生了前所未有的影响。随着社会的变迁，一直十分稳定的家庭代际关系在几十年间出现了剧烈的变化，产生的问题也越来越突出，相应的法律政策也需要进行必要的调整。

代际关系的一般含义为各代人之间的关系。社会化养老和家庭养老反映了不同的代际关系安排，也体现了不同的养老理念、不同的价值观、不同的权利义务安排。家庭养老体现的是家庭成员之间的代际关系，而社会化养老体现的则是整个社会范围内的代际关系。社会化养老并未摆脱代际关系，而是在更大范围内重构了代际关系，使代际关系以一种与传统的家庭代际关系不同的、新的方式呈现出来。社会化养老模式是在家庭养老局限性需要克服的情况下兴起的，这使得原本局限在家庭的老年风险分散至社会，其抵御风险的优势更为明显。家庭养老是家庭成员间的自愿行为，主要依照习惯和道德来延续，法律起着补充的作用，而社会化养老中基于理性而构建的法律的因素得到了强化。这些法律既包括传统的家庭法，也包括更具现代意味的养老保险法等新兴法律。家庭养老是与农业社会相适应的养老模式，社会化养老则是工业革命以后逐渐形成的养老模式。

社会化养老和家庭养老不是对立的，社会化养老不能完全取代家庭养老的功能，二者长期并存，如能形成功能互补，则各自的作用会更好地发挥。社会化养老更多发挥的是经济保障功能，其作用主要集中于经济支持方面，生活照料功能则有不足，情感交流功能更弱。在解决养老问题方面，社会化养老与家庭养老均有各自的特点和优势，理想的状况是二者协同和互补。例如，社会化养老在解决养老的经济保障方面更可靠，所以应当扩展社会化养老的覆盖范围，保障养老待遇给付标准。对于老年人所需的生活照料，则应发挥传统的赡养制度及将来的照护制度的功能，而老年人的情感慰藉，则还要依靠家庭中的子女。单一的措施总有其局限性，立足现实，养老保障需要多元化的措施，需要多种制度性和非制度性的措施协同，不应将各种措施孤立起来。发挥其合力，是必然的选择。

二、养老保险的概念和特点

（一）养老保险的概念

养老保险，又称老年保险、年金保险，是指国家通过立法建立养老保险基金，在被保险人达到法定年龄后，从养老保险基金中领取养老金，以保障其基本生活的一种社会保险制度。养老保险属于典型的社会化养老，对于应对老年生存风险、保障国民基本生活、促进社会公平和稳定具有重要意义。大力发展养老保险，充分发挥养老保险制度的功能，是解决养老保障问题极为重要的一环。推行养老保险逐渐成为解决养老问题最基本的思路，诸多国家形成了较为成熟、稳定的养老保险制度，极大地影响了人们的生活方式、社会结构和国家定位。养老保险制度的建立是人类社会发展中的重大事件，它适应了工业社会的需要，在为老年人提供经济保障、安定社会秩序、促进经济发展和社会进步等方面，起到了巨大的作用。

（二）养老保险的特点

相对于其他社会保险项目，养老保险具有以下特点。

1. 养老保险应对的风险是被保险人在年老后维持生活的风险

养老保险所应对的社会风险的发生具有高度的确定性。对于一个正常度过一生的人来说，年老是必然到来、不可避免的，因而养老保险所应对的年老后维持生活的风险在一定程度上是可预测的、确定的风险。其他社会保险所针对的疾病、工伤、失业等风险的发生具有不确定性。

2. 养老保险以保障老年生活为目的

养老保险通过向符合条件的社会成员提供稳定可靠的物质帮助，以满足其基本生活需要。养老保险涉及社会安定问题，具有举足轻重的作用。养老金是退休者的主要甚至是唯一的生活来源，因此，养老保障水平应能满足退休者的基本生活需要。这就要求养老金标准的确定，既要考虑与退休者原工资水平的适当差别，又不能差距过大。由于退休者享受养老金的时间长，在给付期间不可避免会出现物价上涨或通货膨胀的情况，为保障退休者的实际生活水平与整个社会消费水平相适应，应根据物价指数或通货膨胀率的变动情况，适时调整养老金的水平。养老保险必须有足够的物质基础，否则这一制度将难以维持，因此，养老保障水平不能脱离生产力发展水平，必须保证养老保障水平与社会经济发展水平和社会承受能力的协调发展。我国的养老金水平也必须与经济发展水平相适应。我国老年人口数量庞大，老龄化发展迅速，但生产力水平和人民生活水平不高，因此，在较长一段时间内，大多数劳动者退休后，养老金水平只能维持在保障基本生活需要这一层次上。

3. 养老保险是时间跨度最长的社会保险项目

被保险人从缴纳养老保险费开始，即进入养老保险的法律关系中，需要缴费至法定年限，在退出劳动岗位或达到法定年龄时，开始享受养老保险待遇，直至离世，这期间可达数十年。换个角度看就是，为享受养老保险待遇须缴费很长时间，享受待遇的时间也很长。因此，对养老保险须进行长远规划，这也导致其所需资金多于其他社会保险项目，养老保险基金的规模巨大。

4. 被保险人享受养老保险待遇的基本条件是达到法定年龄

享有养老保险待遇者须为老年人，而老年人的一般判断依据是年龄。至于在年龄之外是否还需符合其他条件，则根据不同的养老保险类别而有所差异。一般可能还有缴费年限、退出劳动岗位等条件要求，但达到法定年龄无疑是最基本的条件。

5. 养老保险待遇给付具有持续性

养老保险保障的是长期生活需求，该需求的满足受到被保险人的寿命、物价涨幅、币值稳定性等因素的影响，如采取一次性待遇给付的方式，易受经济变动因素及通货膨胀的影响，也易因被保险人自身原因使资金过早耗尽而无法维持老年生活。故养老保险适宜采用定期持续给付方式，直至被保险人死亡，每次给付的数额有限，一般不至于被挪用，能真正用于被保险人的生活支出，还可随着物价的上涨或生活水平的提高而调整，使被保险人的生活水平不至于降低，真正实现对被保险人的经济保障。医疗保险待遇、工伤保险待遇的给付方式则为一次性给付，即应付短期的一次性社会风险，仅对本次发生的社会风险进行给付。

三、我国养老保险的制度构成

我国按照职业和人群实施不同的养老保险制度，有职工养老保险、机关事业单位工作人员养老保险和城乡居民养老保险三种。我国还实行多层的养老保险制度，养老保险制度由基本养老保险和补充养老保险构成。

（一）职工养老保险

1. 职工基本养老保险

职工基本养老保险由国家通过立法实施，是对存在劳动关系的职工实施的，在被保险人达到法定退休年龄后，退出劳动岗位，被保险人领取养老金的社会保险制度。职工基本养老保险适用于就业人群，除灵活就业人员可自愿参加外，其他就业人员均应参加。达到法定退休年龄时累计缴费满15年的，按月领取基本养老金。

2. 企业年金

企业年金，是指企业及其职工在依法参加基本养老保险的基础上，自主建立的补充养老保险制度。国家鼓励企业建立企业年金。企业年金所需费用由企业和职工个人共同缴纳。企业年金基金实行完全积累，每个参加企业年金的职工都有一个个人账户。职工在达到国家规定的退休年龄或者完全丧失劳动能力时，可以从本人企业年金个人账户中按月、分次或者一次性领取企业年金，也可以将本人企业年金个人账户资金全部或者部分购买商业养老保险产品，依据保险合同领取待遇。职工或者退休人员死亡后，其企业年金个人账户余额可以由他人继承。

（二）机关事业单位工作人员养老保险

1. 机关事业单位工作人员基本养老保险

机关事业单位工作人员基本养老保险适用于按照公务员法管理的单位、参照公务员法管理的机关（单位）、事业单位编制内的工作人员。基本养老保险费由单位和个人共同负担。个人缴费年限累计满15年的人员，退休后按月领取基本养老金。机关事业单位工作人员基本养老保险坚持全覆盖、保基本、多层次、可持续方针。

2. 职业年金

职业年金，是指机关事业单位及其工作人员在参加机关事业单位基本养老保险的基础上，建立的补充养老保险制度。机关事业单位在参加基本养老保险的基础上，应当为其工作人员建立职业年金。工作人员退休后，按月领取职业年金待遇。职业年金所需费用由单位和工作人员个人共同承担。职业年金基金采用个人账户方式管理。工作人员在达到国家规定的退休条件并依法办理退休手续后，由本人选择领取职业年金待遇的方式：可一次性用于购买商业养老保险产品，依据保险契约领取待遇并享受相应的继承权；也可选择按照本人退休时对应的计发月数计发职业年金，发完为止。职业年金个人账户余额享有继承权，工作人员在职期间死亡的，其职业年金个人账户余额可以由他人继承。

（三）城乡居民养老保险

为解决城乡居民老有所养问题，国务院决定从2009年起开展新型农村社会养老保险试点，从2011年起开展城镇居民社会养老保险试点。在总结新型农村社会养老保险和城镇居民社会养老保险试点经验的基础上，国务院于2014年决定，将这两项制度合并实施,在全国范围内建立统一的城乡居民基本养老保险(简称城乡居民养老保险)制度,以充分发挥社会保险对保障人民基本生活、调节社会收入分配、促进城乡经济社会协调发展的重要作用。

城乡居民养老保险适用于年满16周岁(不含在校学生),非国家机关和事业单位工作人员及不属于职工基本养老保险制度覆盖范围的城乡居民。城乡居民养老保险由符合条件的城乡居民在户籍地自愿参加,也就是将不属于职工基本养老保险的城乡居民纳入,有利于实现养老保险在制度上全覆盖。城乡居民养老保险待遇定位为"保基本",根据现阶段经济发展水平、各级财政承受能力及各地生活消费水平等确定待遇标准,保障老年居民的基本生活需求,并随着各方面条件的改善,逐步提高待遇水平。

相关法律法规

1. 《社会保险法》第二章
2. 《国务院关于建立统一的企业职工基本养老保险制度的决定》
3. 《国务院关于完善企业职工基本养老保险制度的决定》
4. 《国务院关于机关事业单位工作人员养老保险制度改革的决定》
5. 《国务院关于建立统一的城乡居民基本养老保险制度的意见》
6. 《企业年金办法》
7. 《机关事业单位职业年金办法》

知识点2　养老保险法律关系

导入案例

案例8-2　不缴纳养老保险费协议的效力

杨某,男,1959年12月29日出生,于2013年3月4日进入H实业有限公司(以下简称H公司)工作。H公司未为杨某缴纳社会保险费。2018年7月17日,双方签订了不参保协议书和不参保确认书,杨某按月从H公司领取社会保险补贴。2020年12月29日,双方签订返聘协议,H公司将杨某返聘为原料工段收料员。2021年11月25日,H公司以双方返聘协议到期为由通知杨某终止该协议。因未参加养老保险,杨某虽已达到法定退休年龄，但无法享受基本养老保险待遇。杨某向劳动人事争议仲裁委员会申请仲裁，该仲裁委员会不予受理。故杨某向人民法院提起诉讼，请求H公司向其支付养老金损失费。H公司辩称，杨某未能享受基本养老保险待遇，系其自身原因所致，因双方协商达成协议放弃缴纳社会保险费，杨某按月从H公司领取社会保险补贴共3 000元，对杨某的请求不应支持。另查明，杨某在劳动合同终止前12个月的平均工资为2 405.30元。

人民法院认为，根据《劳动合同法》的规定，劳动者开始享受基本养老保险待遇的，劳动合同终止。因此对于达到法定退休年龄但没有开始享受基本养老保险待遇的，劳动合同并不一定自然终止。杨某与H公司以协议自愿放弃缴纳社会保险费而领取社会保险补贴，因违反法律法规的强制性规定而无效。H公司对杨某达到法定退休年龄后仍不能开始享受基本养老保险待遇存在过错，应当向杨某赔偿经济损失。因杨某已达到法定退休年龄，无法补办、补缴养老保险，H公司应当根据杨某的工作年限，按照一年支付2个月的劳动合同终止前12个月的平均工资标准赔偿杨某经济损失。H公司称杨某已领取社保补贴共3 000元，并未提供相关证据证实，其要求从赔偿款中扣减的请求，不予支持。人民法院判决，H公司应支付杨某从2013年3月4日至2021年12月29日期间未缴纳养老保险损失赔偿金42 092.75元。此后，本案经市中级人民法院二审、省高级人民法院再审，均支持一审判决。

导入案例分析

基本理论

一、养老保险法律关系概述

养老保险法是公法与私法相融合的一个领域，传统公法与私法的界限在这一领域中相当模糊。养老保险以私人生活关系为前提，养老保险法用公法方法调整原属私人生活关系领域的问题，其调整方法和对象就表现出公法与私法的交错，立法上呈现出公法方法与私法方法并用、公法规范与私法规范重叠的现象。养老保险法不仅承载着私人生存保障的价值与目的，还承载着实现社会正义、平衡各种利益关系、保持社会秩序、调控经济等多元价值与目的，在其中公法与私法价值是融合在一起的，公法与私法的界限及二者区分的实益都成为有待重新认识的问题。

养老保险法律关系，是指由养老保险法调整而形成的养老保险活动各方参与人之间的权利、义务关系。养老保险法律关系是公法关系与私法关系兼具的法律关系，将个别种类的养老保险法律关系断然归类于公法关系抑或私法关系均有失公允，且具有操作上的困难，遇有介于公法关系与私法关系边缘的案件，则更会体现出这种公法与私法二元划分的武断，应当统筹运用公法和私法的方法分析和解决养老保险法中的问题，求得公法与私法的价值追求、方法与观念的协调，使二者相互支持、补充、配合，乃至实现有机的统一，形成养老保险法特有的法律关系形态。

养老保险法律关系的各个要素多由法律规定，具有稳定性，且持续时间长。养老保险所需建立的基金规模巨大，是占用资金量最大的社会保险项目，对被保险人的生存权、用人单位的财产权、社会稳定和发展等具有重要的影响，还涉及代际正义等复杂的问题，必须由具有规范性和强制性的法律作出规定，才能够稳定、持久地运行。养老保险制度在运行中必然会建立起各方参与主体间的法律关系。

二、养老保险法律关系的主体

养老保险运用了保险原理，也就存在被保险人、保险人、投保人的地位和关系设计。被保险人、保险人、投保人是养老保险法律关系中最基本的三方主体，三者间的法律关系既有共性的一面，又有法律性质、内容及实现方式方面的差异。

（一）被保险人

养老保险的被保险人是最重要的主体，是指参加养老保险法律关系，负有缴纳社会保险费义务，具备条件时有权获得社会保险待遇的自然人。《社会保险法》构建的养老保险制度将全体公民都纳入养老保险的覆盖范围，实现了制度上的全覆盖。养老保险的被保险人有如下类别。

1. 职工基本养老保险的被保险人

职工基本养老保险的被保险人，包含职工、无雇工的个体工商户、非全日制从业人员及其他灵活就业人员。根据《社会保险法》第 10 条的规定，职工应当参加基本养老保险，无雇工的个体工商户、未在用人单位参加基本养老保险的非全日制从业人员及其他灵活就业人员可以参加基本养老保险。在中国境内就业的外国人，即依法获得外国人就业证、外国专家证、外国常驻记者证等就业证件和外国人居留证件，以及持有外国人永久居留证，在中国境内合法就业的非中国国籍的人员，应当依法参加职工基本养老保险。

2. 机关事业单位工作人员养老保险的被保险人

机关事业单位工作人员养老保险的被保险人，是指按照公务员法管理的单位、参照公务员法管理的机关（单位）、事业单位编制内的工作人员。这意味着须以编制作为判断依据来明确工作人员的身份，确定其是否具备机关事业单位工作人员养老保险的被保险人资格，编制外的工作人员应参加企业职工基本养老保险。

3. 城乡居民养老保险的被保险人

城乡居民养老保险的被保险人，是年满16周岁（不含在校学生），非国家机关和事业单位工作人员及不属于职工基本养老保险制度覆盖范围的城乡居民。被保险人在户籍地参加城乡居民养老保险。

（二）保险人

养老保险采用保险机制，必须设置保险人，才符合保险的逻辑，才能真正运用保险原理来应对老年生活保障风险，这是保险制度的基本法理构造。完善的养老保险制度，必须有成熟的保险人。在养老保险法律关系中，保险人处于重要地位，维系着养老保险制度的日常运转，其工作成效直接关系着养老保险功能的发挥。一般认为，养老保险经办机构即保险人。根据《社会保险法》的规定，养老保险经办机构提供养老保险服务，负责养老保险登记、个人权益记录、养老保险待遇支付等。统筹地区设立养老保险经办机构。经办机构根据工作需要，经所在地的社会保险行政部门和机构编制管理机关批准，可以在本统筹地区设立分支机构和服务网点。经办机构的人员经费和经办养老保险发生的基本运行费用、管理费用，由同级财政按照国家规定予以保障。

（三）投保人

投保人是指负有缴纳养老保险费义务的人。被保险人均须缴纳社会保险费，故被保险人同时也是投保人。此外，被保险人工作的单位负有缴纳养老保险费义务，也是投保人。按照《社会保险法》的规定，职工参加基本养老保险，由用人单位和职工共同缴纳基本养老保险费，用人单位成为特殊的投保人。机关事业单位要为其工作人员缴纳养老保险费，故机关事业单位同样也是投保人。

三、养老保险法律关系的内容

养老保险法律关系的内容是指养老保险主体所享有的权利和承担的义务。

（一）投保人与被保险人间的法律关系

用人单位与其职工、机关事业单位与其工作人员的关系起始于劳动关系或工作关系，而后才产生养老保险法律关系。劳动或工作关系存在，是用人单位或机关事业单位成为投保人的前提。投保人以义务主体的身份参加到养老保险法律关系中，其基本的义务就是缴费。该义务由法律规定，具有强制性，不可协议变更。投保人的地位并非源于劳动合同或其他约定，劳动合同中不得就参加养老保险及负担保险费事项作出有别于法律的约定，如有此约定，该约定无效。例如，《意大利民法典》第2115条第3款即明确规定："任何不承担提供社会保障或者扶助义务的约定无效。"

对于投保人与被保险人间法律关系的性质应从两个方面考察：第一，投保人参加到养老保险法律关系中并承担为被保险人缴纳养老保险费的义务源于法律的规定，是法律课予的强制性义务，不得以其他意思表示免除，其内容依法律的规定确定，双方的法律关系具有公法性。第二，投保人与被保险人在法律上通常还被拟制为对等的主体地位，都不享有公共权力，双方所具有的法律关系，目的还是保护被保险人的私权，该法律关系也具有一定的私法性。与投保人的义务相适应，被保险人应享有对投保人缴纳养老保险费的请求权，被保险人应有权请求投保人为其办理社会保险登记、申报和缴纳社会保险费。总体来看，投保人与被保险人之间的养老保险法律关系是社会法上的法律关系，是一种公法性质与私法性质兼具的法律关系。

（二）投保人与保险人间的法律关系

用人单位和机关事业单位的投保人地位源于法律规定，其负有缴纳社会保险费的法定义务，所缴纳的养老保险费是养老保险基金的重要来源。现行立法和实务中所言的养老保险经办机构，是我国养老保险的保险人。投保人与保险人之间的法律关系是一种继续性的法律关系，这一关系的维持与运行是养老保险制度得以运转的重要保障，是养老保险制度中具有重要影响的法律关系。

养老保险采用保险的机制，根据风险分担、众人协力的原则，运用概率和大数法则原理，计算出应缴保险费的标准，向缴费义务人收取。收取保险费和给付养老保险待遇的过程，实质上也是社会财富的再分配过程。在这一过程中，财富的转移主要是通过收取保险费和支付保险待遇来实现的，这一特征是社会保险与社会救助的显著区别。基于社会政策的考虑，社会保险不可能完全采用商业保险的模式，而应在社会连带的背景下，借用保险的框架，实现社会政策目标，保障社会成员的生存权。保险人征收养老保险费的直接功能在于满足社会保险待遇给付，此外，还承载着调节收入分配、保障生存权、实现社会正义等多元价值与任务，法律关系的分析着重其直接功能，当属自然。

投保人与保险人间的法律关系的内容主要体现在投保人的缴费义务和保险人的

征收权力方面，而投保人的缴费义务并非仅对保险人负担的义务，同时也是用人单位对被保险人负担的义务，完善的法制应当赋予被保险人对用人单位为自己缴纳养老保险费的请求权，这是两个私主体之间的权利义务关系，具有相当程度的私法性。投保人与保险人之间的法律关系实则是为第三人而建立的，其受益者为被保险人，最终的结果是实现私人利益。完整地考察投保人与保险人间的法律关系，其应当是兼具公法性与私法性的典型的社会法法律关系。

（三）保险人与被保险人间的法律关系

养老保险法律关系成立后，保险人承担为被保险人提供社会保险服务的义务，而被保险人取得在具备条件时享受养老保险待遇的权利。保险人与被保险人间的法律关系是养老保险法律关系中的基础法律关系，其性质较为特殊。社会保险的保险人在各国多为公法主体，其与被保险人之间的法律关系主要是基于法律规定而建立的，该法律关系自然具有较强的公法属性，在学说上认定其为公法关系性质，在其主导方面是成立的。

保险人与被保险人之间的法律关系又非纯粹的公法关系，其中渗入了不可忽略的私法因素。双方关系的私法属性首先表现在契约性方面。保险人并不能单方决定法律关系的全部内容，其中仍包含一定的合意成分。我国的城乡居民养老保险属自愿参保，缴费标准有多个档次可以选择，被保险人的自主性较强，保险人与被保险人间的法律关系中合意的成分较多。民事契约中的一些原理与养老保险法的性质不相冲突的，如要约与承诺、行为能力、代理、契约效力、免责条件等理论与规范在此契约中仍有适用的余地。私法属性的另一表现是在保险原理的运用上使保险人与被保险人间存在一定的对价关系。养老保险关系的建立、养老保险费的征收与缴纳、养老保险待遇的给付等是反映双方法律关系的主要环节。被保险人以缴纳养老保险费为代价分散了原本自己承担的风险，换取了某种经济保障，具备条件即可以自己参加保险的身份获得相应的保险待遇，保险人取得养老保险费则可能承担对待给付义务，保险费与保险待遇之间存在着一定的对价关系，有私法原理适用的空间。保险人与被保险人之间的法律关系是一种新型法律关系，偏重公法关系，双方争议的解决途径自应不同于民事契约的解决途径，我国采用行政法上的解决方式，即通过行政复议和行政诉讼途径进行。保险人主要为满足被保险人的养老保险需求而设，其服务性功能较强，相对于行政机关与行政相对人之间的关系，其行政管理的因素不甚强烈，不应忽略私法关系的存在及其影响。其中公法关系与私法关系紧密关联并融合在一起，二者并非简单相加，明确区分其中哪些关系是公法关系、哪些关系是私法关系并无绝对的必要，事实上也难以做到明确区分。对其进行调整自然应适用专门的养老保险法律，在无专门法律的情形下，可以区别不同情况适用传统公法或私法的规则。

相关法律法规

1. 《社会保险法》第二章
2. 《国务院关于建立统一的企业职工基本养老保险制度的决定》
3. 《国务院关于完善企业职工基本养老保险制度的决定》
4. 《国务院关于机关事业单位工作人员养老保险制度改革的决定》
5. 《国务院关于建立统一的城乡居民基本养老保险制度的意见》

知识点3　养老保险费、养老保险基金与养老保险待遇

导入案例

案例8-3　用人单位的养老保险缴费义务

2009年3月26日起至2016年2月3日止，龙某在重庆市湘渝某矿业有限责任公司S煤矿（以下简称S煤矿）工作，双方存在劳动关系，S煤矿没有为龙某缴纳基本养老保险费。龙某多次催促，S煤矿均敷衍推脱，于是龙某自行缴纳了基本养老保险费18 669.8元。龙某认为，S煤矿依法应当为其缴纳基本养老保险费而未缴纳，理应赔偿自己自行缴纳的基本养老保险费。于是，龙某向重庆市某区劳动人事争议仲裁委员会申请仲裁。但由于证据问题，该仲裁委员会不予受理；龙某起诉至重庆市某区人民法院被判决驳回诉讼请求；龙某又向重庆市第一中级人民法院提起上诉也被判决驳回。龙某又向重庆市高级人民法院申请再审，重庆市高级人民法院裁定提审本案。龙某重新举证，其提供的加盖某区静观镇养老保险个人参保业务专用章的龙某基本养老保险缴费记载证实，龙某于2009年至2010年缴纳基本养老保险缴费6 957.6元；龙某的邮政储蓄账户交易明细显示，龙某于2011年至2014年缴纳基本养老保险费11 712.2元，合计18 669.8元，法院予以确认。

重庆市高级人民法院认为，S煤矿虽为龙某办理了社会保险手续，龙某具有社会保险账户，但S煤矿没有依法为龙某缴纳基本养老保险费，该养老保险账户的基本养老保险费系由龙某按照重庆市最低缴费基数自行缴纳的。根据重庆市相关社会保险政策，单位缴纳基本养老保险费的比例为本单位工资总额的20%，个人缴纳基本养老保险费的比例为本人缴费工资的8%，据此可以计算出在龙某已经缴纳的基本养老保险费18 669.8元中，属于用人单位S煤矿应当缴纳的基本养老保险费为13 335.57元。龙某已经缴纳的基本养老保险费中应当由用人单位缴纳的部分，应由用人单位返还给龙某。龙某诉请S煤矿返还其垫付的应由用人单位缴纳的基本养老保险费，有事实和法律依据，应予以支持。2019年12月12日，重庆市高级人民法院判决，S煤矿向龙某返还其垫付的基本养老保险费13 335.57元。

基本理论

一、养老保险费

（一）职工养老保险费

按照《社会保险法》及相关规范性文件的规定，职工参加基本养老保险，由用人单位和职工共同缴纳基本养老保险费。其中用人单位按照国家规定的本单位职工工资总额的比例缴纳，职工按照国家规定的本人工资的比例缴纳。无雇工的个体工商户、未在用人单位参加基本养老保险的非全日制从业人员及其他灵活就业人员参加基本养老保险，由个人缴纳基本养老保险费。在中国境内就业的外国人，由用人单位和本人缴纳养老保险费。用人单位承担的养老保险费具有转嫁性，它构成企业的成本，能够随同销售收入获得回收，而转嫁给社会承担。

用人单位和职工个人的缴费具有强制性，强制征收才能保障养老保险具有稳定可靠的资金来源，维护养老保险基金的安全，维持养老保险制度的正常运行，使被保险人获得所需的生存资料，实现养老保险的保障目标。用人单位应当自行申报、按时足额缴纳养老保险费，非因不可抗力等法定事由不得缓缴、减免。用人单位基于其特定身份，被社会保险法赋予为其雇用的劳动者办理养老保险登记、缴纳养老保险费，并代扣代缴劳动者个人应缴的养老保险费等义务，不论其意志如何，都没有选择的余地，也不可在劳动合同中与劳动者约定免除。

确定适度的养老保险费率是养老保险制度良性运转所必需的，过低或过高的缴费率都会对养老保险制度的运行造成不利影响。如果缴费率过低，养老保险基金将面临资金缺口，增加支付压力，影响被保险人的养老保险待遇；如果缴费率过高，单位和劳动者的资金压力沉重，不利于企业的经营，影响劳动者的消费水平。我国的养老保险缴费率的规定一直不太稳定，各地也不一致，但人们普遍认为费率偏高。近年来，我国采取措施降低养老保险费率，以减轻企业负担、优化营商环境、完善社会保险制度。例如，自2019年5月1日起，降低城镇职工基本养老保险（包括企业和机关事业单位基本养老保险）单位缴费比例，此后还实行了阶段性的减免措施。

（二）机关事业单位工作人员养老保险费

按照公务员法管理的单位、参照公务员法管理的机关（单位）、事业单位编制内的工作人员参加基本养老保险的养老保险费，由单位和个人共同负担。单位缴费按照本单位工资总额的规定比例缴纳，个人缴费按照本人缴费工资的规定比例缴纳，由单位代扣。个人工资超过当地上年度在岗职工平均工资300%以上的部分，不计入个人缴费工资基数；低于当地上年度在岗职工平均工资60%的，按当地在岗职工平均工资的60%计算个人缴费工资基数。这是一种责任共担、统筹互济的养老保险筹资机制。

（三）城乡居民养老保险费

城乡居民养老保险由个人缴费，政府补贴，国家鼓励其他经济组织、社会组织和个人为被保险人缴费提供资助。参加城乡居民养老保险的人员按规定缴纳养老保险费，缴费标准设若干个档次，被保险人自主选择档次缴费，多缴多得。因而，城乡居民养老保险的缴费标准具有弹性，不采取一刀切的统一标准，投保人可以根据自身的收入状况、家庭经济承受能力自主选择。有条件的村集体经济组织应当对被保险人缴费给予补助，补助标准由村民委员会召开村民会议民主确定。政府对符合领取城乡居民养老保险待遇条件的被保险人全额支付基础养老金，地方人民政府应当对被保险人缴费给予补贴。

二、养老保险基金

养老保险基金，是指为实施养老保险制度，依照法定程序和标准筹集的，为给付养老保险待遇而设置的专项资金。养老保险基金是养老保险制度运行的物质基础，养老保险法律制度主要围绕养老保险基金的筹集、支付、管理、运营、监督等问题而建立。养老保险基金用途特定、专款专用，任何组织和个人不得侵占或者挪用。在人口老龄化背景下，享受养老保险待遇的人口增加，而缴纳养老保险费的人口减少，养老保险基金面临着财务平衡的压力，构建规范、可持续的养老保险基金制度意义重大。

（一）职工基本养老保险基金

职工基本养老保险基金由用人单位和个人缴费及政府补贴等组成。养老保险基金主要依靠缴费实现自我平衡、自给自足，政府投入通常起辅助性的作用。职工基本养老保险实行社会统筹与个人账户相结合。用人单位缴纳的基本养老保险费，记入基本养老保险统筹基金；职工缴纳的基本养老保险费，记入个人账户。个人账户不得提前支取，记账利率不得低于银行定期存款利率，免征利息税。个人死亡的，个人账户余额可以继承。统筹基金主要发挥互助共济的职能，将个体面临的风险分散至整体承担，实现风险分担。年轻人与老年人之间的互济、在职者与退休者之间的互济、高收入者与低收入者之间的互济，反映了所有社会成员抵御社会风险的共同需求及实现路径。

无雇工的个体工商户、未在用人单位参加基本养老保险的非全日制从业人员及其他灵活就业人员参加基本养老保险的，应当按照国家规定缴纳基本养老保险费，分别记入基本养老保险统筹基金和个人账户。

国有企业职工参加基本养老保险前，视同缴费年限期间应当缴纳的基本养老保险费由政府承担。基本养老保险基金出现支付不足时，政府给予补贴。

2018年6月，国务院决定建立养老保险基金中央调剂制度，自2018年7月1日起实施。在现行企业职工基本养老保险省级统筹基础上，建立中央调剂基金，对各省份养老保险基金进行适度调剂，确保基本养老金按时足额发放，合理均衡地区间企业职工基本养老保险基金负担，提高养老保险基金整体抗风险能力，实现基本养老保险制度可持续发展。

（二）机关事业单位工作人员养老保险基金

机关事业单位基本养老保险基金单独建账，与企业职工基本养老保险基金分别管理使用。按本人缴费数额建立的基本养老保险个人账户，全部由个人缴费形成。个人账户储存额只用于养老，不得提前支取，每年按照国家统一公布的记账利率计算利息，免征利息税。被保险人死亡的，个人账户余额可以依法继承。

(三) 城乡居民养老保险基金

城乡居民养老保险基金由个人缴费、集体补助、政府补贴构成。城乡居民养老保险为每个被保险人建立终身记录的养老保险个人账户，个人缴费、地方人民政府对被保险人的缴费补贴、集体补助，以及其他社会经济组织、公益慈善组织、个人对被保险人的缴费资助，全部记入个人账户。被保险人死亡的，个人账户资金余额可以依法继承。

三、养老保险待遇

(一) 职工基本养老保险待遇

基本养老金由统筹养老金和个人账户养老金组成。基本养老金根据个人累计缴费年限、缴费工资、当地职工平均工资、个人账户金额、城镇人口平均预期寿命等因素确定。

参加基本养老保险的个人，达到法定退休年龄时累计缴费满15年的，按月领取基本养老金。参加基本养老保险的个人，达到法定退休年龄时累计缴费不足15年的，可以缴费至满15年，按月领取基本养老金；也可以转入城乡居民养老保险，按照国务院规定享受相应的养老保险待遇。参加基本养老保险的个人，因病或者非因工死亡的，其遗属可以领取丧葬补助金和抚恤金；在未达到法定退休年龄时因病或者非因工致残完全丧失劳动能力的，可以领取病残津贴。所需资金由基本养老保险基金支付。

国家建立基本养老金正常调整机制。根据职工平均工资增长、物价上涨情况，适时提高基本养老保险待遇水平。个人跨统筹地区就业的，其基本养老保险关系随本人转移，缴费年限累计计算。个人达到法定退休年龄时，基本养老金分段计算、统一支付。

(二) 机关事业单位养老保险待遇

个人缴费年限累计满15年的机关事业单位工作人员，退休后按月领取基本养老金。基本养老金由基础养老金和个人账户养老金组成。退休时的基础养老金月标准以当地上年度在岗职工月平均工资和本人指数化月平均缴费工资的平均值为基数，缴费每满1年发给1%。个人账户养老金月标准为个人账户储存额除以计发月数，计发月数根据本人退休时城镇人口平均预期寿命、本人退休年龄、利息等因素确定。

建立基本养老金正常调整机制，根据职工工资增长和物价变动等情况，统筹安排机关事业单位工作人员的基本养老金调整，逐步建立兼顾各类人员的养老保险待遇正常调整机制，分享经济社会发展成果，保障退休人员基本生活。

（三）城乡居民养老保险待遇

参加城乡居民养老保险的个人，年满60周岁、累计缴费满15年，且未领取国家规定的基本养老保障待遇的，可以按月领取城乡居民养老保险待遇。城乡居民养老保险待遇由基础养老金和个人账户养老金构成，支付终身。中央人民政府确定基础养老金最低标准，建立基础养老金最低标准正常调整机制。个人账户养老金的月计发标准，目前为个人账户全部储存额除以139。被保险人死亡的，从次月起停止支付其养老金。社会保险经办机构应每年对城乡居民养老保险待遇领取人员进行核对。

课程思政

调整养老金是保障和改善民生的重要措施

调整退休人员基本养老金，是保障和改善民生的重要措施，体现了党中央、国务院对广大退休人员的亲切关怀。根据《关于2022年调整退休人员基本养老金的通知》（人社部发〔2022〕27号）的规定，各地区"要严格按照人力资源社会保障部、财政部备案同意的实施方案执行，把各项调整政策落实到位。要切实采取措施加强基本养老保险基金收支管理，提前做好资金安排，确保基本养老金按时足额发放，不得发生新的拖欠。未经人力资源社会保障部、财政部批准，不得自行提高退休人员基本养老金水平，不得通过设立最低养老金标准等方式变相提高待遇水平"。

相关法律法规

1. 《社会保险法》第二章
2. 《社会保险费征缴暂行条例》
3. 《国务院关于完善企业职工基本养老保险制度的决定》
4. 《国务院关于机关事业单位工作人员养老保险制度改革的决定》
5. 《国务院关于建立统一的城乡居民基本养老保险制度的意见》

实训

【实训情境】

上诉人大冶H实业有限公司（以下简称H公司）因与被上诉人徐某劳动争议

一案，不服大冶市人民法院（2017）鄂0281民初3525号民事判决，提起上诉。

H公司上诉请求：撤销一审判决，改判其不承担经济补偿和养老保险损失。事实与理由：

（1）虽然徐某与其签订的自愿不参加社会保险、按月领取社保补贴的书面协议因违反法律强制性规定而无效，但根据诚实信用原则及公平合理原则，徐某自2013年1月1日起就社会保险费未缴即明知，但直至徐某离职之日也未向其提出任何书面申请要求缴纳社会保险费，因此其并无过错。一审判决认定其对于徐某的保险未缴纳问题存在过错明显不当，其不应当承担过错责任而支付经济补偿。此外，其与徐某解除劳动关系是因徐某已达到退休年龄，根据《劳动合同法》第46条规定，用人单位应支付经济补偿的情形中并不包含达到退休年龄劳动合同终止这一情形，故其亦无需支付经济补偿。

（2）首先，徐某并未提供证据证实其存在养老保险损失，该项诉请亦非人民法院受理范畴，不应予以支持。其未为徐某购买养老保险系徐某自身原因所致，且其已按月支付徐某社保补贴，履行了购买社保的义务，徐某所诉称的养老保险损失并非其所致。其次，徐某仅提供了劳动仲裁机构出具的不予受理决定书，但并未提供社会保险经办机构出具的不能补办证据材料，亦未提供存在养老保险损失的证据材料。且养老保险费的缴纳，并非达到退休年龄后必然不能缴纳，应当根据当地的政策规定来确定能否缴纳。徐某单以达到退休年龄而未前往社保经办机构办理相应保险缴纳手续就认定存在损失属于以偏概全。

徐某答辩称：一审判决认定事实清楚，适用法律正确，请求驳回H公司的上诉请求。

徐某向一审法院起诉请求：

（1）由H公司向其支付解除劳动合同1个月工资2 836.70元。

（2）由H公司向其支付经济补偿24 106元。

（3）由H公司向其支付养老金损失费45 376元。

（4）由H公司向其支付带薪年休假工资1 955.86元。

一审法院认定事实：徐某于2009年3月经招聘进入H公司从事废钢上料工工作。H公司未为徐某缴纳社会保险费。2013年3月6日，H公司与徐某签订了一份社会保险补偿协议书。H公司依该协议约定对2013年1月以前未为徐某缴纳的社会保险费共补偿徐某个人5 750元，并已支付给徐某。此后，H公司根据徐某的申请，对2013年1月以后未为徐某缴纳的社会保险费则以补贴的形式每月发放给徐某150元。2013年4月1日，徐某与H公司补签了劳动合同。2017年5月17日，H公司向徐某送达劳动合同终止通知单，以徐某于2017年6月20日达到法定退休年龄为由提前通知徐某终止劳动合同。2017年8月3日,徐某向大冶市劳动人事争议仲裁委员会申请仲裁,该仲裁委员会以徐某超过法定退休年龄为由作出不予受理通知书。故徐某向法院提起诉讼。

另认定,徐某劳动合同终止前12个月平均工资为2 790.43元。

一审法院认为:徐某于2009年3月进入H公司工作,并于2013年4月1日补签了劳动合同,双方存在合法的劳动关系。根据《劳动合同法》第44条第2项的规定,劳动者开始享受基本养老保险待遇的,劳动合同终止。因此对于达到法定退休年龄但没有开始享受基本养老保险待遇的,劳动合同并不一定自然终止。徐某以向H公司申请和与H公司达成补偿协议的形式自愿放弃缴纳社会保险费而领取社保补贴,因违反法律法规的强制性规定,均属无效。徐某因此获取的补贴应当返还给H公司。H公司对徐某达到法定退休年龄后仍不能开始享受基本养老保险待遇存在过错,应当向徐某支付相应的解除劳动合同经济补偿。徐某自愿放弃缴纳社会保险费而领取社保补贴,对此亦存在一定的过错,故酌情认定徐某、H公司对于经济补偿部分按30%和70%承担为宜。故对于徐某要求H公司支付解除劳动合同经济补偿的请求,予以部分支持。在徐某未缴纳社会保险的情形下,因徐某已达到法定退休年龄,无法补办、补缴,H公司应当按照徐某的工作年限1年支付2个月的劳动合同终止前12个月平均工资标准赔偿徐某损失,徐某已领社保补贴应当扣除。故徐某以H公司未为其办理社会保险手续导致其无法享受社会保险待遇为由要求H公司赔偿损失的请求,应予以支持。H公司因徐某达到法定退休年龄而与徐某解除劳动合同,并不属于应当额外支付劳动者1个月工资情形。徐某因此要求H公司支付解除劳动合同1个月工资的请求,于法无据,不予支持。根据《职工带薪年休假条例》第2条规定,职工连续工作满1年以上的,享受带薪年休假。故徐某要求H公司支付其未休年休假工资的请求,应予以支持。依照《劳动合同法》第46条第1项、第47条和最高人民法院《关于审理劳动争议案件适用法律若干问题的解释(三)》第1条和《职工带薪年休假条例》第3条、第10条、第11条的规定,判决:

(1) H公司应支付徐某解除劳动关系经济补偿16 603.06元(2 790.43元/月×8.5个月×70%)。

(2) H公司支付徐某2009年3月至2017年6月20日期间未缴纳养老保险损失赔偿金32 342.10元(2 790.43元/月×16.5个月−13 700元)。

(3) H公司支付徐某未休年休假工资1 282.96元(2 790.43元/月÷21.75天/月×5天×2倍)。

(4) 以上三项,H公司均在本判决生效之日起15日内支付给徐某。

(5) 驳回徐某的其他诉讼请求。

二审中，当事人没有提交新证据。

法院经审理查明，一审判决认定的事实属实，予以确认。

法院认为：

(1) 关于H公司是否应支付徐某经济补偿的问题。社会保险是国家实施的一种强制性保险，用人单位和劳动者都有缴纳社会保险费的义务。用人单位没有为劳动者缴纳社会保险费，侵害了国家的社会保障体制以及劳动者的合法权益。根据《劳动合同法》第26条第1款第2项的规定，用人单位与劳动者签订免除自己法定责任、排除劳动者权利的劳动合同无效。本案中，H公司与徐某达成的不参保约定，免除了H公司的法定义务，且侵害了国家社会保障体制以及徐某的合法权益。无论该约定是否出于徐某自愿，因违反了法律的强制性规定，应认定为无效。为劳动者缴纳社会保险费属法定义务，H公司作为用工单位明知其具有为劳动者缴纳社会保险费的法定义务，仍与徐某约定以社保补助代替缴纳社会保险费，从而免除自己的法定义务，明显存在过错。现徐某因H公司未为其缴纳社会保险费，在达到法定退休年龄后不能享受基本养老保险待遇，故H公司在解除劳动关系时应向徐某支付经济补偿。但徐某与H公司签署协议放弃缴纳社会保险费，亦有不当之处，故一审法院依照过错责任分担经济补偿并无不当。

(2) 关于H公司是否应支付徐某养老保险损失的问题。当事人对自己提出的诉讼请求所依据的事实或者反驳对方诉讼请求所依据的事实有责任提供证据加以证明。没有证据或证据不足以证明当事人的事实主张的，由负有举证责任的当事人承担不利后果。从已查明的事实来看，双方对于徐某因H公司未为其缴纳社会保险费致徐某无法享受养老保险待遇的事实均无异议。现H公司诉称达到法定退休年龄后徐某的社会保险费仍可补缴，不应由其承担赔偿徐某养老保险损失，则H公司应就此承担举证责任，但H公司并未提供相关证据予以证实，H公司应承担举证不能的法律后果。加之，H公司以徐某已达到法定退休年龄解除了与徐某的劳动合同关系，而因H公司在双方劳动关系存续期间未为徐某缴纳社会保险费使得徐某在达到法定退休年龄后无法享受基本养老保险待遇，对该损失H公司应当予以补偿。故一审判决由H公司向徐某支付养老保险损失并无不当。

综上，H公司的上诉请求不成立，二审法院不予支持；一审判决认定事实清楚，适用法律正确，应予维持。依照《民事诉讼法》第170条第1款第1项之规定，判决如下：驳回上诉，维持原判。二审案件受理费10元，由H公司负担。

【实训任务】

通过对养老保险争议案件的分析，进一步理解和掌握养老保险的特点与功能、养老保险法律关系的主体与内容、养老保险费与养老保险待遇的关系，提高运用养老保险法的原理和立法解决实际问题的能力、语言表达能力及应变能力。

【实训方法】

1. 全体实训人员分为原告、被告、合议庭 3 组，各自结合本方的诉讼角色，运用养老保险法的原理和立法相关法律规定对案件争议问题发表自己的见解。

2. 各小组形成本组的观点及依据后，由 1 名代表发表意见。

3. 辅导教师归纳小组意见并予以点评。

练习题

一、单项选择题

1. 职工应当参加基本养老保险，（　　）缴纳基本养老保险费。

A. 全部由用人单位　　　　　　B. 全部由职工

C. 用人单位和职工共同　　　　D. 社会负担

2. 用人单位应当按照国家规定的本单位职工工资总额的比例缴纳基本养老保险费，记入基本养老保险（　　）。

A. 统筹基金　　　　　　　　　B. 个人账户

C. 统筹基金或个人账户　　　　D. 统筹基金和个人账户

3. 职工应当按照国家规定的本人工资的比例缴纳基本养老保险费，记入（　　）。

A. 统筹基金　　　　　　　　　B. 个人账户

C. 统筹基金或个人账户　　　　D. 统筹基金和个人账户

4. 参加职工基本养老保险的个人，达到法定退休年龄时累计缴费满（　　）年的，按月领取基本养老金。

A. 5　　　　　B. 10　　　　　C. 15　　　　　D. 20

5. 职工基本养老保险（　　）。

A. 全部实行个人积累　　　　　B. 全部实行社会统筹

C. 实行社会统筹和政府补贴相结合　D. 实行社会统筹与个人账户相结合

二、多项选择题

1. 基本养老保险基金由（　　）等组成。

A. 用人单位缴费　　　　　　　B. 个人缴费

C. 政府补贴　　　　　　　　　D. 企业利润

2. （　　）可以参加基本养老保险，由个人缴纳基本养老保险费。

A. 无雇工的个体工商户

B. 未在用人单位参加基本养老保险的非全日制从业人员

C. 其他灵活就业人员

D. 机关事业单位工作人员

3. 基本养老金根据（　　）等因素确定。

A. 个人累计缴费年限　　　　B. 缴费工资

C. 当地职工平均工资　　　　D. 个人账户金额

4. 城乡居民养老保险基金由（　　）构成。

A. 用人单位缴费　　　　　　B. 个人缴费

C. 集体补助　　　　　　　　D. 政府补贴

5. 参加基本养老保险的个人，因病或者非因工死亡的，其遗属可以领取（　　）。

A. 养老金　　B. 丧葬补助金　　C. 死亡补助金　　D. 抚恤金

三、案例分析题

陈某曾在广州某人力资源有限公司从化分公司（以下简称从化分公司）工作。2018年6月至2019年2月期间，从化分公司仅为陈某缴纳社会保险中的工伤保险一项，并未缴纳基本养老保险。陈某于2021年9月26日达到法定退休年龄时，因养老保险费累计缴费不足15年而未能及时享受养老保险待遇。截至2021年8月，陈某累计缴纳养老保险费171个月，未达到办理退休领取退休金的缴纳180个月的标准。如果从化分公司依法为陈某缴纳社保，或者在陈某法定退休年龄到来前及时补缴，陈某即可于2021年9月及时领取养老保险待遇。陈某后来自行补缴了9个月的养老保险费，并已于2022年9月开始享受养老保险待遇，目前养老金金额每月2 113元。陈某诉至法院，要求从化分公司赔偿其延期领取养老保险待遇损失，按照每月2 113元计算12个月共25 356元。

问题：

法院是否应支持陈某的诉讼请求？

单元 9 工伤保险法

学习目标

1. 了解工伤损害救济方式的演变。
2. 掌握工伤保险的概念和特征。
3. 理解工伤保险法的基本原则。
4. 理解工伤的概念。
5. 掌握工伤认定标准。
6. 理解劳动能力鉴定。
7. 掌握工伤保险待遇。
8. 理解工伤保险费与工伤保险基金。

要点提示

1. 工伤损害救济方式经历了劳动者自己责任、遵循过错责任的传统私法救济、引入无过错责任的私法的调整与无过失补偿的工伤损害救济社会化等阶段。

2. 工伤保险，是指劳动者在工作中或者在规定的特殊情况下遭受事故伤害而负伤、致残、死亡或者患职业病时，对劳动者或其亲属给予物质帮助的一项社会保险制度。

3. 工伤保险应对的风险是职业伤害风险，具有强制性、权利与义务不对等、待遇优厚等特点。

4. 工伤认定标准须从应当认定为工伤、视同工伤和不得认定为工伤或者视同工伤三个角度把握。

5. 工伤认定应向统筹地区社会保险行政部门提出。

6. 劳动能力鉴定，是指对劳动功能障碍程度和生活自理障碍程度的等级鉴定。

7. 工伤保险待遇分为工伤医疗期间待遇、因工伤残待遇和因工死亡待遇。

8. 工伤保险费由用人单位缴纳，遵循以支定收、收支平衡的原则，实行行业差别费率。

9. 工伤保险基金由用人单位缴纳的工伤保险费、工伤保险基金的利息和依法纳入工伤保险基金的其他资金构成。

知识点 1　工伤及其权利救济概述

导入案例

案例 9-1　孙某诉某市某园区劳动人事局工伤认定案

孙某系某市 L 技术有限公司（以下简称 L 公司）员工，于 2020 年 6 月 10 日上午受 L 公司负责人指派去北京机场接人。孙某从 L 公司所在国际商业中心八楼下楼，欲到院内开车，当行至一楼门口台阶处时，孙某脚下一滑，从四层台阶处摔倒在地面上，经医院诊断为颈髓过伸位损伤合并颈部神经根牵拉伤、上唇挫裂伤、左手臂擦伤、左腿皮擦伤。孙某向该园区人力资源和社会保障局提出工伤认定申请，该园区人力资源和社会保障局于 2021 年 3 月 5 日作出《工伤认定决定书》，认为没有证据表明孙某的摔伤事故是在工作场所、基于工作原因造成的，决定不认定为工伤。孙某提起行政诉讼。该园区人力资源和社会保障局辩称：孙某受伤不是由于工作原因，而是由于本人注意力不集中，脚底踩空，才在下台阶时摔伤，不符合应当认定为工伤的情形。

本案经市中级人民法院一审，省高级人民法院二审。一审和二审法院均认为，该园区人力资源和社会保障局以孙某不是开车时受伤为由，认为孙某不属于"因工作原因"摔伤，理由不能成立，判决撤销人力资源和社会保障局所做的《工伤认定决定书》，限其重新作出具体行政行为。

导入案例分析

案例9-2　安某民、兰某某诉某市某远洋渔业有限公司工伤保险待遇纠纷案

2017年7月8日，安某东与某市某远洋渔业有限公司（以下简称渔业公司）建立劳动关系，签订聘用合同。合同约定：渔业公司招聘安某东为远洋大管轮职务船员，为安某东投保人身意外险，如在聘用期内发生因工伤亡，按有关意外保险条款执行。其后，渔业公司作为投保人缴纳了保费，为安某东向保险公司投保团体意外伤害保险，保障项目为意外身故、残疾、烧伤给付，保险金额为60万元。安某东被派遣至一轮船上进行远海捕鱼作业。2018年8月5日，该轮船在某海岛附近海域遇险侧翻。2019年1月16日，安某东被河南省栾川县人民法院宣告死亡。保险公司向安某东的父母安某民、兰某某支付了安某东身故赔偿金60万元。该市人力资源和社会保障局认定安某东遇险属于工伤。

安某东的父母向海事法院提起诉讼，请求判令渔业公司支付工伤保险待遇。渔业公司辩称：安某东生前与渔业公司约定以商业保险替代工伤保险，安某东的父母已经拿到商业保险金60万元，无权再主张工伤保险赔偿金。本案经海事法院一审，省高级人民法院二审。最终法院判决渔业公司向安某东的父母支付丧葬补助金、一次性工亡补助金共计520 808元。

基本理论

一、工伤损害救济方式的演变

劳动者与雇主之间的雇佣关系，在传统上属于私法关系，在雇佣过程中发生工伤导致损害的救济也采用私法上的救济方式，遵照私法上的原则处理。但这种救济方式与原则的运用越来越不适应现代工业社会的需要，因而在工伤损害的救济上逐渐引入了社会化的处理方式，改变了救济遵循的原则，最终导致工伤保险法的诞生和逐步完善，形成工伤损害多种救济方式并存、互相补充、协调又竞争的局面。多种救济途径的关系，以及各自的发展前景等问题都为人们所关注。分析这一演变过程，探究其原因及影响，关注其未来的走向，对于理解工伤保险法和以一个新视角重新看待传统私法都非常有意义。

（一）劳动者自己责任

在资本主义早期，工伤赔偿责任在理论和实践上都坚持"劳动者自己责任"的原则，即劳动者在工作中受到的职业伤害后果都由劳动者自己承担。其理论根据是"危险自认说"。亚当·斯密就认为，雇主在支付给劳动者的工资中已包含了对工作岗位危险性的补偿，因此，既然劳动者具有自愿与雇主签订合同的自由，也就意味着他们自愿接受了风险，接受了补偿这种风险的收入，劳动者理应自行承担他们在工作过程中因发生工伤事故而遭受的一切损失。在这种理论指导下，雇主不承担工伤责任，劳动者缺少起码的人身权利保障，法律扮演了牺牲劳动者利益而优先保护雇主利益的角色。随着工业化进程的发展，工伤事故频发，严重影响劳动者的健康和生存，为追求利润而节约成本的动机使得雇主天然地不愿为安全的劳动条件投入，而发生工伤事故时雇主却对此不承担责任，有悖公平正义。

（二）传统私法救济方式与过错责任

古代氏族社会的血族复仇被更加文明、理智的赔偿取代是人类处理人身损害问题上的巨大进步，长期以来，调整这类损害赔偿问题的是私法中的侵权行为法规范。在侵权赔偿责任的发展历程中，加害责任原则曾长期实行，致人损害的加害事实本身就足以构成使其承担责任的充分理由，而不考虑行为人主观上是否有过错，这是一种客观归责原则。但罗马法独树一帜，实行过错责任原则。罗马法时期，商品经济活跃、政治民主、法学昌明，使反映理性主义和私权本位主义精神的过错责任盛极一时。在中世纪时期，过错责任原则走入低潮。后经罗马法复兴运动，过错责任原则被普遍接受，最终在1804年《法国民法典》中被以准确、精练的语言表述出来，并传播至世界各地。过错责任原则逐渐成为大陆和英美两大法系共同遵循的侵权行为法的归责原则。

在工伤处理问题上，在劳动者的斗争和社会的压力下，立法承认了雇主责任。此时的雇佣关系是民法调整的范畴，工伤赔偿责任是民事责任，依照民法的救济方式并遵循民法的原则处理。侵权行为法是劳动者遭受职业伤害时寻求权利救济的基本法律依据。过错责任原则是占有统治地位的侵权责任的归责原则，行为人主观上具有的可归责的事由是其承担民事责任的基础。因而，过错责任原则是处理工伤赔偿必须遵守的准则，它要求劳动者必须证明雇主有过错，才能获得雇主的赔偿；如不能证明雇主有过错，则劳动者只能自行承担职业伤害的后果。与劳动者自己责任原则相比，雇主对劳动者的职业伤害承担过错责任显然是一大进步，但过错责任原则并不能完全解决工伤事故的赔偿问题。原因在于：第一，由于生产过程与机器设备的专业性与复杂性，劳动者碍于知识与能力的局限等原因，证明雇主主观上有过错极为困难，而雇主则容易提出种种理由证明自己的清白。第二，工业革命以来，各种新技术、新机器尚不成熟，在使用中是否会造成劳动者的人身损害及造成何种损害等尚不清楚，无法预见，雇主对于损害的发生往往并无过错。第三，即便能够证明雇主有过错，依照过错责任原则，雇主仍可因一定的事由而免责或减轻责任，如普通法中就有"共同过错""同伴工人过失""自甘冒险"等可以由雇主采用的抗辩事由。第四，采用低效率、高成本的侵权赔偿机制解决职业伤害问题存在明显的弊端，主张侵权责任的权威程序是诉讼，而高额的诉讼费用、专业而又复杂的程序、旷日持久的讼累而生的侵权赔偿诉讼的成本之高使劳动者无力承担，诉讼的后果往往是劳动者难以获得赔偿和及时的救治。第五，劳动者与其雇主不得不直接谈判或对簿公堂，容易恶化本已紧张的劳资关系，劳动者还要冒失业的风险，被解雇而失去工作的后果会使劳动者的处境雪上加霜。面对大量的无辜受害的劳动者，传统侵权行为法依过错责任原则处理工伤赔偿问题，对劳动者权利的保护仍然是有限的。

为弥补过错责任原则的不足，既维持过错责任原则的地位，又能够有效地救济受害人，过错责任的一种特殊的适用方法——过错推定责任产生了，即在损害发生后，法律推定行为人有过错并承担侵权责任，从而免除受害人对于行为人过错的举证责任，如行为人能够证明自己无过错则可以免责。过错推定责任的出现，使得过错的举证责任由受害人转移到加害人，有利于受害人一方，对于受害人的保护是一种进步。但过错推定责任是过错责任原则适用中的一种特殊情形，它仍然以加害人的过错为责任的根据或标准，仍然属于过错责任原则范畴，而不是一种独立的归责原则，对工业事故受害劳动者的保护仍有不足。在工业事故中，雇主以劳动者的过错或自己无过错而免除责任的概率仍然很高，这就意味着相当多遭受工伤损害的劳动者得不到赔偿。

（三）私法的调整与无过错责任

适用过错责任原则的合理前提是，人们能够通过控制自己的行为而达到预期的结果。但在社会化大生产条件下，劳动关系中劳动者一方的行为自由很有限。劳动关系具有从属性，劳动者要加入雇主的劳动组织，接受雇主的指挥，对劳动条件的控制权掌握在雇主的手中，劳动者对于劳动所致工伤损害无力防范。其结果往往是事故频发、损害巨大、受害者众多、雇主免责。所以，在工伤损害场合适用过错责任的理论前提已经丧失，固守过错责任原则已经不合时宜，应当寻找新的法律对策以保护职业伤害的受害者。

在19世纪，为解决工伤赔偿问题，修正过错责任原则的不足，无过错责任原则产生了。依据无过错责任原则，无论雇主对于劳动者遭受的职业伤害及其后果有无过错，均应对该后果承担赔偿责任，即工伤事故损害赔偿不考虑雇主的过错，雇主有无过错对其责任的构成并无影响，劳动者无须就雇主的过错举证证明，雇主也不能通过举证证明自己无过错而减轻或免除其赔偿责任。无过错责任原则在工伤事故损害救济领域的引入，使受害劳动者主张权利更容易，行使权利的负担减轻，这无疑是工伤损害救济制度的又一次进步。

无过错责任原则的确立又促成了以雇主对劳动者的工伤赔偿责任为标准的雇主责任保险制度的兴盛。雇主责任保险是为保护雇主的利益，防止雇主因承担较重的侵权责任陷入困境而转移风险的一种措施。雇主责任保险的运用不但有利于雇主，而且间接地使劳动者应得的赔偿更有保障。雇主责任保险的出现，实现了一定程度上的职业伤害损失承担的社会化。

但无过错责任制度在劳动者权利保护上仍有囿于民法制度而存在难以克服的缺陷，主要表现在：第一，无过错责任仍然是雇主责任，在雇主破产或赔偿能力不足的情形下，对于劳动者的权利救济仍然于事无补。第二，一次大的工伤事故，巨额的赔偿负担对于雇主来说往往是致命的，这可能严重影响企业的经营。第三，虽然责任保险可以为雇主分散其风险，但作为商业保险的责任保险乃自愿性保险，并非所有雇主均愿投保。对于一些风险较大的行业或企业，保险公司未必愿意承保。第四，责任保险往往有赔偿限额和各种免责条款，保险公司凭借自己的优势地位总是设法降低赔付标准，劳动者并不是总能够获得全部的赔偿，一些对于赔偿限额的规定使工伤损害赔偿标准不利于劳动者。所以无过错责任与雇主责任保险仍无法保证工伤所致损害都能获得充分的赔偿。

（四）工伤损害救济的社会化与无过失补偿

从过错责任原则到无过错责任原则，私法对于工伤损害的救济似乎已走到了尽头，制度变迁至此仍不能令人满意，那么人们应寻求民法之外的解决之道。工伤损害已成为社会问题，不应将其看作单纯的私人间的问题，在工伤损害的救济上，应当跳出加害人与受害人的狭窄圈子，采取侵权法之外的措施应对工伤损害的救济问题。贯彻无过失补偿原则的工伤保险制度应运而生，其使得工伤损害救济方式实现了由私法向社会法的跨越。无过失补偿意味着，无论工伤损害的原因为何，劳动者均应获得补偿。工伤保险制度充分体现了无过失补偿原则，这不仅对劳动者有利，也有利于雇主分散风险，防止雇主因承担重大工伤事故的赔偿而陷入经营困境甚至破产，免于为解决工伤赔偿事务而压力缠身；因其有公权力的介入，建立一整套执法机制并强制实施，能够最大限度地扩大其覆盖范围，使尽量多的劳动者的工伤损害都能得到补偿，有利于不同雇主的负担均衡；因由专门设立的经办主体承办，遭受工伤损害的劳动者不必再担心侵权责任下因直接向雇主求偿而被辞退事件的发生；以社会保险替代雇主责任保险，也可减少劳资纠纷；因其有一笔常备的基金支持，并有国家财政兜底，工伤受害劳动者的补偿有充分的保障，不受雇主支付能力的影响。

由劳动者自己责任到过错责任原则，再到无过错责任原则，雇主责任保险得以运用，再到工伤损害救济社会化产生的工伤保险采用无过失补偿原则，工伤损害救济制度的变迁体现为一次次地提升劳动者的权利救济程度，由形式正义到实质正义的过程。在这一过程中，既有传统制度适用范围的扩大与限缩，也有新制度的构建，在关注新制度构建的同时，也应关注传统制度价值与功能的发挥。

侵权行为法与工伤保险法各自的作用存在着此消彼长的关系，即对于工伤事故损害的救济，如果侵权行为法的作用大，工伤保险法的作用就小；反之，如果工伤保险法的作用大，侵权行为法的作用就小。在工伤损害赔偿领域，工伤保险法的推行在相当程度上取代了侵权行为法的适用，工伤保险法起主导作用，侵权行为法起着补充作用，形成了多元调整机制，侵权行为法、雇主责任保险、工伤保险等调整机制相互配合、相互协调，共同编织一个工伤受害劳动者权利救济之网。相对而言，社会化的工伤保险制度比侵权行为法的赔偿制度更具有优越性。在多元调整的模式中，工伤保险的作用逐渐扩大，侵权行为法的作用在萎缩，但其还将继续发挥补充作用。工伤保险未必能够全面覆盖所有的职业伤害，所以仍有侵权行为法发挥作用的空间，也就有雇主责任保险发挥作用的空间。在上述制度中，对于工伤损害救济起主导作用的应当是工伤保险法。

二、工伤保险的概念和特征

工伤保险又称为职业伤害保险，是指劳动者在工作中或者在规定的特殊情况下遭受事故伤害而负伤、致残、死亡或者患职业病时，对劳动者或其亲属给予物质帮助的一项社会保险制度。工伤保险应对的风险是劳动者遭受的与工作有关的人身伤害风险，包括生命权、健康权、身体权受到侵害造成损失的风险，不包括劳动者财产权受到侵害的风险。

作为大机器生产的副产品，工伤事故和职业病严重危害劳动者群体，使劳动者暂时或者永久地丧失劳动能力甚至失去生命，给劳动者本人和家属带来痛苦；造成大量的经济损失，使劳动者及其家庭的生活陷入困境；影响生产效率，威胁社会安定，成为严重的社会问题。传统的侵权行为法对于工伤事故和职业病受害人的救济带有明显的局限性,难以保障受害人的生活和社会的安定。建立工伤保险制度,可以使工伤事故和职业病的受害者获得及时有效的救治和经济补偿,保障其基本生活,分散风险,并预防事故的发生。

同其他社会保险制度相比,工伤保险具有以下特征。

(一) 应对的风险是职业伤害风险

职业伤害,是指劳动者在职业劳动过程中或者在从事与职业劳动相关的活动中遭受事故伤害或者患职业病。职业伤害发生于职业劳动过程中或者与职业劳动相关的活动中,与职业劳动无关的人身伤害不属于职业伤害范畴,不在工伤保险的保障范围之列。在工业化以前的社会,由于手工劳动和缓慢的生产节奏,因劳动伤亡的可能性较小。进入工业社会后,情况则完全不同了。工业革命使人类跨入了机器时代,从手工劳动向大机器生产的转变是生产技术上的重大飞跃,它使人类迈进工业社会,极大地提高了生产力,创造了巨大的财富。在享受工业文明带来的成果的同时,人类也承受着随之而来的严重的社会问题,也为此付出了高昂的代价,工伤事故和职业病的频发就是其中的重要问题。劳动者面临的劳动风险更大,产生的职业伤害的后果也更为严重。在职业劳动过程中,存在着大量导致人身伤害的风险。根据国家统计局的数据,2018 年至 2021 年年末参加工伤保险的人数依次为 23 874.4 万人、25 478.4 万人、26 763.4 万人、28 286.5 万人,享受工伤待遇的人数依次为 198.5 万人、194.4 万人、187.6 万人、206.2 万人。在我国,越来越多的劳动者参加了工伤保险,每年有大约 200 万劳动者享受了工伤待遇。职业伤害难以完全避免,工伤保险能够对劳动者遭受的职业伤害进行补偿,使劳动者及时获得救治,减轻职业伤害对劳动者的损害。

(二) 具有强制性

工伤保险由国家通过立法强制实施,覆盖范围内的雇主均须参加,并为全部劳动者缴纳工伤保险费,不得逃避,否则须承担法律责任。赋予工伤保险以强制性,能够确保预定范围内的劳动者都能获得工伤保险的保障,均衡雇主的用工成本,防止逆向选择。强制参加工伤保险,使雇主得以将工伤赔偿风险分散给社会,减少职业伤害的处理支出和对生产经营的影响。

(三) 权利与义务不对等

工伤保险的被保险人不负有缴纳工伤保险费的义务,但享有在发生工伤事故或患职业病时获得工伤保险待遇的权利;雇主作为投保人负有缴纳工伤保险费的义务,但不享有获得工伤保险待遇的权利。在工伤保险中，雇主因履行缴费义务而获得的利益体现在发生职业伤害后可免于承担赔偿责任。但此种利益是因履行缴费义务而将承担工伤赔偿责任的风险转由社会承担而获得的反射性利益，与其承担的缴费义务并不对应。工伤保险中存在的这种不履行义务而可享有权利、履行义务而无对应权利的现象反映了其权利与义务的不对等性特征。

（四）待遇优厚

工伤保险待遇的享受条件不受年龄、缴费期限的限制，待遇项目齐全，标准高于因疾病或非因工负伤可享受的医疗保险待遇。工伤保险待遇不仅支付被保险人的医疗费用，而且承担康复费用，并对伤残被保险人支付住院伙食补助费、交通食宿费、伤残辅助器具费用、生活护理费、伤残津贴、一次性医疗补助金，对因工死亡者的遗属支付丧葬补助金、供养亲属抚恤金和因工死亡补助金。

三、工伤保险法的基本原则

（一）无过失补偿原则

无过失补偿原则，是指无论职业伤害的损害后果是否出于可归责于雇主、劳动者或者第三方的原因，劳动者均应得到工伤保险待遇。遵循这一原则，发生工伤后，劳动者依照法定程序申请即可获得工伤保险保障，即使雇主无过错，也不影响遭受工伤损害的劳动者获得工伤保险待遇。无过失补偿可以使职业伤害发生后，劳动者所受损害得到及时、公正的救济，使雇主不直接承担赔偿责任，有利于雇主正常的生产经营活动。确立无过失补偿原则，以保护劳动者的生存权、保障其基本生活条件为目的，传统侵权行为法中的过失相抵规则在此没有适用的余地。即便劳动者对于事故有过失，甚至有重大过失，也不能限缩其应得的工伤保险待遇。但为防止道德风险，无过失补偿原则的适用也有例外。根据《工伤保险条例》第16条的规定，故意犯罪的、醉酒或者吸毒的、自残或者自杀的，不得认定为工伤或者视同工伤。无过失补偿原则只适用于职业伤害发生后对劳动者的权利救济，并非对于工伤事故导致的一切后果都不追究责任，对于生产安全事故的报告、调查处理及行政或刑事责任的追究则仍应依法进行，损害补偿与事故责任追究并不冲突。

（二）雇主承担保险费，劳动者无须缴费原则

从各国的工伤保险立法来看，一般只要求雇主承担缴费义务，被保险人则无须

缴费，而其他社会保险项目的被保险人一般应承担缴费义务。《社会保险法》和《工伤保险条例》都规定，由用人单位缴纳工伤保险费，职工不缴纳工伤保险费。职业伤害造成的劳动者损失补偿是生产经营成本的组成部分，就如同机器设备的维修成本一样，应由雇主单方承担。雇主承担的保险费可以计入成本，最终计入其生产的产品的价格或提供的服务的费用中，转嫁到社会承担。由所有工伤保险的投保人分摊保险费，建立工伤保险基金，个别雇主发生的工伤事故损害由工伤保险基金支付，对于作为投保人的雇主来说，其负担的费用是较低的，整个社会成本也较低。

（三）预防、补偿、康复相结合的原则

早期的工伤保险是单一的补偿制度，经过一百多年的发展，工伤保险法律制度的一个突出变化就是，工伤保险制度已不只满足于发生工伤事故后消极的补偿，还致力于预防工伤事故的发生和事故受害者的康复，发展成为工伤预防、工伤补偿和工伤康复相结合的制度。从以损失补偿为中心转到预防优先，这是工伤保险法的一大飞跃。强化工伤预防，防患于未然，减少甚至避免工伤事故的发生，是应对工伤的有效措施，符合工伤保险的根本目的，也符合劳动者的根本利益，能最大限度地发挥工伤保险法的功能。工伤预防是当今各国工伤保险法致力于实现的目标，将工伤预防纳入工伤保险法的范畴是当今世界的潮流。职业康复可以最大限度地帮助工伤受害者重返工作岗位，继续其工作生涯。工伤保险经办主体通常并不直接从事工伤预防和职业康复工作，工伤预防和职业康复的目的是靠工伤保险制度设计，通过工伤保险法的运行，以引导、教育、奖励等方式或机制来实现的。工伤预防的具体做法如下：用法律形式明确预防是工伤保险中的首要内容；协助企业制定必要的事故预防规章，规定操作安全措施；配备专职事故预防人员，建立安全监察机构；强化浮动费率机制，拉大缴费差距，鼓励事前预防；提高工伤预防开支比重，或建立专门的工伤预防基金；利用基金支持，向安全生产领域进一步拓展（包括与安全生产相关的教育培训、预防科研和基层普及等）。

（四）工伤保险社会化原则

工伤保险法作为社会保险法的一个重要的组成部分，独立于侵权法。虽然工伤保险法保障的仍然是劳动者的私权，但私法的原则在这里丧失了支配地位，而工伤保险法也未沦为行政法的附庸，公法的原则在此也不具有支配地位。工伤保险法的社会法性质决定工伤保险应遵循社会化原则。工伤保险的社会化表现在以下几个方面：第一，工伤补偿的社会化。不是由雇主，也不是由行政机关，而是由社会化的工伤保险经办机构补偿受害人的损失。第二，工伤保险基金筹集与管理、监督的社

会化。作为工伤保险补偿基础的工伤保险基金来源于雇主缴纳的保险费和其他渠道筹集的资金,由政府委托工伤保险经办机构管理,并实行开放的社会化的监督模式。第三,工伤认定和评残委托社会化的劳动能力鉴定委员会执行。工伤保险社会化原则是工伤保险法律精神的体现,是工伤保险法律制度的精髓。

四、我国工伤保险的适用范围

中华人民共和国境内的企业、事业单位、社会团体、民办非企业单位、基金会、律师事务所、会计师事务所等组织和有雇工的个体工商户（简称用人单位）应当依照《工伤保险条例》的规定参加工伤保险,为本单位全部职工或者雇工（简称职工）缴纳工伤保险费。中华人民共和国境内的企业、事业单位、社会团体、民办非企业单位、基金会、律师事务所、会计师事务所等组织的职工和个体工商户的雇工,均有依照《工伤保险条例》的规定享受工伤保险待遇的权利。

相关法律法规

1. 《社会保险法》第四章
2. 《工伤保险条例》

知识点 2　工伤认定

导入案例

案例 9-3　何某文诉 C 市 W 区人力资源和社会保障局工伤认定案

何某龙生前是成都某印制电路板厂工人。2020 年 9 月 24 日下午上班铃过后,何某龙在进入车间工作前,到厂区内的厕所小便,几分钟后即被一起上班的工人发现仰面倒在厕所的地上不省人事,厂方立即将何某龙送往区人民医院抢救,经救治无效,何某龙于 2020 年 9 月 28 日死亡。区人民医院证明何某龙死于"呼吸循环衰竭,重型颅脑损伤"。

2020 年 10 月 8 日,何某龙之父何某文向 C 市 W 区人力资源和社会保障局申请对何某龙给予工伤认定。C 市 W 区人力资源和社会保障局认为,"上厕所"是与何某龙本职工作无直接关系的私事,不属于应当认定为工伤的情形，认定何某龙不是工伤。何某文申请行政复议，C市人力资源和社会保障局维持了C市W区人力资源和社会保障局对何某龙不构成工伤的行政认定。何某文向C市W区人民法院提起行政诉讼。C市W区人民法院认为，C市W区人力资源和社会保障局对何某龙的伤亡性质认定为不是因工负伤不符合法律规定，判决撤销C市W区人力资源和社会保障局伤亡性质认定，由C市W区人力资源和社会保障局重新认定。何某龙生前所在的印制电路板厂向C市中级人民法院提出上诉。C市中级人民法院判决驳回上诉，维持原判。

案例9-4　B市Y大酒店有限公司诉B市D区人力资源和社会保障局工伤认定行政纠纷案

陈某系B市Y大酒店有限公司（以下简称Y酒店）职工。2020年9月20日早晨，陈某自其住处骑电动自行车前往Y酒店上班。当陈某行至一路口时，发生机动车交通事故，陈某受伤，经抢救无效死亡。市公安交通管理局支队对交通事故作出责任认定，陈某无责任。2020年11月24日，陈某之妻余某提出工伤认定申请，B市D区人力资源和社会保障局认定陈某死亡符合工伤认定范围，认定为工伤。Y酒店不服，申请行政复议。B市人力资源和社会保障局作出行政复议决定，维持了对陈某的工伤认定。Y酒店提起行政诉讼，认为事故发生地不在陈某上下班途中，请求法院撤销工伤认定。Y酒店制作了一份从陈某住处到酒店的交通路线图，并以交通事故发生地点不在该图所示路线上为由，认为认定陈某在上班途中因交通事故伤害致死不当。B市D区人民法院判决，维持B市D区人力资源和社会保障局作出的工伤认定。Y酒店不服，向B市第二中级人民法院提出上诉。B市第二中级人民法院判决，驳回上诉，维持原判。

案例9-5　代某诉H省人力资源和社会保障厅工伤认定案

张某生前是某铁路局的一名工务段职工。2019年4月27日，因在单位值班时感到身体不适，张某于18点30分左右向办公室主任请假回家，到家后张某吃了止痛药感觉好了一些，就上床休息了。其妻代某做好晚饭后，发现张某已经睡着就没有叫醒他。次日早晨6点左右，代某做完早饭后，发觉丈夫还没起床，仔细查看发现丈夫没反应，赶紧拨打急救中心电话。120急救车赶到，医护人员检查后，告知张某已经死亡。代某向H省人力资源和社会保障厅（以下简称省人社厅）申请工伤认定，省人社厅于

2019年8月8日作出不予认定工伤决定。代某不服，申请行政复议。H省人民政府于2018年11月24日作出行政复议决定，维持省人社厅作出的不予认定工伤决定。代某以省人社厅为被告向H省S市中级人民法院提起行政诉讼。一审法院判决维持省人社厅不予认定工伤决定。代某不服，向H省高级人民法院提起上诉。二审法院判决驳回上诉，维持一审判决。代某向最高人民法院申请再审，最高人民法院裁定驳回再审申请人代某的再审申请。

案例9-6 C市D物业管理有限公司诉C市L区人力资源和社会保障局行政确认案

罗某系C市D物业管理有限公司（以下简称D物业公司）保安。2019年12月24日，罗某在D物业公司服务的小区上班。8时30分左右，有人对一位过往行人实施抢劫，罗某听到呼喊声后立即拦住抢劫者的去路，要求其交出抢劫的物品，在与抢劫者搏斗的过程中，罗某不慎摔倒在巷道拐角的平台上受伤。罗某于2020年6月12日向C市L区人力资源和社会保障局（以下简称L区人社局）提出工伤认定申请，后又补充了见义勇为相关材料。L区人社局核实后，根据《工伤保险条例》第14条第7项的规定，认定罗某属于因工受伤。D物业公司不服，向法院提起行政诉讼。在诉讼过程中，L区人社局撤销原工伤认定，并根据《工伤保险条例》第15条第1款第2项的规定，认定罗某受伤属于视同因工受伤。D物业公司仍不服，申请行政复议，C市人力资源和社会保障局于是出具《行政复议决定书》，予以维持。D物业公司认为L区人社局的认定决定适用法律错误，罗某所受伤依法不应认定为工伤，遂诉至法院。另查明，C市L区社会管理综合治理委员会对罗某的行为进行了表彰，并作出了《关于表彰罗某同志见义勇为行为的通报》。C市L区人民法院判决驳回D物业公司的诉讼请求。一审宣判后，双方当事人均未上诉，裁判现已发生法律效力。

📁 基本理论

一、工伤的概念

工伤，又称职业伤害，是指劳动者因工作遭受事故伤害或者患职业病。这一定义意味着：工伤的受害者应为劳动者；工伤须同工作有关联；工伤有两种类型，即事故伤害和职业病。这是广义的工伤概念，也是我国和大多数国家工伤保险法上的工伤概念。狭义的工伤仅指劳动者因工作遭受事故伤害，而不包括职业病。这是工伤保险法产生初期时的工伤概念。

工伤是工业化社会的产物。在传统的农业社会，在生产力方面，由于生产工具简单，手工劳动的致伤风险很小；社会关系方面，由于没有形成劳动关系，故不存在工伤的概念。进入工业社会以后，生产力的提高、大机器的使用、多人协同劳动等因素使劳动中的伤害风险增加，工伤问题屡屡出现。在现代大生产条件下，工伤不可能完全杜绝，而且发生频率较高，使劳动者及其家属、雇主和社会都遭受严重损失，危害极为严重，采取完备的、稳定的法律措施应对是明智的选择。工伤保险法产生后，工伤的认定就成为工伤保险法律制度运行必须解决的基础性问题。工伤保险法律制度产生初期，工伤的范围仅限于工业劳动中的意外事故导致的人身伤害，后来才扩展至其他行业，职业病也被划入工伤的范围。目前各国工伤的范围进一步扩大，某些与职业劳动关系有关联的人身伤害也被列入工伤范围。

二、工伤认定标准

工伤保险待遇较高，实施工伤保险法，必须严格区分工伤与非工伤，因而需要进行工伤认定。工伤认定是由社会保险行政部门按照法定的程序对劳动者所受伤害或者患病是否为工伤所进行的权威判定。具有劳动关系是认定工伤的前提，而工伤认定又是享受工伤保险待遇的前提。《工伤保险条例》从三个角度规定了认定工伤的情形，即应当认定为工伤、视同工伤和不得认定为工伤或者视同工伤的情形。

（一）应当认定为工伤的情形

职工有下列情形之一的，应当认定为工伤。

1. 在工作时间和工作场所内，因工作原因受到事故伤害的

这是认定工伤的基本条件，是发生工伤最普遍的情形，因而是典型的工伤情形。在工作时间、工作场所、工作原因三个要素中，工作原因是核心要素。这里的"工作时间"，是指法律规定的工作时间、劳动合同约定的工作时间、用人单位规定的工作时间，也包括加班工作的时间、用人单位临时指派工作的时间及因工作需要的必要工间休息时间等。"工作场所"是指劳动者为完成本职工作或特定工作所涉及的相关区域及自然延伸的合理区域，应根据劳动者的工作职责、工作性质、工作需要等方面因素认定。多个与工作职责相关的工作场所之间的合理区域，以及为提高工作效率、方便劳动者工作、解决必要的生理需要而设置的设施和处所，如厕所、更衣室、休息室、饮水室等，应当认定为工作场所。"工作原因"是指劳动者所受伤害是履行工作职责所致。根据《最高人民法院关于审理工伤保险行政案件若干问题的规定》第4条的规定，下列情形符合认定为工伤的标准：①职工在工作时间和工作场所内受到伤害，用人单位或者社会保险行政部门没有证据证明是非工作原因导致的；②职工参加用人单位组织或者受用人单位指派参加其他单位组织的活动受到伤害的；③在工作时间内，职工来往于多个与其工作职责相关的工作场所之间的合理区域因工受到伤害的；④其他与履行工作职责相关，在工作时间及合理区域内受到伤害的。"事故伤害"是指在工作中发生的人身伤害或者急性中毒等所致伤害。

2. 工作时间前后在工作场所内，从事与工作有关的预备性或者收尾性工作受到事故伤害的

这里的"预备性工作"，是指在工作前的一段合理时间内，从事与工作有关的准备工作，如打开设备、搬运材料、准备工具等。"收尾性工作"，是指在工作后的一段合理时间内，从事与工作有关的收尾工作，如清理工作场所、收拾工具、关闭设备、安全储存等。工作时间前后的这段时间虽然不是劳动者从事主要工作的时间，但预备性或者收尾性工作均与劳动者完成工作相关，是开展正常工作所需，是其完成工作的一部分，在这期间受到事故伤害的，应当认定为工伤。

3. 在工作时间和工作场所内，因履行工作职责受到暴力等意外伤害的

不论是人为暴力行为致劳动者伤害，还是自然力引发的意外事故致劳动者伤害，只要与履行工作职责相关的，都应认定为工伤。

4. 患职业病的

职业病，是指企业、事业单位和个体经济组织等用人单位的劳动者在职业活动中，因接触粉尘、放射性物质和其他有毒、有害因素而引起的疾病。职业病是劳动者因从事特定的职业活动而产生的疾病，这里的劳动者是指企业、事业单位和个体经济组织等用人单位的劳动者，只有用人单位的劳动者因职业活动而产生的疾病才属于职业病。自由职业者、农民等自我雇佣的人员在职业活动中产生的疾病不属于这里所称的职业病。引起职业病的因素为"粉尘、放射性物质和其他有毒、有害因素"。粉尘、放射性物质和毒物是我国最严重的职业病危害因素。此外，职业病危害因素还包括其他各种有害的化学、物理、生物因素及在作业过程中产生的其他有毒、有害因素。

根据原国家卫生和计划生育委员会、人力资源和社会保障部、安全生产监督管理总局及全国总工会调整后公布的《职业病分类和目录》，我国的职业病分为10大类132种。职业病包括以下10类：职业性尘肺病及其他呼吸系统疾病、职业性皮肤病、职业性眼病、职业性耳鼻喉口腔疾病、职业性化学中毒、物理因素所致职业病、职业性放射性疾病、职业性传染病、职业性肿瘤、其他职业病。职业病诊断，应当综合分析下列因素：①病人的职业史；②职业病危害接触史和工作场所职业病危害因素情况；③临床表现及辅助检查结果等。没有证据否定职业病危害因素与病人临床表现之间的必然联系的，应当诊断为职业病。

5. 因工外出期间，由于工作原因受到伤害或者发生事故下落不明的

这里的"因工外出期间"，是指职工受用人单位指派或者由于工作需要在工作场所以外从事与工作有关的活动的时间。"因工外出期间"的认定，应当考虑职工外出是否属于用人单位指派的因工作外出，遭受的事故伤害是否由工作原因所致。下列情形可认定为"因工外出期间"：①职工受用人单位指派或者因工作需要在工作场所以外从事与工作职责有关的活动期间；②职工受用人单位指派外出学习或者开会期间；③职工因工作需要的其他外出活动期间。如果职工因工外出期间从事与工作或者受用人单位指派外出学习、开会无关的个人活动受到伤害，不认定为工伤。职工因工作驻外，有固定的住所、有明确的作息时间，工伤认定时按照在驻地当地正常工作的情形处理。

6. 在上下班途中，受到非本人主要责任的交通事故或者城市轨道交通、客运轮渡、火车事故伤害的

这里"上下班途中"，既包括职工正常工作的上下班途中，也包括职工加班加点的上下班途中。下列情形应认定为"上下班途中"：①在合理时间内往返于工作地与住所地、经常居住地、单位宿舍的合理路线的上下班途中；②在合理时间内往返于工作地与配偶、父母、子女居住地的合理路线的上下班途中；③从事属于日常工作生活所需要的活动，且在合理时间和合理路线的上下班途中；④在合理时间内其他合理路线的上下班途中。"交通事故"是指《中华人民共和国道路交通安全法》所称的车辆在道路上因过错或者意外造成的人身伤亡或者财产损失的事件。"车辆"，是指机动车和非机动车。"非本人主要责任"的认定，应当以有权机构出具的事故责任认定书、结论性意见和人民法院生效裁判等法律文书为依据，但有相反证据足以推翻事故责任认定书和结论性意见的除外。

7. 法律、行政法规规定应当认定为工伤的其他情形

这是为适应出现新的应当认定为工伤情形的需要所作的兜底性规定。

（二）视同工伤的情形

在有些情形下，职工所受伤害并非因职业劳动所致，与工作无关，本不属于工伤，但为促进社会公共利益，更好地保护劳动者，《工伤保险条例》对特定情形下的伤害作了视同工伤的规定。职工有下列情形之一的，视同工伤。

1. 在工作时间和工作岗位，突发疾病死亡或者在 48 小时之内经抢救无效死亡的

此类视同工伤，是考虑了突发疾病或在 48 小时之内经抢救无效死亡可能与工作劳累、工作紧张等因素有关，实质上是将工伤认定的工作原因标准进行了一定的扩张，以保障劳动者的利益。在认定上，一般按照工作时间、工作岗位、突发疾病、径直送医院抢救四要件并重，四要件具有同时性、连贯性来掌握，具体情形主要包括：①职工在工作时间和工作岗位突发疾病当场死亡；②职工在工作时间和工作岗位突发疾病，且情况紧急，直接送医院或医疗机构当场抢救并在 48 小时内死亡等。至于其他情形，如虽在工作时间、工作岗位发病或者自感不适，但未送医院抢救而是回家休息，48 小时内死亡的，不应视同工伤。从实践来看，对此类工伤的认定倾向于从严掌握。这里"突发疾病"包括各类疾病。"48 小时之内"，以医疗机构的初次诊断时间作为突发疾病的起算时间。

> **课程思政**
>
> **视同工伤制度的解释与社会主义核心价值观**
>
> 实践中，刻意成就"48 小时"或刻意不成就"48 小时"的极端案例凸显了各方的冲突博弈，这种冲突博弈忽视了人的生命尊严。借鉴《民法典》中的条件理论，可以防止不诚信的行为。例如，用人单位在 48 小时抢救时间内积极配合，但是 48 小时后又不积极配合，此种情况下，即便抢救时间超过 48 小时，也应当认定符合"48 小时条款"。这种解释方法体现了社会主义核心价值观。

2. 在抢险救灾等维护国家利益、公共利益活动中受到伤害的

在抢险救灾和其他性质类似的有利于维护国家利益、公共利益活动中受到伤害的，虽与工作没有直接或间接的关系，但均视同工伤，没有工作时间、工作场所和工作原因的限制。

3. 职工原在军队服役，因战、因公负伤致残，已取得革命伤残军人证，到用人单位后旧伤复发的

这种情形视同工伤是考虑到职工是为国家利益而负伤的，其后果不应由个人承担。

（三）不得认定为工伤或者视同工伤的情形

不得认定为工伤或视同工伤的规定是工伤认定中的除外规则，即：劳动者自身的过错阻断了工伤的因果关系，使得劳动者即便在工作中伤亡，也不得认定为工伤。职工有下列情形之一导致本人在工作中伤亡的，不认定为工伤。

1. 故意犯罪的

故意犯罪者主观恶性较重，社会危害较大，因故意犯罪而对自己造成伤害，不得认定为工伤。"故意犯罪"的认定，应当以刑事侦查机关、检察机关和审判机关的生效法律文书或者结论性意见为依据。

2. 醉酒或者吸毒的

醉酒或者吸毒受到伤害，与工伤保险法的立法目的不符，不纳入工伤的范围。"醉酒或者吸毒"的认定，应当以有关机关出具的法律文书或者人民法院的生效裁决为依据。无法获得上述证据的，可以结合相关证据认定。

3. 自残或者自杀的

自残或者自杀是劳动者故意所为，与工作没有因果关系，为社会观念所不支持，如按工伤对待，则有悖于工伤保险法的目的，且存在道德风险，故应自行承担后果。

4. 法律、行政法规规定的其他情形

这是《社会保险法》对于不得认定为工伤的兜底性的规定，授权法律、行政法规可以对工伤认定的排除作出规定。

三、工伤认定的程序

根据《工伤保险条例》及人力资源和社会保障部颁布的《工伤认定办法》的规定，工伤认定依照下列程序进行。

（一）申请和受理

职工发生事故伤害或者按照职业病防治法规定被诊断、鉴定为职业病，所在单位应当自事故伤害发生之日或者被诊断、鉴定为职业病之日起 30 日内，向统筹地区社会保险行政部门提出工伤认定申请。遇有特殊情况，经报社会保险行政部门同意，申请时限可以适当延长。应当由省级社会保险行政部门进行工伤认定的事项，根据属地原则由用人单位所在地的设区的市级社会保险行政部门办理。用人单位未在规定的时限内提交工伤认定申请，在此期间发生符合规定的工伤待遇等有关费用由该用人单位负担。

用人单位未按上述规定提出工伤认定申请的，受伤职工或者其近亲属、工会组织在事故伤害发生之日或者被诊断、鉴定为职业病之日起 1 年内，可以直接向用人单位所在地统筹地区社会保险行政部门提出工伤认定申请。

不属于职工或者其近亲属自身原因超过工伤认定申请期限的，被耽误的时间不计算在工伤认定申请期限内。有下列情形之一耽误申请时间的，应当认定为不属于职工或者其近亲属自身原因：①不可抗力；②人身自由受到限制；③属于用人单位原因；④社会保险行政部门登记制度不完善；⑤当事人对是否存在劳动关系申请仲裁，提起民事诉讼。

提出工伤认定申请应当提交下列材料：①工伤认定申请表；②与用人单位存在劳动关系（包括事实劳动关系）的证明材料；③医疗诊断证明或者职业病诊断证明书（或者职业病诊断鉴定书）。工伤认定申请表应当包括事故发生的时间、地点、原因及职工伤害程度等基本情况。

社会保险行政部门收到工伤认定申请后，应当在15日内对申请人提交的材料进行审核。材料完整的，作出受理或者不予受理的决定；材料不完整的，应当以书面形式一次性告知申请人需要补正的全部材料。社会保险行政部门收到申请人提交的全部补正材料后，应当在15日内作出受理或者不予受理的决定。社会保险行政部门决定受理的，应当出具《工伤认定申请受理决定书》；决定不予受理的，应当出具《工伤认定申请不予受理决定书》。

（二）审查

社会保险行政部门受理工伤认定申请后，根据审核需要可以对事故伤害进行调查核实，用人单位、职工、工会组织、医疗机构及有关部门应当予以协助。用人单位、工会组织、医疗机构及有关部门应当负责安排相关人员配合工作，据实提供情况和证明材料。社会保险行政部门进行调查核实，应当由2名以上工作人员共同进行，并出示执行公务的证件。社会保险行政部门工作人员在工伤认定中，可以进行以下调查核实工作：①根据工作需要，进入有关单位和事故现场；②依法查阅与工伤认定有关的资料，询问有关人员并作出调查笔录；③记录、录音、录像和复制与工伤认定有关的资料。调查核实工作的证据收集参照行政诉讼证据收集的有关规定执行。职业病诊断和诊断争议的鉴定，依照职业病防治法的有关规定执行。对依法取得职业病诊断证明书或者职业病诊断鉴定书的，社会保险行政部门不再进行调查核实。

职工或者其近亲属认为是工伤，用人单位不认为是工伤的，由用人单位承担举证责任。用人单位拒不举证的，社会保险行政部门可以根据受伤害职工提供的证据或者调查取得的证据，依法作出工伤认定决定。

（三）认定决定

社会保险行政部门应当自受理工伤认定申请之日起60日内作出工伤认定的决定，出具《认定工伤决定书》或者《不予认定工伤决定书》，并书面通知申请工伤认定的职工或者其近亲属和该职工所在单位。社会保险行政部门对受理的事实清楚、权利义务明确的工伤认定申请，应当在15日内作出工伤认定的决定。社会保险行政部门应当自工伤认定决定作出之日起20日内，将《认定工伤决定书》或者《不予认定工伤决定书》送达受伤害职工或者其近亲属和用人单位，并抄送社会保险经办机构。

作出工伤认定决定需要以司法机关或者有关行政主管部门的结论为依据的，在司法机关或者有关行政主管部门尚未作出结论期间，作出工伤认定决定的时限中止。

职工或者其近亲属、用人单位对不予受理决定不服或者对工伤认定决定不服的，可以依法申请行政复议或者提起行政诉讼。

相关法律法规

1. 《社会保险法》第四章
2. 《职业病防治法》第四章
3. 《工伤保险条例》第三章
4. 《工伤认定办法》
5. 《最高人民法院关于审理工伤保险行政案件若干问题的规定》
6. 《职业病诊断与鉴定管理办法》

知识点3　劳动能力鉴定

导入案例

案例9-7　蔡某与C市劳动能力鉴定委员会撤销鉴定结论纠纷案

蔡某向C市某区人民法院提起诉讼，称其于2018年3月6日到C市人力资源和社会保障局（以下简称社保局）提交再次鉴定申请，C市社保局通知其到某医院，由专家开具《工伤鉴定特殊检查介绍信》后到C市某大学附属医院检测。检查时，医生未按专家开具的检查项目进行，将高频检测换成了稳态听觉。2018年7月9日，C市劳动能力鉴定委员会出具《再次鉴定结论书》，蔡某认为该鉴定结论侵害了自己的合法权益，导致其该享受的待遇不能享受，请求撤销《再次鉴定结论书》。C 市某区人民法院认为，蔡某的诉请事项不属于人民法院行政诉讼受案范围，裁定不予立案。蔡某提起上诉，C 市第一中级人民法院裁定驳回上诉，维持原裁定。蔡某向 C 市高级人民法院申请再审，C 市高级人民法院认为一审裁定不予立案认定事实清楚，适用法律正确，二审予以维持并无不当，裁定驳回蔡某的再审申请。

基本理论

一、劳动能力鉴定的含义

劳动能力鉴定，是指对工伤职工劳动功能障碍程度和生活自理障碍程度的等级鉴定。劳动能力鉴定是工伤职工享受工伤保险待遇的依据，是确定工伤保险待遇的基础条件，是工伤保险制度运行的重要环节。《工伤保险条例》专章规定了劳动能力鉴定。职工发生工伤，经治疗伤情相对稳定后存在残疾、影响劳动能力的，应当进行劳动能力鉴定。劳动功能障碍分为十个伤残等级，最重的为一级，最轻的为十级。生活自理障碍分为三个等级，即生活完全不能自理、生活大部分不能自理和生活部分不能自理。

二、劳动能力鉴定机构

我国劳动能力鉴定机构是在省、自治区、直辖市和设区的市设立的劳动能力鉴定委员会。省、自治区、直辖市劳动能力鉴定委员会和设区的市级劳动能力鉴定委员会分别由省、自治区、直辖市和设区的市级人力资源社会保障行政部门、卫生健康行政部门、工会组织、用人单位代表及社会保险经办机构代表组成。劳动能力鉴定委员会建立医疗卫生专家库。设区的市级劳动能力鉴定委员会负责本辖区内的劳动能力初次鉴定、复查鉴定。省、自治区、直辖市劳动能力鉴定委员会负责对初次鉴定或者复查鉴定结论不服提出的再次鉴定。

劳动能力鉴定委员会履行下列职责：①选聘医疗卫生专家，组建医疗卫生专家库，对专家进行培训和管理；②组织劳动能力鉴定；③根据专家组的鉴定意见作出劳动能力鉴定结论；④建立完整的鉴定数据库，保管鉴定工作档案 50 年；⑤法律、法规、规章规定的其他职责。

三、劳动能力鉴定的程序

（一）申请

职工发生工伤，经治疗伤情相对稳定后存在残疾、影响劳动能力的，或者停工留薪期满（含劳动能力鉴定委员会确认的延长期限），工伤职工或者其用人单位应当及时向设区的市级劳动能力鉴定委员会提出劳动能力鉴定申请。申请劳动能力鉴定应当填写劳动能力鉴定申请表，并提交下列材料：①《工伤认定决定书》原件和复印件；②有效的诊断证明、按照医疗机构病历管理有关规定复印或者复制的检查、检验报告等完整病历材料；③工伤职工的居民身份证或者社会保障卡等其他有效身份证明原件和复印件；④劳动能力鉴定委员会规定的其他材料。

（二）鉴定

劳动能力鉴定委员会收到劳动能力鉴定申请后，应当及时对申请人提交的材料进行审核；申请人提供材料不完整的，劳动能力鉴定委员会应当自收到劳动能力鉴定申请之日起 5 个工作日内一次性书面告知申请人需要补正的全部材料。申请人提供材料完整的，劳动能力鉴定委员会应当及时组织鉴定，并在收到劳动能力鉴定申请之日起 60 日内作出劳动能力鉴定结论。伤情复杂、涉及医疗卫生专业较多的，作出劳动能力鉴定结论的期限可以延长 30 日。

劳动能力鉴定委员会应当视伤情程度等从医疗卫生专家库中随机抽取 3 名或者 5 名与工伤职工伤情相关科别的专家组成专家组进行鉴定。

劳动能力鉴定委员会应当提前通知工伤职工进行鉴定的时间、地点及应当携带的材料。工伤职工应当按照通知的时间、地点参加现场鉴定。对行动不便的工伤职工，劳动能力鉴定委员会可以组织专家上门进行劳动能力鉴定。专家组根据工伤职工伤情，结合医疗诊断情况，依据《劳动能力鉴定职工工伤与职业病致残等级》国家标准提出鉴定意见。参加鉴定的专家都应当签署意见并签名。专家意见不一致时，按照少数服从多数的原则确定专家组的鉴定意见。劳动能力鉴定委员会根据专家组的鉴定意见作出劳动能力鉴定结论。劳动能力鉴定结论书应当载明下列事项：①工伤职工及其用人单位的基本信息；②伤情介绍，包括伤残部位、器官功能障碍程度、诊断情况等；③作出鉴定的依据；④鉴定结论。

劳动能力鉴定委员会应当自作出鉴定结论之日起 20 日内将劳动能力鉴定结论及时送达工伤职工及其用人单位，并抄送社会保险经办机构。工伤职工或者其用人单位对初次鉴定结论不服的，可以在收到鉴定结论之日起 15 日内向省、自治区、直辖市劳动能力鉴定委员会申请再次鉴定。省、自治区、直辖市劳动能力鉴定委员会作出的劳动能力鉴定结论为最终结论。自劳动能力鉴定结论作出之日起1年后，工伤职工、用人单位或者社会保险经办机构认为伤残情况发生变化的，可以向设区的市级劳动能力鉴定委员会申请劳动能力复查鉴定。

相关法律法规

1. 《社会保险法》第36条
2. 《工伤保险条例》第四章
3. 《工伤职工劳动能力鉴定管理办法》

知识点4　工伤保险待遇

导入案例

案例9-8　杨某诉S市B开发公司人身损害赔偿纠纷案

原告杨某系S市某冶金建设公司（以下简称冶金公司）职工。2015年10月16日，被告S市B开发公司职工在工作过程中违规作业，从高处抛掷钢管，将正在现场工作的杨某的头部砸伤，致其重度颅脑外伤等。经鉴定，杨某因工致残程度四级。杨某认为，虽然自己所在单位冶金公司按规定承担了一定费用，但自己的损害系被告的侵权行为所致，被告应承担赔偿责任，故要求被告赔偿交通费、护理费、营养费、长期服药所需费用、被抚养人生活费、被赡养人生活费、精神抚慰金、律师代理费和收入损失。被告B开发公司辩称：原告系因工受伤，其损失已得到本单位赔偿，现重复要求被告赔偿缺乏依据；原告享受工伤待遇，领取工伤津贴，要求被告支付其被抚养人、被赡养人的生活费缺乏依据；原告要求被告支付精神抚慰金、律师代理费均缺乏依据。S市某区人民法院于2020年6月30日判决：B开发公司赔偿杨某护理费、营养费、被抚养人和被赡养人生活费、因伤残造成的收入损失、律师代理费、精神抚慰金共计223 920元；原告杨某需长期服药的费用由被告负担。B开发公司提出上诉，S市第二中级人民法院判决驳回上诉，维持原判。

导入案例分析

基本理论

一、工伤医疗期间待遇

（一）医疗待遇

职工因工作遭受事故伤害或者患职业病进行治疗，享受工伤医疗待遇。职工应当在签订服务协议的医疗机构就医进行工伤治疗，情况紧急时可以先到就近的医疗机构急救。治疗工伤所需费用符合工伤保险诊疗项目目录、工伤保险药品目录、工伤保险住院服务标准的，从工伤保险基金支付。

职工住院治疗工伤的伙食补助费，以及经医疗机构出具证明，报经办机构同意，工伤职工到统筹地区以外就医所需的交通、食宿费用从工伤保险基金支付。

社会保险行政部门作出认定为工伤的决定后发生行政复议、行政诉讼的，行政复议和行政诉讼期间不停止支付工伤职工治疗工伤的医疗费用。

（二）停工留薪待遇

职工因工作遭受事故伤害或者患职业病需要暂停工作接受工伤医疗的，在停工留薪期内，原工资福利待遇不变，由所在单位按月支付。停工留薪期一般不超过12个月。伤情严重或者情况特殊，经设区的市级劳动能力鉴定委员会确认，停工留薪期可以适当延长，但延长不得超过12个月。工伤职工评定伤残等级后，停发原待遇，按照《工伤保险条例》的有关规定享受伤残待遇。工伤职工在停工留薪期满后仍需治疗的，继续享受工伤医疗待遇。

（三）生活护理待遇

生活不能自理的工伤职工在停工留薪期需要护理的，由所在单位负责。

（四）康复待遇

工伤职工到签订服务协议的医疗机构进行工伤康复的费用，符合规定的，从工伤保险基金支付。

二、因工伤残待遇

（一）生活护理待遇

工伤职工已经评定伤残等级并经劳动能力鉴定委员会确认需要生活护理的，从工伤保险基金按月支付其生活护理费。生活护理费按照生活完全不能自理、生活大部分不能自理和生活部分不能自理三个不同等级支付，其标准分别为统筹地区上年度职工月平均工资的 50%、40% 和 30%。

（二）伤残待遇

1. 一级至四级伤残待遇

职工因工致残被鉴定为一级至四级伤残的，保留劳动关系，退出工作岗位，享受以下待遇：

（1）从工伤保险基金按伤残等级支付一次性伤残补助金，标准如下：一级伤残为 27 个月的本人工资，二级伤残为 25 个月的本人工资，三级伤残为 23 个月的本人工资，四级伤残为 21 个月的本人工资。

（2）从工伤保险基金按月支付伤残津贴，标准如下：一级伤残为本人工资的 90%，二级伤残为本人工资的 85%，三级伤残为本人工资的 80%，四级伤残为本人工资的 75%。伤残津贴实际金额低于当地最低工资标准的，由工伤保险基金补足差额。

（3）工伤职工达到退休年龄并办理退休手续后，停发伤残津贴，按照国家有关规定享受基本养老保险待遇。基本养老保险待遇低于伤残津贴的，由工伤保险基金补足差额。

职工因工致残被鉴定为一级至四级伤残的，由用人单位和职工个人以伤残津贴为基数，缴纳基本医疗保险费。

2. 五级、六级伤残待遇

职工因工致残被鉴定为五级、六级伤残的，享受以下待遇：

（1）从工伤保险基金按伤残等级支付一次性伤残补助金，标准如下：五级伤残为 18 个月的本人工资，六级伤残为 16 个月的本人工资。

（2）保留与用人单位的劳动关系，由用人单位安排适当工作。难以安排工作的，由用人单位按月发给伤残津贴，标准如下：五级伤残为本人工资的 70%，六级伤残为本人工资的60%，并由用人单位按照规定为其缴纳应缴纳的各项社会保险费。伤残津贴实际金额低于当地最低工资标准的，由用人单位补足差额。

经工伤职工本人提出，该职工可以与用人单位解除或者终止劳动关系，由工伤保险基金支付一次性工伤医疗补助金，由用人单位支付一次性伤残就业补助金。

3. 七级至十级伤残待遇

职工因工致残被鉴定为七级至十级伤残的，享受以下待遇：

（1）从工伤保险基金按伤残等级支付一次性伤残补助金，标准如下：七级伤残为13个月的本人工资，八级伤残为11个月的本人工资，九级伤残为9个月的本人工资，十级伤残为7个月的本人工资。

（2）劳动、聘用合同期满终止，或者职工本人提出解除劳动、聘用合同的，由工伤保险基金支付一次性工伤医疗补助金，由用人单位支付一次性伤残就业补助金。

职工再次发生工伤，根据规定应当享受伤残津贴的，按照新认定的伤残等级享受伤残津贴待遇。

（三）配置辅助器具待遇

工伤职工因日常生活或者就业需要，经劳动能力鉴定委员会确认，可以安装义肢、矫形器、义眼、义牙和配置轮椅等辅助器具的，所需费用按照国家规定的标准从工伤保险基金支付。

三、因工死亡待遇

职工因工死亡，其近亲属按照下列规定从工伤保险基金领取丧葬补助金、供养亲属抚恤金和一次性工亡补助金。

（1）丧葬补助金为6个月的统筹地区上年度职工月平均工资。

（2）供养亲属抚恤金按照职工本人工资的一定比例发给由因工死亡职工生前提供主要生活来源、无劳动能力的亲属。标准如下：配偶每月40%，其他亲属每人每月30%，孤寡老人或者孤儿每人每月在上述标准的基础上增加10%。核定的各供养亲属的抚恤金之和不应高于因工死亡职工生前的工资。

（3）一次性工亡补助金标准为上一年度全国城镇居民人均可支配收入的20倍。伤残职工在停工留薪期内因工伤导致死亡的，其近亲属享受上述第（1）项的待遇。

一级至四级伤残职工在停工留薪期满后死亡的，其近亲属可以享受上述第（1）项、第（2）项的待遇。

四、停止享受工伤保险待遇的情形

工伤职工有下列情形之一的，停止享受工伤保险待遇。

（一）丧失享受待遇条件的

如果工伤职工在享受工伤保险待遇期间发生情况变化，不再具备享受工伤保险待遇的条件，则停止享受工伤保险待遇。例如，劳动能力受损或生活不能自理的职工，恢复了劳动能力或者生活能够自理的，停止享受工伤保险待遇。

（二）拒不接受劳动能力鉴定的

劳动能力鉴定是确定享受工伤保险待遇标准的科学依据。如果工伤职工拒不接受劳动能力鉴定，则其所应享有的工伤保险待遇难以确定，则停止享受工伤保险待遇。

（三）拒绝治疗的

提供医疗救治，帮助工伤职工恢复劳动能力，重返工作岗位，是工伤保险法的目的之一。如果工伤职工无故拒绝治疗，将影响其劳动能力的恢复，甚至引起伤势恶化。拒绝治疗的工伤职工停止享受工伤保险待遇，这可以督促工伤职工积极配合治疗，尽快恢复劳动能力，提高生活质量。

五、特殊情形下的工伤保险待遇

（1）职工所在用人单位未依法缴纳工伤保险费，发生工伤事故的，由用人单位支付工伤保险待遇。用人单位不支付的，由工伤保险基金先行支付。由工伤保险基金先行支付的工伤保险待遇应当由用人单位偿还。

（2）由于第三人原因造成工伤，第三人不支付工伤医疗费用或者无法确定第三人的，由工伤保险基金先行支付。工伤保险基金先行支付后，有权向第三人追偿。

（3）关于因第三人造成工伤的职工或其亲属在获得民事赔偿后是否还可以获得工伤保险补偿问题，在理论上和实践中争议很大。各国在处理关于工伤保险与民事赔偿的关系问题时，有四种模式：取代——以工伤保险取代民事赔偿责任；选择——由受害人在工伤保险和民事赔偿责任中选择其一；兼得——被害人可以兼得工伤保险待遇和民事赔偿；补充——二者均可主张，但其所得不得超过其实际所受损害。

司法解释和司法实践有赞同兼得的倾向。2006年《最高人民法院关于因第三人造成工伤的职工或其亲属在获得民事赔偿后是否还可以获得工伤保险补偿问题的答复》认可兼得模式。《最高人民法院关于审理工伤保险行政案件若干问题的规定》作了如下规定：①职工因第三人原因受到伤害，社会保险行政部门以职工或者其近亲属已经对第三人提起民事诉讼或者获得民事赔偿为由，作出不予受理工伤认定申请或者不予认定工伤决定的，人民法院不予支持；②职工因第三人的原因受到伤害，社会保险行政部门已经作出工伤认定，职工或者其近亲属未对第三人提起民事诉讼或者尚未获得民事赔偿，起诉要求社会保险经办机构支付工伤保险待遇的，人民法院应予支持；③职工因第三人的原因导致工伤，社会保险经办机构以职工或者其近亲属已经对第三人提起民事诉讼为由，拒绝支付工伤保险待遇的，人民法院不予支持，但第三人已经支付的医疗费用除外。

（4）职工因工外出期间发生事故或者在抢险救灾中下落不明的，从事故发生当月起3个月内照发工资，从第4个月起停发工资，由工伤保险基金向其供养亲属按月支付供养亲属抚恤金。生活有困难的，可以预支一次性工亡补助金的50%。职工被人民法院宣告死亡的，按照职工因工死亡的规定处理。

（5）用人单位分立、合并、转让的，承继单位应当承担原用人单位的工伤保险责任；原用人单位已经参加工伤保险的，承继单位应当到当地社会保险经办机构办理工伤保险变更登记。

（6）用人单位实行承包经营的，工伤保险责任由职工劳动关系所在单位承担。

（7）职工被借调期间受到工伤事故伤害的，由原用人单位承担工伤保险责任，但原用人单位与借调单位可以约定补偿办法。

（8）企业破产的，在破产清算时依法拨付应当由单位支付的工伤保险待遇费用。

（9）职工被派遣出境工作，依据前往国家或者地区的法律应当参加当地工伤保险的，参加当地工伤保险，其国内工伤保险关系中止；不能参加当地工伤保险的，其国内工伤保险关系不中止。

相关法律法规

1. 《社会保险法》第四章
2. 《工伤保险条例》第五章

知识点 5　工伤保险费与工伤保险基金

导入案例

案例 9-9　B 市 A 清洁服务有限公司 S 市分公司诉 S 市某区人力资源和社会保障局认定工伤案

贾某的妻子汪某在 B 市 A 清洁服务有限公司 S 市分公司（以下简称 A 清洁服务公司）担任保洁员。2020 年 6 月 16 日早晨，汪某驾驶电动车上班途中，与一辆重型货车相撞，汪某当场死亡。经道路交通事故认定，汪某与货车司机承担事故的同等责任。2021 年 5 月 31 日，汪某的丈夫贾某向 S 市某区人力资源和社会保障局（以下简称某区人社局）提出工伤认定申请。某区人社局于 2021 年 8 月 1 日作出认定工伤决定，认定汪某骑电动车上班途中，遭遇非本人主要责任交通事故死亡，符合《工伤保险条例》第 14 条第 6 项的规定，属于工伤认定范围，予以认定为工伤。A 清洁服务公司不服，诉至 S 市某法院。A 清洁服务公司诉称，汪某于 2020 年 3 月 8 日入职，同年 4 月 1 日其提出"自动放弃缴纳社保声明"，并需要公司 200 元社保补助，由此产生的一切后果本人自负，与 A 清洁服务公司无关，某区人社局应依据汪某的声明不予认定工伤。本案一审判决驳回 A 清洁服务公司的诉讼请求。A 清洁服务公司上诉，S 市某中级人民法院判决驳回上诉，维持原判。

导入案例分析

基本理论

工伤保险费是工伤保险基金最重要的来源，工伤保险费和工伤保险基金是工伤保险法的重要内容。

一、工伤保险费

（一）工伤保险费率

1. 遵循以支定收、收支平衡的原则

工伤保险实行现收现付，即以当期征收的工伤保险费用于支付当期的工伤保险待遇。故工伤保险费率的确定，应保证各项工伤保险待遇的支出，不需有更多积累。工伤保险费遵循以支定收、收支平衡的原则，确定费率。工伤保险基金必须保障满足工伤保险待遇支出及工伤预防和职业康复的支出，一定时期内工伤保险基金的筹集总额，按预计的工伤保险待遇及工伤预防和职业康复的支出总额来确定，并使二者保持大体上的平衡关系。

2. 实行行业差别费率

不同行业和不同用人单位的职业伤害风险高低不同，工伤保险费的确定与用人单位所属行业和单位工伤发生率等情况挂钩，对不同工伤事故发生率的雇主、行业实行差别费率，以体现工伤保险费负担的公平性，促使工伤事故多的行业改进安全措施，降低工伤发生率。《工伤保险条例》规定，国家根据不同行业的工伤风险程度确定行业的差别费率，并根据工伤保险费使用、工伤发生率等情况在每个行业内确定若干费率档次。行业差别费率及行业内费率档次由国务院社会保险行政部门制定，报国务院批准后公布施行。统筹地区经办机构根据用人单位工伤保险费使用、工伤发生率等情况，适用所属行业内相应的费率档次确定单位缴费费率。国务院社会保险行政部门应当定期了解全国各统筹地区工伤保险基金收支情况，及时提出调整行业差别费率及行业内费率档次的方案，报国务院批准后公布施行。

我国按照《国民经济行业分类》（GB/T 4754—2011）[①] 对行业的划分并根据不同行业的工伤风险程度，由低到高，将行业工伤风险类别划分为一类至八类。不同工伤风险类别的行业执行不同的工伤保险行业基准费率。通过费率浮动的办法确定每个行业内的费率档次。一类行业分为三个档次，即在基准费率的基础上，可分别向上浮动至120%、150%；二类至八类行业分为五个档次，即在基准费率的基础上，可分别向上浮动至120%、150%或向下浮动至80%、50%。社会保险经办机构根据用人单位工伤保险费使用、工伤发生率、职业病危害程度等因素，确定其工伤保险费率，并可依据上述因素变化情况，每一至三年确定其在所属行业不同费率档

[①] 国家标准《国民经济行业分类》（GB/T 4754）2011年版已废止，现行为2017年版。

次间是否浮动。对符合浮动条件的用人单位，每次可上下浮动一档或两档。

（二）工伤保险费的缴纳

工伤保险具有显著的补偿性，各国的工伤保险费基本上都是由雇主负担。在我国，工伤保险由用人单位缴纳工伤保险费，职工不缴纳工伤保险费。用人单位应当按时缴纳工伤保险费，以保证工伤保险基金的支付能力，切实保障工伤职工及时获得医疗救治和经济补偿。用人单位缴纳工伤保险费的数额为本单位职工工资总额与单位缴费费率之积。对难以按照工资总额缴纳工伤保险费的行业，其缴纳工伤保险费的具体方式，由国务院社会保险行政部门规定。

二、工伤保险基金

工伤保险基金，是指为保障因工作遭受事故伤害或者患职业病的劳动者获得医疗救治和经济补偿，促进工伤预防和职业康复，依法向劳动者的雇主征缴工伤保险费及通过其他渠道形成的专项基金。工伤保险基金是工伤保险法律制度的物质基础。

（一）工伤保险基金的构成

工伤保险基金由用人单位缴纳的工伤保险费、工伤保险基金的利息和依法纳入工伤保险基金的其他资金构成。工伤保险基金单独建账，单独核算，专款专用，任何组织和个人不得侵占或者挪用。

（二）工伤保险基金的管理

工伤保险基金存入社会保障基金财政专户，用于规定的工伤保险待遇，劳动能力鉴定，工伤预防的宣传、培训等费用，以及法律、法规规定的用于工伤保险的其他费用的支付。任何单位或者个人不得将工伤保险基金用于投资运营、兴建或者改建办公场所、发放奖金，或者挪作其他用途。

工伤保险基金应当留有一定比例的储备金，用于统筹地区重大事故的工伤保险待遇支付；储备金不足支付的，由统筹地区的人民政府垫付。储备金占基金总额的具体比例和储备金的使用办法，由省、自治区、直辖市人民政府规定。

相关法律法规

1. 《社会保险法》第四章

2. 《工伤保险条例》第五章
3. 《社会保险费征缴暂行条例》第 29 条

实训

【实训情境】

再审申请人海南省海口市人力资源和社会保障局（以下简称海口市人社局）因被申请人俞某诉其和原审被告海南省人力资源和社会保障厅（以下简称海南省人社厅）工伤认定行政确认、行政复议一案，不服海南省高级人民法院于 2017 年 3 月 27 日作出的（2017）琼行终 82 号行政判决，向最高人民法院申请再审。

俞某的丈夫冯某，系琼山中学教师，承担该校高中部数学课教学和高中班主任工作。2011 年 11 月 15 日晚，冯某任教的两个班级进行测验考试。考试结束后，冯某回到家中。次日早上 7 点左右，同校老师在冯某家中发现其身体状况异常，立刻拨打海口市 120 急救中心电话，琼山人民医院到场进行抢救，冯某抢救无效死亡。2011 年 12 月 20 日，琼山人民医院出具《居民死亡医学证明书》，证明冯某因突发心肌梗死，于 2011 年 11 月 16 日在家中死亡，发病到死亡的大概时间间隔为"不详"。抢救记录单上记载，"抢救时间段为 2011 年 11 月 16 日 8 时 31 分至 9 时 32 分""到达现场时患者已无心跳、呼吸"。2011 年 12 月 15 日，琼山中学以冯某因长期工作劳累过度，在工作时间、工作岗位突发心肌梗死死亡为由，向海口市人社局提出申请，要求认定冯某为工伤死亡。2011 年 12 月 13 日，琼山中学数学组证明："2011 年 11 月 15 日晚，从 20：30 至 22：30 进行考试，冯某老师连夜评完两个班学生的数学试卷，并进行试卷分析，因每周三为我校数学教学研究时间。"2012 年 6 月 26 日，琼山中学教师王某虎、陈某业证明，事发当晚发现冯某行为异常，看见他偶尔用手摁一摁胸口，脸色不好。2013 年 3 月 11 日，琼山中学出具书面证明："2011 年 11 月 15 日晚上，从 20：30 到 22：30 进行考试，为及时了解学生的学习状况，该老师连夜评完两个班学生的数学试卷（107 份），并进行试卷分析。每次测试完毕都是当晚批卷，这是常规工作……"庭审中，证人黄某、胡某亦证实，冯某在 2011 年 11 月 15 日晚修时间，精神比往常差，气色苍白。

海口市人社局在受理琼山中学认定冯某为工伤的申请中，曾于 2012 年 5 月 23 日作出海人社工伤认字（2012）第 223 号《工伤认定决定书》（以下简称 223 号工伤决定），对冯某因病死亡不认定为工伤。俞某不服，申请复议。海南省人社厅作出琼人社复决（2012）2 号《行政复议决定书》，维持海口市人社局 223 号工伤决定。俞某不服，提起行政诉讼。海口市秀英区人民法院判决驳回俞某的诉讼请求。俞某不服并提起上诉，海口市中级人民法院于 2013 年 5 月 8 日作出（2013）海中法行终字第47号行政判决,以223号工伤决定认定事实不清为由,判决撤销一审判决,撤销223号工伤决定,责令海口市人社局重新作出行政行为。海口市人社局不服并申请再审,海口市中级人民法院于2013年8月16日作出(2013)海中法行监字第28号《驳回再审申请通知书》,驳回其再审申请。海口市人社局仍不服,继续申诉。海南省高级人民法院于2014年2月14日作出(2013)琼行监字第69号《驳回再审申请通知书》,驳回其申请。2015年1月17日,海口市人社局重新作出海人社工伤认定字(2012)223-1号《不予认定工伤决定书》(以下简称223-1号工伤决定),认定事实如下:2011年11月16日上午8时20分许,冯某被其同事韦某积发现趴卧在家里的床上,呼之不应,韦某积急拨120呼叫抢救。120到场后抢救约1小时,于当日9时32分宣告冯某临床死亡。经查明:①2011年11月15日晚修时间,冯某约晚上10时带女儿离校回家;②冯某发病时已上床休息;③2011年11月16日上午学校并未安排数学教研活动;④学校规定,不得利用晚修时间上课或考试;⑤学校领导否认安排教师通宵改卷或要求任课老师必须当天改完作业或试卷。223-1号工伤决定据此认为,晚上进行考试不是学校安排的活动,学校也没有要求老师当天必须批改完作业或试卷的规定,冯某发病不是在工作时间,也不是在工作岗位上,不符合《工伤保险条例》第14条、第15条认定工伤或视为工伤的情形,决定不认定为工伤或视为工伤。俞某不服申请复议,海南省人社厅于2016年4月15日作出琼人社复决(2016)1号行政复议决定(以下简称1号复议决定),维持223-1号工伤决定。俞某仍不服,于2016年5月16日向海口市中级人民法院提起本案行政诉讼,请求撤销223-1号工伤决定和1号复议决定,认定冯某属于工伤。

海口市中级人民法院(2016)琼01行初180号行政判决认为,223-1号工伤决定认定"冯某发病时已上床休息"。但琼山人民医院院前急救记录交接单上记载的抢救情况是"到达时死亡",《居民死亡医学证明书》上对冯某发病到死亡的大概时间间隔一栏上记载为"不详",海口市人社局仅凭冯某同事到家中看见冯某卧于床上,认定冯某发病时已上床休息,明显证据不足。海口市人社局未提交琼山中学的相关规章制度,仅以琼山中学校长调查陈述认定"学校规定,不得利用晚修时间上课或考试",冯某安排测试的时间是晚上,不是工作时间,事实认定依据不足。海口市人社局对冯某连夜工作与突发疾病是否存在因果关系,是否因长时间工作劳累造成心肌梗死死亡等问题均未予认定,作出223-1号工伤决定,认定部分事实不清,证据不充分。依照《中华人民共和国行政诉讼法》(简称《行政诉讼法》)第70条第1项、第79条之规定,判决撤销223-1号工伤决定和1号复议决定,责令海口市人社局重新作出工伤认定。海口市人社局不服,提起上诉。

海南省高级人民法院(2017)琼行终82号行政判决认为,病亡视同工伤需满足三个条件：工作时间、工作岗位、突发疾病死亡或48小时内抢救无效死亡。冯某组织晚修测验及批改试卷即使不是学校的硬性要求，但与其工作明显相关，且符合中小学教师的职业特点，应属于工作时间和工作岗位的延伸。突发疾病发病到死亡有一个持续的阶段和过程，如冯某这样的"猝死"，也有从不明显到明显的发病至死亡的过程。琼山中学教师王某虎、陈某业及冯某学生证明，冯某在2011年11月15日晚修期间已有身体不适的表现，理应认定冯某于2011年11月15日晚修时已开始发病。冯某在琼山人民医院医护人员到达时已无心跳和呼吸，其属于突发疾病死亡的情况，而不是《工伤保险条例》第15条第1款第1项中"突发疾病死亡或者在48小时之内经抢救无效死亡"的情况。依照《行政诉讼法》第89条第1款第1项的规定，判决驳回上诉，维持原判。

海口市人社局申请再审称：①经申请人重新调查核实，冯某身体状况良好，并无证据证明其在工作期间发病，且医疗机构初次诊断时间不在15日晚修时间；②冯某系在家中死亡，并非死于工作岗位，一、二审扩大工作时间、工作地点的范围不当；③根据《工伤保险条例》及相关规定，在工作岗位发病，未送医抢救回家休息及其他因疾病死亡的情形，只能按照病亡对待，不应认定为工伤。请求撤销一、二审判决，对本案予以再审。

海南省人社厅答辩称：①冯某系在家中死亡，不符合视同工伤情形；②冯某回家批改试卷并非学校安排的工作，不应认定为工作时间、工作岗位；③冯某于当日未有就诊记录，而是直接回家，不属于突发疾病，琼山中学主张其劳累过度，亦不属于工伤或视同工伤的情形。请求撤销一、二审判决，维持223-1号工伤决定。

俞某未提交书面答辩意见。

海南省高级人民法院经审查认为，《工伤保险条例》第15条第1款第1项规定，职工在工作时间和工作岗位，突发疾病死亡或者在48小时之内经抢救无效死亡的，视同工伤。该项规定视同工伤包括两种情形：一是在工作时间、工作岗位上，突发疾病死亡；二是在工作时间、工作岗位上，突发疾病，48小时内经抢救无效死亡。未经抢救死亡，可能存在两种情形：一是突发疾病，来不及抢救即已经死亡；二是发病时，没有其他人员在场，丧失抢救机会死亡。无论是经抢救无效死亡，还是未经抢救死亡，视为工伤的关键都在于，必须是在"工作时间和工作岗位"上突发疾病死亡。通常理解，"工作时间和工作岗位"应当是指单位规定的上班时间和上班地点。同时，我们认为，职工为了单位的利益，在家加班工作期间，也应当属于"工作时间和工作岗位"。

主要理由如下：

第一，根据《工伤保险条例》第1条规定，制定和实施该条例的目的在于对

"因工作遭受事故伤害或者患职业病的职工获得医疗救治和经济补偿"。因此，理解"工作时间和工作岗位"，首先应当要看职工是否为了单位的利益从事本职工作。在单位规定的工作时间和地点突发疾病死亡视为工伤；为了单位的利益，将工作带回家，占用个人时间继续工作，其间突发疾病死亡，其权利更应当受到保护。只有这样理解，才符合倾斜保护职工权利的工伤认定立法目的。

第二，《工伤保险条例》第14条第1、2、3项认定工伤时的法定条件是"工作时间和工作场所"，而第15条视为工伤时使用的是"工作时间和工作岗位"，相对于"工作场所"而言，"工作岗位"更多强调的不是工作的处所和位置，而是岗位职责、工作任务。职工在家加班工作，就是为了完成岗位职责，当然应当属于第15条规定的"工作时间和工作岗位"。

第三，视为工伤是法律规范对工伤认定的扩大保护，的确不宜将其范围再进一步做扩大理解。但是，应当注意的是，第15条将"工作场所"替换为"工作岗位"，本身就是法律规范对工作地点范围的进一步拓展，将"工作岗位"理解为包括在家加班工作，是对法律条文的正常理解，不是扩大解释。本案中，冯某被发现时已经没有呼吸和心跳，属于深夜在家发病，无人发现、未经抢救死亡的情形，不属于经抢救无效48小时内死亡的情形。虽然冯某在家中死亡，但从本案查明的事实可以看出，冯某在被发现死亡的前一天晚10时许，组织学生晚修测验回家，连夜评完两个班学生的数学试卷，并进行试卷分析。显然是为了学校的利益，在回家后利用个人休息时间，加班从事教学岗位职责工作，属于"在家加班工作"的情形。是否能够认定冯某属于工伤，关键是看其发病、死亡是否发生在"在家加班工作期间"。冯某的《居民死亡医学证明书》对其发病至死亡的时间认定为"不详"，这就造成冯某的发病时间究竟是在加班工作期间，还是在已上床睡觉期间难以判断。223-1号工伤决定根据冯某的同事第二天一早发现其趴卧在床上的陈述，认定"冯某发病时已上床休息"。正如一、二审所述，这一认定显然是缺乏充分证据予以支持的。趴卧在床上，有可能是在发病后，身体不适倒卧床上，并非一定是上床睡觉后发病死亡。本院认为，在职工发病和死亡是否发生在工作时间、工作岗位上缺乏相关证据证明、难以确定的情况下，根据工伤认定倾向性保护职工合法权益的原则，应当作出有利于职工的肯定性事实推定，而非否定性的事实认定。因此，一、二审判决以事实不清、主要证据不足为由，撤销223-1号工伤决定，判决理由和结果均无不当。海口市人社局申请再审的理由，均是建立在不认可在家加班工作期间应当认定为"工作时间、工作岗位"这一前提之下，其主张与工伤认定的立法精神不符，缺乏事实根据，本院不予支持。

应当指出的是，根据《工伤保险条例》第16条规定，职工符合本条例第14

条、第15条的规定,但是有下列情形之一的,不得认定为工伤或者视同工伤:故意犯罪的、醉酒或者吸毒的、自残或者自杀的。职工发生伤亡事故,是否存在违反单位相关规章制度的情形,并不是工伤认定应当考虑的因素。223-1号工伤决定在认定事实时,强调学校规定不得利用晚修时间上课或考试、学校领导否认安排教师通宵改卷或要求任课老师必须当天改完作业或试卷等事实,不属于工伤认定应当考虑的因素,海口市人社局的上述事实认定不妥,本院予以指正。

综上,海口市人社局的再审申请不符合《行政诉讼法》第91条第3项、第4项规定的情形。依照《最高人民法院关于执行若干问题的解释》第74条的规定,裁定如下:驳回海口市人社局的再审申请。

【实训任务】

通过对工伤保险争议案件的分析,理解和掌握工伤认定的标准,提高运用工伤保险法的原理和立法解决实际问题的能力、语言表达能力及应变能力。

【实训方法】

1. 全体实训人员分为原告、被告、合议庭3组,各自结合本方的诉讼角色运用工伤保险法的原理及立法相关法律规定对案件争议问题发表自己的见解。

2. 各小组形成本组的观点及依据后,由1名代表发表意见。

3. 辅导教师归纳小组意见并予以点评。

练习题

一、单项选择题

1. 工伤保险是指劳动者在工作中或者在规定的特殊情况下遭受事故伤害而负伤、致残、死亡或者(　　)时,对劳动者或其亲属给予物质帮助的一项社会保险制度。

　　A. 受伤　　　　　B. 患职业病　　　C. 伤残　　　　　D. 残疾

2. 在工作时间和工作场所内,因工作原因受到事故伤害的,应当(　　)。

　　A. 认定为工伤　　　　　　　　　B. 视同工伤
　　C. 不应认定为工伤　　　　　　　D. 应诊断为职业病

3. 在上下班途中,受到(　　)交通事故或者城市轨道交通、客运轮渡、火车事故伤害的,应认定为工伤。

　　A. 意外　　　　　　　　　　　　B. 无法预见的
　　C. 无法避免的　　　　　　　　　D. 非本人主要责任的

4. 工作时间前后在工作场所内,从事与工作有关的预备性或者收尾性工作受到事故伤害的,( )。

A. 应认定为工伤　　　　　　　　B. 视同工伤

C. 不应认定为工伤　　　　　　　D. 应诊断为职业病

5. 职工应当参加工伤保险,由( )缴纳工伤保险费。

A. 用人单位和职工共同　　　　　B. 职工

C. 用人单位　　　　　　　　　　D. 政府

二、多项选择题

1. 职工因( )导致本人在工作中伤亡的,不认定为工伤。

A. 犯罪　　　　　　　　　　　　B. 醉酒或者吸毒

C. 自残或者自杀　　　　　　　　D. 受到治安管理处罚

2. 工伤职工有( )情形的,停止享受工伤保险待遇。

A. 丧失享受待遇条件的　　　　　B. 醉酒

C. 拒不接受劳动能力鉴定的　　　D. 拒绝治疗的

3. 职工有下列( )情形的,视同工伤。

A. 患职业病

B. 在工作时间和工作岗位,突发疾病死亡或者在48小时之内经抢救无效死亡

C. 在抢险救灾等维护国家利益、公共利益活动中受到伤害

D. 职工原在军队服役,因战、因公负伤致残,已取得革命伤残军人证,到用人单位后旧伤复发

4. 《工伤保险条例》第14条规定:在上下班途中,受到非本人主要责任的交通事故或者城市轨道交通、客运轮渡、火车事故伤害的,应认定为工伤。下列( )应认为是"上下班途中"。

A. 在合理时间内往返于工作地与住所地、经常居住地、单位宿舍的合理路线的上下班途中

B. 在合理时间内往返于工作地与配偶、父母、子女居住地的合理路线的上下班途中

C. 在加班的上下班途中

D. 从事属于日常工作生活所需要的活动,且在合理时间和合理路线的上下班途中

5. 下列情形中( )应认定为工伤。

A. 职工在工作时间和工作场所内受到伤害,用人单位或者社会保险行政部门没有证据证明是非工作原因导致

B. 职工参加用人单位组织或者受用人单位指派参加其他单位组织的活动受到

伤害

C. 在工作时间内，职工来往于多个与其工作职责相关的工作场所之间的合理区域因工受到伤害

D. 从事与履行工作职责相关的活动，在工作时间及合理区域内受到伤害

三、案例分析题

北京某单位职工杨某在参加单位组织的更换混凝土轨枕施工过程中，被一根约10千克的铁撬棍击中头部。单位立即送杨某到卫生服务站，杨某被诊断为头顶部3厘米皮裂伤，卫生服务站工作人员为杨某进行了简单的包扎，并打了一针破伤风疫苗，但没有进行影像学检查。回到家中休养的杨某曾前往卫生院就诊，自述说总感觉头晕、恶心、头痛，而且总睡不着觉。半个月后的一个凌晨，杨某在家中难以入睡，突然起身从厨房拿来菜刀，将妻子和儿子砍伤，又举刀自杀身亡。警方委托精神疾病司法鉴定中心进行司法精神医学鉴定，鉴定结论指出，杨某作案时存在严重的抑郁情绪，其行为动机受情绪障碍的影响，在抑郁情绪影响下发生扩大性自杀。杨某的妻子向北京市某区人力资源和社会保障局提出申请，北京市某区人力资源和社会保障局认为，我国法律明确规定，"自残或自杀"不得认定为工伤，据此认定杨某"自杀"不属于工伤。杨某的妻子不服，提起诉讼。

问题：

杨某自杀身亡是否应认定为工伤？

单元 10 医疗保险法

学习目标

1. 了解我国医疗保险的概念及分类。

2. 掌握医疗保险法律关系，熟悉医疗保险法律关系中的参保人、医疗服务机构。

3. 了解医疗保险基金。

4. 了解生育保险待遇，熟悉生育医疗费用、生育津贴。

要点提示

1. 医疗保险，是指国家通过立法强制性规定投保人缴纳医疗保险费，建立社会统筹医疗保险基金，在被保险人因疾病或非因工负伤时，由医疗保险经办机构按照相关规定向被保险人提供医疗费用补偿的一种法律制度。

2. 我国基本医疗保险有三类：职工基本医疗保险、新型农村合作医疗和城镇居民基本医疗保险。

3. 医疗保险法律关系，是指社会医疗保险法调整社会医疗保险关系所形成的参保人、保险人、受益人、医疗机构等之间的权利义务关系。

4. 关于医疗保险的参保人，职工基本医疗保险的参保人是用人单位和职工，新型农村合作医疗保险的参保人是农村的家庭，城镇居民基本医疗保险的参保人是城镇非职工居民。

5. 医疗服务机构，是指直接向被保险人提供医疗服务的机构。基本医疗保险实行定点医疗机构（包括中医医院）和定点药店管理。

6. 生育待遇包括生育保险基金给付待遇和用人单位生育保护待遇。生育保险待遇包括生育医疗费用、生育津贴。

知识点 1　医疗保险概要

导入案例

案例 10-1　公费医疗中按基本医疗保险管理的报销规则

卢某某之父卢某，原系某中心休养员、军队退休干部，未参加某市基本医疗保险，卢某于 2017 年 1 月 30 日因肿瘤而病逝，其档案资料显示其为"军队退休技术 9 级"。此后，卢某某为其父报销相关医疗费用。2017 年 7 月 25 日，卢某某向当地退役军人事务局申请补报卢某医疗费。根据《北京市基本医疗保险药品目录》的规定，恶性肿瘤及乙型肝炎患者使用胸腺五肽（胸腺喷丁），费用需由个人负担 10%，其他疾病患者使用胸腺五肽，费用需由个人负担 50%，限二级以上医院使用。当地退役军人事务局经审核后认定，依据规定，除去自付 10% 外，住院费用还应自付相应比例，即起付线以下自付 5%，起付线以上部分按所住医院级别和符合基本医疗保险支付范围的医疗额度自付相应比例，如三级医院自付 3%，卢某某最终补报的医疗费用少于申请额。

导入案例分析

基本理论

一、医疗与医疗卫生体制

1883 年德国颁布的《疾病保险法》是世界上最早的医疗保险立法。

我国于 1949 年 9 月通过的《中国人民政治协商会议共同纲领》提出劳动保险制度，其后建立了以《劳动保险条例》为核心的社会保险制度。然而，统一的劳动保险制度在我国并未建立，我国在医疗保障领域建立了包括公职人员的公费医疗、职工的劳动保险医疗、农村合作医疗的医疗保障体系。改革开放后，计划管理的医药卫生体制逐渐向市场体制转型。医药卫生一般包括四大体系，即公共卫生服务体系、医疗服务体系、医疗保障体系和药品供应保障体系。其中，医疗保障体系是次生的体系，它必须以另外三个体系为基础。

> **课程思政**
>
> **我国医疗保障制度改革的目标**
>
> 到2025年，医疗保障制度更加成熟定型，基本完成待遇保障、筹资运行、医保支付、基金监管等重要机制和医药服务供给、医保管理服务等关键领域的改革任务。到2030年，全面建成以基本医疗保险为主体，医疗救助为托底，补充医疗保险、商业健康保险、慈善捐赠、医疗互助共同发展的医疗保障制度体系，待遇保障公平适度，基金运行稳健持续，管理服务优化便捷，医保治理现代化水平显著提升，实现更好保障病有所医的目标。
>
> 《中共中央 国务院关于深化医疗保障制度改革的意见》

二、医疗保险的概念

广义的医疗保险，泛指以疾病、伤残为给付条件的保险，其既包括商业保险中的健康保险、意外保险，又包括社会医疗保险。狭义的医疗保险特指社会医疗保险，简称"医保"。医疗保险一般排除工伤事故的适用。因此，医疗保险是指国家通过立法强制性规定投保人缴纳医疗保险费，建立社会统筹医疗保险基金，在被保险人因疾病或非因工负伤时，由医疗保险经办机构按照相关规定向被保险人提供医疗费用补偿的一种法律制度。

三、基本医疗保险的种类

根据《社会保险法》的规定，我国基本医疗保险有三个种类，即职工基本医疗保险、新型农村合作医疗和城镇居民基本医疗保险。其中，新型农村合作医疗的管理办法授权由国务院规定，而职工基本医疗保险和城镇居民基本医疗保险也有待新的立法给予详细规定。

(一) 职工基本医疗保险

职工基本医疗保险，是指为补偿劳动者因疾病风险造成的经济损失而建立的一项社会保险制度。其显著特点是由用人单位和劳动者共同缴纳基本医疗保险费。职工基本医疗保险具有强制性，用人单位和劳动者必须参加，不得以商业人身保险代替职工基本医疗保险，也不得以新型农村合作医疗或者城镇居民基本医疗保险来置换职工基本医疗保险。

(二) 新型农村合作医疗

新型农村合作医疗，是由政府组织、引导、支持，农民自愿参加，个人、集体和政府多方筹资，以大病统筹为主的农民医疗互助共济制度。

新型农村合作医疗强调自愿性、筹资方式的多元性，农民以家庭为单位自愿参加新型农村合作医疗，遵守有关规章制度，按时足额缴纳合作医疗保险经费；乡（镇）、村集体要给予资金扶持；中央和地方各级财政每年要安排一定专项资金予以支持。新型农村合作医疗补助范围不具有强制性，定位为大病医疗补助。新型农村合作医疗基金主要补助参加新型农村合作医疗的农民的大额医疗费用或住院医疗费用。有条件的地方，可实行大额医疗费用补助与小额医疗费用补助结合的办法，这样既可提高抗风险能力又能兼顾农民受益面。从新型农村合作医疗的定位来看，其既不同于曾经的农村合作医疗，也不同于现在的其他基本医疗保险。

(三) 城镇居民基本医疗保险

城镇居民基本医疗保险，是指以居民个人（家庭）缴费和政府补贴相结合的筹资方式，按照缴费标准和待遇水平相一致的原则，为城镇居民提供医疗需求的一种社会医疗保险制度。城镇居民基本医疗保险首先定位于大病医疗，城镇居民基本医疗保险基金重点用于参保居民的住院和门诊大病医疗支出，有条件的地区可以逐步试行门诊医疗费用统筹。

2016 年 1 月，国务院印发《关于整合城乡居民基本医疗保险制度的意见》，决定整合城镇居民基本医疗保险和新型农村合作医疗两项制度，建立统一的城乡居民基本医疗保险制度。

相关法律法规

《社会保险法》第 23 条 ~ 第 25 条

知识点 2　医疗保险法律关系

导入案例

案例 10-2　医疗保险基金支付费用中的参保地政策

姚某某参加了北京市基本医疗保险，其于 2017 年办理了医保异地安置，并办理了跨省异地实时结算手续。姚某某因患有黏多糖病，于 2018 年 2 月 12 日在上海某医学中心血液科住院进行造血干细胞移植，同年 4 月 20 日出院，共支付医疗费 190 220 元。2018 年 5 月 5 日，姚某某因发热和腹泻再次住院，然后于 6 月 6 日出院，花费 7 万多元。同年 9 月，姚某某向北京某区医保中心申请报销上述医疗费，该中心对其第二次住院费 7 万多元予以报销，但对其 2018 年 2 月 12 日至 4 月 20 日期间所发生的医疗费，认为不符合本市造血干细胞移植医疗费报销政策，不予报销。姚某某不服，遂向法院提起诉讼。

另查，姚某某向上海某医学中心支付 2018 年 2 月 12 日至 4 月 20 日期间所发生的医疗费 190 220 元时，并未使用医疗保险卡进行结算，而是以自费方式全额垫付的。姚某某称，因当时上海某医学中心医保系统出现问题，导致无法使用医疗保险卡进行结算。

再查，根据上海市基本医疗保险费用报销相关政策规定，纳入基本医疗保险基金支付范围的造血干细胞移植的适应证包含黏多糖病。

法院认为，依据北京市人民政府令 158 号《北京市基本医疗保险规定》（以下简称 158 号令）第 3 条第 3 款的规定："市和区、县劳动保障行政部门设立的社会保险经办机构，具体经办医疗保险工作。"被告北京市某区医保中心作为北京市某区人力资源和社会保障局设立的社会保险经办机构，依法负有对本辖区内参加基本医疗保险的居民所发生的医疗费用进行报销结算的法定职责。

我国基本医疗保险费用跨省异地实时结算的总体方针是"就医地目录、参保地政策、就医地管理"。根据 158 号令第 27 条的规定，基本医疗保险基金支付职工和退休人员的医疗费用，应当符合本市规定的基本医疗保险药品目录、诊疗项目目录、医疗服务设施范围和支付标准。基本医疗保险药品目录、诊疗项目目录、医疗服务设施范围和支付标准的具体办法，由市劳动保障行政部门会同有关部门另行制定。同时，原北京市劳动和社会保障局与北京市财政局联合下发的176号文件《关于下发〈北京市基本医疗保险肝移植术后抗排异治疗、造血干细胞移植医疗费用报销试行办法〉的通知》第2条规定，参保人员进行造血干细胞移植发生符合基本医疗保险支付范围的医疗费用纳入基本医疗保险范围，由基本医疗保险基金按规定予以支付。参保人员进行造血干细胞移植，应符合以下适应证：①白血病；②淋巴瘤；③多发性骨髓瘤；④骨髓增生异常综合征；⑤再生障碍性贫血。该文件第3条规定，造血干细胞移植实行定点医疗机构管理。在京医保发〔2007〕27号《关于印发〈北京市基本医疗保险肝移植术后门诊抗排异治疗、造血干细胞移植定点医疗机构名单、就医及审核结算流程〉的通知》和京医保发〔2008〕26号《关于印发〈北京市基本医疗保险、学生儿童大病医疗保险造血干细胞移植第二批定点医疗机构名单〉的通知》中明确了本市造血干细胞移植的定点医疗机构，均为本市范围内的医疗机构。

　　本案中，根据已查明事实，原告在办理了跨省异地实时结算手续的情况下，因患有黏多糖病在上海市进行造血干细胞移植，如果使用医疗保险卡进行实时结算，符合上海市基本医疗保险费用报销相关政策规定，应当纳入基本医疗保险基金支付范围。但是，由于原告在结算时未使用医疗保险卡，而是以自费方式全额垫付的，因此，根据政策规定，原告回到参保地即北京市进行报销，就应当依照"参保地政策"办理。根据上述文件规定，原告进行造血干细胞移植所针对的黏多糖病，不属于本市（即北京市）纳入基本医疗保险基金支付的适应证范畴，进行治疗的医院也不属于本市规定的定点医疗机构。因此，被告对原告2018年2月12日至4月20日期间所发生的医疗费不予报销，其行为认定事实清楚，适用规范性文件正确，并无不当。原告的诉讼请求缺乏法律依据，法院不予支持。

导入案例分析

基本理论

　　医疗保险法律关系，是指社会医疗保险法调整的社会医疗保险关系所形成的参保人、保险人、受益人、医疗机构等之间的权利义务关系。下面通过介绍医疗保险中的参保人、医疗服务机构、医疗保险待遇来简要展示医疗保险法律关系中的主体及其给付关系。

一、参保人

参保人，即参加医疗保险的单位或个人，是指依据医疗保险法律法规应当参加医疗保险的单位和个人。确定参保人也是确定医疗保险的覆盖范围。不同种类的医疗保险有着不同的参保人。

（一）职工基本医疗保险的参保人

职工基本医疗保险的参保人是用人单位和职工。职工应当参加职工基本医疗保险，由用人单位和职工按照国家规定共同缴纳基本医疗保险费。无雇工的个体工商户、未在用人单位参加职工基本医疗保险的非全日制从业人员及其他灵活就业人员可以参加职工基本医疗保险，由个人按照国家规定缴纳基本医疗保险费。简言之，有单位的劳动者，单位与劳动者应当缴费参加职工基本医疗保险；无单位的劳动者，劳动者可选择参加职工基本医疗保险。前者属于强制性参保，后者属于自愿性参保。

根据《国务院关于建立城镇职工基本医疗保险制度的决定》（国发〔1998〕44号）的规定，基本医疗保险费由用人单位和职工共同缴纳。用人单位缴费率应控制在职工工资总额的6%左右，职工缴费率一般为本人工资收入的2%。随着经济发展，用人单位和职工缴费率可作相应调整。

参保人应当按照法律的规定缴纳职工基本医疗保险费。目前，具体的职工基本医疗保险制度多由地方立法，相关规定效力层次较低，缴费标准也稍有差异。参加职工基本医疗保险的个人，达到法定退休年龄时累积缴费达到国家规定年限的，退休后不再缴纳基本医疗保险费，按照国家规定享受基本医疗保险待遇；未达到国家规定年限的，可以缴费至国家规定年限。以北京市为例，根据《北京市基本医疗保险规定》（2005年修改），职工按本人上一年月平均工资的2%缴纳基本医疗保险费；职工本人上一年月平均工资低于上一年本市职工月平均工资60%的，以上一年本市职工月平均工资的60%为缴费工资基数，缴纳基本医疗保险费；职工本人上一年月平均工资高于上一年本市职工月平均工资300%以上的部分，不作为缴费工资基数，不缴纳基本医疗保险费；无法确定职工本人上一年月平均工资的，以上一年本市职工月平均工资为缴费工资基数，缴纳基本医疗保险费。用人单位按全部职工缴费工资基数之和的9%缴纳基本医疗保险费。用人单位应当按时向社会保险经办机构如实申报职工上一年月平均工资，社会保险经办机构按照规定核定基本医疗保险缴费工资基数。

（二）新型农村合作医疗的参保人

新型农村合作医疗的参保人是农村的家庭。新型农村合作医疗为非强制性参保。以河北省为例，根据《河北省新型农村合作医疗管理办法》（冀政办〔2003〕19号），新型农村合作医疗制度实行个人缴费、集体扶持和政府资助相结合的筹资机制。农民个人每年的缴费标准不应低于10元，经济条件好的地区可相应提高缴费标准。农民为参加农村合作医疗而进行缴费，不能视为增加农民负担。乡镇企业职工（不含以农民家庭为单位参加新型农村合作医疗的人员）是否参加新型农村合作医疗由县级人民政府确定。对农村五保户和贫困农民家庭无经济能力缴纳合作医疗费用的，由个人申请、村民代表会议评议、乡（镇）政府审核、县级民政部门批准，可利用医疗救助资金资助其参加当地合作医疗。有条件的乡村集体经济组织要对本地新型农村合作医疗给予适当扶持。

（三）城镇居民基本医疗保险的参保人

城镇居民基本医疗保险的参保人是城镇非职工居民。根据《国务院关于开展城镇居民基本医疗保险试点的指导意见》（国发〔2007〕20号）的规定，不属于城镇职工基本医疗保险制度覆盖范围的中小学阶段的学生（包括职业高中、中专、技校学生）、少年儿童和其他非从业城镇居民都可自愿参加城镇居民基本医疗保险。试点城市应根据当地的经济发展水平以及成年人和未成年人等不同人群的基本医疗消费需求，并考虑当地居民家庭和财政的负担能力，恰当确定筹资水平；探索建立筹资水平、缴费年限和待遇水平相挂钩的机制。城镇居民基本医疗保险以家庭缴费为主，政府给予适当补助。参保居民按规定缴纳基本医疗保险费，享受相应的医疗保险待遇，有条件的用人单位可以对职工家属参保缴费给予补助。国家对个人缴费和单位补助资金制定税收鼓励政策。财政补助的具体方案由财政部门与劳动保障、民政等部门研究确定，补助经费要纳入各级政府的财政预算。

以北京市为例，根据《北京市城乡居民基本医疗保险办法》（京政发〔2017〕29号），参保人为无其他基本医疗保障的下列人员：①男年满60周岁和女年满50周岁的本市户籍城乡居民（简称城乡老年人）。②男年满16周岁不满60周岁、女年满16周岁不满50周岁的本市户籍城乡居民（简称劳动年龄内居民）。③在本市行政区域内的全日制普通高等院校（包括民办高校）、科研院所、普通中小学校、中等职业学校、特殊教育学校、工读学校就读的本市户籍在校学生，以及非在校的16周岁以下的本市户籍人员；在本市行政区域内的全日制普通高等院校（包括民办高校）、科研院所中接受普通高等学历教育的全日制非在职非北京生源的在校学生

（简称学生儿童）。④国家和本市规定的其他人员。

二、医疗服务机构与费用结算

医疗服务机构，是指直接向被保险人提供医疗服务的机构。基本医疗保险实行定点医疗机构（包括中医医院）和定点药店管理。原劳动和社会保障部会同原卫生部、财政部等有关部门制定了定点医疗机构和定点药店的资格审定办法。社会保险经办机构要根据中西医并举，基层、专科和综合医疗机构兼顾，方便职工就医的原则，负责确定定点医疗机构和定点药店，并同定点医疗机构和定点药店签订合同，明确各自的责任、权利和义务。

（一）定点医疗机构

定点医疗机构，是指经统筹地区劳动保障行政部门审查，并经社会保险经办机构确定的，为基本医疗保险参保人员提供医疗服务的医疗机构。定点医疗有两个基本内涵：其一，医疗机构应经审批方成为基本医疗保险关系中的医疗服务机构；其二，被保险人应当在指定的医疗服务机构就医方能享受基本医疗保险待遇。定点医疗是基本医疗保险法行政化的体现，并强调基本医疗保险法的公法性质。

1. 定点医疗机构的审定

劳动保障行政部门根据医疗机构的申请及提供的各项材料对医疗机构的定点资格进行审查。审查合格的发给定点医疗机构资格证书，并向社会公布，供参保人员选择。定点医疗机构审查和确定的原则是方便参保人员就医并便于管理；兼顾专科与综合、中医与西医，注重发挥社区卫生服务机构的作用，促进医疗卫生资源的优化配置，提高医疗卫生资源的利用效率，合理控制医疗服务成本和提高医疗服务质量。

参保人员在获得定点资格的医疗机构范围内，提出个人就医的定点医疗机构选择意向，由所在单位汇总后，统一报统筹地区社会保险经办机构。社会保险经办机构根据参保人的选择意向统筹确定定点医疗机构。获得定点资格的专科医疗机构和中医医疗机构（含中西医结合医疗机构和民族医疗机构），可作为全体参保人员的定点医疗机构。除获得定点资格的专科医疗机构和中医医疗机构外，参保人员一般可选择3~5家不同层次的医疗机构，其中至少应包括1家基层医疗机构（包括一级医院及各类卫生院、门诊部、诊所、卫生所、医务室、社区卫生服务中心）。有管理能力的地区可扩大参保人员选择定点医疗机构的数量。

2. 定点医疗服务中的各方权利义务

（1）定点医疗服务协议。社会保险经办机构要与定点医疗机构签订包括服务人群、服务范围、服务内容、服务质量、医疗费用结算办法、医疗费用支付标准及医疗费用审核与控制等内容的协议，明确双方的责任、权利和义务。协议的有效期一般为 1 年。任何一方违反协议，对方均有权解除协议，但须提前 3 个月通知对方和有关参保人，并报统筹地区劳动保障行政部门备案。

（2）参保人员的定点就医义务。参保人员应在选定的定点医疗机构就医，并可自主决定在定点医疗机构购药或持处方到定点零售药店购药。除急诊和急救外，参保人员在非选定的定点医疗机构就医发生的费用，不得由基本医疗保险基金支付。参保人员在不同等级的定点医疗机构就医，个人负担医疗费用的比例可有所差别，以鼓励参保人员到基层定点医疗机构就医。参保人员在不同等级定点医疗机构就医时个人负担医疗费用的具体比例和参保人员转诊、转院管理办法，由统筹地区劳动保障行政部门制定。

（3）定点医疗机构的义务。定点医疗机构应配备专（兼）职管理人员，与社会保险经办机构共同做好定点医疗服务管理工作。对基本医疗保险参保人员的医疗费用要单独建账，并按要求及时、准确地向社会保险经办机构提供参保人员医疗费用的发生情况等有关信息。

（4）社会保险经办机构的权利和义务。社会保险经办机构要加强对定点医疗机构参保人员医疗费用的检查和审核。定点医疗机构有义务提供审核医疗费用所需的全部诊治资料及账目清单。社会保险经办机构要按照基本医疗保险的有关政策规定和与定点医疗机构签订的协议，按时足额与定点医疗机构结算医疗费用。对不符合规定的医疗费用，社会保险经办机构不予支付。

（5）行政部门的监督检查。劳动保障行政部门要会同卫生、物价等有关部门加强对定点医疗机构服务和管理情况的监督检查。对违反规定的定点医疗机构，劳动保障行政部门可视不同情况，责令其限期改正，或通报卫生行政部门给予批评，或取消定点资格。

（二）定点零售药店

定点零售药店，是指经统筹地区劳动保障行政部门资格审查，并经社会保险经办机构确定的，为基本医疗保险参保人员提供处方外配服务的零售药店。处方外配，是指参保人员持定点医疗机构处方，在定点零售药店购药的行为。

1. 定点零售药店的审定

劳动保障行政部门根据零售药店的申请及提供的各项材料，对零售药店的定点资格进行审查。统筹地区社会保险经办机构在获得定点资格的零售药店范围内确定定点零售药店，统发定点零售药店标牌，并向社会公布，供参保人员选择购药。定点零售药店审查和确定的原则是保证基本医疗保险用药的品种和质量；引入竞争机制，合理控制药品服务成本；方便参保人员就医后购药；便于管理。

2. 定点零售药店服务中的各方权利和义务

（1）定点零售药店协议。社会保险经办机构要与定点零售药店签订包括服务范围、服务内容、服务质量、药费结算办法、药费审核与控制等内容的协议，明确双方的责任、权利和义务。协议有效期一般为1年。任何一方违反协议，对方均有权解除协议，但须提前通知对方和参保人，并报劳动保障行政部门备案。

（2）参保人员的义务。外配处方必须由定点医疗机构医师开具，有医师签名和定点医疗机构盖章。处方要有药师审核签字，并保存2年以上以备核查。

（3）定点零售药店的义务。定点零售药店应配备专（兼）职管理人员，与社会保险经办机构共同做好各项管理工作。对外配处方要分别管理、单独建账。定点零售药店要定期向统筹地区社会保险经办机构报告处方外配服务及费用发生情况。

（4）社会保险经办机构的权利和义务。社会保险经办机构要加强对定点零售药店处方外配服务情况的检查和费用的审核。定点零售药店有义务提供与费用审核相关的资料及账目清单。社会保险经办机构要按照基本医疗保险有关政策规定和与定点零售药店签订的协议，按时足额结算费用。对违反规定的费用，社会保险经办机构不予支付。

（5）行政部门的监督检查。劳动保障行政部门要组织药品监督管理、物价、医药行业主管部门等有关部门，加强对定点零售药店处方外配服务和管理的监督检查。要对定点零售药店的资格进行年度审核。对违反规定的定点零售药店，劳动保障行政部门可视不同情况，责令其限期改正，或取消其定点资格。

（三）费用结算

费用结算，是指社会保险经办机构与定点医疗机构和定点零售药店的结算关系。

1. 结算的原则

统筹地区社会保险经办机构要按照以收定支、收支平衡的原则，合理确定基本医疗保险基金的支出总量，并根据定点医疗机构的不同级别、类别及所承担的基本医疗保险服务量，预定各定点医疗机构的定额控制指标。社会保险经办机构在结算时，可根据具体采用的结算方式和实际发生的合理费用等情况对定额控制指标进行相应调整。

2. 具体结算方式

基本医疗保险费用的具体结算方式，应根据社会保险经办机构的管理能力及定点医疗机构的不同类别确定，可采取总额预付结算、服务项目结算、服务单元结算等方式，也可以多种方式结合使用。各地要根据不同的结算方式，合理制定基本医疗保险费用的结算标准，并在社会保险经办机构和定点医疗机构签订的协议中明确双方的责任、权利和义务。采取总额预付结算方式的，要根据基本医疗保险的给付范围和参保人员的年龄结构，合理确定对定点医疗机构的预付总额。同时，要通过加强监督检查，防止为降低医疗成本而减少必需的医疗服务，确保参保人员获得基本医疗保险规定的、诊疗疾病所必需的、合理的医疗服务。采取服务项目结算方式的，要根据医疗服务的收费标准和基本医疗保险医疗服务管理的有关规定及服务数量等进行结算。同时，要加强对医疗服务项目的监督和审查工作，防止发生大额处方、重复检查、延长住院、分解诊疗服务收费等过度利用医疗服务的行为。采取服务单元结算方式的，可以诊断病种、门诊诊疗人次和住院床日等作为结算的服务单元。具体结算标准可按同等级医疗机构的服务单元的平均费用剔除不合理因素后确定，并根据物价指数进行适时调整。同时，要加强基本医疗保险管理和费用审核，防止出现推诿病人、分解服务次数等现象。

3. 结算的范围

属于基本医疗保险基金支付的医疗费用，应全部纳入结算范围，一般由社会保险经办机构与定点医疗机构和定点零售药店直接结算。暂不具备条件的，可先由参保人员或用人单位垫付，然后由社会保险经办机构与参保人员或用人单位结算。社会保险经办机构要规范结算程序，明确结算期限，简化结算手续，逐步提高社会化管理服务水平，减轻定点医疗机构、定点零售药店和用人单位的负担。社会保险经办机构要按与定点医疗机构和定点零售药店签订的协议的有关规定及时结算并拨付基本医疗保险费用。定点医疗机构和定点零售药店要配备相应的人员，负责核算参保人员的医疗费用，按协议规定提供费用结算所需的有关材料。

4. 监督与管理

要对定点医疗机构门诊处方、入出院标准、住院病历和特殊检查治疗等基本医疗保险管理和费用支出进行审核。社会保险经办机构可按核定的各定点医疗机构定额控制指标暂扣不超过10%的费用，根据结算期末的审核情况，再相应拨付给定点医疗机构。社会保险经办机构对不符合基本医疗保险规定的医疗费用不予支付；对符合规定的医疗费用要按时足额拨付，未按时足额拨付的按协议的有关规定处理。

在同一统筹地区内转诊转院的，发生的医疗费用按当地的统一规定结算。异地转诊转院的，应经定点医疗机构同意，并经当地社会保险经办机构批准，异地转诊转院发生的医疗费用可先由参保人员或用人单位垫付，经社会保险经办机构复核后，按参保人员所在地有关规定结算。

三、医疗保险待遇

广义的医疗待遇，泛指被保险人所享有的各项待遇，尤其包括在职劳动者的医疗期待遇，其义务主体多是用人单位。狭义的医疗待遇，即医疗保险待遇，其义务主体是基本医疗保险基金。鉴于在职工基本医疗保险中，医疗期待遇既是劳动者的权利，也是极有特色的医疗保障待遇，故而将医疗期待遇与狭义的医疗保险待遇一并介绍；鉴于城乡居民基本医疗保险制度尚未成熟，职工基本医疗保险制度相对成熟，故而着重介绍职工医疗保险待遇。

（一）职工医疗期

对于劳动者在工作期间非因工负伤或患病的规定应参照原劳动部的《企业职工患病或非因工负伤医疗期规定》（劳部发〔1994〕479号），尽管该文件时间久远，但在没出台新的法律法规前还应按照该规定执行。这里的医疗期特指企业职工因患病或非因公负伤停止工作治病休息不得解除劳动合同的时限。企业职工因患病或非因工负伤，需要停止工作医疗时，根据本人实际参加工作年限和在本单位工作年限，给予3个月到24个月的医疗期。

（二）医疗保险基金不支付的情形

根据《社会保险法》的规定，以下情况发生的医疗费用不纳入基本医疗保险基金支付范围：

1. 应当从工伤保险基金中支付的

参保人员因工伤、职业病而发生的治疗费用，不纳入基本医疗保险基金的支付范围。因为这些费用已经由专项的或类似专项的社会保险基金支付。

2. 应当由第三人负担的

应当由第三人负担的医疗费用不宜由基本医疗保险基金负担，因为这可能造成双重支付。同时，医疗费用应当由第三人负担，第三人不支付或者无法确定第三人的，由基本医疗保险基金先行支付。基本医疗保险基金先行支付后，有权向第三人追偿。此即基本医疗保险法上的垫付追偿制度。垫付追偿制度是一把"双刃剑"，既有利于保障被保险人的医疗权益，也有可能造成基本医疗保险基金的负担。

3. 应当由公共卫生负担的

公共卫生是关系到一国或一个地区公众健康的公共事业。公共卫生的具体内容包括对重大疾病尤其是传染病（如结核、艾滋病、严重急性呼吸综合征等）的预防、监控和医治，对食品、药品、公共环境卫生的监督管制，以及相关的卫生宣传、健康教育、免疫接种等。应当由公共卫生负担的医疗费用不纳入基本医疗保险基金的支付范围。

4. 在境外就医的

参保人员在出国、出境期间因身体健康受到影响需要治疗而发生的医疗费用不能由基本医疗保险基金支付。参保人员出境的医疗情况是境内的医疗机构无法控制的。一般参保人员出境，在签证时就会被要求办理商业性质的意外、医疗保险等。

（三）医疗保险基金支付费用的范围

根据《社会保险法》的规定，符合基本医疗保险药品目录、诊疗项目、医疗服务设施标准以及急诊、抢救的医疗费用，按照国家规定从基本医疗保险基金中支付。国家实行基本医疗保险药品目录制度，以保证参保人员临床治疗必需的、被纳入基本医疗保险给付范围的药品品种范围。国家实行基本医疗保险诊疗项目范围和支付标准制度，根据诊疗技术的应用范围、使用的广泛性、技术的熟练程度及产生医疗费用的高低，将诊疗技术进行分类并分别制定不同的基本医疗保险基金支付办法。基本医疗保险医疗服务设施，是指由医疗保险经办机构确定的定点医疗机构提供的，参保人员在接受诊断、治疗和护理过程中必须使用的生活服务设施，达到规定标准的，由基本医疗保险基金支付。

四、生育保险待遇

生育保险和职工基本医疗保险合并实施，在实行统一的参保登记、征缴管理、医疗服务的同时，职工生育期间的生育保险待遇不变，生育医疗费用和生育津贴的所需资金从职工基本医疗保险基金中支付。

（一）生育待遇

生育待遇包括保险基金给付待遇和用人单位生育保护待遇。保险基金给付待遇即生育保险待遇，用人单位生育保护待遇非保险性质，主要有产假、生育期间的特殊劳动保护和就业保护。产假，又称有薪产假，是女性劳动者依照法律规定所享有的生产前后一定时间内的带薪假期。生育期间的特殊劳动保护是对劳动条件的特殊保护。生育期间女职工的就业保护主要包括工资保护与解雇保护。

（二）享受生育保险待遇的条件

1. 参加生育保险

申请生育保险待遇的女职工应当参加生育保险，即其所在用人单位依法办理生育保险登记并缴纳生育保险费。《社会保险法》并未有生育保险基金垫付制度的规定，这意味着，用人单位不依法缴纳生育保险费，生育保险基金则无给付义务。用人单位未依法参加生育保险的，依社会保险的一般原理，职工生育保险待遇应由用人单位按照法定标准支付。

2. 符合计划生育规定

申请生育保险待遇的女职工应该符合计划生育规定。符合计划生育规定，既是享受生育保险待遇的实体条件，也是享受生育保险待遇的程序条件。

3. 符合生育保险的就医规定

职工生育、实施计划生育手术应当按照所在地社会保险经办机构确定的基本医疗或生育保险就医规定，应在具有助产、计划生育手术资质的定点医疗机构就医。职工生育、实施计划生育手术也应该按照当地社会保障行政部门确定的生育保险医疗费支付项目和标准，报销生育医疗护理费用。对于超过规定的支付项目或者超过规定标准的医疗费用，应该由申请人自己负担。

4. 符合申请生育保险待遇的程序规定

享受生育保险待遇应当依法向社会保险经办机构申请，并符合规定的程序。社会保险经办机构在受理后应当在法定的期间内对生育妇女享受生育保险待遇的条件进行审核。对符合条件的，应依法核发；对不符合条件的，应当书面告知。

（三）生育保险待遇的内容

生育保险待遇的内容，是指生育保险对象所能享受的生育保险的具体项目。生育保险待遇包括生育医疗费用和生育津贴。

1. 生育医疗费用

生育医疗费用旨在补偿女职工因生育所产生的医疗及相关费用。根据《社会保险法》第 55 条规定，生育医疗费用包括生育的医疗费用、计划生育的医疗费用，以及法律、法规规定的其他项目费用。依据《企业职工生育保险试行办法》，女职工生育的检查费、接生费、手术费、住院费和药费由生育保险基金支付，超出规定的医疗服务费和药费（含自费药品和营养药品的药费）由职工个人负担；女职工生育出院后，因生育引起疾病的医疗费，由生育保险基金支付；其他疾病的医疗费，按照医疗保险待遇的规定办理;女职工产假期满后,因病需要休息治疗的,按照有关病假待遇和医疗保险待遇规定办理。

2. 生育津贴

生育津贴旨在补偿女职工生育期间的收入损失。根据《社会保险法》第 56 条规定,生育津贴按照职工所在用人单位上年度职工月平均工资计发,且在如下情形下给付生育津贴:①女职工生育享受产假;②享受计划生育手术休假;③法律、法规规定的其他情形。

相关法律法规

《社会保险法》第三章、第六章

知识点 3 医疗保险基金

导入案例

案例 10-3 医疗保险个人账户政策变化会影响个人权益

苏某某是 2009 年底退休的国有关闭破产企业的职工。监利县人民政府依据国家及湖北省的相关文件作出了监政办函〔2011〕11 号文件,为苏某某等关闭破产国有企业退休人员每年划入 200 元设立门诊个人账户。根据此地方政策,苏某某获得了一种特殊的基本医疗保险个人账户。

2012 年,为了解决无个人账户退休人员基本医疗保险普通门诊问题,荆州市人力资源和社会保障局和荆州市财政局联合出台了《荆州市无个人账户退休人员基本医疗保险普通门诊统筹管理试行办法》(荆人社规〔2012〕5 号),规定门诊基本医疗费用每年累计金额在 200 元以上至 600 元以下的,普通门诊统筹基金报销 60%;累计金额在 200 元以下和 600 元以上的,由个人支付。新政策实施后,监利县人民政府不再按旧政策为苏某某每年划入 200 元设立门诊个人账户。

导入案例分析

基本理论

一、医疗保险基金的概念

医疗保险基金,是指国家为保障职工的基本医疗,由医疗保险经办机构按国家有关规定,向用人单位和个人等多方筹集用于基本医疗保险的专项基金。职工基本医疗保险基金包括社会统筹基金和个人账户两部分,由用人单位和职工个人按一定比例共同缴纳。

医疗保险基金的筹资模式有三种,即现收现付制、完全积累制和部分积累制。大多数国家选择现收现付制。医疗保险基金的来源主要包括税收、用人单位和劳动者缴费、个人缴费、财政补贴及基金利息等。我国医疗保险中的职工基本医疗保险基金主要由用人单位和职工按比例缴费构成,新型农村合作医疗基金主要由农民个人、村集体及政府按比例缴费或补贴构成,城镇居民基本医疗保险基金主要由个人缴费和政府补贴构成。

二、医疗保险基金的构成

从医疗保险基金的来源看医疗保险基金的构成,其主要涉及医疗保险的参保人的缴费义务、政府的补贴义务。从医疗保险基金的存在形式看医疗保险基金的构成,医疗保险基金则由统筹基金和个人账户构成,并以职工基本医疗保险统筹基金最为典型。

职工基本医疗保险基金由统筹基金和个人账户构成。职工个人缴纳的基本医疗保险费,全部记入个人账户。用人单位缴纳的基本医疗保险费分为两部分,一部分用于建立统筹基金,一部分划入个人账户。划入个人账户的比例一般为用人单位缴费的30%左右,具体比例由统筹地区根据个人账户的支付范围和职工年龄等因素确定。基本医疗保险原则上以地级以上行政区(包括地、市、州、盟)为统筹单位,也可以县(市)为统筹单位。所有用人单位及其职工都要按照属地管理原则参加所在统筹地区的基本医疗保险,执行统一政策,实行基本医疗保险基金的统一筹集、使用和管理。铁路、电力、远洋运输等跨地区、生产流动性较大的企业及其职工,可以相对集中的方式异地参加统筹地区的基本医疗保险。

关于医疗保险个人账户的存废,一直存有争议。个人账户的功能如下:有利于控制医疗费用,强化个人责任;有利于资金积累,应对老龄化挑战;按年龄段确定个人账户比例体现了一定的公平性；有利于我国社会医疗保险制度的可持续发展；有利于减轻国家和参保人员的负担。个人账户的缺陷如下：引入个人账户不符合医疗保险制度设计的原则；不能有效控制医疗费用上涨；个人账户的积累作用有限；无法互助共济，违背公平原则；管理成本高，医疗保险基金保值增值难度大。

一种观点认为，我国统账结合的城镇职工基本医疗保险模式已运行 10 年有余，然而关于医疗保险个人账户的争论从来就没有停止过。综合分析医疗保险个人账户的利弊，建议改革我国现行统账结合的城镇职工基本医疗保险模式，逐步取消个人账户。

另一种观点认为，医保个人账户的去留问题，日益成为基本医疗保险模式的讨论热点。对医保个人账户产生原因和运行现状的研究发现，医保个人账户设立不应以"积累性"作为主要属性，作为约束过度医疗消费措施的"约束性"的有效发挥也有待改进，而医疗消费的"现时性"和医疗保险的"共济性"则是最需要引起关注的因素。

目前而言，医保个人账户还不宜取消，基本医疗保险模式应通过改善个人账户的运行机制，有效发挥"约束性"，更好地满足"现时性"，并与社会统筹部分有机结合，充分体现医疗保险的"共济性"。

三、医疗保险基金的管理和监督

职工基本医疗保险基金纳入财政专户管理，专款专用，不得侵占挪用。社会保险经办机构负责基本医疗保险基金的筹集、管理和支付，并要建立健全预决算制度、财务会计制度和内部审计制度。社会保险经办机构的事业经费不得从基金中提取，由各级财政预算解决。个人账户的本金和利息归个人所有，可以结转使用和继承。

各级劳动保障行政部门和财政部门，要加强对基本医疗保险基金的监督管理。审计部门要定期对社会保险经办机构的基金收支情况和管理情况进行审计。统筹地区应设立由政府有关部门代表、用人单位代表、医疗机构代表、工会代表和有关专家参加的医疗保险基金监督组织，加强对基本医疗保险基金的社会监督。

相关法律法规

《社会保险法》第三章

实训

【实训情境】

再审申请人余某某因与被申请人 A 医院医疗损害责任纠纷一案，不服重庆市第一中级人民法院（2015）渝一中法民终字第 04005 号民事判决，向重庆市高级人民申请再审。

余某某申请再审称：①基本医疗保险是对受害人的一种基本社会保障，没有分散侵权人侵权责任的功能，故不能因为余某某报销了基本医疗保险金，就相应减轻或免除A医院的赔付责任；②余某某所报销的基本医疗保险金中，城镇职工大额医疗互助基金支付了330 515元，因城镇职工大额互助医疗保险应属商业保险范畴，并非基本医疗保险，社会保险机构不能依据《社会保险法》第30条规定向A医院追偿，事实上减轻或免除了A医院的侵权责任，这是极其不公平的。二审判决在确定A医院的赔付责任时扣减余某某基本医疗保险报销部分，适用法律明显错误。余某某依据《民事诉讼法》第200条①第6项的规定申请再审。

A医院提交意见称：①损害赔偿适用填平原则，余某某的医疗费损失已得到足额弥补，再无权主张超额赔付，本案受到损失的应是社会保险部门而不是余某某；②城镇职工大额互助医疗保险系基本医疗保险的补充，仍属基本医疗保险范畴，社会保险部门可在支付了基本医疗保险金后，向实际侵权人进行追偿。余某某的再审申请缺乏法律依据，请求予以驳回。

本院经审查认为，本案争议焦点为城镇职工大额互助医疗保险的性质及扣减余某某报销的基本医疗保险金是否就相应减轻或免除了A医院的实际侵权责任的问题。根据某某市人力资源和社会保障局、某某市财政局联合制定的《某某市城镇职工基本医疗保险市级统筹大额医疗互助基金暂行办法》的规定，城镇职工大额互助医疗保险是城镇职工在参加基本医疗保险的基础上，为解决参保患者超过基本医疗保险统筹基金最高支付限额以上的医疗费问题而建立的一种医疗保险制度。城镇职工大额互助医疗保险是城镇职工基本医疗保险的补充和延伸，是医疗保险政策体系的重要组成部分。参加城镇职工基本医疗保险的单位和个人，均应同时参加大额医疗互助保险，未参加基本医疗保险者，不得参加大额医疗互助保险。大额医疗互助基金由个人和用人单位共同缴纳。大额医疗互助保险费列支渠道与基本医疗保险费相同。城镇职工大额互助医疗保险上述特征显然有别于商业保险，经走访社会保险部门并得到确认，城镇职工大额互助医疗保险性质应归属于基本医疗保险范畴。根据《社会保险法》第30条第2款之规定，医疗费用依法应当由第三人负担，第三人不支付或者无法确定第三人的，由基本医疗保险基金先行支付。基本医疗保险基金先行支付后，有权向第三人追偿。本案中，所涉的某某市南岸区社会保险部门在已为余某某报销的医疗费范围内，可就A医院应承担的医疗费向该院追偿。在走访中，某某市南岸区社会保险部门亦明确表示会向A医院进行追偿。故二审判决扣减余某某已在基本医疗保险基金报销的医疗费，并不会当然减轻或免除A医院的侵权

---

① 2021年修正的《民事诉讼法》第207条。

人责任。余某某申请再审理由不成立。

依照《民事诉讼法》第 204 条①第 1 款、《最高人民法院关于适用〈中华人民共和国民事诉讼法〉的解释》第 395 条第 2 款的规定，裁定如下：驳回余某某的再审申请。

【实训任务】

通过对以医疗保险基金先行给付后医疗责任纠纷案例的具体分析，进一步理解和掌握医疗保险基金的给付理论与实践，加深对医疗保险基金的认识，增强对医疗保险法律关系的应用能力。

【实训方法】

1. 全体实训人员分为原告、被告、审判员 3 组，各自结合本方的诉讼角色，运用证据认定案件事实。

2. 各小组形成本组的观点及依据后，由 1 名代表发表意见。

3. 辅导教师归纳小组意见并予以点评。

练习题

一、单项选择题

1. 关于医疗保险基金支付费用的范围，以下说法正确的是（   ）。

  A. 医疗保险基金以完全给付为原则，只要发生医疗费用，皆可支付

  B. 符合基本医疗保险药品目录、诊疗项目、医疗服务设施标准及急诊、抢救的医疗费用，方可按规定支付

  C. 生育保险和医疗保险合并后，根据医疗保险基金的性质，其是不支付生育津贴的

  D. 医疗保险基金以支付大病医疗费用为原则，有限制地支付小病医疗费用

2. 关于医疗保险基金，以下说法正确的是（   ）。

  A. 职工基本医疗保险基金纳入财政专户管理

  B. 职工基本医疗保险基金应委托商业管理

  C. 社会保险经办机构的事业经费从基金中提取

  D. 医疗保险基金个人账户的本金和利息必须尽量用完，不可结转或继承

二、多项选择题

1. 关于医疗保险的说法，以下说法正确的是（   ）。

  A. 职工基本医疗保险是强制性保险

---

① 2021 年修正的《民事诉讼法》第 211 条。

B. 工伤保险是独立于医疗保险的

C. 商业意外保险和社会医疗保险是一样的，有一个即可

D. 医疗保险是为被保险人提供医疗费用补偿的机制，被保险人不得因此获利

2. 根据《社会保险法》的规定，以下（　　）属于我国基本医疗保险的种类。

A. 职工基本医疗保险　　　　　　　B. 新型农村合作医疗

C. 城镇居民基本医疗保险　　　　　D. 人身意外保险

3. 以下（　　）属于医疗保险法律关系的主体。

A. 参保人　　　　　　　　　　　　B. 医疗保险经办机构

C. 被保险人　　　　　　　　　　　D. 医疗服务机构

4. 以下关于医疗服务机构的说法，（　　）是正确的。

A. 基本医疗保险实行定点医疗机构和定点药店管理

B. 定点医疗机构是由社会保险经办机构确定的

C. 定点零售药店为基本医疗保险参保人员提供处方外配服务

D. 费用结算，是指社会保险经办机构与定点医疗机构和定点零售药店的结算关系

5. 以下属于医疗保险基金不支付的情形的是（　　）。

A. 应当从工伤保险基金等其他社会保险基金中支付的

B. 应当由第三人负担的

C. 应当由公共卫生负担的

D. 在境外就医的

三、案例分析题

刘某某在倒车避让过程中未注意安全，致使车辆翻下公路，发生交通事故，自己的身体也受到伤害。刘某某在交通事故发生后，不及时报案，且在就医的第一时间，未如实向医院陈述受伤原因，谎称砍柴掉落摔伤。医院得知其受伤的真实原因是交通事故后，未对其医疗费予以报销。随后，刘某某以单方交通事故中自己全部责任为由，申请医疗保险基金支付其医疗费用。医疗保障局认为，刘某某不诚信，存在骗取医保的可能性，拒绝支付。法院认为，不能证明刘某某的具体责任比例，参照侵权责任分配，酌定刘某某在事故中承担50%的责任，责令医疗保障局核定后以金额的50%支付医疗费。

问题：

1. 医疗保险基金不支付的情形有哪些？

2. 发生交通事故的，医疗保险基金该如何支付医疗费用？

3. 根据本案案情和刘某某、医疗保障局、法院对本案的观点，请说一下发生单方交通事故时医疗保险基金的支付范围。

单元 11 社会救助法

学习目标

1. 理解社会救助的概念、种类。
2. 掌握基本生活保障的概念、最低生活保障的申领条件。
3. 了解特困人员的范围、特困人员供养制度，了解无家可归者救助制度。
4. 了解自然灾害救助的内容。

要点提示

1. 社会救助，是政府、人民法院等公法机构根据法律或政策的规定对符合条件的贫困者依其申请给予其有限度的帮助的行为，以及围绕该行为所形成的制度。

2. 社会救助主要包括最低生活保障、特困人员供养、受灾人员救助、医疗救助、教育救助、住房救助、就业救助、临时救助八项制度及社会力量参与。

3. 最低生活保障标准，也称最低生活保障线，行政部门将按照共同生活的家庭成员人均收入低于当地最低生活保障标准的差额，按月发给最低生活保障金。

4. 特困人员，是指无劳动能力、无生活来源且无法定赡养、抚养、扶养义务人，或者其法定赡养、抚养、扶养义务人无赡养、抚养、扶养能力的老年人、残疾人及未满 16 周岁的未成年人。

5. 流浪乞讨人员救助是一种生存救助、窗口性救助。行政机关需要进行宣传并引导流浪乞讨人员获得救助，根据流浪乞讨人员的情况实施不同救助。

6. 政府的自然灾害救助义务包括灾害发生前的常备义务、灾害发生过程中的应急义务和灾害发生后的恢复义务。

知识点 1　社会救助概要

导入案例

案例 11-1　拒绝配合家庭经济状况调查的不能获得救助

苏州市姑苏区人民政府某街道办事处收到申请人张某某的临时救助申请后，通知申请人补充其女儿的相关情况，以便计算赡养费，从而核定申请人的家庭收入情况是否符合法律规定。但申请人未能将上述材料补充完整，只是提交了情况说明及其女儿于 2019 年在一家餐厅打工的税单及银行转账记录等，某街道办事处无法明确其女儿的现状及收入情况，因而无法核实申请人的家庭收入情况。且申请人还坚持其女儿对其没有赡养的义务。根据《苏州市临时救助实施办法》第 8 条第 1 项的规定，拒绝配合家庭经济状况调查和提供相关材料，致使无法核实相关情况的，不予实施临时救助。因而，姑苏区民政局作出了《临时救助申请不予批准通知书》。

导入案例分析

基本理论

一、社会救助的概念和种类

（一）社会救助的概念

社会救助，是政府、人民法院等公法机构根据法律或政策的规定对符合条件的贫困者依其申请给予其有限度的帮助的行为，以及围绕该行为所形成的制度。社会救助的核心是对贫困者的扶助，但因为时代、国情、国别乃至视角的不同会在具体特征与内容上有所差别。

（二）社会救助的种类

根据《社会救助暂行办法》规定的社会救助项目与内容，社会救助主要包括最低生活保障、特困人员供养、受灾人员救助、医疗救助、教育救助、住房救助、就业救助、临时救助八项制度及社会力量参与。在《社会救助暂行办法》之外，还有法律援助与司法救助、城市生活无着的流浪乞讨人员救助等专项立法。

从救助主体来看，社会救助包括政府救助、司法救助及社会力量参与的救助。

从救助种类或事项来看，社会救助包括最低生活保障、医疗救助、教育救助、住房救助、就业救助等。有关衣食、医疗、教育、住房、就业等的社会保障，在我国以缴费为基础的社会保险为主要保障形式，以贫困认定为前提的社会救助为补充保障形式。

从救助群体来看，社会救助包括特困人员供养、受灾人员救助、法律援助与司法救助、城市生活无着的流浪乞讨人员救助等。这些救助均为针对特定人群的特定情况下的困难而进行的社会救助。针对弱势贫困群体的社会给付，既有社会福利、社会优抚，也有社会救助。在供养、灾害、纠纷、流浪等特别情况下的群体属于弱势群体，对于其中处于经济困难状态的，应给予社会救助。

从救助方式来看，社会救助包括金钱给付、服务给付、综合给付。日常生活救助主要是金钱给付，对特困人员的供养、对流浪乞讨人员的救助主要是服务给付，自然灾害救助主要是综合给付。

二、社会救助的法律特征

从基本生活保障的申领来看，社会救助主要有以下四个法律特征。

（一）须由贫困者申请

社会救助以贫困者申请为给付前提。尽管国家有义务发展社会救助事业，并有义务让属于潜在申请者的贫困者知晓社会救助项目及其申请事宜，但是社会救助的给付并非主动给付。以贫困者申请为前提有利于维护贫困者的尊严、尊重贫困者的选择，但以申请为要件也应该积极履行政府的告知义务以避免贫困者权利落空，并消除社会救助以缴费或对价为要件的印象。

（二）要对是否贫困进行审查

社会救助旨在保障贫困者获得帮助的权利，是一种扶贫济困行为。在制度设计上，社会救助坚持托底线、救急难、可持续，与其他社会保障制度相衔接，社会救助水平与经济社会发展水平相适应。在社会救助的实施上，社会救助机构对贫困的审查与认定有实质审查和形式审查之分。无论何种审查，社会救助均须调查申请者的资产状况。在对贫困状况进行调查的时候，应该注意适当保护申请者隐私。

（三）为扶贫济困行为

社会救助给付是扶贫济困行为，这与社会救助的审查标准相辅相成。社会救助是一种有限度的帮助，遵循补充性原则。不能以纯粹的贫困线下补足给付来认知社会救助的制度设计，而应该在整个社会保障体系中来理解社会救助的补充性地位。社会救助如果没有精准扶贫的理念，就会成为一种纯粹的经济给付而缺乏扶贫济困的意义。也正是如此，社会救助在实施过程中会有跟踪评估制度，并实行动态的资格审查。

（四）由政府财政支付或负担

社会救助以政府财政支付为主，也有间接的政府财政负担。前者如最低生活保障给付，后者如司法救助中的诉讼费用减免。虽然社会救助实践中提倡社会力量参与社会救助，社会力量在减少贫困上可以发挥很大的作用，但是非以政府财政支付为内容的社会救助有可能属于民间救助，属于慈善行为。政府通过委托、承包、采购等方式向社会力量购买的服务属于间接的政府财政支付，属于社会救助。因此，社会救助属于公的扶助，强调其资金来源于税收，而不是缴费或民间善款。

三、社会救助制度

1997 年国务院发布《国务院关于在全国建立城市居民最低生活保障制度的通知》，1999 年国务院颁布《城市居民最低生活保障条例》，2007 年国务院发布《国务院关于在全国建立农村最低生活保障制度的通知》，2012 年国务院发布《国务院关于进一步加强和改进最低生活保障工作的意见》，2016 年国务院办公厅转发了民政部等部门《关于做好农村最低生活保障制度与扶贫开发政策有效衔接的指导意见》。最低生活保障制度已经成为覆盖城乡、保障基本生活的重要社会救助制度。

2003 年，国务院颁布《城市生活无着的流浪乞讨人员救助管理办法》，同年国务院颁布《法律援助条例》。2006 年国务院公布《农村五保供养工作条例》，2010 年国务院办公厅印发《国务院办公厅关于加强孤儿保障工作的意见》和《自然灾害救助条例》（2019 年修正）等。此外，民政部还发布了落实社会救助制度的诸多规范性文件。

2012年《国务院关于社会救助工作情况的报告》认为，社会救助初步实现了救助范围覆盖城乡、制度框架基本建立、操作程序科学规范、困难群众应保尽保的目标。具体而言，最低生活保障制度覆盖城乡，困难群众应保尽保；农村五保供养制度顺利转型，供养对象衣食无虞；孤儿保障制度全面建立，城市"三无"各有保障；自然灾害救助机制不断健全，灾民安置及时稳妥；流浪未成年人保护政策日益完备，流浪乞讨人员救助逐步加强；医疗救助快速发展，困难群众医疗负担有所减轻；临时救助稳步推进，救急救难作用初步显现。2013年，国务院建立全国社会救助部际联席会议制度。2014年国务院发布《社会救助暂行办法》（2019年修正）。《社会救助暂行办法》虽然立法层次不高，但是作为国务院的行政法规为社会救助提供了制度框架和法律依据。

相关法律法规

《社会救助暂行办法》

知识点2　基本生活保障（最低生活保障）

导入案例

案例11-2　家庭存款余额超标被取消低保资格

余某某自1999年起具备某市低保资格，系某市的低保对象，享有最低生活保障待遇。该市某街道办事处在开展对辖区低保对象资格复核（年审）工作时，通过"广东省救助申请家庭经济状况核对系统"对余某某的家庭经济状况进行核对，发现余某某家庭经济状况核对结果出现预警信息。2022年5月25日，某街道办事处通过"广东省救助申请家庭经济状况核对系统"生成《救助申请居民家庭经济状况核对报告》，其中载明：预警成员信息为"余某某"，预警信息为"银行信息"，预警内容为"余某某的家庭中账户余额超过标准"，银行明细信息共列22笔账户余额超过核查上限。2022年5月27日，某街道环南社区受某街道办事处的委托就余某某低保年审"银行账户余额超标"进行上门告知，告知其"若存在就医或其他特殊情况需支出较多存款的事项，要提供有效的证明材料和支出凭证才可以继续实施低保救助",并告知其拥有陈述申辩的权利。余某某未向某街道办事处提供有效的证明材料和支出凭证说明"银行账户余额超标"的原因。某街道办事处随后将余某某"银行账户余额超标"的情况上报给该市民政局。同年6月26日,该市民政局作出《关于取消余某某家庭低保资格决定的通知》。

基本理论

基本生活保障是社会救助法律化、常态化、权利化的重要体现。基本生活保障分为日常生活救助和特别生活救助。日常生活救助主要是针对贫困者衣食生活水平的救助,特别生活救助则主要针对贫困者在医疗、教育、住房、就业等方面面临特别支出时的救助。两者并无实质区别,只是对基本生活保障制度发展中保护内容的轻重缓急的考量不同。

一、日常生活救助

(一)日常生活救助给付的基本范畴

日常生活救助是对贫困者衣食生活的社会救助。其目的主要是维持贫困者一定的社会生活水准。其给付手段主要是金钱给付,也常见食物或实物券给付。日常生活救助给付是无对价给付,不以缴费为前提。在我国,日常生活救助给付又称为最低生活保障待遇。

1. 申领人

最低生活保障待遇的申领人在《城市居民最低生活保障条例》中仅限于持有非农业户口的城市居民。申领人的资格基础是在行政辖区内合法居住。最低生活保障待遇的申领人限定为贫困人员。最低生活保障待遇的申领人是家庭人均收入低于当地最低生活保障标准的居民。最低生活保障待遇的申领人为个人,但是最低生活保障标准是根据家庭人均收入确定的。因此,最低生活保障实质上为家庭生活保障。

在实践中,认定家庭成员的重要依据是户籍管理中的户。民政部印发的《最低生活保障审核审批办法(试行)》(民发〔2012〕220号)列举了共同生活的家庭成员的范围。地方政府在实施最低生活保障时会对共同生活的家庭成员的范围进行列举。例如,《北京市城乡居民最低生活保障审核审批办法(试行)》(京民社救发〔2014〕182号)即对共同生活的家庭成员进行了一一列举。共同生活的家庭成员包括：①配偶；②父母和未成年子女；③父母和已成年的未婚子女，包括在校接受全日制学历教育的成年子女；④父母双亡且由祖父母或者外祖父母作为监护人的未成年或者已成年但不能独立生活的孙子女或者外孙子女；⑤其他具有法定赡养、抚养、扶养义务关系并长期共同居住的人员。不计入共同生活的家庭成员：①在部队服现役的义务兵；②连续3年以上（含3年）脱离家庭独立生活的宗教教职人员；③在看守所羁押和监狱内服刑的人员；④民政部门根据本条原则和有关程序认定的其他人员。

2. 家庭经济状况的界定

家庭经济状况调查是社会救助制度中行政部门审查的重点。家庭经济状况包括申请人及其家庭成员拥有的全部可支配收入和家庭财产。《最低生活保障审核审批办法（试行）》对家庭经济状况中的家庭可支配收入和家庭财产进行了列举。

家庭可支配收入，是指扣除缴纳的个人所得税及个人按规定缴纳的社会保障性支出后的收入，主要包括工资性收入、家庭经营净（纯）收入、财产性收入、转移性收入、其他应当计入家庭收入的项目等。工资性收入指因任职或者受雇而取得的工资、薪金、奖金、劳动分红、津贴、补贴以及与任职或者受雇有关的其他所得等。家庭经营净（纯）收入指从事生产、经营及有偿服务活动的所得，包括从事种植、养殖、采集及加工等农林牧渔业的生产收入，从事工业、建筑业、手工业、交通运输业、批发和零售贸易业、餐饮业、文教卫生业和社会服务业等经营及有偿服务活动的收入等。财产性收入包括动产收入和不动产收入。动产收入是指出让无形资产、特许权等收入，储蓄存款利息、有价证券红利、储蓄性保险投资以及其他股息和红利等收入，集体财产收入分红和其他动产收入等。不动产收入是指转租承包土地经营权、出租或者出让房产以及其他不动产收入等。转移性收入指国家、单位、社会团体对居民家庭的各种转移支付和居民家庭间的收入转移，包括赡养费、扶养费、抚养费，离退休金、失业保险金，社会救济金、遗属补助金、赔偿收入，接受遗产收入、接受捐赠（赠送）收入等。

家庭财产，主要包括银行存款和有价证券，机动车辆（残疾人功能性补偿代步机动车辆除外）、船舶，房屋，债权，其他财产。

最低生活保障家庭收入状况、财产状况的认定办法，由省、自治区、直辖市或者设区的市级人民政府按照国家有关规定制定。以北京为例，根据《北京市社会救助家庭经济状况认定指导意见（试行）》，对家庭经济状况的认定有以下四个方面的标准或要求。

其一，家庭收入认定标准。家庭月收入应低于最低生活保障标准。

其二，家庭财产认定标准。家庭拥有应急之用的货币财产总额，人均应不超过24个月城市低保标准之和。应急之用的货币财产总额包括现金、存款、有价证券、商业保险，公司、企业等个人名下注册资金，以及当地区（县）民政部门规定的需要记入认定范围的其他货币财产等。

其三，家庭财产存在以下情况之一的，则不符合条件：家庭成员名下拥有机动车辆，包括大型汽车、小型汽车、普通摩托车（不含残疾人专用摩托车）；家庭成员名下承租的公有住房和拥有的私有住房总计达到两套及以上（房屋累计建筑面积低于50平方米或人均使用面积低于10平方米的除外）；其他非生活必需的高档消费品。

其四，家庭经济状况认定核对时段要求。民政部门应对申请人家庭自申请当月起的前12个月家庭经济状况进行核对，核对期内的家庭收入平均分摊到月计算。对新申请的家庭，自申请之日起，在审批过程中任一时点核对出的家庭成员名下的现金、存款及有价证券等，均认定为其家庭财产。对已享受社会救助的家庭，在任一时点核对出的家庭成员名下的现金、存款及有价证券等，均认定为其家庭财产。

3. 最低生活保障标准

最低生活保障标准，也称最低生活保障线，行政部门将按照共同生活的家庭成员人均收入低于当地最低生活保障标准的差额，按月发给最低生活保障金。

最低生活保障标准，由省、自治区、直辖市或者设区的市级人民政府按照当地居民生活必需的费用确定、公布，并根据当地经济社会发展水平和物价变动情况适时调整。最低生活保障标准由民政部门会同财政、统计、物价等部门制定，其中的当地居民生活必需主要是指衣食住费用，并适当考虑水电气费用及未成年人的义务教育费用。

（二）日常生活救助金的申领程序

1. 申请

申请享受城市居民最低生活保障待遇，由户主向户籍所在地的街道办事处或者镇人民政府提出书面申请，并出具有关证明，填写城市居民最低生活保障待遇审批表。

2. 调查、审核与变更

居委会受街道办事处或镇人民政府的委托，根据申请人所填写的内容及有关情况进行初步审查。街道办事处和镇人民政府按规定严格核实申请享受最低生活保障家庭的收入情况和困难程度，对符合条件的，报送所在县（区、市）民政局审批；对不符合条件的，退回其申请并说明理由。街道办事处或镇人民政府一般应在收到申请之日起20天内，签署审核意见。县（市、区）民政局接到已签署街道办事处、镇人民政府审核意见的保障对象申请书后，对符合条件的申请人予以审批，审批时限一般不超过10天。获得批准的，通过街道办事处或镇人民政府发给保障对象城市居民最低生活保障金领取证。不予批准的，应当书面通知申请人，并说明理由。审批后，县（市、区）民政局要按时将汇总的保障对象名单报上一级民政部门备案。

城市居民最低生活保障制度实行动态管理。县（市、区）民政局、街道办事处、镇政府或居委会要定期对领取保障金家庭的收入变动情况和实际生活水平进行调查和审核。当保障标准与家庭收入发生变化时，贫困家庭领取最低生活保障金的金额也需要进行相应调整。享受城市居民最低生活保障待遇的城市居民家庭人均收入情况发生变化的，应当及时通过居民委员会告知管理审批机关，办理停发、减发或者增发城市居民最低生活保障待遇的手续。

> **课程思政**
>
> **社会救助中的公正价值观**
>
> 社会救助申领中存在两种极端现象：一种是不符合条件的人积极申领社会救助金，造成了社会福利养懒汉的现象，这在西方国家比较严重；另一种是符合条件的人羞于申领社会救助金，从而进入更加贫困的状态而无法得到社会保障，在我国社会救助工作中就有这种情况。社会救助工作应当遵循公开、公平、公正、及时的原则。应推进低保调查与给付的专业性、法治化，把社会救助工作的原则转化为公正合理的程序，减少这两种现象。

二、特别生活救助

（一）特别生活救助的种类

日常生活救助以假设的基本生活保障标准为生活水平线，通过金钱给付满足申请人一般的生活开支。在申请人生活出现大的支出需求时，则辅之以特别生活救助以满足申请人在医疗、教育、住房、就业等方面的生活开支。特别生活救助也称专项社会救助。

医疗救助是特别生活救助中针对医疗支出的辅助性、补贴性社会救助。医疗救助给付是在基本医疗保险、大病保险及其他补充医疗保险支付后，根据个人及其家庭的经济状况而对个人支付部分的补贴。

不同教育阶段的教育救助范围和救助逻辑是不同的。在义务教育阶段，一些具有救助意义的给付表现为福利给付，如地方政府推行的课间营养餐；在非义务教育阶段，救助的形式则比较多元，如学费减免或助学贷款、助学金、生活补助、勤工助学。

住房救助作为专项救助，表现为对贫困者的房租支出的补贴。

就业救助主要是对最低生活保障家庭中有劳动能力并处于失业状态的成员的贷款贴息、社会保险补贴、岗位补贴、培训补贴、费用减免、公益性岗位安置等。

（二）特别生活救助的外延问题

特别生活救助的外延是开放的，不仅所涉及的事项是开放的，而且管理部门也是开放的。一方面，除了专项的、类型化的特别生活救助外，还有尚未类型化的特殊情况下的临时救助。临时救助属于社会救助中的兜底救助，申请人可以在不符合基本生活保障、没有特别生活救助的情况下，申请临时救助。另一方面，还有其他部门管理的相对独立的特别生活救助，如法律救助。

相关法律法规

1. 《城市居民最低生活保障条例》
2. 《最低生活保障审核审批办法（试行）》
3. 《社会救助暂行办法》

知识点 3　特困人员供养与无家可归者救助

导入案例

案例 11-3　救助站对流浪乞讨人员的救助是临时救助

2017 年 9 月 6 日，常州市救助管理站将其救助的被告蒋某某移送到安阳市救助管理站。安阳市救助管理站在接收时蒋某某已经重病缠身，本着救助原则，安阳市救助管理站将蒋某某送至安阳市某医院救治并垫付医疗费 221 432.67 元，经过近一年的救治，蒋某某已经恢复正常并从医院自行离院。根据救助管理条例及相关规定，被告蒋某某不属于受救助对象，为维护自身合法权益，安阳市救助管理站诉至法院，请求蒋某某返还不当得利。被告蒋某某未到庭，未答辩。法院判决为，被告蒋某某于本判决生效后 30 日内偿还原告安阳市救助管理站垫付的医疗费 221 432.67 元及利息。

导入案例分析

基本理论

一、特困人员供养

（一）特困人员供养概要

特困人员供养是从农村五保供养制度发展而来的，并成为与最低生活保障并列的基本生活保障方式。从生存救助的角度来看，特困人员供养在性质上是一种综合的社会照护制度。特困人员不仅经济上极为困难，而且无所依靠，往往需要生活上的照护。与基本生活保障相比，特困人员供养具有社会照护的色彩，也与社会福利制度存在重叠。在此意义上，特困人员供养的性质是多元的，而不单单具有狭义之社会救助（日常生活救助）的性质。

（二）特困人员的范围

特困人员，是指无劳动能力、无生活来源且无法定赡养、抚养、扶养义务人，或者其法定赡养、抚养、扶养义务人无赡养、抚养、扶养能力的老年人、残疾人及未满16周岁的未成年人。根据《国务院关于进一步健全特困人员救助供养制度的意见》（国发〔2016〕14号）及民政部《特困人员认定办法》（民发〔2021〕43号），特困人员的识别标准转化为更具有刚性的认定细则，并明确了无劳动能力，无生活来源，无法定赡养、抚养、扶养义务人或者其法定义务人无履行义务能力的具体情形。

无劳动能力是指如下情形：①60周岁以上的老年人；②未满16周岁的未成年人；③残疾等级为一、二、三级的智力、精神残疾人，残疾等级为一、二级的肢体残疾人，残疾等级为一级的视力残疾人；④省、自治区、直辖市人民政府规定的其他情形。

无生活来源，是指收入低于当地最低生活保障标准，且财产符合当地特困人员财产状况规定。收入包括工资性收入、经营净收入、财产净收入、转移净收入等各类收入，不包括中央确定的城乡居民基本养老保险基础养老金、基本医疗保险等社会保险和优待抚恤金、高龄津贴等社会福利补贴。

无履行义务能力是指以下情形：①特困人员；②60周岁以上的最低生活保障对象；③70周岁以上的老年人，本人收入低于当地上年人均可支配收入，且其财产符合当地低收入家庭财产状况规定的；④重度残疾人和残疾等级为三级的智力、精神残疾人，本人收入低于当地上年人均可支配收入，且其财产符合当地低收入家庭财产状况规定的；⑤无民事行为能力、被宣告失踪或者在监狱服刑的人员，且其财产符合当地低收入家庭财产状况规定的；⑥省、自治区、直辖市人民政府规定的其他情形。

同时符合特困人员救助供养条件和孤儿、事实无人抚养儿童认定条件的未成年人，选择申请纳入孤儿、事实无人抚养儿童基本生活保障范围的，不再认定为特困人员。

（三）供养的内容

供养是综合的生活照护，具体包括提供基本生活条件、对生活不能自理的给予照料、提供疾病治疗、办理丧葬事宜。供养应当与城乡居民基本养老保险、基本医疗保障、最低生活保障、孤儿基本生活保障等制度相衔接。

二、无家可归者救助

（一）无家可归者救助概要

无家可归者仅仅是无家可归，其不应该被污名化。我国制度中所使用的流浪乞讨人员的内涵与无家可归者极为类似，却凸显了另外两个特征，即流浪状态、职业乞讨。从长远来看，对流浪乞讨人员的社会救助应更名为对无家可归者的社会救助。

（二）流浪乞讨人员救助的特点与内容

流浪乞讨人员救助是一种生存救助、窗口性救助。行政机关需要进行宣传并引导流浪乞讨人员获得救助，根据流浪乞讨人员的情况实施不同救助。

1. 对流浪乞讨人员的救助应具有一定的主动性

虽然对流浪乞讨人员的救助以申请为前提，政府仍然应该积极识别流浪乞讨人员，不仅要提供救助站内的临时救助，还要以救助站为窗口开放综合的社会救助。

2. 救助站救助的临时性

救助站救助是一种临时的社会救助，应该遵守临时、便利、及时的原则。在为流浪乞讨人员提供食品、临时住处、疾病医疗外，应识别其是否为无家可归者。对职业乞讨应加强管理，对代理型职业乞讨应加以取缔并有相应的治理措施。

3. 对无家可归者的针对性社会救助

在经过救助站的临时救助后，需要对无家可归者实施长期安置，这就需要将安置方式与特困人员供养制度相衔接。让无家可归者不再流浪，使其获得基本的生活保障。可根据无家可归者的情况，将其转入政府设立的福利院、养老院、敬老院、精神病院等公办福利机构供养。对未成年人的救助应通过儿童福利机构抚养、教育救助等方式使其摆脱流浪乞讨的境遇。

相关法律法规

1. 《关于进一步健全特困人员救助供养制度的意见》
2. 《特困人员认定办法》
3. 《城市生活无着的流浪乞讨人员救助管理办法》

知识点4　自然灾害救助

导入案例

案例11-4　不能获得房屋受灾的重复补偿

岑某某在三都县打鱼乡民校旁有三间木房。2007年7月26日,打鱼乡受洪水灾害,岑某某的三间房屋被全部冲毁。2008年4月30日,打鱼乡"7·26"受灾户各类补偿款发放情况统计表户主姓名一栏中,无岑某某名字。政府给每位受灾户价值76 616元的统一建造标准安置房,也未落实给岑某某。2017年8月,岑某某打工归来才知此事。岑某某认为,自己的房屋被洪水冲走,自己属于受灾户,是政府安置救助的对象。其先后向打鱼乡、都江镇政府、三都县政府反映,要求补发其应得到的政府安置房或折现76 616元,未果。岑某某诉至法院。法院认为,岑某某要求三都县政府、都江镇政府给予安置房或者折现76 616元对其进行救助,实际上是因其房屋被水灾冲毁而要求上述两级政府履行对其救助职责,但是因自然灾害进行救助,不属于三都县政府、都江镇政府法定职责范围。法院还认为,从岑某某提交的《关于都江镇打鱼乡岑某某和岑某如房屋合同纠纷调解意见书》及其他材料看,相关部门并非未就案涉房屋进行救助,而是岑某某没有获得救助;获得救助安置房的是案外人岑某如,且岑某如确实在"7·26"水灾前居住在案涉房屋中,并对案涉房屋进行了修缮。

导入案例分析

基本理论

一、自然灾害救助的法理

（一）自然灾害救助的法律特征

我国自然灾害种类很多，自然灾害所造成的损害往往较大，再加上我国自然灾害频发，因此我国的自然灾害救助工作是一项常规化的工作。自然灾害状况和自然灾害救助工作决定了自然灾害救助具有不同于一般社会救助的四个属性。

1. 自然灾害救助是灾害触发性的行政行为

一般社会救助以贫困者申请为原则，行政机关被动审查贫困者情况。自然灾害救助行为是因灾情而发生的主动行为。与灾情相适应，自然灾害救助具有突发性、应急性、裁量性等特征。因此，自然灾害救助行为是否妥当的一个重要表现是政府的反应是否及时、有效。

2. 自然灾害救助是系统性的救助行为

一般社会救助以基本生活水平保障为原则，基本生活水平标准法定、给付形式单一、标准明确。自然灾害救助至少包括灾害预防、应急救助、灾后恢复，应急救助的基本生活保障只是自然灾害救助中的一种形式。我国成立应急管理部，把防灾减灾救灾作为其重要工作，而不是将自然灾害救助系统地纳入民政工作，也说明了自然灾害救助内容的综合性、系统性。

3. 自然灾害救助是以抽象行政行为为基础的综合行政行为

自然灾害救助遵循"对事不对人"的原则，是以灾害评估为基础的财政给付行为。自然灾害行政救助中有两个重要的构架性追求，即追求行政救助管理体制的统一性，追求财政责任的制度化。因此，自然灾害救助不是具体行政行为的累加，而是抽象行政行为的具体化落实。政府应该针对特定的自然灾害启动具体的行政救助措施，具体的工作人员根据指令作出具体的行政救助行为，如转移安置受灾人、调拨物资展开救助。

4. 自然灾害救助对象具有群体性

自然灾害的受灾者具有人数多、人员集中等特征。以 2008 年汶川地震为例，灾民有 4 000 多万人，死亡及失踪人数达 8 万之多，转移安置 1 500 万人。如此规模巨大的自然灾害所需的社会救助也是一个巨大的工程。如果没有相应的制度保障，必将出现群体性的受灾人员。因此，自然灾害救助是现代国家义不容辞的政治责任、法律义务。自然灾害救助体制的缺失会在灾害发生时带来巨大的灾难。

（二）自然灾害救助的责任主体

我国目前的自然灾害救助中，涉及基本生活保障功能的由民政部门负责，自然灾害救助则由政府协调安排。应急管理部的成立有助于推动自然灾害救助工作的协调机构实体化。政府是自然灾害救助的责任主体，具体承担自然灾害救助工作的机构则因政府职能部门的调整而有所变化。我国自然灾害频发，自然灾害救助工作是重要的政府职责，将政府的自然灾害救助部门专门化有利于相关职能整合，也有利于各项自然灾害救助工作的管理与完善。

二、政府的自然灾害救助义务

政府的自然灾害救助义务包括灾害发生前的常备义务、灾害发生过程中的应急义务和灾害发生后的恢复义务。

（一）常备义务

政府有义务建立自然灾害救助体制，以备不时之需，此即政府的常备义务。政府有义务制定适合当地情况的自然灾害救助应急预案，根据预案，政府的常备义务至少应包括三个方面：其一，政府应常备自然灾害救助应急组织指挥系统，并进行定期演习；其二，政府应常备自然灾害应急队伍、物资和设施，确保及时的应急反应能力和机制；其三，政府应当对当地的自然灾害有相应的救助措施，特别是灾后救助措施。

（二）应急义务

灾中救助是自然灾害救助的核心组成部分。应急救助不仅是政府的义务，而且是政府的职责与权力。在应急救助过程中，防灾减灾是重要目标，政府在灾害发生过程中的作为也时常伴随着不同价值之间的冲突。此时，应遵循弱势群体优先、生命权优先的原则。例如，应当优先疏散老人、妇女、儿童，优先转移人员。

根据灾害发生的过程，政府的应急义务包括预警响应义务、救助给付义务、救助管理义务。预警响应义务主要是根据灾害预警启动政府灾害救助机制，如向社会发布灾害风险警告、开放应急避难场所等。救助给付义务主要是指灾害过程中对受灾人员的具体救助，包括政府对受灾人员的各种救助措施。这些措施包括紧急转移安置受灾人员，紧急调拨、运输自然灾害救助应急资金和物资，及时向受灾人员提供食品、饮用水、衣被、取暖设施、临时住所、医疗防疫等应急救助，保障受灾人员基本生活。救助管理义务则是更广泛的救助活动。例如，抚慰受灾人员，处理遇难人员善后事宜；组织受灾人员开展自救互救；分析评估灾情趋势和灾区需求，采取相应的自然灾害救助措施；组织自然灾害救助捐赠活动；等等。

（三）恢复义务

灾后救助款物的给付是政府履行恢复义务的重要基础。灾后救助款物给付的规范与法治化也是减少灾后恢复中权力滥用、贪污腐败的重要保证。自然灾害救助款物实行专款（物）专用、无偿使用的原则。一般而言，自然灾害救助款物应当用于受灾人员的紧急转移安置，基本生活救助，医疗救助，教育、医疗等公共服务设施和住房的恢复重建，自然灾害救助物资的采购、储存和运输，以及因灾遇难人员亲属的抚慰等项支出。除了限制救助款物的用途外，还应该完善救助款物的筹集制度，落实政府的灾害物资储备责任。

灾后恢复在自然灾害救助中具有长期性。其中的难点在于如何恢复及恢复水平的评价。自然灾害对生命和财产的损害巨大，在技术上不可能恢复原样。政府所承担的恢复义务主要是灾害区域或受灾人员的生产和生活秩序的回归。恢复义务包括重建和救助。恢复重建包括停止应急状态、进行损失评估、制订重建计划、恢复正常社会秩序、提供公共设施。恢复救助包括补偿、抚慰、抚恤、安置、心理干预等。政府的恢复义务应该法律化，遵守灾害恢复性给付的公开、公平、公正原则。

相关法律法规

《自然灾害救助条例》

实训

【实训情境】

上诉人曹某某因与被上诉人某某县民政局，某某县某某镇某某社区居民委员会（以下简称某某居委会）民政行政管理其他行政行为纠纷一案，不服四川省某县人民法院（2019）川1325行初32号行政判决，提出上诉。

一审查明，2018年7月左右，某某县民政局在全县范围内开展城乡低保专项治理工作。第三人某某居委会工作人员于2018年8月22日向曹某某发放了《2018年城乡低保专项治理告知书》及相关宣传资料，同日，曹某某签订《申请城市低保家庭诚信承诺书》。之后，曹某某为申请城市居民最低生活保障待遇，提交了其子曹某诚2018年2月1日至2018年8月23日四川省农村信用社借记卡明细清单和曹某某本人从2017年6月23日至2018年7月24日四川省农村信用社借记卡明细清单。2018年8月25日，第三人某某居委会支部书记曹某友、主任曹某刚到曹某某家开展入户调查，因曹某某未在家，两位调查人自制一份入户调查登记表，并在调查小组意见栏注明："经入户调查家庭情况与低保政策有差异，建议提交民主评议。"同日，某某县保平镇人民政府工作人员李某琼、雷某斌对某某县某某镇某某村10社社长何某泽、社员何某祥进行了调查。2018年9月4日，第三人某某居委会召开低保评议大会，经与会人员评议，曹某某申请享受低保待遇未获通过。同日，第三人某某居委会对2018年城乡低保专项清理工作初评名单进行公示，公示期为7天，并告知如有异议请向社区城镇纪委拨打监督电话。2018年9月20日，某某县某某镇民政所、某某镇人民政府制作《某某县某某镇（乡）城市低保动态管理审批表》上报某某县民政局，曹某某属于其中停发人员之一。同日，某某县民政局对该表予以审批通过。2019年1月20日，曹某某向某某县民政局邮寄申请，请求补发停发的最低生活保障金。因某某县民政局未给曹某某补发最低生活保障金，曹某某遂诉至法院，请求：①确认被告某某县民政局伙同第三人某某居委会非法撤销原告依法享受的城镇居民最低生活保障金的行为违法；②依法追加第三人某某居委会参加本案诉讼；③依法判决第三人某某居委会为原告申报城镇居民最低生活保障金，被告某某县民政局按有关法规政策为原告发放城镇居民最低生活保障金；④本案诉讼所涉费用由被告及第三人负担。

一审另查明：曹某某之妻余某某，系曹某某共同生活的家庭成员。曹某某长子、次子已成家分户。曹某某自2013年6月开始享受城乡居民养老保险待遇，每月领取城乡居民养老保险金101.67元；曹某某之妻余某某自2014年4月开始享受城乡居民养老保险待遇，每月领取城乡居民养老保险金103.98元。曹某某拥有位于四川省南充市某某县成套住宅一套，面积97.31平方米。曹某某之妻余某某2018年享受D级危房改造资金26 000元，对位于某某县某某镇某某村10社住房进行改造，改造方式为拆除新建，修建的一楼一底砖混结构房屋3间，主体已基本完工。

再查明：南充市人民政府办公室于2018年8月3日制发《关于调整全市城市居民最低生活保障标准的通知》（南府办发〔2018〕37号文件），将全市城镇居民最低生活保障标准调整为500元/月，自2018年1月1日起执行。某某县向低保户发放宣传资料表明，凡持有某某县常住户口的城镇居民，家庭人均月收入低于460元的，可申请享受城市居民最低生活保障待遇。

一审认为，根据《城市居民最低生活保障条例》第4条第1款、第2款的规定，某某县民政局具有负责行政辖区内城市居民最低生活保障管理和具体管理审批的法定职责。

本案争议焦点为：①某某县民政局停发曹某某享受的城市居民最低生活保障金是否合法？②曹某某请求某某县民政局为其发放城市居民最低生活保障金是否应当得到支持？

关于第一个争议焦点，根据《城市居民最低生活保障条例》第10条、《四川省城市居民最低生活保障实施办法》第17条、第22条的规定，国家对享受城市居民最低生活保障待遇人员采取动态管理，对家庭收入情况好转的低保户可以减发或停发，某某县民政局开展城乡低保专项清理工作，符合上述规定。在清理过程中，曹某某仅提供本人和其长子曹某诚四川省农村信用社借记卡部分明细清单，未提供本人和妻子城乡居民养老保险金收入等其他收入，某某县民政局在通过入户调查、邻里访问、民主评议、张榜公示无异议后，认为曹某某存在故意隐瞒家庭真实收入情形，依据《四川省最低生活保障工作规范》第14条第7项"有下列情形之一的，不得获得低保：故意隐瞒家庭真实收入和家庭人口变动情况，或提供虚假申请材料及虚假证明的"的规定，停发曹某某最低生活保障待遇，并无不当。但某某县民政局未根据《城市居民最低生活保障条例》第8条第2款的规定，书面通知曹某某，并说明停发的理由，其程序违法。

关于第二个争议焦点，根据《城市居民最低生活保障条例》第2条的规定，城镇居民最低生活保障对象指共同生活的家庭成员人均收入（包括全部货币收入和实物收入）低于当地城市居民最低生活保障标准的非农城市居民。在无法查明申请人具体收入的情况下，四川省民政厅在《四川省最低生活保障工作规范》第14条第1项中规定，拥有两套以上（含两套）产权住房且住房总面积超过当地住房保障标准两倍的，不得获得低保。从本案查明的事实看，曹某某与其共同生活的家庭成员拥有两套产权住房且住房面积明显已经超过当地住房保障标准两倍，曹某某目前申请享受最低生活保障待遇的理由不成立，故对曹某某请求第三人履行申报义务以及请求某某县民政局为其发放城市居民最低生活保障金，依法不予支持。关于曹某某主张已经将其所有的成套住房赠与子女的问题，因房屋产权至今仍登记在曹某某名下，曹某某也未提供相应证据予以证明，对曹某某该主张，依法不予支持。况且，即使事实上曹某某已将该房赠与其子女，根据《四川省最低生活保障工作规范》第14条第8项的规定，曹某某通过赠与转让其财产，也不得获得低保。另外，曹某某请求追加某某居委会参加本案诉讼的问题，因该请求属于程序性事项，且原审法院在审理过程中已通知某某居委会参加诉讼，故对曹某某该请求，不予实体审理。综上，某某县民政局停发曹某某最低生活保障金的行政行为，虽然程序违法，但因曹某某请求某某县民政局为其继续发放城市居民最低生活保障金的理由不成立，判决某某县民政局重新处理势必造成程序空转，为减少当事人诉累、节约司法资源，对某某县民政局停发曹某某最低生活保障金的行政行为确认违法，对曹某某请求某某县民政局为其补发城市居民最低生活保障金的请求，不予支持。据此，依照《行政诉讼法》第69条、第74条第1款第1项的规定，判决如下：①确认某某县民政局停发曹某某城市居民最低生活保障金行为违法；②驳回曹某某其他诉讼请求。本案案件受理费50元，由某某县民政局负担。

曹某某上诉请求：①撤销原审判决；②改判原审第三人按特殊情况为曹某某向某某县民政局申报，由最低生活保障局按政策给曹某某发放失业20年城镇居民最低生活保障金；③诉讼费用由被上诉人承担。

事实与理由：

（1）原审判决袒护某某居委会，其负责人曹某刚故意拒绝按程序执行相关清退低保政策，拒绝为上诉人向某某县民政局申报低保，迫使某某县民政局下属最低生活保障局无法给上诉人发放城镇居民最低生活保障金。

（2）本案争议焦点是被上诉人某某县民政局以及某某居委会没有向法院提供曹某某不符合享受城镇居民最低生活保障金的事实、法律依据。

某某县民政局答辩称：

（1）某某县民政局于2018年7月在某某县全县开展城乡低保专项治理工作，通过入户调查、邻里访问发现曹某某家庭经济状况和收入良好。

（2）曹某某两法定赡养人家庭经济状况良好，长子为乡村医生，在行医卖药，次子在某某县城做手机售后服务工作。

（3）曹某某拒绝配合相关人员对家庭经济情况进行调查，故意隐瞒家庭收入情况，提供虚假申请材料，导致无法核实其家庭收入和家庭财产状况。低保经办人员在邻里访问的过程中发现曹某某赡养人收入高，赡养能力良好，曹某某有两套房屋，其除每月领取城乡居民养老保险及闲时在家帮妻子务农外，曹某某还在县内代理诉讼业务并收取费用。

（4）曹某某在一审起诉状中陈述自己多年前已将房屋赠与孙子，但未提供相关证据，有转移财产的嫌疑。

（5）一审庭审中，曹某某承认其妻子享受了危房改造资金26 000元，自己利用危房改造资金和再投入的约100 000元在老家新修了一栋两层的楼房，事实上曹某某拥有两套房屋，且住房面积明显超过当地住房保障标准的两倍。再投入资金主要来自两个儿子的资助。

（6）某某县民政局在对曹某某的低保审批过程中严格依照法定程序，谨慎执行国家政策，取消曹某某低保待遇，符合法律规定，也符合社会公平正义和善良风俗的要求。

某某居委会辩称，某某居委会的操作是严格按照流程进行的。2019年4月其出台政策进行宣传动员，2019年7月进入实施阶段，居委会通知所有低保户和符合低保户条件的人写申请，对已有的低保户和新低保户进行入户调查和邻里走访，根据走访和调查情况加上本人提供的证明来进行民主评议。评议当天纪检委监督封存票据，评议公示后，9月20日上报某某县民政局和某某县政府，9月30日通知曹某某结果和过程。操作流程中调查曹某某不符合低保申报条件，其在民主评议中得0票。

二审中，曹某某提供其常住人口登记卡，拟证明曹某某户口由农转非，其家庭也已经分户。某某县民政局发表质证意见称，对其真实性无异议，但分户与低保政策没有关系，即使申请人户口转到其他的地方，审核也是以家庭为单位审核的。某某居委会发表质证意见称，曹某某转户的那个时期，政策放宽，但企业的盈亏与政府无关，户口状态也与低保政策无关。本院对上诉人曹某某提供证据的真实性、合法性予以认定，但因低保政策与居民户口情况没有关联，故对曹某某提供证据的关联性不予认可。

本院二审查明的事实与一审法院查明的事实一致。

本院认为，本案的争议焦点为某某县民政局取消曹某某低保待遇是否有充分的事实依据和法律依据。根据《社会救助暂行办法》第13条"最低生活保障家庭的人口状况、收入状况、财产状况发生变化的，应当及时告知乡镇人民政府、街道办事处。县级人民政府民政部门以及乡镇人民政府、街道办事处应当对获得最低生活保障家庭的人口状况、收入状况、财产状况定期核查。最低生活保障家庭的人口状况、收入状况、财产状况发生变化的，县级人民政府民政部门应当及时决定增发、减发或者停发最低生活保障金；决定停发最低生活保障金的，应当书面说明理由"的规定，民政部门对最低生活保障进行动态管理，有权根据享受低保待遇人员家庭人口状况、收入状况、财产状况的变化调整其低保待遇。关于上诉人是否符合取消低保待遇的条件，本案中，已查证曹某某育有两子，其长子为乡村医生并经营一家药房，其次子在某某县城从事手机售后维修工作，两子均购有汽车，曹某某以及其共同生活的家庭成员还拥有两套产权住房且总面积超过当地住房保障标准的两倍。同时，某某居委会经民主评议后，亦认为曹某某不符合低保领取条件。以上事实均表明曹某某不符合低保领取条件。因此，某某县民政局停发曹某某最低生活保障金的决定实体处理正确。某某县民政局未按照《社会救助暂行办法》第13条第3款"最低生活保障家庭的人口状况、收入状况、财产状况发生变化的，县级人民政府民政部门应当及时决定增发、减发或者停发最低生活保障金；决定停发最低生活保障金的，应当书面说明理由"的规定在停发曹某某最低生活保障金时向其书面告知理由属违反法定程序，但因未履行此程序并未对曹某某实体权利产生实际影响，故某某县民政局此行政行为属程序轻微违法，因此确认某某县民政局停发曹某某最低生活保障金的行为违法，但对此行政行为不予以撤销。

综上，依照《行政诉讼法》第 89 条第 1 款"原判决、裁定认定事实清楚，适用法律、法规正确的，判决或者裁定驳回上诉，维持原判、裁定"的规定，判决如下：驳回上诉，维持原判。

【实训任务】

通过对最低生活保障待遇申领条件的具体分析，进一步理解和掌握最低生活保障待遇申领的条件、程序及其行政管理，提高具体分析社会救助行政纠纷案件的能力。

【实训方法】

1. 全体实训人员分为原告、被告、审判员 3 组，各自结合本方的诉讼角色，运用证据认定案件事实。

2. 各小组形成本组的观点及依据后，由 1 名代表发表意见。

3. 辅导教师归纳小组意见并予以点评。

练习题

一、单项选择题

1. 以下属于社会救助给付的是（　　）。

A. 最低生活保障待遇　　　　　　　B. 养老保险待遇

C. 工资　　　　　　　　　　　　　D. 生育津贴

2. 关于城市居民最低生活保障待遇，以下说法正确的是（　　）。

A. 最低生活保障制度实行静态资格管理

B. 收入发生变化应及时告知管理审批机关

C. 无须主动申报收入变化，被动由行政部门审核即可

D. 享受最低生活保障待遇后，不可申领专项救助

3. 以下不属于特困人员供养中的特困人员须具备的条件的是（　　）。

A. 无劳动能力

B. 无生活来源

C. 无法定赡养、抚养、扶养义务人或者其法定义务人无履行义务能力

D. 像无劳动能力

4. 以下对流浪乞讨人员救助站救助工作的说法，错误的是（　　）。

A. 不以救助申请为条件　　　　　B. 应具有一定的主动性
C. 只是临时性的救助　　　　　　D. 是针对性的安置

二、多项选择题

1. 从基本生活保障的申领来看，社会救助的法律特征有（　　）。
A. 须由贫困者申请　　　　　　　B. 要对是否贫困进行审查
C. 须为扶贫济困行为　　　　　　D. 须由政府财政支付或负担

2. 最低生活保障待遇的申领人限定为（　　）。
A. 行政辖区内的居民　　　　　　B. 贫困人员
C. 无工作人员　　　　　　　　　D. 无犯罪记录人员

3. 社会救助中对家庭经济状况的认定标准有（　　）。
A. 家庭收入认定标准
B. 家庭财产认定标准
C. 家庭财产中的非生活必需的高档消费品罗列
D. 家庭经济状况认定核对时段标准

4. 政府的自然灾害救助义务有（　　）。
A. 灾害发生前的常备义务　　　　B. 灾害发生过程中的应急义务
C. 灾害发生后的恢复义务　　　　D. 灾害造成损失的填补义务

三、案例分析题

张某是一名高中生，其父亲是一名代驾司机，母亲长期无业。张某家无其他收入，只有其父亲不稳定的收入。一家三口居住在祖屋里，也无多少存款，比较值钱的财产就是位置比较不错的祖屋。张某家想申请最低生活保障金，包括张某考上大学后的教育救助。但是，有人说，张某家的祖屋比较值钱，应该把房屋置换到郊区，这样就可以供张某读大学了。

问题：

1. 张某家应具体符合哪些条件才能申领最低生活保障金？
2. 张某家申领最低生活保障金后，张某在大学期间还能申领哪些教育救助项目？
3. 祖屋比较值钱就不能申领最低生活保障金的说法正确吗？

单元 12 | 其他社会保障法

🎯 学习目标

1. 掌握残疾人福利法的含义。

2. 了解残疾人康复、残疾人教育、残疾人就业、残疾人的文化生活、残疾人的生活保障和无障碍环境制度。

3. 掌握儿童福利与儿童福利法的含义。

4. 了解儿童生活保障、儿童教育、儿童健康和儿童保护制度。

5. 掌握老年人福利法的含义。

6. 了解老年人生活保障、社会服务和社会优待制度。

7. 了解失业保险的概念、失业保险待遇的申领条件、失业保险待遇的内容、失业保险待遇的终止。

8. 了解军人社会保障的概念以及关于退役军人的退役安置、抚恤优待和褒扬激励。

9. 了解灵活就业人员的社会保障议题。

💡 要点提示

1. 残疾人福利法，是国家和社会为满足残疾人的生活需要，提高其生活质量，而提供各种服务、设施或津贴的制度。

2. 残疾人福利法的内容包括残疾人康复、残疾人教育、残疾人就业、残疾人的文化生活、残疾人的生活保障和无障碍环境制度。

3. 儿童福利，是指国家和社会为满足儿童的生活需要，提高其生活质量，而提供各种服务、设施或津贴的制度。儿童福利法是调整因儿童福利的提供和享受而发生的社会关系的法律规范的总称。

4. 儿童福利法的内容包括儿童生活保障、儿童教育、儿童健康和儿童保护制度。

5. 老年人福利法，是国家和社会为满足老年人的生活需要，提高其生活质量，而提供各种服务、设施或津贴的制度。

6. 老年人福利法包括老年人生活保障、社会服务和社会优待制度。

7. 失业保险，是指国家通过立法强制建立失业保险基金，对因失业而中断生活来源的劳动者在法定期间内提供失业保险待遇以维持其基本生活，促进其再就业，并积极预防或避免失业人员的一项社会保险制度。

8. 军人社会保障，可分为现役军人保障制度和退役军人保障制度，也可根据保障的具体内容列举为优待、抚恤、安置等保障制度。

9. 灵活就业人员劳动关系不稳定或不确定，灵活就业是一种早已存在并将长期存在的就业方式。

知识点 1　残疾人福利法制

导入案例

案例 12-1　唐某、夏某、刘某与某县公共汽车管理站侵权纠纷案

唐某属肢体一级残疾，夏某属精神、听力二级残疾。2016 年 12 月 30 日，唐某、夏某在四川省某县某公交站台乘坐 1 路公交车，由刘某随行陪护，唐某、夏某持各自的残疾人证，要求与随行陪护人员刘某均免费乘坐。驾驶员及售票员不同意，三人只好付费 3 元购票乘车。唐某、夏某、刘某以某县公共汽车管理站为被告向四川省某县人民法院提起诉讼，请求公共汽车管理站退还三原告 3 元车票款；向原告公开赔礼道歉；全面整改，依法使重度残疾人和一名陪护人员免费乘坐公交车；赔偿误工费、交通费、住宿费。四川省某县人民法院判决：公共汽车管理站向唐某、夏某、刘某退还车票 3 元，并赔偿三人损失 629.50 元。

基本理论

一、残疾人福利法概述

早期残疾人立法对于残疾的认识被称作残疾的医疗模式，也称个人模式，残疾被看作人的缺陷，使人不能以有意义的方式工作或发挥作用。这种认识倾向于将残疾人作为不正常的人，认为他们是医疗、康复、救助的对象，他们所面临的问题源于个人的某些特质，否认他们的权利，因而招致批评。近年来，残疾人法律的改革反映出一种更具包容性的趋势，被称为残疾的社会模式，认为残疾人所遇到的问题并非残疾本身所致，更多的是社会排斥残疾人造成的，残疾不应被视为个人的问题，应当对整个社会和环境进行调整，使残疾人能够参与社会生活。此种认识是以权利为本的观念，将残疾人置于社会的背景中看待，残疾人问题的产生与外在社会有关，残疾人有权利在社会生活的各个领域获得均等的机会。残疾的社会模式将残疾人面临的经济、环境、文化障碍纳入考量，认为障碍不只是身体损伤造成的，也是社会障碍造成的，更强调社会环境障碍造成的个人障碍。

在《残疾人保障法》中，残疾人是指在心理、生理、人体结构上，某种组织、功能丧失或者不正常，全部或者部分丧失以正常方式从事某种活动能力的人。残疾人包括视力残疾、听力残疾、言语残疾、肢体残疾、智力残疾、精神残疾、多重残疾和其他残疾的人。界定残疾人需要强调的是，不能仅将残疾人归结为医学上的不健全，更应强调从社会视角看待这一群体。残疾人是生存最为困难、最为弱势的群体。很多残疾人不能平等地参加社会生活，不能顺利得到其所需的教育，存在更多的就业障碍，基本生活缺少保障，被歧视和被边缘化，合法权益缺少有效维护，这些残疾人问题是国家和社会必须正视的问题。残疾人问题不仅是生命个体的健康问题，也是关系到平等与公平的社会问题。对残疾人问题的解决，仅停留在同情和关爱层面是远远不够的，还必须树立残疾人权利观念和平等理念，依靠完备的法律制度保障残疾人的权利和尊严，保障残疾人平等、充分地参与社会生活，共享社会物质文化成果。

残疾人福利法，是国家和社会为满足残疾人的生活需要，提高其生活质量，而提供各种服务、设施或津贴的制度。完善的残疾人社会福利，能够保障残疾人的基本生活权利，促进残疾人平等地参与社会生活，维护残疾人的尊严与自由。

二、残疾人康复

大多数残疾人有康复需求。康复是帮助残疾人恢复和补偿功能，增强其生活自理和社会适应能力，使其平等地参与社会生活的基础。残疾人康复，是指在残疾发生后综合运用医学、教育、职业、社会、心理和辅助器具等措施，帮助残疾人恢复或者补偿功能，减轻功能障碍，增强生活自理和社会参与能力。

（一）残疾人的康复权利

残疾人享有康复服务的权利，残疾人康复工作是政府工作的组成部分，县级以上人民政府领导残疾人康复工作，将残疾人康复工作纳入国民经济和社会发展规划。

（二）康复工作的原则

康复工作的原则包括：现代康复技术与我国传统康复技术相结合；以社区康复为基础，康复机构为骨干，残疾人家庭为依托；以实用、易行、受益广的康复内容为重点，优先开展残疾儿童抢救性治疗和康复；发展符合康复要求的科学技术，加强康复新技术的研究、开发和应用。

（三）康复机构的举办

县级以上人民政府举办公益性康复机构。社会力量举办的康复机构和政府举办的康复机构执行相同的政策。

（四）康复人才培养

医学院校和其他有关院校有计划地开设康复课程，设置相关专业，培养各类康复专业人才。

（五）残疾人康复器具

政府有关部门组织和扶持残疾人康复器械、辅助器具的研制、生产、供应和维修服务。

> **课程思政**
>
> **精神障碍患者康复中的价值平衡**
>
> 精神障碍患者康复中的强制医疗问题是一个广为讨论的法律问题。《中华人民共和国精神卫生法》规定:"精神障碍的住院治疗实行自愿原则。诊断结论、病情评估表明,就诊者为严重精神障碍患者并有下列情形之一的,应当对其实施住院治疗:(一)已经发生伤害自身的行为,或者有伤害自身的危险的;(二)已经发生危害他人安全的行为,或者有危害他人安全的危险的。"评价这个规定,应从我国的国情出发,平衡自愿和强制两种不同的价值,客观比较不同国家精神障碍患者康复制度的状况与成就。

三、残疾人教育

残疾人的受教育权是残疾人受宪法保护的基本权利,对于残疾人融入社会,充分、平等地参与社会生活具有基础性、关键性的作用。

(一)残疾人的受教育权利

残疾人享有平等接受教育的权利。残疾人教育是国家教育事业的组成部分,应统一规划。政府对接受义务教育的残疾学生、贫困残疾人家庭的学生提供免费教科书,并给予寄宿生活费等费用补助。

(二)残疾人的教育方针

残疾人教育实行普及与提高相结合、以普及为重点的方针,积极开展学前教育,保障义务教育,着重发展职业教育,逐步发展高级中等以上教育。

(三)实施残疾人教育的要求

在进行思想教育、文化教育的同时,加强身心补偿和职业教育;依据残疾类别和接受能力,采取普通教育方式或者特殊教育方式;特殊教育的课程设置、教材、教学方法、入学和在校年龄,可以有适度弹性。

(四)残疾人教育机构的设置

政府合理设置残疾人教育机构,并鼓励社会力量办学、捐资助学。

(五)教育机构应履行的义务

普通教育机构对具有接受普通教育能力的残疾人实施教育,并为其学习提供便利和帮助。教育机构必须招收符合国家规定的录取要求的残疾人入学，不得因其残疾而拒绝招收。

（六）职业教育和培训

政府有关部门、残疾人所在单位和有关社会组织应当对残疾人开展扫除文盲、职业培训、创业培训和其他成人教育，鼓励残疾人自学成才。当前残疾人职业教育以中等职业教育为重点。

（七）特殊教育师资的培养

国家有计划地举办各级各类特殊教育师范院校、专业，在普通师范院校附设特殊教育班，培养、培训特殊教育师资，开设特殊教育课程或者讲授有关内容。特殊教育教师和手语翻译，享受特殊教育津贴。

四、残疾人就业

残疾人就业，是指符合法定就业年龄、有就业要求的残疾人从事有报酬的劳动。劳动就业对于改善残疾人的生活状况，提高其社会地位，使其平等参与社会生活，共享社会物质文化成果，具有重要意义。在劳动力市场竞争中，残疾人处于相对劣势的地位，就业存在更多的困难和问题，就业率较低，有必要采取残疾人就业保护和就业促进措施。

（一）残疾人就业的方针

国家保障残疾人劳动的权利。残疾人劳动就业，实行集中与分散相结合的方针，国家采取优惠政策和扶持保护措施，通过多渠道、多层次、多种形式，使残疾人劳动就业逐步普及、稳定、合理。

（二）集中就业

集中就业，是指政府和社会举办残疾人福利企业、盲人按摩机构和其他福利性单位，集中安排残疾人就业。集中就业能够较大数量地解决残疾人就业，便于对残疾人进行职业培训，提供合适的设施设备，减少残疾人在普通企业中可能遇到的歧视。政府采购，在同等条件下优先购买残疾人福利性单位的产品或者服务。

（三）分散就业

分散就业能够更为灵活地安排残疾人就业，便于残疾人融入社会。我国分散就业的一个重要制度是按比例安排残疾人就业制度，用人单位安排残疾人就业的比例不得低于在职职工总数的1.5%。达不到规定比例的，应当缴纳残疾人就业保障金。

（四）就业服务

政府设立的公共就业服务机构，为残疾人免费提供就业服务。残疾人联合会举办的残疾人就业服务机构，组织开展免费的职业指导、职业介绍和职业培训。

（五）反歧视

在职工的招用、转正、晋级、职称评定、劳动报酬、生活福利、休息休假、社会保险等方面，不得歧视残疾人。

五、残疾人的文化生活

（一）残疾人享有文化生活权利

国家保障残疾人享有平等参与文化生活的权利。各级人民政府和有关部门鼓励、帮助残疾人参加各种文化、体育、娱乐活动，积极创造条件，丰富残疾人的精神文化生活。

（二）开展残疾人文体活动应遵循的原则

残疾人文化、体育、娱乐活动应当面向基层，融于社会公共文化生活，适应各类残疾人的不同特点和需要，使残疾人广泛参与。

（三）鼓励、帮助残疾人从事创造性文化活动

政府和社会鼓励、帮助残疾人从事文学、艺术、教育、科学、技术和其他创造性劳动。

（四）倡导助残的社会风尚

政府和社会促进残疾人与其他公民之间的相互理解和交流，宣传残疾人事业和扶助残疾人的事迹，弘扬残疾人自强不息的精神，倡导团结、友爱、互助的社会风尚。

六、残疾人的生活保障

城乡残疾人家庭人均收入与社会平均水平有较大的差距。残疾人作为我国公民，

享有公民所能享有的全部社会保障权利，同时享有一些特殊的社会保障权利。

（一）社会保险补贴

社会保险对于残疾人的生活保障具有重大作用，而一些残疾人负担社会保险费存在困难。我国对生活确有困难的残疾人，按照规定给予社会保险补贴，实行贫困和重度残疾人参加社会保险个人缴费资助政策。

（二）生活补贴和护理补贴

对生活不能自理的残疾人，地方各级人民政府给予护理补贴。从2016年1月1日起全面实施的困难残疾人生活补贴和重度残疾人护理补贴制度，采取现金形式按月发放，这是国家层面创建的第一个残疾人专项福利补贴制度，是一项具有里程碑意义的制度创新。

（三）残疾人供养

地方人民政府对无劳动能力、无扶养人或者扶养人不具有扶养能力、无生活来源的残疾人，按照规定予以供养。社会福利事业单位收养的人员是城市中无家可归者、无依无靠者、无生活来源的孤老残幼及精神病人。农村实行五保供养，在吃、穿、住、医、葬方面给予符合条件的村民生活照顾和物质帮助。

（四）社会扶助

县级以上人民政府对残疾人搭乘公共交通工具，根据实际情况给予便利和优惠。所谓便利和优惠，主要是指购票优先、设立专座和收费优惠。残疾人可以免费携带随身必备的辅助器具。盲人持有效证件免费乘坐市内公共汽车、电车、地铁、渡船等公共交通工具。

七、无障碍环境

无障碍环境，是残疾人走出家门、参与社会生活、融入社会的需要，也会使健全人受益，是社会文明进步的重要标志。无障碍环境包括物质环境无障碍和信息交流无障碍。

（一）国家和社会应当创造无障碍环境

无障碍环境建设，是指为便于残疾人等社会成员自主安全地通行道路、出入相关建筑物、搭乘公共交通工具、交流信息、获得社区服务所进行的建设活动。国家和社会应当逐步完善无障碍设施，推进信息交流无障碍。

（二）无障碍设施建设

新建、改建和扩建建筑物、道路、交通设施等，应符合国家有关无障碍设施工程建设标准。推进已建成设施的改造，优先推进与残疾人日常工作、生活密切相关的公共服务设施的改造，对无障碍设施应当及时维修和保护。公共交通工具应当逐步达到无障碍设施的要求。

（三）无障碍信息交流

国家举办的各类升学考试、职业资格考试和任职考试，有盲人参加的，应当为盲人提供盲文试卷、电子试卷或者由专门的工作人员予以协助。公共服务机构和公共场所应当创造条件，为残疾人提供语音和文字提示、手语、盲文等信息交流服务。

相关法律法规

1. 《残疾人保障法》
2. 《残疾预防和残疾人康复条例》
3. 《残疾人教育条例》
4. 《残疾人就业条例》
5. 《无障碍环境建设条例》

知识点 2　儿童与未成年福利法制

导入案例

案例 12-2　某镇人民政府与刘某义务教育案

2022 年 12 月 5 日，云南省某县某镇人民政府向县人民法院提起诉讼，请求判令刘某友立即送其子刘某到学校接受并完成义务教育。刘某友是刘某的监护人，刘某现年 13 岁，属于义务教育适龄儿童少年。但刘某于 2022 年 3 月辍学，某镇政府及驻村扶贫工作队员于 2022 年 3 月 1 日起多次劝导刘某友履行监护人职责，让刘某返校完成义务教育，但一直无果。9月29日，某镇政府向刘某友发出《责令送被监护人接受义务教育通知书》，责令刘某友于2022年9月30日前送刘某到学校接受并完成义务教育，但刘某仍未到校。某县人民法院判决，责令刘某友立即将刘某送至学校接受并完成义务教育。

基本理论

一、儿童福利与儿童福利法概述

儿童福利，是指国家和社会为满足儿童的生活需要，提高其生活质量，而提供各种服务、设施或津贴的制度。在儿童福利法中，儿童是指18周岁以下的人。《中华人民共和国未成年人保护法》（简称《未成年人保护法》）第2条规定："本法所称未成年人是指未满十八周岁的公民。"对于儿童的称谓，除未成年人外，还有婴儿、幼儿、婴幼儿、少年、青少年等，分别指称儿童的不同时期，只要符合上述儿童的范围，均为这里所称的儿童。

儿童的生存、保护和发展是提高人口素质的基础，是人类未来发展的先决条件，关系到国家的前途命运。儿童是国家未来的希望。儿童身心尚未发展成熟，不具有完全的行为能力，对父母或其他监护人具有高度的依赖性，缺乏自我保护能力，易受侵害，社会参与机会极少，难以依靠自己的力量影响公共政策。儿童可塑性极强，未来有巨大的发展潜力，儿童的教育需求较其他任何群体都更加强烈。儿童时期是人的生理、心理发展的关键时期，为儿童提供必要的生存、发展、受保护和参与的机会和条件，最大限度地满足儿童的发展需要，发挥儿童潜能，将为其一生的发展奠定坚实的基础。增进儿童福利，保障儿童健康成长，是国家和社会责无旁贷的义务。

关于儿童福利的含义，有广义和狭义之分。广义的儿童福利，是针对全体儿童普遍需求的所有直接或间接促进儿童成长与发展的活动和制度，又称发展取向的儿童福利、积极的儿童福利；狭义的儿童福利，是针对处于不幸境地的儿童，采取救助、保护、矫正、养护等措施，又称问题取向的儿童福利、消极的儿童福利。儿童福利具有满足儿童的需求、补充家庭的不足、维护儿童的权益、增进儿童的能力、启发儿童的爱心等功能。长期以来，我国关于儿童福利的理解是补缺型的，即将儿童福利的对象限定于处于困境中的儿童。随着社会转型，我国传统的以家庭为主导的儿童福利保障模式面临着严峻的挑战,儿童的社会福利需求日趋强烈,我国政府在推动儿童福利由补缺型向适度普惠型转变。所谓适度普惠型,是指逐步建立覆盖全体儿童的普惠福利制度。这里所称的儿童福利,既包含处于困境中儿童的福利,也包含扩展于全体儿童的普遍福利需求。我国现今的儿童福利制度,大体上可归于补缺型,但也存在一些残缺的普惠型的制度,将来的发展趋势是普惠型的儿童福利制度。

儿童福利法是调整因儿童福利的提供和享受而发生的社会关系的法律规范的总称。儿童福利法以儿童为保障对象,以促进儿童身心健康发展、保障儿童权益、增进儿童福利为宗旨。儿童福利法的体系大体可分为儿童生活保障制度、儿童教育制度、儿童健康制度、儿童社会保护制度等。儿童福利法不应仅将儿童作为一个被动的、需要保护的对象,而应当将儿童作为一个独立的人;必须坚持儿童权利理念,儿童是权利主体,而非客体。儿童福利法应遵循儿童优先原则、儿童利益最大化原则、政府与家庭的作用相结合原则等。

二、儿童生活保障

(一)孤儿替代性养护制度

在儿童生活保障方面,我国在制度上较为成型的是孤儿替代性养护制度。孤儿是指失去父母、查找不到生父母的未满18周岁的未成年人。依儿童照顾理念,家庭为儿童最佳生活场所,因此孤儿养护的方式排序依次为亲属抚养、家庭寄养和机构养育。

1. 亲属抚养

依靠家族抚养孤儿在我国有传统和习惯的支持,亲属抚养是目前我国散居孤儿的主要养护方式。

2. 家庭寄养

家庭寄养,是指经过规定的程序,将民政部门监护的儿童委托在符合条件的家庭中养育的照料模式。家庭寄养使孤儿进入家庭,成长于家庭,进而融入社会,在保护孤儿的心理健康、使其顺利完成社会化方面的优势明显,有利于孤儿的发展,有利于减轻政府财政的负担。民政部门负责家庭寄养监督管理工作。未满18周岁、监护权在民政部门的孤儿、查找不到生父母的弃婴和儿童,可以被寄养。

3. 机构养育

机构养育是儿童在家庭养育之外的最古老的方式,能够完全替代家庭提供儿童养育服务。对没有亲属和其他监护人抚养的孤儿，经依法公告后由民政部门设立的儿童福利机构收留抚养。

回归家庭是孤儿的最大福祉，收养是最有利于孤儿健康成长的安置方式，因而我国鼓励收养孤儿。

（二）孤儿基本生活保障制度

孤儿基本生活保障制度为满足孤儿基本生活需要而建立。我国自2010年1月起为全国孤儿发放基本生活费。

三、儿童教育

儿童教育福利主要体现在义务教育方面，这是一种普惠型的儿童福利。《中华人民共和国义务教育法》（简称《义务教育法》）规定，国家实行九年义务教育制度。义务教育是国家统一实施的所有适龄儿童、少年必须接受的教育，不收学费、杂费。凡具有中华人民共和国国籍的适龄儿童、少年，依法享有平等接受义务教育的权利，并履行接受义务教育的义务。

四、儿童健康

儿童健康权是儿童应享有的基本权利，是享有其他权利的基础。预防接种证制度是一项真正意义上的普惠型儿童福利制度，国家对儿童实行预防接种证制度。国家实施农村义务教育学生营养改善计划，受益儿童的体质、健康状况明显改善。

五、儿童保护

家庭、学校和社会对儿童的保护，是儿童健康成长、顺利完成社会化的重要保障。保护未成年人，应当坚持最有利于未成年人的原则。

（一）家庭保护

家庭是绝大多数人最初的生活和成长环境，是社会中最基本的生活单位，其传统职能之一就是子女抚养和教育。家庭在儿童福利供给上承担着首要的义务，对儿童的影响直接而深远，对儿童的成长和发展至关重要。

（1）未成年人的父母或者其他监护人应当履行下列监护职责：①为未成年人提

供生活、健康、安全等方面的保障；②关注未成年人的生理、心理状况和情感需求；③教育和引导未成年人养成良好的思想品德和行为习惯；④对未成年人进行安全教育；⑤尊重未成年人受教育的权利，保障适龄未成年人依法接受并完成义务教育；⑥保障未成年人休息、娱乐和体育锻炼的时间，引导未成年人进行有益身心健康的活动；⑦妥善管理和保护未成年人的财产；⑧依法代理未成年人实施民事法律行为；⑨预防和制止未成年人的不良行为和违法犯罪行为，并进行合理管教；⑩其他监护职责。

（2）未成年人的父母或者其他监护人不得实施下列行为：①虐待、遗弃、非法送养未成年人或者对未成年人实施家庭暴力；②放任、教唆或者利用未成年人实施违法犯罪行为；③放任、唆使未成年人参与邪教、迷信活动或者接受恐怖主义、分裂主义、极端主义等侵害；④放任、唆使未成年人吸烟（含电子烟）、饮酒、赌博、流浪乞讨或者欺凌他人；⑤放任或者迫使应当接受义务教育的未成年人失学、辍学；⑥放任未成年人沉迷网络，接触危害或者可能影响其身心健康的物品和网络信息等；⑦放任未成年人进入不适宜未成年人活动的场所；⑧允许或者迫使未成年人从事国家规定以外的劳动；⑨允许、迫使未成年人结婚或者为未成年人订立婚约；⑩违法处分、侵吞未成年人的财产或者利用未成年人牟取不正当利益；⑪其他侵犯未成年人身心健康、财产权益或者不依法履行未成年人保护义务的行为。

（3）未成年人的父母或者其他监护人应当在以下方面保护未成年人：①为未成年人提供安全的家庭生活环境；②配备儿童安全座椅、教育未成年人遵守交通规则；③在作出与未成年人权益有关的决定前，充分考虑未成年人的真实意愿；④发现未成年人身心健康受到侵害、疑似受到侵害或者其他合法权益受到侵犯的，及时了解情况并采取保护措施；⑤不得使未满8周岁或者需要特别照顾的未成年人处于无人看护状态，或者将其交由不适宜的人员临时照护，不得使未满16周岁的未成年人脱离监护单独生活；⑥因外出务工等原因在一定期限内不能完全履行监护职责的，应当委托具有照护能力的完全民事行为能力人代为照护；⑦妥善处理未成年子女的抚养、教育、探望、财产等事宜，不得以抢夺、藏匿未成年子女等方式争夺抚养权；⑧离婚后，不直接抚养未成年子女的一方应当依照协议、判决或者调解确定的时间和方式探望未成年子女。

（二）学校保护

学校保护，是指学校、幼儿园及其他教育机构依法对儿童进行教育，并对他们的身心健康和合法权益实施保护。

1. 学校的教育职责

学校应当建立未成年学生保护工作制度，健全学生行为规范。学校、幼儿园的教职员工应当尊重未成年人人格尊严，不得对未成年人实施体罚、变相体罚或者其他侮辱人格尊严的行为。学校不得违反规定开除、变相开除未成年学生；不得因家庭、身体、心理、学习能力等情况歧视学生。

2. 学校的人身保护职责

学校应当合理安排未成年学生的学习时间，保障其休息、娱乐和体育锻炼的时间，不得占用国家法定节假日、休息日及寒暑假期，组织义务教育阶段的未成年学生集体补课；完善安保设施、配备安保人员，保障未成年人在校、在园期间的人身和财产安全。使用校车的学校、幼儿园应当配备安全管理人员，定期对校车进行安全检查。未成年人发生人身伤害事故的，学校、幼儿园应当立即救护，妥善处理，及时通知未成年人的父母或者其他监护人，向有关部门报告。学校、幼儿园不得安排未成年人参加商业性活动，不得向未成年人及其监护人推销或者要求其购买指定的商品和服务，不得与校外培训机构合作为未成年人提供有偿课程辅导。学校应当建立学生欺凌防控工作制度，对学生欺凌行为应当立即制止，通知实施欺凌和被欺凌未成年学生的父母或者其他监护人参与欺凌行为的认定和处理。对实施欺凌的未成年学生，学校应当根据欺凌行为的性质和程度，依法加强管教。对严重的欺凌行为，学校应当及时向公安机关、教育行政部门报告。这里的学生欺凌，是指发生在学生之间，一方蓄意或者恶意通过肢体、语言及网络等手段实施欺压、侮辱，造成另一方人身伤害、财产损失或者精神损害的行为。学校、幼儿园应当建立预防性侵害、性骚扰未成年人工作制度。对性侵害、性骚扰未成年人等违法犯罪行为，学校、幼儿园应当及时向公安机关、教育行政部门报告。

（三）社会保护

各级政府及其有关部门、社会团体、企事业组织以及其他组织和个人，依法承担相应的尊重、保护、教育儿童的职责。

（1）居民委员会、村民委员会应设置专人专岗负责未成年人保护工作，发现委托照护的被委托人缺乏照护能力、有怠于履行照护职责等的情况，应及时报告和告知。

（2）爱国主义教育基地、图书馆、青少年宫、儿童活动中心、儿童之家对未成年人免费开放；城市公共交通及公路、铁路、水路、航空客运等应当按有关规定对未成年人实施免费或者优惠票价。

（3）新闻媒体采访报道涉及未成年人事件应当客观、审慎和适度，不得侵犯未成年人的名誉、隐私和其他合法权益。

（4）禁止制作、复制、出版、发布、传播含有危害未成年人身心健康内容的节目、作品和网络信息等。

（5）不得刊登、播放、张贴或者散发含有危害未成年人身心健康内容的广告；不得在学校、幼儿园播放、张贴或者散发商业广告；不得利用校服、教材等发布或者变相发布商业广告。

（6）禁止拐卖、绑架、虐待、非法收养未成年人，禁止对未成年人实施性侵害、性骚扰。禁止胁迫、诱骗、利用未成年人乞讨。

（7）生产、销售用于未成年人的食品、药品、玩具、用具和游戏游艺设备、游乐设施等，应当符合国家或者行业标准。

（8）大型公共场所应当设置搜寻走失未成年人的安全警报系统。公共场所发生突发事件时，应当优先救护未成年人。

（9）旅馆、宾馆、酒店等住宿经营者接待未成年人入住，应当询问其父母或者其他监护人的联系方式等情况；发现有违法犯罪嫌疑的，应立即向公安机关报告，及时联系未成年人的父母或者其他监护人。

（10）学校、幼儿园周边不得设置营业性娱乐场所、酒吧、互联网上网服务营业场所等不适宜未成年人活动的场所。上述场所不得允许未成年人进入。学校、幼儿园周边不得设置烟、酒、彩票销售网点。禁止向未成年人销售烟、酒、彩票或者兑付彩票奖金。

（11）禁止向未成年人提供、销售管制刀具或者其他可能致人严重伤害的器具等物品。

（12）不得组织未成年人进行危害其身心健康的表演等活动。经未成年人的父母或者其他监护人同意，未成年人参与演出、节目制作等活动，活动组织方应当根据国家有关规定，保障未成年人合法权益。

（13）密切接触未成年人的单位招聘工作人员时，应当向公安机关、人民检察院查询应聘者是否具有性侵害、虐待、拐卖、暴力伤害等违法犯罪记录；发现其具有前述行为记录的，不得录用。此类单位应当每年定期对工作人员是否具有上述违法犯罪记录进行查询，发现其工作人员具有上述行为的，应当及时解聘。

（四）网络保护

（1）新闻出版、教育、卫生健康、文化和旅游、网信等部门监督网络产品和服务提供者履行预防未成年人沉迷网络的义务。任何组织或者个人不得以侵害未成年人身心健康的方式对未成年人沉迷网络进行干预。为未成年人提供的互联网上网服务设施，应当安装未成年人网络保护软件或者采取其他安全保护技术措施。

（2）学校应当合理使用网络开展教学活动。未经学校允许，未成年学生不得将手机等智能终端产品带入课堂，带入学校的应当统一管理。学校发现未成年学生沉迷网络的，应及时告知其父母或者其他监护人，并进行教育和引导。

（3）信息处理者通过网络处理未成年人个人信息的，应当遵循合法、正当和必要的原则。处理不满14周岁未成年人个人信息的，应当征得未成年人的父母或者其他监护人同意。以未成年人为服务对象的在线教育网络产品和服务，不得插入网络游戏链接，不得推送广告等与教学无关的信息。国家建立统一的未成年人网络游戏电子身份认证系统。网络游戏服务提供者应当要求未成年人以真实身份信息注册并登录网络游戏，不得在每日22时至次日8时向未成年人提供网络游戏服务，不得为未满16周岁的未成年人提供网络直播发布者账号注册服务。

（五）政府保护

（1）政府保障未成年人受教育的权利，对尚未完成义务教育的辍学未成年学生，教育行政部门应当责令父母或者其他监护人将其送入学校接受义务教育。公安机关和其他有关部门应当依法维护校园周边的治安和交通秩序。

（2）具有下列情形之一的，民政部门应当依法对未成年人进行临时监护：①未成年人流浪乞讨或者身份不明，暂时查找不到父母或者其他监护人；②监护人下落不明且无其他人可以担任监护人；③监护人因自身客观原因或者突发事件不能履行监护职责，导致未成年人监护缺失；④监护人拒绝或者怠于履行监护职责，导致未成年人处于无人照料的状态；⑤监护人教唆、利用未成年人实施违法犯罪行为，未成年人需要被带离安置；⑥未成年人遭受监护人严重伤害或者面临人身安全威胁，需要被紧急安置；⑦法律规定的其他情形。对临时监护的未成年人，民政部门可以采取委托亲属抚养、家庭寄养等方式进行安置，也可以交由救助保护机构或者儿童福利机构进行收留、抚养。经民政部门评估，监护人重新具备履行监护职责条件的，可以将未成年人送回监护人抚养。

（3）具有下列情形之一的，民政部门应当依法对未成年人进行长期监护：①查找不到未成年人的父母或者其他监护人；②监护人死亡或者被宣告死亡且无其他人可以担任监护人；③监护人丧失监护能力且无其他人可以担任监护人；④人民法院判决撤销监护人资格并指定由民政部门担任监护人；⑤法律规定的其他情形。民政部门进行收养评估后，可以依法将其长期监护的未成年人交由符合条件的申请人收养。

（六）司法保护

司法保护，是指公安机关、人民检察院、人民法院及司法行政部门（广义的司法机关），通过依法履行职责，对儿童实施的保护。

（1）公安机关、人民检察院、人民法院和司法行政部门应当确定专门机构或者指定专门人员，负责办理涉及未成年人的案件，其中应当有女性工作人员。不得披露有关案件中未成年人的姓名、影像、住所、就读学校及其他可能识别出其身份的信息。

（2）未成年人合法权益受到侵犯，相关组织和个人未代为提起诉讼的，人民检察院可以督促、支持其提起诉讼；涉及公共利益的，人民检察院有权提起公益诉讼。

（3）人民法院审理离婚案件，涉及未成年子女抚养问题的，应当尊重已满8周岁未成年子女的真实意愿，按照最有利于未成年子女的原则依法处理。未成年人的父母或者其他监护人不依法履行监护职责或者严重侵犯被监护的未成年人合法权益的，人民法院可以根据申请，依法作出人身安全保护令或者撤销监护人资格。

相关法律法规

1. 《未成年人保护法》
2. 《义务教育法》第一章、第二章
3. 《儿童福利机构管理办法》

知识点3　老年人福利法制

导入案例

案例12-3　周某与N市L区某老年公寓服务合同纠纷案

朱某某出生于1925年8月28日，周某系朱某某独生子。2021年11月3日，周某与N市L区某老年公寓（以下简称老年公寓）签订寄养合同，将朱某某送至老年公寓寄养。合同约定：甲方（老年公寓）若发现老人在住院期间有摔伤、骨折、死亡、自杀等情况，必须及时将其送往医院进行抢救、治疗，还要及时通知乙方（周某）。甲方如发现老人生病、伤亡等情况，应及时通知乙方。朱某某的护理等级为半护理。

2022年2月14日，朱某某在老年公寓内自行走路时，不慎摔倒致头部受伤，老年公寓打电话联系周某，周某询问情况后未到老年公寓。后老年公寓通知所在社区的医务人员前来诊治，医务人员进行输液治疗后建议送医院检查。第二天，周某前往老年公寓探望，见朱某某精神尚可后离开。2月19日，因朱某某出现意识模糊状况，老年公寓将其送往医院，朱某某经抢救无效于2月22日死亡。死亡原因是两侧额叶及右侧顶叶脑挫裂伤。周某起诉至N市L区人民法院，要求老年公寓赔偿人身损害赔偿费244 105元。法院判决老年公寓承担30%的赔偿责任，赔偿周某人民币73 231元。

导入案例分析

基本理论

一、老年人福利法概述

世界各国对老年人的界定有所不同。在《中华人民共和国老年人权益保障法》（简称《老年人权益保障法》）中，老年人是指60周岁以上的公民。相较于其他年龄群体，老年人面临着更多的生存风险，如医疗风险、照护风险、收入风险等。老年人的需求主要包括经济支持需求、医疗保障需求、生活照料需求、精神慰藉需求和社会参与需求。老年是正常人生命历程的必经阶段，老年问题既是老年人个人和家庭的问题，也是一个社会问题。老有所养，安度晚年，是老年人的权利，国家和社会对其实现负有义务。在人口老龄化背景下，迫切需要加强老年人福利保障，满足老年人的经济、服务乃至精神需求，使老年人平等地分享经济社会发展成果。老年人福利法，是国家和社会为满足老年人的生活需要，提高其生活质量，而提供各种服务、设施或津贴的制度。

二、生活保障

（一）长期照护保障

长期照护保障，是为因年老体弱而生活不能自理、需要长期护理的老年人提供护理费用的保障措施。失能老年人的家庭负担沉重，长期照护成本高昂，需要建立社会化的照护体系及相关制度保障加以解决。我国逐步开展长期护理保障，对生活长期不能自理、经济困难的老年人，地方人民政府根据其失能程度等情况给予护理补贴。

（二）老年供养

老年人无劳动能力、无生活来源、无赡养人和扶养人或者其赡养人和扶养人确无赡养能力和扶养能力的，由地方各级人民政府依照有关规定给予供养或者救助：在农村主要是五保供养，在城市主要是政府出资供养及最低生活保障等。

（三）住房照顾

地方各级人民政府在实施廉租住房、公共租赁住房等住房保障制度或者进行危旧房屋改造时，应当优先照顾符合条件的老年人。

（四）高龄津贴

国家鼓励地方建立 80 周岁以上低收入老年人高龄津贴制度。高龄津贴是社会津贴的一种，向特定目标人口均等给付现金，不考虑其收入和财产。

（五）计划生育家庭老年人扶助制度

我国实施了部分计划生育家庭奖励扶助制度、计划生育家庭特别扶助制度。

（六）农村养老基地和生活补贴

农村可以将未承包的集体所有的部分土地、山林、水面、滩涂等作为养老基地，收益供老年人养老。

三、社会服务

（一）居家和社区养老服务

《老年人权益保障法》第 5 条第 2 款规定："国家建立和完善以居家为基础、社区为依托、机构为支撑的社会养老服务体系。"社会养老服务体系要与经济社会发展水平相适应，以满足老年人养老服务需求、提升老年人生活质量为目标，面向所有老年人提供生活照料、康复护理、精神慰藉、紧急救援和社会参与等设施、组织、人才和技术，并提供配套的服务标准、运行机制和监管制度。居家养老不同于家庭养老。所谓居家养老，是指老年人在家中居住，由社会提供养老服务的一种养老方式，它以家庭为核心，以社区为依托，使老年人不脱离所生活的家庭、社区，在他们熟悉的环境中享受社区提供的相应服务，同时减轻家庭的负担。居家养老服务，是指政府和社会力量依托社区，为居家的老年人提供生活照料、家政服务、康复护理和精神慰藉等方面服务的一种服务形式，以上门服务为主要形式。社区养老服务是居家养老服务的重要支撑，具有社区日间照料和居家养老支持两类功能，主要面向家庭日间暂时无人或者无力照护的社区老年人提供服务。

（二）养老服务补贴

养老服务补贴，是政府为老年人入住养老机构或接受社区、居家养老服务提供资金支持的制度。养老服务补贴是适度普惠型社会福利制度的组成部分。

（三）养老服务设施建设

将养老服务设施纳入城乡社区配套设施建设规划，并将养老服务设施建设纳入城乡规划和土地利用总体规划。

（四）机构养老服务

机构养老服务是专业化、规范化的养老服务，在设施、人员和技术等方面具有优势，能够满足老年人的集中服务需求，为失能老年人提供专业的照料。

（五）老年医疗卫生服务

将老年医疗卫生服务纳入城乡医疗卫生服务规划，并将老年人健康管理和常见病预防等纳入国家基本公共卫生服务项目。

（六）老年医学、健康教育

加强老年医学的研究和人才培养，提高老年病的预防、治疗、科研水平，促进老年病的早期发现、诊断和治疗，开展各种形式的健康教育。

四、社会优待

社会优待，是指基于老年人自身的特点，国家和社会在衣、食、住、用、行、娱等方面，为老年人提供的经济补贴、优先优惠和便利服务。老年人有享受社会优待的权利。

（一）政务服务优待

为老年人及时、便利地领取养老金、结算医疗费和享受其他物质帮助提供条件。老年人的意思能力和行为能力减弱，各级人民政府和有关部门办理房屋权属关系变更、户口迁移等涉及老年人权益的重大事项时，承担特别注意义务，应就老年人的真实意思进行询问，并依法优先办理。

（二）卫生保健优待

老年人有更多的医疗需求，医疗卫生机构应通过完善挂号、诊疗系统管理，开设专用窗口或快速通道，提供导医服务等方式，为老年人特别是高龄、重病、失能老年人挂号、就诊、转诊、综合诊疗提供便利条件。

（三）交通出行优待

交通出行优待是开展较早、效果明显、深受老年人欢迎的优待措施。城市公共交通、公路、铁路、水路和航空客运，应当为老年人提供优待和照顾，提供便利服务。城市公共交通工具应为老年人提供票价优惠，鼓励对65周岁以上老年人实行免费。公共交通工具设立不低于座席数10%的"老幼病残孕"专座。公厕应对老年人实行免费。

（四）商业服务优待

公共服务行业和网点，要为老年人提供优先、便利和优惠服务。金融机构设置老年人取款优先窗口，提供导银服务，对行动不便的老年人提供特需服务或上门服务，对办理转账、汇款业务或购买金融产品的老年人，应提示相应风险。

（五）文体休闲优待

各级各类公共文化服务设施向老年人免费开放，减免老年人参观文物建筑及遗址类博物馆的门票，公园、旅游景点应对老年人实行门票减免。

（六）维权服务优待

人民法院对侵犯老年人合法权益的案件，依法及时立案受理、审判和执行。司法机关通过开通电话和网络服务、上门服务等形式，为高龄、失能等行动不便的老年人报案、参与诉讼等提供便利。老年人交纳诉讼费确有困难的，可以申请司法救助，缓交、减交或免交诉讼费。

相关法律法规

1. 《老年人权益保障法》第一章~第五章
2. 《农村五保供养工作条例》
3. 《养老机构管理办法》

知识点 4　与劳动法交叉的社会保障法

导入案例

案例 12-4　于某某与某物业公司失业保险待遇纠纷案

于某某供职于某物业公司，入职时向某物业公司自书申请："自行办理社会保险，不向公司主张有关任何权利。"工作一年余，于某某向物业公司递交书面报告，称"本人因家里已经联系好了工作……特提出辞职"，后办理了《员工离职审批表》。嗣后，于某某认为物业公司违反规定不为其缴纳社会保险而导致其无法享受失业保险，其被迫辞职，请求赔偿失业金损失及经济补偿金。

法院经审理认为，于某某曾向物业公司书面表示自行办理社会保险并承诺不主张有关权利，现其违背承诺而主张失业金损失有违诚信原则，不应支持。于某某向物业公司递交亲笔"申请"，称"本人因家里已经联系好了工作……特提出辞职"，与《员工离职审批表》载明的离职原因一致，证明系其主动辞职，并不符合单位支付经济补偿金的法定情形。一审判决驳回于某某的两项请求，二审中院予以维持。

导入案例分析

基本理论

一、与劳动法交叉的社会保障法概述

社会保障法制的项目和内容是不断扩张与更新的。本单元旨在介绍针对特殊群

体的社会保障制度的同时提示社会保障法制的开放性。除了前面介绍的残疾人福利法制、儿童与未成年人福利法制和老年人福利法制外，与劳动法交叉的社会保障法也是社会保障法的重要内容。从性质上讲，前面介绍的工伤保险就是典型的劳动法与社会保障法交叉的社会保障项目。

劳动法与社会保障法的交叉情况是比较多的，比较典型的情形有三种：①同时具有就业促进和社会保障功能的制度，在属性上既可以视为劳动法，又可以视为社会保障法，如失业保险；②超出传统的劳动与社会保障的领域，作为一个独立的制度领域而没有进一步演化出独立的劳动法部分和独立的社会保障法部分，如军人社会保障；③同时处于典型劳动关系和传统社会保障边缘的劳动与社会保障制度，如灵活就业人员的社会保障。

二、失业保险

（一）失业保险概述

失业保险是指国家通过立法强制建立失业保险基金，对因失业而暂时中断生活来源的劳动者在法定期间内提供失业保险待遇以维持其基本生活，促进其再就业，并积极预防或避免失业人员产生的一项社会保险制度。

失业保险制度是典型的劳动法和社会保障法交叉的法律制度，具有保障生活的功能，也具有预防失业和促进就业的功能。

根据《社会保险法》的规定，职工应当参加失业保险，用人单位和职工按照国家规定共同缴纳失业保险费。因此，失业保险的对象是职工，失业保险的缴费主体是用人单位和职工。

（二）失业保险待遇的申领条件

根据《社会保险法》的规定，从失业保险基金中领取失业保险金应符合三个条件：

（1）失业前用人单位和本人已经缴纳失业保险费满一年。失业人员失业前参保缴费未满一年的，不得享有失业保险待遇。失业人员因当期不符合失业保险金领取条件的，原有缴费时间予以保留，重新就业并参保的，缴费时间累积计算。

（2）非因本人意愿中断就业。非因本人意愿中断就业，即非自愿性失业，是指失业人员在主观上对于失去工作岗位不具有可归责性，属于主观上愿意继续劳动但客观上却没有劳动机会的情形。非因本人意愿中断就业包括下列情形：①依照《劳动合同法》第 44 条第 1 项、第 4 项、第 5 项规定终止劳动合同的；②由用人单位依照《劳动合同法》第 39 条、第 40 条、第 41 条规定解除劳动合同的；③用人单位依照《劳动合同法》第 36 条规定向劳动者提出解除劳动合同并与劳动者协商一致解除劳动合同的；④由用人单位提出解除聘用合同或者被用人单位辞退、除名、开除的；⑤劳动者本人依照《劳动合同法》第 38 条规定解除劳动合同的；⑥法律、法规、规章规定的其他情形。

（3）已经进行失业登记并有求职要求。用人单位应当及时为失业人员出具终止或者解除劳动关系的证明，并将失业人员的名单自终止或者解除劳动关系之日起 15 日内告知社会保险经办机构。失业人员应当持本单位为其出具的终止或者解除劳动关系的证明，及时到指定的公共就业服务机构办理失业登记。失业人员凭失业登记证明和个人身份证明，到社会保险经办机构办理领取失业保险金的手续。失业保险金领取期限自办理失业登记之日起计算。因此，失业登记是享有失业保险待遇的前提。此外，再就业意愿是申领失业保险待遇的主观条件，也是实务中限制申领失业保险金的基础。例如，失业人员无正当理由，拒不接受当地人民政府指定的部门或者机构介绍的工作的，则停止领取失业保险金。

（三）失业保险待遇的内容

根据《社会保险法》和《失业保险条例》的规定，失业保险待遇包括如下内容：

（1）失业保险金。失业保险金是最重要的失业保险待遇，是失业保险基金支付给符合申领条件的失业人员的基本生活费用。失业人员失业前用人单位和本人累计缴费满 1 年不足 5 年的，领取失业保险金的期限最长为 12 个月；累计缴费满 5 年不足 10 年的，领取失业保险金的期限最长为 18 个月；累计缴费 10 年以上的，领取失业保险金的期限最长为 24 个月。重新就业后，再次失业的，缴费时间重新计算，领取失业保险金的期限与前次失业应当领取而尚未领取的失业保险金的期限合并计算，最长不超过 24 个月。失业保险金的标准，由省、自治区、直辖市人民政府确定，不得低于城市居民最低生活保障标准。

（2）医疗待遇。失业人员在领取失业保险金期间，参加职工基本医疗保险，享受基本医疗保险待遇。失业人员应当缴纳的基本医疗保险费从失业保险基金中支付，个人不缴纳基本医疗保险费。

（3）丧葬补助金和抚恤金。失业人员在领取失业保险金期间死亡的，参照当地对在职职工死亡的规定，向其遗属发给一次性丧葬补助金和抚恤金。所需资金从失业保险基金中支付。个人死亡同时符合领取基本养老保险丧葬补助金、工伤保险丧葬补助金和失业保险丧葬补助金条件的，其遗属只能选择领取其中的一项。

（4）接受职业介绍、职业培训的补贴。失业人员在领取失业保险金期间，应当积极求职，接受职业介绍和职业培训。失业人员接受职业介绍、职业培训的补贴由失业保险基金按照规定支付。

（四）失业保险待遇的终止

失业人员在领取失业保险金期间有下列情形之一的，停止领取失业保险金，并同时停止享受其他失业保险待遇：①重新就业的；②应征服兵役的；③移居境外的；④享受基本养老保险待遇的；⑤无正当理由，拒不接受当地人民政府指定部门或者机构介绍的适当工作或者提供的培训的。

三、军人社会保障

（一）军人社会保障概述

军人社会保障是社会保障体系的重要组成部分，是针对军人所实施的社会保障制度，其保障对象是军人及其家庭成员。军人社会保障主要包括军人社会保险、社会优待、社会抚恤和安置保障。从内容上看，社会保障体系中的社会优抚主要是军人社会保障，社会优抚中的安置保障主要是就业保障。因此，军人社会保障也是劳动法与社会保障法交叉的一个重要领域。

军人社会保障的法律制度是比较丰富的，包括《军人地位和权益保障法》《退役军人保障法》《军人保险法》《烈士褒扬条例》《军人抚恤优待条例》《退役士兵安置条例》等。军人社会保障法律制度与一般社会保障制度相比有特殊的分类或类型，例如，可分为现役军人保障制度和退役军人保障制度，也可根据保障的具体内容列举为优待、抚恤、安置等保障制度。

（二）退役安置

《退役军人保障法》规定了退役军人的安置方式。

（1）退役军官的安置。对退役的军官，国家采取退休、转业、逐月领取退役金、复员等方式妥善安置。以退休方式移交人民政府安置的，由安置地人民政府按照国家保障与社会化服务相结合的方式，做好服务管理工作，保障其待遇。以转业方式安置的，由安置地人民政府根据其德才条件以及服现役期间的职务、等级、所做贡献、专长等和工作需要安排工作岗位，确定相应的职务职级。服现役满规定年限，以逐月领取退役金方式安置的，按照国家有关规定逐月领取退役金。以复员方式安置的，按照国家有关规定领取复员费。

（2）退役军士的安置。对退役的军士，国家采取逐月领取退役金、自主就业、安排工作、退休、供养等方式妥善安置。服现役满规定年限，以逐月领取退役金方式安置的，按照国家有关规定逐月领取退役金。服现役不满规定年限，以自主就业方式安置的，领取一次性退役金。以安排工作方式安置的，由安置地人民政府根据其服现役期间所做贡献、专长等安排工作岗位。以退休方式安置的，由安置地人民政府按照国家保障与社会化服务相结合的方式，做好服务管理工作，保障其待遇。以供养方式安置的，由国家供养终身。

（3）退役义务兵的安置。对退役的义务兵，国家采取自主就业、安排工作、供养等方式妥善安置。以自主就业方式安置的，领取一次性退役金。以安排工作方式安置的，由安置地人民政府根据其服现役期间所做贡献、专长等安排工作岗位。以供养方式安置的，由国家供养终身。

（三）抚恤优待

各级人民政府应当坚持普惠与优待叠加的原则，在保障退役军人享受普惠性政策和公共服务基础上，结合服现役期间所做贡献和各地实际情况给予优待。对参战退役军人，应当提高优待标准。国家逐步消除退役军人抚恤优待制度城乡差异、缩小地区差异，建立统筹平衡的抚恤优待量化标准体系。军人的抚恤优待涉及参加社会保险、安置住房、就医服务、公共交通文化旅游、社会福利、帮扶援助、抚恤等，政策性强，在此不具体展开。

（四）褒扬激励

国家建立退役军人荣誉激励机制，对在社会主义现代化建设中做出突出贡献的退役军人予以表彰、奖励。退役军人服现役期间获得表彰、奖励的，退役后按照国家有关规定享受相应待遇。

（1）迎接仪式。退役军人安置地人民政府在接收退役军人时，应当举行迎接仪式。迎接仪式由安置地人民政府退役军人工作主管部门负责实施。

（2）光荣牌。地方人民政府应当为退役军人家庭悬挂光荣牌，定期开展走访慰问活动。

（3）参加庆典。国家、地方和军队举行重大庆典活动时，应当邀请退役军人代表参加。被邀请的退役军人参加重大庆典活动时，可以穿着退役时的制式服装，佩戴服现役期间和退役后荣获的勋章、奖章、纪念章等徽章。

（4）参加爱国主义教育和国防教育。国家注重发挥退役军人在爱国主义教育和国防教育活动中的积极作用。机关、群团组织、企业事业单位和社会组织可以邀请退役军人协助开展爱国主义教育和国防教育。县级以上人民政府教育行政部门可以邀请退役军人参加学校国防教育培训，学校可以聘请退役军人参与学生军事训练。

（5）先进事迹宣传。县级以上人民政府退役军人工作主管部门应当加强对退役军人先进事迹的宣传，通过制作公益广告、创作主题文艺作品等方式，弘扬爱国主义精神、革命英雄主义精神和退役军人敬业奉献精神。

（6）录入地方志。县级以上地方人民政府负责地方志工作的机构应当将本行政区域内下列退役军人的名录和事迹，编辑录入地方志：①参战退役军人；②荣获二等功以上奖励的退役军人；③获得省部级或者战区级以上表彰的退役军人；④其他符合条件的退役军人。

（7）军人公墓。国家统筹规划烈士纪念设施建设，通过组织开展英雄烈士祭扫纪念活动等多种形式，弘扬英雄烈士精神。退役军人工作主管部门负责烈士纪念设施的修缮、保护和管理。国家推进军人公墓建设。符合条件的退役军人去世后，可以安葬在军人公墓。

四、灵活就业人员的社会保障

灵活就业是指个体经营、非全日制以及新就业形态等灵活多样的就业方式。在电子商务、网络约车、网络送餐、快递物流等行业有大量的灵活就业人员。支持灵活就业是稳就业和保居民就业的重要举措，也是劳动法与社会保障法交叉的前沿议题。

灵活就业人员劳动关系不稳定或不确定，按照传统的职工和用人单位参保缴费的社会保险模式，灵活就业人员的社会保障权益难以实现，其中比较突出的是灵活就业人员的工伤保险权益。例如，在宁波市允许建设施工企业人员、非全日制职工、超龄人员、实习生等单独参加工伤保险，还允许电子商务、网络约车、网络送餐、快递物流等新业态从业人员按规定先行参加工伤保险。灵活就业人员如何参加工伤保险是一个学术上仍在争议的问题。

灵活就业是一种早已存在并将长期存在的就业方式。一方面，应该引导不稳定就业向稳定就业转化，实现高质量就业；另一方面，应该平等保障劳动者，为灵活就业人员提供科学合理的社会保障制度。《就业促进法》规定，各级人民政府采取措施，逐步完善和实施与非全日制用工等灵活就业相适应的劳动和社会保险政策，为灵活就业人员提供帮助和服务。《中华人民共和国乡村振兴促进法》规定，国家支持农民按照规定参加城乡居民基本养老保险、基本医疗保险，鼓励具备条件的灵活就业人员和农业产业化从业人员参加职工基本养老保险、职工基本医疗保险等社会保险。根据《社会保险法》的规定，无雇工的个体工商户、未在用人单位参加基本养老保险的非全日制从业人员以及其他灵活就业人员可以参加基本养老保险，由个人缴纳基本养老保险费。灵活就业人员参加基本养老保险的，应当按照国家规定缴纳基本养老保险费，分别记入基本养老保险统筹基金和个人账户。灵活就业人员可以参加职工基本医疗保险，由个人按照国家规定缴纳基本医疗保险费。自愿参加社会保险的灵活就业人员，应当向社会保险经办机构申请办理社会保险登记，可以直接向社会保险费征收机构缴纳社会保险费。因此，从目前的政策和制度来看，灵活就业人员参加基本养老保险和基本医疗保险是可行的。

相关法律法规

1. 《失业保险条例》
2. 《社会保险法》第五章
3. 《退役军人保障法》
4. 《国务院办公厅关于支持多渠道灵活就业的意见》

实训

【实训情境】

刘某就与北京B咖啡厅（以下简称B咖啡厅）生命权、健康权、身体权纠纷一案，向北京市朝阳区人民法院提出诉讼请求：要求B咖啡厅赔偿医疗费18 932.23元、护理费150元、住院伙食补助费150元、营养费2 000元、精神损害抚慰金10万元，以上合计121 232.23元。

事实和理由：2017年9月17日下午5时许，刘某等3名未成年初中生到B咖啡厅，本想要些饮料闲聊，但B咖啡厅服务员极力向刘某等人推销一种酒精度数为75.5度的烈性酒，并提示该种酒的饮酒最高纪录是13杯。由于刘某尚未成年，正值青春期，社会经验极少，在B咖啡厅服务员的诱导下，其连续饮酒18杯后不省人事。刘某被医疗机构诊断为急性酒精中毒、吸入性肺炎、代谢性酸中毒、窦性心动过速、低钾血症，且入院当时血液酒精浓度高达1 800毫克/毫升（血液酒精浓度达0.8毫克/毫升即达到危险驾驶罪立案标准），经医疗机构抢救后脱离生命危险。事发时，刘某年仅12周岁，该事件给刘某带来了极大的身心损害，同时刘某家人也因此承受了巨大的精神痛苦。因此，刘某诉至法院，要求B咖啡厅承担赔偿责任。

B咖啡厅辩称：刘某等人到B咖啡厅饮酒时，着装打扮成熟，而且是自称刘某男朋友的人自行前往吧台拿酒，B咖啡厅并未向刘某等人售卖。刘某醉酒后，B咖啡厅服务员联系急救车，因堵车，又找三轮车送刘某前往医院就医。B咖啡厅愿意承担应负的社会责任，同意赔偿刘某主张的除精神损害抚慰金之外全部费用共计21 232.23元。

  法院经审理认定事实如下：2017年9月17日下午，刘某与另外两名未成年人来到B咖啡厅饮酒。后刘某因饮酒过度而发生醉酒，于当日20时被送至某医院急救，被诊断为急性酒精中毒、吸入性肺炎、代谢性酸中毒、窦性心动过速、低钾血症。2017年9月20日14时，刘某出院。庭审中，B咖啡厅对刘某主张的医疗费18 932.23元、护理费150元、住院伙食补助费150元、营养费2 000元均没有异议，表示愿意承担社会责任，同意予以赔偿，但不同意刘某主张的精神损害抚慰金。

  法院认为：《未成年人保护法》规定，禁止向未成年人出售烟酒，经营者应当在显著位置设置不向未成年人出售烟酒的标志；对难以判明是否已成年的，应当要求其出示身份证件。B咖啡厅作为经营者，向未成年人刘某等人提供酒精度数极高的烈性酒，导致刘某醉酒。B咖啡厅对刘某因此造成的合理损失，应承担相应的赔偿责任。《未成年人保护法》还规定，父母或者其他监护人应当创造良好、和睦的家庭环境，依法履行对未成年人的监护职责和抚养义务。父母或者其他监护人应当关注未成年人的生理、心理状况和行为习惯，以健康的思想、良好的品行和适当的方法教育和影响未成年人，引导未成年人进行有益身心健康的活动，预防和制止未成年人吸烟、酗酒等行为。刘某饮酒并出现醉酒状态，表明其父母未尽到监护职责，亦应承担其应承担的责任。B咖啡厅表示愿意承担社会责任，同意赔偿刘某主张的医疗费、护理费、住院伙食补助费、营养费等共计21 232.23元，本院予以确认。关于刘某主张的精神损害抚慰金，基于刘某父母的监护职责以及现有证据不足以证明其因此致精神损害，且造成严重后果，本院不予支持。综上所述，依据《未成年人保护法》第10条、第11条、第37条规定，判决如下：

  1. 北京B咖啡厅赔偿刘某医疗费18 932.23元、护理费150元、住院伙食补助费150元、营养费2 000元。

  2. 驳回刘某其他诉讼请求。

  如果未按本判决指定的期间履行给付金钱义务，应当依照《民事诉讼法》第253条规定，加倍支付迟延履行期间的债务利息。

  案件受理费2 725元，由刘某负担2 560元（已交纳），北京B咖啡厅负担165元（本判决生效之日起7日内交纳）。

  如不服本判决，可以在判决书送达之日起15日内，向本院递交上诉状，并按对方当事人的人数提出副本，上诉于北京市第三中级人民法院。

【实训任务】

通过对未成年人在咖啡厅饮酒案件的分析，理解儿童福利法的基本原理，掌握儿童保护的基本制度，提高运用儿童福利法原理和立法解决实际问题的能力、语言表达能力及应变能力。

【实训方法】

1. 全体实训人员分为原告、被告、合议庭 3 组，各自结合本方的诉讼角色，运用工伤保险法的原理及立法相关法律规定对案件争议问题发表自己的见解。

2. 各小组形成本组的观点及依据后，由 1 名代表发表意见。

3. 辅导教师归纳小组意见并予以点评。

练习题

单元 12 练习题答案

一、单项选择题

1. 国家实行按（　　）安排残疾人就业制度。

A. 比例　　　　　　　　　　B. 顺序

C. 残疾程度　　　　　　　　D. 年龄

2. 未成年人的父母或者其他监护人不得使未满（　　）周岁或者需要特别照顾的未成年人处于无人看护状态，或者将其交由不适宜的人员临时照护。

A. 6　　　　B. 8　　　　C. 10　　　　D. 16

3. 网络游戏服务提供者不得在每日（　　）向未成年人提供网络游戏服务。

A. 24 时至次日 9 时　　　　　B. 22 时至次日 9 时

C. 22 时至次日 8 时　　　　　D. 24 时至次日 7 时

4. 老年人养老以（　　）为基础，家庭成员应当尊重、关心和照料老年人。

A. 家庭　　　B. 社区　　　C. 机构　　　D. 居家

5. 未成年人的父母或者其他监护人因外出务工等原因在一定期限内不能完全履行监护职责的，应当委托（　　）代为照护。

A. 具有照护能力的完全民事行为能力人

B. 道德品质良好的完全民事行为能力人

C. 身心健康的完全民事行为能力人

D. 有监护经验的完全民事行为能力人

二、多项选择题

1. 学校不得占用（　　），组织义务教育阶段的未成年学生集体补课，加重其学习负担。

A. 国家法定节假日　B. 休息日　　　　C. 寒暑假期　　　　D. 工作日

2. 禁止向未成年人（　　）。

A. 销售烟　　　　B. 销售酒　　　　C. 销售彩票　　　　D. 兑付彩票奖金

3. 信息处理者通过网络处理未成年人个人信息的，应当遵循（　　）的原则。

A. 合法　　　　　B. 正当　　　　　C. 必要　　　　　　D. 自愿

4. 要保障未成年人（　　）的时间，引导未成年人进行有益身心健康的活动。

A. 学习　　　　　B. 休息　　　　　C. 娱乐　　　　　　D. 体育锻炼

5. 国家建立和完善以（　　）的社会养老服务体系。

A. 居家为基础　　B. 政府为保障　　C. 社区为依托　　　D. 机构为支撑

参考文献

[1] 郑尚元. 劳动与社会保障法原理与实务 [M]. 北京：国家开放大学出版社，2021.

[2] 郑尚元. 劳动合同法的制度与理念 [M]. 北京：中国政法大学出版社，2008.

[3] 王全兴. 劳动法 [M]. 4 版. 北京：法律出版社，2017.

[4] 常凯. 劳动法 [M]. 北京：高等教育出版社，2011.

[5] 黄越钦. 劳动法新论 [M]. 北京：中国政法大学出版社，2002.

[6] 多伊普勒. 德国劳动法：第 11 版 [M]. 王倩，译. 上海：上海人民出版社，2016.

[7] 林嘉. 劳动法和社会保障法 [M]. 4 版. 北京：中国人民大学出版社，2014.

[8] 《劳动与社会保障法学》编写组. 劳动与社会保障法学 [M]. 2 版. 北京：高等教育出版社，2018.

[9] 黎建飞. 劳动与社会保障法教程 [M]. 5 版. 北京：中国人民大学出版社，2019.

[10] 李海明. 劳动与社会保障法 [M]. 北京：北京师范大学出版社，2017.

[11] 郑尚元. 社会保障法 [M]. 北京：高等教育出版社，2019.

[12] 郑尚元，扈春海. 社会保险法总论 [M]. 北京：清华大学出版社，2018.

[13] 郑尚元. 养老保障的法律机制研究 [M]. 北京：清华大学出版社，2019.

[14] 李文静. 医疗保险法律制度研究 [M]. 北京：中国言实出版社，2014.

[15] 郑晓珊. 工伤保险法体系：从理念到制度的重塑与回归 [M]. 北京：清华大学出版社，2014.